Charles Foster
Jagen, sammeln, sesshaft werden

Stimmen zum Buch

»Überwältigend!« *The Observer*

»Ein wunderbares, wildes, spektakuläres Buch. Wenn man es gelesen hat, fühlt man sich noch mal mehr als Mensch.« *Literary Review*

»Kontrovers und dennoch absolut einleuchtend.« *Nature*

»Fosters mutige und fantasievolle Erkundung [...] ist genau das, was wir brauchen.« *Times Literary Supplement*

»Foster ist selbstironisch, feministisch, und er hat großen Respekt vor dem, was die Natur uns lehren kann.« *Irish Times*

»Foster ist ein fantastischer Autor und ein fesselnder Begleiter bei der Lektüre dieses außergewöhnlichen, total verrückten Buchs.« *The Observer*

»Foster ist ein wunderbarer Stilist und sein kraftvolles Buch eine bemerkenswerte Leistung.« *Publishers Weekly*

»[Charles Fosters neues Buch] ist eine brillante und originelle Entdeckungsreise in unsere wunderbare, zerbrechliche Natur.«
David G. Haskell, Autor von »Das verborgene Leben des Waldes«

»Charles Foster hat ein Buch von enormer Intelligenz geschaffen. [...] Er nähert sich dem Verständnis dessen, wie die Reise der Menschheit verlief, von einer neuen Warte. Seine Entdeckungen und die metaphorische Kraft seiner Sprache sind überwältigend.«
Carl Safina, Autor von »Die Intelligenz der Tiere«

*Für meinen geliebten Vater und meine geliebte Mutter.
Hoffentlich finden wir eine gemeinsame Sprache, damit wir
uns über das großartige Abenteuer unterhalten können,
Mensch zu sein.*

*Ich suche das Gesicht nur, das ich hatte
Vor Erschaffung der Welt.*
W. B. Yeats[1]

CHARLES FOSTER

JAGEN, SAMMELN, SESSHAFT WERDEN

Meine Abenteuer in 40 000 Jahren
Menschheitsgeschichte

Aus dem Englischen von Gerlinde Schermer-Rauwolf
und Robert A. Weiß, Kollektiv Druck-Reif

MALIK

Mehr über unsere Autorinnen, Autoren und Bücher:
www.malik.de

Wenn Ihnen dieses Buch gefallen hat, schreiben Sie uns unter Nennung des Titels »Jagen, sammeln, sesshaft werden« an *empfehlungen@piper.de*, und wir empfehlen Ihnen gern vergleichbare Bücher.

Inhalte fremder Webseiten, auf die in diesem Buch (etwa durch Links) hingewiesen wird, macht sich der Verlag nicht zu eigen.
Eine Haftung dafür übernimmt der Verlag nicht.

ISBN 978-3-89029-553-4
© Charles Foster, 2021
Illustrationen: © Geoff Taylor, 2021
Titel der englischen Originalausgabe: »Being a Human.
Adventures in 40,000 Years of Consciousness«, Profile Books, London 2021
© der deutschsprachigen Ausgabe: Piper Verlag GmbH, München 2022
Redaktion: Antje Steinhäuser, München
Satz: Eberl & Koesel Studio GmbH, Krugzell
Gesetzt aus der Adobe Garamond Pro und der Marker SD
Druck und Bindung: GGP Media GmbH, Pößneck
Printed in Germany

Inhalt

Vorbemerkung des Autors 9

Teil 1:
Jungpaläolithikum 21

Winter 23

Frühling 103

Sommer 174

Herbst 201

Teil 2:
Neolithikum 217

Winter 219

Frühling 255

Sommer 286

Herbst 313

Teil 3:
Aufklärung 329

Epilog 371

Dank 372

Anmerkungen 376

Vorbemerkung des Autors

Nur wenige von uns haben eine Vorstellung davon, was für Geschöpfe wir sind.

Aber wenn wir nicht wissen, was wir sind, wie können wir dann wissen, wie wir handeln sollen? Wie können wir wissen, was uns wirklich glücklich macht, was uns weiterbringt? Dieses Buch ist mein Versuch herauszufinden, was Menschen sind. Das ist mir ein dringendes Anliegen, denn egal, was meine Kinder behaupten – ich bin ein Mensch.

Und wenn ich wüsste, woher ich komme, so meine Überlegung, könnte ich vielleicht etwas klarer erkennen, wer ich bin.

Ich kann nicht in der ganzen Menschheitsgeschichte zu Hause sein. Es gelingt mir nicht einmal in meiner eigenen Zeit. Also habe ich versucht, in drei bedeutsamen Epochen heimisch und mit den Gefühlen, den Orten und den Gedanken vertraut zu werden, die für sie charakteristisch waren. Es war ein ausgedehntes Experiment, sowohl gedanklich als auch in der Praxis, und es fand in Wäldern, auf dem Wasser, in Moorlandschaften, Schulen und Schlachthöfen, in Flechtwerkhütten und Krankenhäusern, auf Flüssen, Friedhöfen und Bauernhöfen, in Höhlen, Küchen, Krähenkörpern und Museen, an Stränden, in Laboratorien, mittelalterlichen Speisesälen und baskischen Kneipen, bei Fuchsjagden, in Tempeln, in verlassenen Städten des Nahen Ostens und bei Schamanen-Karawanen statt.

Die erste dieser Zeiten ist das frühe Jungpaläolithikum, also die jüngere Altsteinzeit (vor etwa 35 000 – 40 000 Jahren), als das »moderne Verhalten«, auch »kulturelle Modernität« genannt, entstand. Der Begriff ist allerdings problematisch. Wie wir noch sehen werden, unterscheidet sich das Verhalten der heutigen Menschen (auch wenn sie nicht denken oder empfinden) grundlegend von dem der Jäger und Sammler im frühen Jungpaläolithikum. Was »modernes Verhalten« ausmacht und wo es sich entwickelte, ist heftig umstritten, für meine Zwecke ist diese Debatte jedoch unerheblich[2].

Jäger und Sammler waren Nomaden – und die wenigen, die überlebt haben, sind es teils noch heute –, aufs Innigste, in ehrfürchtiger und oft ekstatischer Weise mit dem Land und vielen Geschöpfen verbunden. Sie lebten lang und relativ verschont von Krankheiten, auch gibt es kaum Hinweise auf zwischenmenschliche Gewalt. Für die meisten war Sesshaftigkeit keine Alternative, aber selbst wenn sie diese Option gehabt hätten, wäre sie nicht sonderlich attraktiv gewesen. Warum soll man sein Leben lang an trockenem Zwieback nagen, wenn man sich an einem riesigen, saftigen und überaus abwechslungsreichen Büfett bedienen kann?

Es war unüblich, mehr als eine Feuersteinklinge und einen Beutel aus dem Hodensack eines Rentiers zu haben. Wenn man so viel über die Vergänglichkeit der Dinge wusste wie jene Menschen, waren Besitzansprüche lächerlich: Die Welt ist kein Ort, den man besitzen kann, und sie fanden damals (anders als wir), dass sich Menschen nicht im Widerspruch zur Beschaffenheit der Welt verhalten sollten.

Es war eine Zeit der Muße. Man kann nicht Tag und Nacht jagen oder sammeln. Daher, denke ich, war es eine Zeit der Besinnung, der Geschichten und der Versuche, sich Dinge zu erklären. Die älteste von Menschen geschaffene Kunst auf den Höhlenwänden in Südeuropa zählt zum Besten, was es je gab. Sie ist die anspielungsreichste und zugleich die am wenigsten konkrete.

Auf den Einwand, das sei die romantische Verklärung des edlen Wilden, entgegne ich vorerst nur, dass »romantisch« in meinen Augen kein Schimpfwort ist. Ganz im Gegenteil. Romantiker berücksichtigen bei ihrer Konstruktion der Welt einfach mehr Daten als ihre Gegenspieler.

Die zweite Periode ist das Neolithikum, die Jungsteinzeit, von der man allgemein annimmt, dass sie etwa vor 10 000 – 12 000 Jahren begonnen hat und bis zum Beginn der Bronzezeit – vor circa 5300 Jahren – dauerte. Die Chronologie ist strittig, und die Übergänge zwischen den einzelnen Phasen variieren je nach Region erheblich; und natürlich sind die verschiedenen Epochen nicht klar voneinander getrennt.³

Einige Jäger und Sammler lebten eine gewisse Zeit des Jahres sesshaft und zogen ansonsten weiter umher. Zweifellos begannen sie, lange bevor sie systematisch Ackerbau betrieben, das Land zu bewirtschaften – vielleicht indem sie Bäume pflanzten, deren Früchte sie gern aßen. Aber schließlich wurde die Aufspaltung sehr konkret. Die Nomaden hörten auf herumzuziehen. Ihre geografische Welt wurde kleiner. Sie mussten nicht mehr so ungeheuer viele Arten kennen und sich ihnen gegenüber entsprechend verhalten. Es reichte – und irgendwann *musste* es reichen –, wenn sie gerade mal die Kuh (einen gezähmten und abgestumpften Auerochsen⁴) auf der Wiese hinter der Hütte und eine spezielle Art von Gras mit großen Samen kannten. Und dann dauerte es nicht lang – nur ein paar Tausend Jahre –, bis alles, einschließlich der Menschen, gezähmt und abgestumpft war. Auch das Verhältnis zur Natur hatte sich gewandelt, es war nicht mehr von allumfassender Ehrfurcht und Abhängigkeit geprägt, stattdessen kontrollierte man ein paar Quadratmeter und ein paar Arten.

Doch auch wenn die Neolithiker in ihrer Überheblichkeit meinten, die Kontrolle zu haben, war die Wirklichkeit eine andere. Denn zunehmend gerieten die Menschen unter Kontrolle. Sie mussten in ihren Siedlungen bleiben, weil sie ja die Ernte einbringen mussten. Sesshaftigkeit ging mit Politik, Hierarchien und menschengemachten Gesetzen einher. Die Lebenserwartung verkürzte sich. Seuchen grassierten. Durch das anstrengende Mahlen und Heben verformten sich ihre Knochen. Die Sklavenhalter von Schweinen und Schnitter des Getreides wurden selbst versklavt und dahingemäht. Der Kreislauf der Jahreszeiten, der sie einst angetrieben hatte, hielt sie nun auf ihrer

Scholle fest, und das Gesetz von Angebot und Nachfrage machte sie nicht reich, sondern tyrannisierte sie. Muße gab es keine mehr. Am Ende holt die Hybris jeden ein: Fragen Sie nur irgendeinen Griechen. Die großen Erzählungen des Jungpaläolithikums wurden kodifiziert und in das von Priestern kontrollierte Korsett der Geschichten von Stonehenge gezwängt. Doch Kodifizierung und Einengung ersticken den Geist. Die Gedanken wurden ebenso eingezäunt wie die Schafe. Wir sehen diese Beschränktheit in der Kunst, die im Neolithikum unbeholfener und weniger nuanciert und plastisch ist als zuvor im Jungpaläolithikum. Im Neolithikum fingen wir an, langweilig und armselig zu werden.

Die letzte Epoche, in der wir uns trotz eines gewissen beherzten Widerstands immer noch befinden, wird ironischerweise als Aufklärung bezeichnet. In der Aufklärung wurde die im Neolithikum begonnene Revolution fortgeführt und systematisiert, das im Neolithikum zwischen Mensch und Natur eingeleitete Scheidungsverfahren abgeschlossen. Die Schriften von Descartes waren der Scheidungsbeschluss, Rechtskraft erlangte das Scheidungsurteil durch die Unterschrift von Kant. Die Folge war eine systematische Entseelung des Universums. Bis dahin war alles (und ja, sogar in den abrahamitischen monotheistischen Religionen) in gewisser Weise beseelt gewesen. Aristoteles hatte auf dieser Sicht bestanden, die orthodoxe Kirche hatte sie keinen Moment infrage gestellt, Thomas von Aquin hatte sie für die Katholiken kanonisiert, die Kabbalisten hatten sie katalogisiert und die Sufis getanzt.

Doch die Aufklärung sprach der nicht-menschlichen Welt jegliche Seele ab. Nun war das Universum eine Maschine, die nicht von einem Körpern innewohnenden Wesenskern, sondern von Naturgesetzen regiert wurde. Und Gesetze sind so viel uninteressanter als Wesenskerne.

Aber da der Beginn der Aufklärung eine Revolution in den christlichen Köpfen auslöste, durften die Menschen ihre Seele noch eine Weile behalten. Jedoch nicht lange: Schon bald waren auch wir nur noch Räderwerke in einer Maschine. Die Parole

»Stürmt die Maschinen« zeigt ein sehr genaues Verständnis von dem, was seit dem 17. Jahrhundert passiert ist.[5]

Darwin hätte die Katastrophe vielleicht ein bisschen abmildern können. Er hat uns daran erinnert, dass wir Teil der Natur sind – die zentrale Erkenntnis des Jungpaläolithikums. Richtig gehandhabt hätte das eine entsprechende Demut erzeugen können. Doch dieser Teil von Darwins Botschaft wurde weitgehend in einen zynischen und gefährlichen Reduktionismus umgedeutet. Man verstand ihn (fälschlicherweise) so, als seien die Menschen nichts als »Rädchen im Getriebe«: als existiere nichts außer Materie, sodass nichts bedeutsam sei. Das führte nicht nur zu einem geringen Selbstwertgefühl, es war auch die Handlungsanweisung für mutwillige Umweltzerstörung. Mochte es auch falsch sein, etwas zu töten, das eine Seele hatte, so war es doch offensichtlich nichts Unmoralisches, eine Maschine zu zertrümmern.

Folgte man dieser Logik, konnte man den Menschen als *Homo economicus* betrachten (was bestens zur darwinistischen Feststellung passte, dass Wettbewerb der Treibstoff für den Motor der Welt sei). Dabei war der Mensch doch seit Langem und immer wieder ein *Homo deus* gewesen. Bei archäologischen Funden ist einer der deutlichsten Indikatoren für kulturell moderne Menschen (und ganz gewiss der nachdrücklichste und *bestimmendste*) deren Religion. Wenn Sie bei Ihrer Ausgrabung auf eindeutige Hinweise für religiöse Praktiken stoßen, haben Sie es mit Relikten sich modern verhaltender Menschen zu tun.[6]

Doch nun gab es keinen Gott mehr, nur noch Materie. Und auch wir bestanden nur noch aus Materie. Die Natur war – so wie wir – blutrünstig und brutal, konnte aber wie ein Zirkuslöwe sehr nützlich sein, falls es gelang, sie zu zähmen. In dieser Welt zählte nur noch der wirtschaftliche Wert. Statt der komplexen, uralten, herzzerreißend schönen natürlichen Gemeinschaften gab es nun *natürliche Ressourcen*. Inzwischen ist diese Betrachtungsweise selbst im Diskurs von Naturschützern so geläufig geworden, dass wir uns nicht mehr daran stören. Warum soll uraltes Weideland erhalten werden? Wir hören folgende Antwort: Weil man seinen Wert in Dollar bemessen kann.

Da sich der Reduktionismus der Aufklärung mit seinen Metastasen so tief in die lebenswichtigen Organe unserer Kultur gefressen hat, liegt die größte Hoffnung für uns wahrscheinlich in der Aufklärung selbst. Denn in ihrem ursprünglichen Manifest waren Skepsis und rigorose Empirie zentrale Punkte. In den Zitadellen der heutigen Aufklärung – etwa den Büros der Versicherungsmathematiker oder den meisten biologischen Forschungslaboren – ist beides nicht vorhanden. Aber Skepsis und Empirie können und müssen uns helfen, uns wieder verzaubern zu lassen. Wenn wir *alles* hinlänglich skeptisch betrachten und empirisch untersuchen (sei es ein Stern, ein Baby oder ein Plastikbecher), werden wir erkennen, dass es verblüffend, rätselhaft und aufregend eigenartig ist und sich all unseren Kategorien entzieht – und eine sowohl poetische als auch mathematische und emotionale und auch physische Reaktion erfordert. Richtig eingesetzt enthüllen Skepsis und Empirie das schwindelerregende Wunder der Welt – ein Wunder, das all unsere Ressourcen, unsere gesamten intellektuellen und sensorischen und, ja, auch spirituellen Fähigkeiten erfordert, um es zu erforschen.

Es handelt sich hier also nicht um ein anti-aufklärerisches Traktat, im Gegenteil. Es ist ein Plädoyer dafür, gründlich und ernsthaft im Sinne der Aufklärung zu handeln, so wie es im 18. Jahrhundert ihrer eigentlichen Zielsetzung entsprach. Es ist also der Versuch, die Aufklärung aus den Klauen ihrer selbst ernannten Hohepriester – der wissenschaftlichen Fundamentalisten – zu befreien und furchtlos und unvoreingenommen die Welt der Natur und die der Menschen in den Blick zu nehmen. Geschieht das, dann verbindet sie sich mit Niels Bohr (der bewiesen hat, dass Unbestimmtheit kein Versagen der Wissenschaft ist, sondern Teil des Stoffs, aus dem das Universum besteht), Werner Heisenberg (der wusste, dass wissenschaftliche Objektivität unmöglich ist, weil die Beziehung zwischen Beobachter und dem Beobachteten jede Beobachtung beeinflusst) und den schamanischen Malern des Jungpaläolithikums (die genau wie Darwin wussten, dass die Grenze zwischen Menschen und Nicht-Menschen fließend ist) zu einem lebendigen wissenschaftlichen Mystizismus. Wenn sich die Wissenschaft mit ihrem real existierenden Forschungsgegenstand richtig auseinandersetzt, anstatt nur neurotisch die eigenen Annahmen zu bestätigen, wird sie zu einer epischen und mystischen Berufung, denn alles Existierende ist episch und das Reale geheimnisvoll.

Materiell gesehen sind wir reicher denn je und haben viel materielles Ungemach aus der Welt geschafft. Dennoch ist da dieses ontologische Unwohlsein. Wir spüren, dass wir bedeutsame Wesen sind, haben aber nicht die Mittel, diese Bedeutsamkeit zu beschreiben. Die meisten von uns lehnen einen krassen Fundamentalismus ab – sowohl den religiösen als auch den säkularen –, der uns auf die Frage »Warum lebe ich?« mit einfachen und billigen Antworten abspeist. Kein Jäger des Jungpaläolithikums hätte beim Blick in den Himmel die Götter herabgewürdigt, indem er sich einbildete, man könnte sie in das enge Korsett eines konservativen Protestantismus pressen.

Wir sind geradezu lächerlich schlecht an unser gegenwärtiges Leben angepasst. Bei einem einzigen Frühstück essen wir so viel Zucker wie ein Mann im Jungpaläolithikum in einem Jahr, und dann wundern wir uns über Diabetes oder dass unsere Herzkranzgefäße verstopfen und wir vor lauter unverbrauchter Energie verspannt sind. Wir gehen in einem Jahr nicht weiter als ein Jäger im Jungpaläolithikum an einem Tag und wundern uns über unsere schlaffen Körper. Gehirne, die auf ständige Wachsamkeit gegenüber Wölfen ausgelegt sind, beschäftigen wir mit Fernsehen und wundern uns dann über ein nagendes Gefühl der Unzufriedenheit. Wir lassen uns bereitwillig von selbstsüchtigen Soziopathen regieren, die im Wald nicht einen Tag überleben würden, und fragen uns, warum unsere Gesellschaften in solch erbärmlichem Zustand sind und unser Selbstwertgefühl so gering ist. Wir, die wir in Familien und Gemeinschaften von maximal 150 Menschen am besten funktionieren, entscheiden uns für ein Leben in riesigen Konglomeraten und sind befremdet ob unserer Entfremdung. Unsere Verdauung ist auf Bio-Beeren, Bio-Elch und Bio-Pilze ausgelegt, und dann sind wir erstaunt, wenn sie bei Pestiziden und Herbiziden rebelliert? Wir sind Warmblüter und fragen uns, warum unser ganzer Stoffwechsel verrücktspielt, wenn wir die Thermoregulation unseren Gebäuden überlassen? Als Geschöpfe der Wildnis sind wir für den ständigen ekstatischen Austausch mit Himmel und Erde, Bäumen und Göttern geschaffen und wundern uns, dass uns ein Leben, in dem wir zu bloßen Maschinen erklärt werden und das wir in zentral beheizten, elektrisch beleuchteten Gewächshäusern verbringen, suboptimal erscheint? Unsere Gehirne sind – und zwar mit ziemlichem Aufwand – auf das Zusammenspiel von Beziehungen hin angelegt und ausgebaut worden. Natürlich sind wir in einer ökonomischen Struktur unglücklich, die auf der Annahme gründet, wir seien abgeschottete Inseln, die nichts miteinander zu tun hätten und nicht ineinander übergehen sollten. Wir sind Menschen, die Geschichten brauchen wie die Luft zum Atmen – deren einzige verbliebene Erzählung jedoch die trostlose und erniedrigende Dialektik des freien Markts ist.

Die obigen Beobachtungen über den Zustand der Welt sind trivial. Weniger trivial ist, was sie mit den letzten 40 000 Jahren der Menschheitsgeschichte zu tun haben.

Dieses Buch schildert eine Reise. Sie führt in die Vergangenheit und ist der Versuch, herauszufinden, was Menschen sind: Was ist das *Selbst*? Und was hat die Vergangenheit mit dem zu tun, was wir jetzt sind? Es ist der Versuch eines Mannes, diese Verbindung tatsächlich zu spüren, und erzählt die Geschichte, wie ich versuchte, mich in einen Jäger und Sammler, in einen Bauern und in einen reduktionistischen Aufklärer zu verwandeln – all das in dem verzweifelten Bemühen herauszufinden, was ich bin, wie ich leben sollte und welche Form Bewusstsein annimmt, wenn es in einen menschlichen Körper gepresst wird.

Ich glaube, es war die Sache wert. Auf jeden Fall hat es Spaß gemacht.

Wissenschaftliche Bücher über die Vergangenheit beginnen mit Fakten: Ich fange mit Gefühlen an – mit Gefühlen, die entstehen, wenn ich mich so tief, wie ich nur kann, in eine Epoche versenke, oder in einen Wald, eine Idee, einen Fluss.

Schließlich konnten die Menschen in der Vorgeschichte und in der Aufklärung solche Dinge *spüren,* und wir werden ein besseres Verständnis von diesen Epochen haben, wenn wir uns genauer vorstellen können, um was für Gefühle es sich handelte.

Nichts ist je *nur* von historischem Interesse, und schon gar nicht das Studium der uns prägenden Jahre. Wobei diese Perioden nicht vorbei sind, sie bestimmen weiterhin über uns. Mir scheint, ich komme mit meinen explizit jungpaläolithischen Freunden am besten aus – mit denen, die nicht wissen, wo sie aufhören und wo der Garten anfängt –, aber die meisten von uns haben, zumindest in den frühen Morgenstunden, ebenfalls Reflexe aus dem Jungpaläolithikum. Unsere Abgestumpftheit und unser Verlangen nach Abgrenzung, Herrschaft und Kontrolle stammen aus dem Neolithikum und verderben uns und alles, was wir berühren. Doch sind unsere neolithischen Anteile nicht alle schlecht. Aus dieser Zeit stammt auch unser Bedürfnis, die Erde zu hegen und zu pflegen. Nur Neolithiker kaufen Vogeltränken und Hunde.

Dieses Buch ist kein Ratgeber. Sie werden darin weder Rezepte für Rentierfrikassee noch Schnittmuster für Beinlinge aus Vogelfellen oder eine Anleitung finden, wie man Feuer in Zunderpilzen transportiert, einen Beilkopf aus Feuerstein an einem Schaft befestigt oder einen Menhir aufrichtet. Auch ist es keine Darstellung eines systematischen Versuchs, das Leben anderer Epochen nachzustellen. Für solche Zwecke gibt es eine Menge anderer Bücher und Websites.

Ich bin weder Archäologe noch Anthropologe, aber ich habe mich bemüht, die Fakten richtig darzustellen (oder sie zumindest nicht zu verfälschen) und den wissenschaftlichen Konsens, wo er besteht, nicht verzerrt wiederzugeben. Einige führende Vertreter der prähistorischen Archäologie und Anthropologie haben sich großzügigerweise mit mir zusammengesetzt, geduldig meine Fragen beantwortet und versucht, Dinge richtigzustellen. Sie werden in der Danksagung aufgeführt. Falls es ihnen nicht gelungen ist, meine Irrtümer auszuräumen, liegt das einzig und allein in meiner Verantwortung. Allerdings gilt es zu bedenken, dass es sehr oft keine »richtige« Antwort auf Fragen zur Vorgeschichte der Menschheit gibt. Vieles bleibt Ansichtssache, und ich habe festgestellt, dass diese Ansichten häufig ebenso sehr vom Temperament oder der persönlichen Geschichte ihrer Protagonisten diktiert waren wie von den konkreten Ausgrabungsfunden. Das trifft natürlich auf die meisten akademischen Fachgebiete zu, ist in der prähistorischen Archäologie aber vielleicht noch deutlicher sichtbar.

Die Gespräche im Kapitel »Aufklärung« sind ausgewählt und zusammengestellt aus vielen, die ich mit vielen Menschen im Verlauf vieler Jahre geführt habe. Man wird den Professor, den Shakespeareaner oder den Physiologen vergeblich in den Kreuzgängen von Oxford suchen. Sie sind dort nicht – oder besser gesagt, sie sind überall. Wie auch Steve, der Pädo, und seine schlachtenden Kumpel, der christliche, neo-neolithische Bauer Giles und der kapitalistische Master der Meute.

An verschiedenen Stellen im Buch treffen wir auf zwei Charaktere aus dem Jungpaläolithikum: einen Mann, den ich X nenne, und seinen Sohn. Ich wurde gefragt, ob sie real sind. Ob ich ihnen wirklich im Wald begegnet bin und sie später tatsächlich immer wieder aufgetaucht sind und trockene, aber wortlose Kommentare abgegeben haben – quasi als wertende Stimme der urwüchsigen, von den Kompromissen der letzten 40 000 Jahre unverdorbenen, frisch in die Welt getretenen Menschen. Oder ob ich sie nur erfunden habe? Worauf ich antworte: Erstens, ich bin mir nicht sicher. Und zweitens: Verflucht, immer dieses Schwarz-Weiß-Denken!

Das Kapitel über das Jungpaläolithikum ist sehr viel länger als das über das Neolithikum, das wiederum um etliches länger als das Kapitel »Aufklärung« ist. Die Diskrepanz ist Absicht. Menschen haben viel länger im Jungpaläolithikum gelebt als im Neolithikum und viel länger im Neolithikum als während der Aufklärung; der jeweilige Beitrag dieser Epochen zu der Art von Tier, das wir heute sind, steht (meiner Meinung nach) ungefähr im Verhältnis zu der in der jeweiligen Periode verbrachten Zeit. Gemessen an der tatsächlichen Länge dieser Epochen ist das neolithische Kapitel sogar noch viel länger, als es sein sollte, und das Kapitel über die Aufklärung ist viel, viel, viel zu lang. Wenn wir davon ausgehen, dass das Jungpaläolithikum vor 40 000 Jahren anfing (und wir das Mesolithikum dazuzählen, was für diesen Zweck vernünftig erscheint), das Neolithikum vor 10 000 Jahren begann und bis vor 5300 Jahren andauerte und die bis heute währende Epoche der Aufklärung vor 300 Jahren startete, dann müsste das Kapitel über das Jungpaläolithikum 86 Prozent des Buches ausmachen, das Kapitel über das Neolithikum etwa 13 Prozent und das über die Aufklärung 0,86 Prozent. Und wenn das Kapitel über die Aufklärung dabei wie eine bloße Coda aussieht, dann deshalb, weil sie das ist. Ich wollte das Hirngespinst der Aufklärung, dass sie der Dreh- und Angelpunkt der Menschheitsgeschichte sei, nicht weiter beflügeln.

Es gibt noch andere historische Epochen außer den dreien, die ich hier untersuche. Einige von ihnen sind wirklich ziemlich wichtig. Aber immerhin befasse ich mich mit 35 000 von 40 000 Jahren, ich lasse also nur 5000 Jahre aus – etwa 13 Prozent der Zeit, in der sich der Mensch modern verhalten hat. Aus rein persönlichen Gründen hätte ich liebend gern die außergewöhnliche Zeit um das 5. Jahrhundert v.u.Z. näher erforscht, als mit der Verschriftlichung der jüdischen Tora die Geburtsstunde der großen monotheistischen Religionen schlug und der Mensch die meisten der zeitlosen Fragen der Philosophie formulierte und das Fundament der Naturwissenschaft legte. Doch sosehr mich die Errungenschaften dieser Ära auch beeindrucken, bin ich trotzdem nicht davon überzeugt, dass sie genauso prägend war wie die drei von mir ausgewählten Epochen. Zwar änderte sich damals die Art und Weise, wie wir uns selbst beschreiben, aber wir selbst haben uns nicht substanziell verändert.

Die Kapitel »Jungpaläolithikum« und »Neolithikum« wurden in Jahreszeiten unterteilt, im Gegensatz zur »Aufklärung«. Die Aufklärung kennt keine Jahreszeiten. Jahreszeiten finden in der Natur statt.

Ich bin mir der Ironie bewusst, dass ich ein Buch in menschlicher Sprache verfasse, das den Wert all dessen, was in menschlicher Sprache gesagt oder geschrieben wurde, infrage stellt. Keine Ahnung, wie ich damit umgehen soll – ich kann nur zugeben, dass es mir peinlich ist.

Und da ich häufig über die Gegenwart von Toten spreche: Sehen Sie darin keine Aufforderung, Kontakt zu den Toten zu suchen. *Bitte tun Sie das nicht:* Es ist ungeheuer gefährlich.

In dem Buch kritisiere ich oft bitter, wie sich Menschen verhalten und verhalten haben, aber das liegt daran, dass ich Menschen im Grunde für wunderbar halte. Alle. Unser Verhalten ist oft genau deshalb so beschämend, weil unsere wahre Natur wunderbar ist und jedes Leben enorm bedeutend – und wir dem bei Weitem nicht gerecht werden. Wir würdigen uns selbst herab. Wenn ich mich kritisch äußere, dann gehe ich hoffentlich nie über ein Konstatieren und Bedauern dieser Selbst-Herabwürdigung hinaus. Ich hoffe, dass ich nicht den Eindruck mache, wütend zu sein. Ich bin viel eher traurig als wütend – traurig darüber, was möglich gewesen wäre. Aber weitaus aufgeregter als traurig bin ich darüber, was vielleicht noch möglich ist.

Ich untersuche hier nicht, was getan werden muss. Weder bin ich Prophet noch ein Weiser und auch kein Psychiater oder Soziologe. Aber eine fundamentale Freundlichkeit, ein Erwachen und alte Geschichten werden dabei eine Rolle spielen. Jeder Mensch ist eine Scheherazade: Wir sterben jeden Morgen, wenn wir keine gute Geschichte zu erzählen haben, und alle guten Geschichten sind alt. Letztendlich lässt mich die Hybris erschaudern, mit der ich zu bestimmen versuche, was den Menschen ausmacht. Aber zweifellos muss jeder und jede von uns doch den Versuch unternehmen, zumindest für sich selbst zu entscheiden, was er oder sie ist und was wir alle sind.

Teil 1: Jungpaläolithikum

Winter

»[…] ich versuche immer das zu tun, was die Verstorbenen mir sagen […] Wer sind dann die Geister, wir oder unsere Toten?«
Sarah Moss, *Geisterwand*[7]

»Die größte Lebensgefahr droht aus der Tatsache, dass die menschliche Nahrung ausschließlich aus Seelen besteht. All die Lebewesen, die wir töten und essen müssen, all die, die wir erschlagen und vernichten müssen, um Kleidung herzustellen, haben Seelen, Seelen, die nicht mit dem Körper erlöschen, die daher (versöhnt) werden müssen, damit sie sich nicht an uns dafür rächen, dass wir ihnen ihre Körper fortnehmen.«
Igulikik, ein Inuit-Jäger, gegenüber Knud Rasmussen[8]

Laut Berichten aus ihren Regionen in Amerika, Europa, Afrika und Asien sind die indigenen Völker fast einhellig der Meinung, dass es verboten sei, die heiligen Geschichten im Sommer oder bei Tageslicht zu erzählen, außer zu bestimmten besonderen Anlässen.
Alwyn Rees und Brinley Rees,
Celtic Heritage: Ancient Tradition in Ireland and Wales[9]

Auf einem schottischen Berg habe ich erstmals ein lebendes Säugetier gegessen.

Ein paar Tage zuvor stand ich in einem viktorianischen Gerichtssaal im Herzen Londons, trug Pferdehaarperücke, einen steifen Kläppchenkragen, gestärktes Beffchen und eine schwarze

Robe und debattierte darüber, wie viel ein geschädigter Uterus wert sei. Danach saß ich im rumpelnden Nachtzug nach Schottland, trank Chianti, wurde an einem Bahnhof in den Highlands ausgespien, per Landrover in ein großes Herrenhaus kutschiert und gezwungen, auf das Bild eines angreifenden Russen zu schießen, ehe man mich, in einen Tweedanzug gekleidet, an einem Berg in die Freiheit entließ.

Sechs Stunden lang stapfte und schlich ich umher und suchte die Gegend ab. Endlich entdeckte ich einen Hirsch, der groß genug war, und befand: »Der gehört mir.« Er stand in einer Bodensenke gleich unterhalb des Gipfels, und es war höllisch schwierig, sich anzupirschen. Der Wind prallte an den Felsen ab, und ich hoffte, hoch genug zu sein, sodass mein Geruch nicht zu ihm hinunterwehte. Ich kroch einen Bachlauf hinauf, wobei mir das Wasser am Kragen hinein- und bei den Socken hinauslief, und lag mehrere Stunden hinter einem Stein auf der Lauer. Näher kam ich allerdings nicht heran. Wenn sich der Hirsch nicht bewegte, hatte ich keine Chance, einen tödlichen Schuss abzugeben.

Ein Rabe verriet mich. Er stieß herunter, erblickte mich und krächzte. Da wusste der Hirsch, dass etwas nicht stimmte, schnupperte nervös und setzte bereits zum Sprung an, um das Weite zu suchen. Jetzt oder nie. Ich hob den Kopf, legte den Sicherungshebel um und drückte ab. Die Kugel traf ihn im Brustkorb.

Das genügte. Hustend stolperte er Richtung Meer, kam jedoch nicht mehr weit.

Der Pirschjäger Jimmy und ich entdeckten ihn zuckend im Heidekraut. Seine Hirnströme waren tot, und sein Herz hatte aufgehört zu schlagen, aber in den meisten seiner Körperzellen war noch Leben. Jimmy zückte ein Messer, bohrte es dem Hirsch in den Bauch und riss die Bauchdecke auf. Wie heiße Schlangen quollen die dampfenden Eingeweide hervor. Jimmy hackte ein Stück Leber ab und reichte es mir.

»Jetzt schmeckt es am besten«, meinte er.

Was erwartete er von mir? Nachdem Jimmy sich ebenfalls ein Stück abgeschnitten und begonnen hatte, darauf herumzukauen, tat ich es ihm gleich. Mein Stück hatte an der einen Seite, die gegen das Zwerchfell gedrückt hatte, eine elegant gewölbte Oberfläche. Tausende Male pro Tag hatte es ein Blasebalg mit der salzigen Luft der Outer Isles nach unten gepresst. Jetzt bewegte es sich wie eine Schnecke, und das Ende einer Röhre schob sich über meine Zunge, und Blut spritzte mir in den Mund.

»Gut, was?«, fragte Jimmy.

»Klasse«, sagte ich und versuchte, mich nicht zu übergeben.

Als wir zum Haus zurückkehrten, hatte ich immer noch Blut im Gesicht. Ich badete, zog mich um und ging zum Dinner. Es gab an jenem Abend sehr edlen Burgunder, und anschließend sang eine schöne Frau zu Klavierbegleitung Schubert-Lieder.

In der darauffolgenden Woche war ich wieder im Gericht und dachte laut darüber nach, welche Relevanz ein Fall aus dem 18. Jahrhundert für einen Kinderarzt im 20. Jahrhundert hatte. Zugleich war ich wie betäubt von der Dissonanz meiner unterschiedlichen Lebensweisen, ich fragte mich, was ich bin, woher ich komme und was zum Teufel ich mit den Antworten auf diese Fragen eigentlich anfangen sollte, wie auch immer sie lauten mochten.

Und dann verfolgte ich die Sache natürlich jahrelang nicht weiter. Die Dissonanz wurde zu einem lästigen, aber nicht sonderlich störenden Tinnitus. Ich fuhr damit fort, zu reisen, zu töten, mich fortzupflanzen, zu salbadern und zu versuchen, andere zu überzeugen, was mir gefährlicherweise manchmal sogar bei mir selbst gelang. Das geschäftige Summen machte es möglich, den Tinnitus zu ignorieren, außer in den frühen Morgenstunden oder in den wenigen beängstigenden Momenten, wenn ich allein war. Doch dann schwoll diese Sache ohne ersichtlichen Anlass an, bis mir fast der Kopf zu platzen drohte, und da wusste ich, dass ich etwas unternehmen musste.

Und zwar musste ich so weit zu den Anfängen meiner Geschichte (und Ihrer Geschichte) zurückgehen, wie ich nur konnte – ich musste den Schritt wagen, die Familie kennenzulernen und die Mächte zu spüren, die mich geformt haben. Aber dabei gibt es Grenzen. Unser Anfang war ein mathematisches Erdbeben, das zu einer Explosion führte – einer Explosion, die zu keiner Zeit stattgefunden hat, denn die Zeit hatte noch gar nicht begonnen, und die zudem nirgendwo geschehen ist, weil der Raum noch gar nicht erfunden war. Wollte man dort anfangen, würde man verrückt werden.

Es wäre auch albern, bei unserer Geschichte einzusteigen, als unsere Vorfahren noch Schwämme im Meer vor dem heutigen Madagaskar waren, oder Spitzmäuse, die zwischen den Beinen des Triceratops herumwuselten, den wir aus dem Londoner Naturkundemuseum kennen. Aber es wäre vielleicht keine so schlechte Idee, vor 40 000 Jahren einzusteigen, als Menschen, deren Körper und Gehirne so neuzeitlich waren wie Ihres und meins (nur besser), in Höhlen und Unterschlüpfen in Derbyshire lebten.

Damals war es kalt. Die Landschaft bestand aus öder, windgepeitschter Tundra, nicht aus dichtem Waldland; das entwickelte sich erst, nachdem das letzte Eis verschwunden war. Die Männer trugen Bärte und langes Haar, das ihnen über die Schulter fiel, doch ihre Körper waren so wenig behaart wie meiner, wenngleich abgehärteter. Ihre Kleidung war aus sorgfältig zugeschnittenen Tierhäuten gefertigt, sie aßen sonntags Braten, liebten ihre Kinder und wollten am Leben bleiben.

Allerdings gibt es einen wesentlichen Unterschied zwischen ihnen und uns. Sie hatten kein so aufdringliches, tyrannisches Selbstempfinden wie wir. Sofern sie über eine Art von Sprache verfügten (was der Fall war – aber dazu später mehr), verunstalteten sie nicht jeden Satz mit »ich«, »mir« und »meins«.

In der Nähe des Bauernhofs meiner Freundin Sarah im Peak District gibt es einen Wald. Ich glaube, dass damals – als es nur harte Gräser und hie und da ein paar kleine, kümmerliche Bäume gab – einer dieser Männer mit seinem Sohn hier lebte. Ich traue mich nicht, diesem Mann einen modernen Namen zu geben. Daher nenne ich ihn X. Wenn ich ihn finde und ihm in die Augen sehen kann, weiß ich, was ich bin.

Eines Tages werde ich vielleicht seinen Namen kennen.

Tom und ich nehmen einen Zug, um 250 Kilometer und 40 000 Jahre weit zu reisen. Wir steigen in Derby um, wo wir Tee trinken, Karten spielen und einer Speerspitze aus Feuerstein den letzten Schliff geben.

»Völlig unverantwortlich«, hatte eine stark parfümierte Frau in der Woche zuvor gesagt. »Pflege du ruhig deine Vorliebe für Dreck und deine perversen Ideen über Höhlenmenschen als Philosophenkönige, aber zwing nicht den armen Tom mitzukommen.«

»Hast du den Wetterbericht gesehen?«, fragte mich ein Mann mit kleinen geröteten Augen, der glaubt, was in den Zeitungen steht, und der vorhat, die Totenwache für seine Frau in einem Flughafenhotel abzuhalten. »Klingt mir nach einem Fall fürs Jugendamt.« Seinem Stirnrunzeln und seinem Lebenslauf nach zu schließen meinte er das durchaus ernst.

Tom ist dreizehn und versteht nicht, was das ganze Theater soll. Wir haben schon davor in Erdlöchern gelebt. Jetzt gehen wir in einen Wald, den wir bestens kennen, bauen uns dort einen Unterschlupf, töten das eine oder andere Getier und starren bis Weihnachten in offenes Feuer. Dann nehmen wir den Zug zurück, um rechtzeitig für all die üblichen Dinge zu Hause zu sein.

Seine Lehrer zeigten sich verständnisvoll: »Interessante Zeit, das Jungpaläolithikum. Versuch in Mathe nicht den Anschluss zu verlieren, ja?« Anders seine Mutter: »Weißt du, wie sehr er jetzt schon hintendran ist?«

Wir kennen jeden Witz, der jemals über Mammuts gerissen worden ist. Unsere Gesichtsmuskeln sind müde vom gezwungenen Lächeln.

An einem winzigen Provinzbahnhof wartet das Taxi, das uns zum Moor hinauffahren soll. Ein Plastikhund wackelt auf dem Armaturenbrett.

»Haben Sie einen Hund?«, frage ich den Fahrer.

»Nein«, erwidert er. Sonst nichts.

Schweigsam fahren wir ein, zwei Kilometer, ehe Tom sagt: »Können wir bitte anhalten?« Das tun wir, woraufhin Tom mit einem schwarzen Müllsack hinausspringt und einen toten Fuchs in den Sack steckt, so wie ich es in seinem Alter getan habe. Dann steigt er wieder ein und legt den Sicherheitsgurt an.

»Danke«, sagt er. »Und entschuldigen Sie.«

»Kein Problem«, meint der Fahrer. »Pass nur auf, dass sein Darminhalt nicht auf dem Teppich landet.« Er hat die professionelle Abgeklärtheit eines Priesters bei der Beichte.

Wir legen noch zwei weitere Zwischenstopps ein, diesmal wegen toter Kaninchen. Ihre Augäpfel liegen eingesunken in den Höhlen und sind mit einem Film überzogen, als würden sie etwas betrachten, was in ihrem Inneren geschieht – als wären Gras fressen und Kopulieren langweilig im Vergleich zu dem, was sich jetzt dort abspielt.

Das Taxi schlängelt sich das Tal hinauf, vorbei an Fish-'n'-Chips-Buden, verlassenen Mühlen und Menhiren. Kunststofffenster sind von blinkender Festbeleuchtung umrahmt. Um unsere Füße wird heiße, nach Diesel stinkende Luft hereingeblasen, und der Moschusgeruch des Fuchses nimmt zu und wabert durch den Wagen. Gackernde Betrunkene torkeln auf die Straße. Kommentarlos macht der Fahrer einen Bogen um sie.

Die Straßenlaternen kapitulieren, die Dunkelheit ist mächtiger als sie. Wir tauchen in den Tunnel ein, den die Scheinwerfer in die Nacht bohren, und als die Steigung zunimmt, fahren wir Richtung Himmel. Dann flacht die Straße zum Moor hin ab – oder dem, was man hier Moor nennt: Felder mit dünnem Gras, übersät von Schafknochen und umrandet mit Bruchsteinmauern, von Männern gebaut, die in den Ecken der Felder begraben liegen. Hier weht immer Wind. Er prallt von den Mauern ab wie ein Squashball, sodass er einem immer aus allen Richtungen gleichzeitig entgegenbläst.

Vor einer Lücke in einer der Mauern setzt uns das Taxi ab. Wir werfen unsere Rucksäcke und die überfahrenen Tiere an den Straßenrand.

»Dann noch viel Spaß«, sagt der Fahrer ohne ein Lächeln, während ich bezahle.

Durch die Fenster des Farmhauses, das gleich unten am Fahrweg steht, sehe ich das Flimmern von Sarahs Fernseher. Schafe erstarren im Schein der Taschenlampe: Wolken aus nasser Wolle, von Algen grün. Wir können unseren Atem sehen.

Wir klopfen an die Tür und, weil sich nichts rührt, auch ans Fenster. Anscheinend ist Sarah im Pub fünf Kilometer talabwärts. Heute ist Curry-Abend, und eine Band aus Sheffield spielt Bluegrass. Auf dem Bildschirm droht ein narzisstischer Psychopath damit, ein kleines Land zu vernichten. Ein Kochbuch liegt aufgeschlagen auf dem Sofa neben dem Fernseher, und eine Katze reibt sich an einem Behälter mit Kombucha. Die Orangen in der Obstschale stammen aus Israel, das brennende Licht wiederum vom Wind der letzten Woche. In der Küche hängt ein Moorhuhn ab, bis es zart genug ist. Wir sehen nach, ob sich die Tür öffnen lässt, und stellen uns vor, wie wir den Kühlschrank plündern und uns vielleicht vors Kaminfeuer setzen. Aber es ist abgeschlossen.

Wie wir gehört haben, ist von Norden her ein Unwetter im Anzug, ein bedrohlicher Sturm in Orkanstärke, also versuchen wir hastig einen Unterstand zu finden, ehe er uns erwischt wie ein wütender Hund. Durch das Tor; den Hang runter; nicht in den Minenschacht zur Linken fallen; am Hasenbaum vorbei; immer gebückt laufen, sonst stechen einem die Dornen in die Augen; noch mal pissen, bevor wir in den Wald eintauchen; hörst du, wie der Fasan in der Eberesche loskreischt? (Dich holen wir uns noch, mein Freund.) Mach dir wegen der Stacheln keine Sorgen um deine Jacke, Tom; halte nur immer den Kopf unten. Gebückt unter den langen, tief hängenden Ast eines alten Weißdorns neben einer halb verfallenen Mauer. Weg hier, ihr Schafe, das ist jetzt unser Platz. Verschwindet und nehmt eure Zecken mit.

Der Sturm kommt und fällt uns an. Er knurrt nicht einmal als Vorwarnung. Plötzlich ist er unter dem Baum, schnappt und fletscht die Zähne, nichts als Haare und Geifer. Wir hatten eigentlich vor, eine Plane an einem Baum festzubinden, um uns ein Zelt zu bauen, bis wir eine authentischere Unterkunft errichtet haben, aber die hätte der rasende Sturmhund einfach weggefetzt. Also kauern wir uns möglichst nah an der Mauer auf den Boden und wickeln uns in die Plane, bis wir das Ärgste überstanden haben.

Allzu schlimm wird es nicht, aber alle Bemühungen zu schlafen sind vergeblich, solange der Sturmhund durch den Wald tobt. Ein paar Stunden lang stöbert er noch herum und versucht uns zu kriegen. Er ohrfeigt uns ein Weilchen mit seinen Pfoten, dann hebt er frustriert ein Bein über uns, ehe er weiterzieht, um zu sehen, was Nottingham zu bieten hat.

Als er verschwindet, seufzt der Wald auf, er schüttelt sich und atmet wieder. Eine nasse Eule erjagt Beute. Dachse trampeln durchs Gebüsch und saugen Regenwürmer ein wie Spaghetti. Ein Schaf hustet. Man sieht keine Sterne. Von der Erde steigt Kälte auf, kriecht in unsere Kleider. Wir denken an Feuer und Tee und Wein. Mit der Kälte schleicht sich der Schlaf heran. Wir sind eins mit der Erde.

Als ich aufwache, ist der Fuchs mein Kopfkissen. Da draußen ist es blau und weiß und strahlend hell, wir sind in einem Wald, fühlen uns pudelwohl und können jetzt beginnen.

Was wir beginnen, sind *wir selbst*. Damit meine ich uns als moderne Menschen.

Hier die vorherrschende Theorie der etablierten Anthropologie: Die menschliche Evolution hat ihren Ursprung in Afrika. Es gab mehrere Prototypen, die teilweise nebeneinander existierten. Dank der natürlichen Selektion hatten sie alle einen harten Praxistest durchlaufen. Vor etwa 200 000 Jahren tauchen *wir* in der

Fossilgeschichte auf, also Lebewesen, die anatomisch und physiologisch mehr oder weniger mit uns identisch sind. Ihre Gehirne hatten die gleiche Größe wie unsere oder waren vielleicht sogar einen Tick größer. Denn um Beziehungen herzustellen, was aufwendig, anstrengend und überaus nutzbringend ist, benötigt man ein großes Gehirn. Auf Beziehungen verstanden sie sich besser als wir, deshalb waren sie auf leistungsfähige neurologische Hardware angewiesen. Sie stolzierten auf zwei langen, kräftigen Beinen durch die Steppe und blickten mit ihrem nach vorn gerichteten Augenpaar auf Horizonte, die ihren nicht aufrecht gehenden Vorfahren wegen des hohen Grases verborgen geblieben waren.

So schauten sie auf die Welt hinab, im wortwörtlichen und später auch im übertragenen Sinn; sie sahen die Welt zu ihren Füßen, gesegnet und verflucht durch eine Perspektive, die nichts und niemand zuvor je hatte; ihre Nasen hoben sich aus dem Staub und wurden dem Sehsinn untergeordnet; nun hatten sie ihre geschickten Hände mit den gegenüberstellbaren Daumen frei, um Werkzeuge zu fertigen, Zeichen zu geben, mit Knüppeln zuzuschlagen oder sachte zu streicheln – aber so konnten sie nie mehr Sinneseindrücke vom Boden aufsaugen.

Anatomie und Physiologie sind jedoch nicht alles. 150 000 Jahre lang unterschieden sich diese Menschen in einem entscheidenden Punkt sehr von uns: Sie verhielten sich nicht – um den unter Archäologen ebenso beliebten wie verhassten Begriff zu verwenden – »kulturell modern«. Wahrscheinlich kannten sie noch keine Körperbemalung, statteten ihre Verstorbenen nicht mit Grabbeigaben aus, stellten keine Schneide- oder Knochenwerkzeuge her, angelten nicht, transportierten Ressourcen nicht über größere Entfernungen, arbeiteten nicht mit anderen zusammen, außer mit engen Verwandten, und waren vermutlich nicht organisiert genug, um große Tiere zu jagen.

Dann geschah etwas Gewaltiges. Die Geschwindigkeit, mit der es geschah, und in welchem Ausmaß es sich in Afrika abspielte, ist umstritten. Nicht jedoch das Ereignis an sich.

Gehen Sie in ein gutes Museum und suchen Sie die Abteilung für Ur- und Frühgeschichte des Menschen. Dort werden Sie auf eine Menge Feuersteine stoßen. Fangen Sie ganz am Anfang an und gehen Sie chronologisch weiter bis zur Jetztzeit. Betrachten Sie die Artefakte genau. Die ersten paar Minuten Ihres Rundgangs werden ziemlich langweilig sein. Sie bekommen nur ödes Zeug zu sehen: klobige, unspezifische Werkzeuge und Bilder von behaarten Leuten, die Aas braten. Alles verweist unmittelbar und unbarmherzig auf das Materielle. Was auch immer da hinter Glas ausgestellt ist, erzählt uns, dass die Menschen nichts als Klumpen aus Fleisch, Knochen und Knorpel sind.

Wenn Sie in einem wirklich guten Museum sind, gehen Sie dann um eine Ecke, wo die Beschriftungen »Jungpaläolithikum« oder »Jüngere Altsteinzeit« lauten, und Ihr Herz wird schneller schlagen. Denn hier begegnen Sie – aus einer Distanz von 40 000 Jahren – der Familie. Sie erkennen sie an einer explosionsartigen Zunahme an Symbolik. Steine und Knochen sind so bearbeitet, dass sie Wölfe, Bären und Menschen repräsentieren; es muss die Geburtsstunde der Metapher gewesen sein. Eine Sturzflut an Möglichkeiten brach über den Menschen herein. Ein Knochen konnte ein Wolf sein und war trotzdem noch ein Knochen. Wenn so etwas möglich war, war dann alles möglich? Die zuvor rein chemische Welt hatte sich in etwas Alchimistisches verwandelt. Nur weil etwas nach den Gesetzen der Optik und der Physiologie der Sehorgane unsichtbar war, bedeutete das nicht, dass es nicht existierte.

Nun verhielt sich auch die Zeit anders. Sie schien nicht mehr das normale Medium zu sein, in dem der Mensch dahintreibt, und zweifellos gab es eine bis dahin undenkbare Revolte gegen die Tyrannei der Zeit oder zumindest gegen die Vorstellung, dass ein Augenblick sich einfach vor den nächsten setzt. Die Toten existierten fort. Verstorbene Menschen salbte man mit Ocker und schickte sie mit Nahrung, Waffen und Gegenständen, die eine rein emotionale oder ästhetische Bedeutung hatten, auf ihre Reise. Getötete Tiere wurden besänftigt. Und da ein Knochen ein

Wolf sein konnte, konnten auch die Toten auf ihrer Reise und gleichzeitig am Lagerfeuer anwesend sein, um zu trösten, zu beraten, zu tadeln oder zu necken.

Die Welt war weitaus komplexer und resonanter als zuvor.

Tom und ich sind jetzt hoffentlich in dieser Welt oder finden einen Zugang zu ihr. Hier irgendwo ist X, bereit uns zu helfen.

Diese neue Komplexität forderte mehr und gab mehr. Man benötigt ein Prisma, um zu zeigen, dass weißes Licht keineswegs weiß ist, sondern sich aus vielen Farben zusammensetzt. Und dies war das neue prismatische Zeitalter. Was früher als ein einziger Arbeitsgang betrachtet worden war – sagen wir, einen Bären aufschlitzen –, gliederte sich jetzt in viele Schritte: den Bären häuten, das Fell trocknen, die Sehnen herausschneiden, um damit Schnüre herzustellen, den Oberschenkelknochen in eine Hyäne verwandeln, den toten Bären ungefährlich und idealerweise wohlgesinnt machen. So sehen wir zum ersten Mal sorgfältig ausgetüftelte Werkzeugsätze mit speziellen Werkzeugen für spezielle Zwecke. Handeln und Denken vollzogen sich mit einer neuen Präzision. Man benutzte Klingen, um exakt nach einem im Voraus festgelegten Plan durch Gelenke und Organe zu schneiden, die man vormals nur mit einem stumpfen Faustkeil hatte zerquetschen und zersplittern können.

Wenn man die Führung einer Feuersteinklinge durch einen Bärenkorpus im Voraus plant und andere mögliche Schnittwege verwirft, bedeutet das, dass man auf einer Art virtuellem Reißbrett Möglichkeiten ersonnen und bewertet hat. Anders ausgedrückt: Der Mensch begann abstrakt zu denken. Er bewegte sich einen Schritt weg von der konkreten Welt aus Stein und Knochen hin zu einem anderen Tätigkeitsfeld – einem Ort, der wie das Reich der Toten für das bloße Auge unsichtbar, aber trotzdem real war, und der sich im Sichtbaren manifestierte, wenn man Stein behaute oder Knochen schnitzte.

Das Abstrahieren brachte immense Vorteile mit sich. So konnten etwa die verschiedenen Strategien, wie man einen Bären tötet, in aller Ruhe im Geist durchgespielt werden, ohne dass man riskieren musste, sie an einem realen Bären in einer Höhle auszuprobieren – wo man nur eine einzige Chance hatte, es richtig zu machen. Doch ohne die Vorstellung von einem »Ich« konnte es nicht funktioniert haben. Ein »Ich« musste der Hauptdarsteller in dem imaginären Drama sein: Ein »Ich« musste den Speer werfen und den Krallen ausweichen. Und zu dieser Vorstellung gehört, dass man sich selbst betrachtet und sich selbst gegenüber sein Selbst beschreibt.

Es gibt einen Begriff, der wörtlich »außerhalb von sich selbst stehen« bedeutet: *Ek-stase*. Die Wortherkunft ist bemerkenswert. Muss man außerhalb von sich selbst geraten, um die lustvollsten Empfindungen zu haben? Tja, meiner Erfahrung nach schon. Selbstsüchtige Kerle sind miese Kerle. Muss man eine gewisse Distanz haben, um sich selbst richtig sehen zu können? Nochmals ja. Doch sich selbst richtig zu sehen führt keineswegs zu lustvollen Empfindungen. Aber vielleicht waren die griechischen Selbstbetrachter, die den Begriff *Ekstase* erfunden haben, ja nettere Menschen als ich.

In den knöchernen Figuren des Jungpaläolithikums, die wir aus den Museen kennen, hat diese Ek-stase – die Selbstbetrachtung – Gestalt angenommen. Erstmals tauchen menschliche Gesichter auf. Sie sind die beredtesten Kunstwerke überhaupt, sie schreien geradezu heraus: »Das bin ich«, oder: »Das bist du, und ich unterscheide mich von dir.«

Was folgt aus alldem? In erster Linie: *Geschichten*. Sie und ich sind Darsteller. Und zwar solche, die nicht bloß mit den Händen in den Taschen herumstehen. Das können sie gar nicht. Sie handeln zwanghaft, und ihre Handlungen hängen miteinander zusammen und erzeugen eine Geschichte. Aus kleinen, lokal begrenzten Geschichten entstehen größere Erzählungen. Wenn man miterlebt, wie andere Menschen einem Felssturz, den Zähnen eines Löwen oder einem rasenden Mercedes zum Opfer fallen, kann einen nur jahrelange harte Konditionierung davon abhalten, eine Geschichte zu erzählen, die einem selbst und der eigenen Auslöschung etwas Sinnhaftes verleiht.

Aus dem »Ich« ging das »Du« hervor. Der Weg war geebnet für die menschliche Variante der Theory of Mind, also für unsere Spielarten der Liebe, der Empathie und der Habgier. Das alte Bedürfnis zu töten wurde umgeformt und bekam nun einen moralischen Anstrich. Aus der leisen quälenden Ahnung, dass es unter manchen Umständen verwerflich war zu töten, wurde ein gellender Schrei.[10] Das Selbstempfinden ist der Ursprung aller Gesetze, aller Ethik, allen Sadismus, aller Liebe und allen Krieges.

Sobald es ein »Ich« gab, bestand die Existenz nicht mehr nur aus einer Kette von Ereignissen. So blieb es ungefähr für die nächsten 45 000 Jahre, und dann sagte man uns (worauf wir noch eingehen werden), dass es gar keine Geschichten gab, sondern lediglich Ereignisse – dass selbst *wir* nur Ereignisse waren, chemische Ereignisse und ihre logischen Folgen. Manche Leute glaubten das sogar. Menschliches Bewusstsein offenbarte sich erstmals durch Symbolik: durch Dinge, die andere Dinge bezeichneten. Heute sagt man uns, dass nichts irgendetwas bezeichnet. Nichts ist bedeutsam.

Möglicherweise ist die »Ich«-Revolution nicht auf einmal auf alle Menschen herabgekommen, als eine einzige große Welle der Selbst-Erschaffung und der Selbst-Erkenntnis. Sie kann viele Male ausgebrochen sein, an vielen verschiedenen Lagerfeuern und im Lauf vieler Tausender Jahre. Aber wann und wo auch immer sie geschah: Sie machte *dich*.

Merkwürdig, dass X und sein Sohn überhaupt hier sind. Dies war der äußerste Rand der Welt, der Rand des Eises, eine Gegend voller gefährlicher Tiere, mit pfeifenden Schneegestöbern und heulendem Wind. Sie mussten einen guten Grund gehabt haben, ihre Heimat in Frankreich zu verlassen. Vielleicht hatten sie ihrer Familie erzählt, sie würden auf Mammutjagd gehen, aber damit das irgendwie glaubwürdig war, hätten sie mit einer Reihe anderer hier ankommen müssen, und davon habe ich nichts gesehen.[11] In seiner alten Heimat wäre X Teil einer etwa fünfzehnköpfigen Jäger- oder Nahrungssuchergruppe gewesen, hätte einer Sippe von ungefähr einhundertfünfzig Menschen angehört und wäre mit einem Netzwerk von rund fünfhundert Personen (mit derselben Sprache wie er) verbunden gewesen. Die meisten dieser fünfhundert sah er nur gelegentlich. Sie waren ferne flackernde Lichtpunkte, eine Rauchsäule, eine eiternde Wunde von einem Feuersteinspeer in der Flanke eines Rentiers oder (wenn sie von Hunger oder Wölfen heimgesucht worden waren) am Himmel kreisende Milane oder Raben. Ihre selbst beigebrachten Gesichtsnarben zeigten andere Muster, sie hatten andere Methoden, wie sie Umhänge zusammenrollten, sich beim Defäkieren hinhockten, Pfade markierten, Würste füllten, kopulierten und über Himmelskonstellationen nachdachten. Zu Kämpfen mit X' Sippe kam es selten. Wozu auch? Es war genug für alle da, und Kämpfen brachte Schmerz. Doch manchmal wehte ihr andersartiger Geruch in X' Tal (auch wenn sie selbst nie auftauchten), dann griff X nach seinem Messer und rüttelte seinen Sohn wach.

Ich vermute ja, dass X und sein Sohn eigentlich deshalb hier waren, weil da neuerdings so ein leises Kribbeln in X' Kopf war: Er hörte ein verhaltenes Wispern. Das Kribbeln schien eine Bedeutung zu haben, aber X konnte dem nicht näher nachgehen, solange er unter dem Druck familiärer Verpflichtungen stand – solange Kinder unterrichtet, Anordnungen der Frauen befolgt und Großeltern gefüttert werden mussten.

Letzten Endes musste X allein sein, um die kribbelnde Stelle zu befühlen und der Stimme zu lauschen. Allein zu sein bedeutete, bei und mit sich selbst zu sein. Da er aber nur zusammen mit seinem Sohn er selbst war, brachen sie zu zweit in die Kälte auf. Als er am Lagerfeuer saß, vernahm er die Stimme. »Ich, ich, ich«, sagte sie, und während er zuhörte, wurde sie immer lauter, übertönte das Heulen des Windes und das Rauschen des Waldes und brachte seinen Kopf und seine Welt zum Platzen.

An diesem Morgen stehe ich außerhalb meiner selbst, wie meine Vorfahren, die so schicksalhaft aus sich heraustraten. Ich bin daran gewöhnt, und es ist mir eine Last. Für sie jedoch war jenes erste Mal eine Neuerschaffung des Universums.

Ich sehe ein heruntergekommenes, ängstliches, stolzes, großes, bärtiges Tier in einer alten Tweedjacke, das eins dieser griechischen *komboloi* – Kettchen mit Sorgenperlen, die der Beruhigung dienen – und die gesammelten Gedichte von Thomas Hardy in der Tasche hat und das nicht im Dezember in einem Wald in Derbyshire lebt, sondern in der Vergangenheit und in der Zukunft: in virtuellen Realitäten, die sein despotisches Gehirn heraufbeschworen hat. Diesem Tier gefällt der Gedanke, dass es Abstraktionen als Werkzeuge benutzt, doch in Wirklichkeit ist es deren Werkzeug.

Aber Tom ist im Wald, und er ist ganz im Jetzt. Er klettert auf einen Baum und fällt herunter und hat in Echtzeit ehrliche, echte Schmerzen am Ellbogen. Er buddelt nach Wühlmäusen, wie es Hunde tun, mit den Händen scharrend schleudert er die Erde zwischen den Beinen heraus. Er leckt sich Erde vom Finger und sagt, sie schmeckt nach Maulwurf. Als sich das Sonnenlicht im Bogen seiner Pisse bricht, lacht er auf. Er versucht, ein Rotkehlchen zu hypnotisieren, und ehe ich ihn stoppen kann, erlegt er mit seinem Speer beinahe ein Schaf. Er schlürft Wasser aus dem Teich, streichelt Käfer, bewahrt einen Ohrwurm in einer Flasche auf, denkt sich nett gemeinte Spitznamen für Vögel und Bäume aus, dreht eine Stunde lang einen Stein in seinen Händen und befeuchtet ihn mit Spucke, um den Geruch von Farnen aus dem Karbon freizusetzen.

Er hat die große Gabe der Legasthenie. Ich nicht. Er ist sprachlich ein Versager und daher ein Ass in Sachen Sinnlichkeit und Seinshaftigkeit. Wenn er in einen Wald geht, sieht er einen Baum. Wenn ich in einem Wald bin, strömen Photonen von einem Baum und treffen auf meine Netzhaut. So weit, so gut. Doch dann fließen Datenströme über meinen Sehnerv in mein Hirn, und ab da wird es schwierig. Denn ich übersetze diese Daten beinahe automatisch in Dinge, die rein gar nichts mit einem Baum zu tun haben: Erinnerungsfragmente von Gedichten über Bäume, biologische Fakten über Bäume und so weiter. Wenn ich sage: »Das ist ein Baum!«, dann lüge ich oder mache mir etwas vor. Das ist kein Baum. Ich habe noch nie einen Baum gesehen. Tatsächlich habe ich noch nie (zumindest seit Jahrzehnten nicht) *irgendetwas* gesehen. Und ich wette, Sie auch nicht. Einmal habe ich einen erwachsenen Menschen kennengelernt, der wirklich Bäume sehen konnte, was mich so erregte und verängstigte, dass ich mich geradewegs Richtung Flughafen davonmachte und mein Gepäck und meine Freundin in einem Bergkloster zurückließ. Ich bin in meinen eigenen Kopf eingesperrt. Ich bin vollkommen selbstbezüglich bis hin zur Selbstüberhöhung. Was gefährlich, aber auch langweilig ist. Ich würde gern mal einen Baum sehen. Nach dem, was ich gehört habe, sind Bäume weitaus interessanter, farbenfroher und charismatischer als meine Gedanken über sie.

Tom hat schon eine Menge Bäume gesehen. Hoffentlich hilft er mir, das auch mal hinzukriegen.

X besaß einen kleinen Stamm an Wörtern, als er seine Sippe verließ und hierherkam. Es waren simple, kurze Gebrauchswörter – eher grobe Faustkeile als scharfe Messer oder spitze Nadeln. Wenn er im Winter mit seinem Sohn allein war und auf das Eis und auf seine Hände starrte, lagen die Wörter unbenutzt in seinem Kopf herum. Dabei setzten sie Patina an. Sie wurden überwuchert von den langsam wachsenden Flechten verknüpfter Vorstellungen und begannen, komplex zu werden und in der Frequenz von quakenden Fröschen oder dem Zittern des Grases mitzuschwingen. Dann vermehrten sie sich. Und als im Frühling der Schnee schmolz und X zu der tropfenden Sandsteinhöhle zurückkehrte, in der seine Familie auf ihn wartete, da brachen die Wörter aus ihm hervor und verbreiteten sich in der ganzen Sippe.

»Geht's hier eigentlich noch um irgendwas anderes als nur darum, im Wald herumzugammeln, Dad?«, will Tom wissen.

Eine sehr gute Frage.

»Es ist einfach so was wie Camping, oder?«, fährt er fort. »Nur ohne Klo.«

»Und ohne Zelt. Und ohne Essen«, ergänze ich und versuche mir einzureden, dass das stimmt.

Wir gammeln tatsächlich nur herum. Das ist besser als nicht herumzugammeln, aber wir leben nicht wirklich wie Jäger und Sammler. Kälte und Schmutz gehören zu meinem normalen Alltag. Der wesentliche Unterschied ist jedoch, dass Jäger und Sammler so leben *mussten*. Wir nicht. Für uns gibt es eine Menge Alternativen, wobei wir auf unserer Suche nach Sinneseindrücken aber vielleicht besser darauf verzichten. Zu wissen, dass wir Bohnen und Chips im Dorfladen und in wenigen Stunden in Oxford ein Bett und ein Dach über dem Kopf haben können, würde das Ganze zu einem Schwindel machen.

Doch in gewisser Weise sind auch wir den Launen der Wildnis unterworfen, so wie Jäger und Sammler damals und noch heute. Ein alter Freund von mir wurde vor ein paar Monaten von einem Elektrischen Sturm – einer gefährlichen Herzrhythmusstörung – dahingerafft. Er hatte keine Chance. Das unterscheidet sich nicht allzu sehr von einem Blitzschlag. Einen anderen Freund brachte das unkontrollierte Wachstum von Darmzellen mit einem Bein ins Grab, doch er überlebte – ohne seinen Dickdarm, ohne seinen Glauben an die Güte der Götter und ohne Haare. Das kommt einem Beinahe-Zusammenprall mit dem lokalen Wolfsrudel ziemlich nahe. Und das unkontrollierte Wachstum der Neurosen in meinem Kopf – die jedem künftigen Tagebucheintrag den Stempel »Konditional« aufdrücken – ähnelt doch sehr der Erkenntnis eines Höhlenmenschen, dass er auf dieser windgepeitschten Ebene festsitzt, was immer sie mit ihm anstellen mag; dass er sich mit dem abfinden muss, was er hat, und, falls das nicht reicht, selbst mit größtem Geschick nicht mehr daraus machen kann.

Wie es ist, von einem Tag zum nächsten und von der Hand in den Mund zu leben, ist mir nicht gänzlich fremd. Ich bin durch Wüsten gewandert, wo ich ziemlich elend umgekommen wäre, wenn ich nicht das nächstgelegene Wasserloch gefunden hätte oder dieses ausgetrocknet gewesen wäre. Ein regelmäßiges Einkommen hatte ich nie. Auch bin ich über Meere gesegelt, die mich verschlingen wollten, oder habe solche durchschwommen. Wenn man unvorhergesehene Ereignisse einmal erschnuppert hat, riecht man sie immer. Hier im Wald ist ein solches Ereignis.

Und X ist ebenfalls da. Gestern Abend hat er unten an einer Mauer geschnuppert, wo sich der säuerliche Rülpser eines Rehs verfangen hatte. Ich höre ihn nie herumschleichen. Anscheinend trägt er Schuhe aus weichem Rentier-Leder, gegerbt mit dem Urin seiner Frau, sie verursachen keine Trittgeräusche auf Sarahs Feld. Und er schleicht wohl auch auf Zehenspitzen um die Zweige auf dem Waldboden herum. Doch gestern Abend ist der Junge gestolpert und hingefallen und hat dabei geflucht.

Die Idee ist, den Beginn des modernen menschlichen Verhaltens mitzuerleben. Den ersten »Ich«-Rausch zu spüren, nachdem Subjektivität injiziert worden ist; das erste Aufflackern von Bewusstsein und die erste Detonation von Geschichten zu beobachten und unter der Lawine exponentiell wachsender Möglichkeiten begraben zu werden.

Ein ziemlich großes Ding für einen krankhaft verkopften Mann, einen Jungen, ein Katapult und eine Tüte mit Cornish Pasty.

Wenn wir es richtig machen wollen, müssen wir das Bewusstsein verlieren: unsere Festplatten löschen und darauf hoffen, dass wir neu gestartet – nein, überhaupt gestartet – werden können.

Dann will ich versuchen, die schöne neue Welt, die wir mit unseren jungfräulichen Augen, Nasen, Ohren und Seelen wahrnehmen, zu beschreiben.

Eine knifflige Angelegenheit. Denn neben den Fleischpasteten und dem Katapult nehmen wir auch *uns selbst* mit in den Wald – Bewusstseinskerne, die von Erinnerungen und Charakterzügen verkrustet sind: Ichs, die sich in Selbstdeutungen ergehen und dabei eine Menge tief verwurzelter Sprache benutzen.[12]

Vor ein paar Jahren sprang ich (recht verwegen, wie ich fand) auf ein Podium, um eine Vorlesung zu halten, fiel jedoch hin und kugelte mir die Schulter aus. Es war ziemlich schmerzhaft.

Man fuhr mich ins Krankenhaus und versuchte, die Schulter wieder einzurenken. Dabei verabreichte man mir MEOPA, ein Sauerstoff-Lachgas-Gemisch, das gebärenden Frauen bekannt sein dürfte. Es zerbrach mich in zwei Teile. Der eine Teil erhob sich aus meinem Körper und schaute auf den Körper herab, wie er schwitzte und schrie, und auf den Krankenpfleger, der versuchte, vorsichtig meine Schulter ins Gelenk zurückzubugsieren. »Ich« konnte die deformierte Schulter, die Pigmentflecken oben auf meiner Glatze und den sauber gezogenen Scheitel des Pflegers sehen. Mochte der Körper auch Schmerzen haben, das wahre »Ich« – das beobachtende – hatte keine. Allerdings wusste es, dass der Körper litt, was es bedauerte, und es wünschte, die Schmerzen mögen verschwinden – aber auf eine eher distanzierte Art, etwa wie man einen Wirbelsturm in Mosambik bedauert. Soweit ich das sagen kann, hatte das ätherische »Ich« all »meine« typischen Wesensmerkmale. Das Jammern des Körpers war ihm peinlich, und es empfand Mitleid mit dem Pfleger, der sich ausgerechnet am Ende seiner Schicht noch mit so einem Fall herumschlagen musste. Das »Ich« vermisste seine Familie und fragte sich, ob die Erkältung seiner Tochter abgeklungen war und ob ihre Mutter in dieser Nacht endlich wieder ein Auge zutun würde. Obwohl es keinen Körper hatte, empfand es dennoch Gelüste, es freute sich darauf, einen Berg hinaufzugehen und Porridge zu essen. Dann drehte der Pfleger den Arm allzu heftig, der Körper schrie auf und sackte nach vorn, der Schlauch fiel aus dem Mund, und ich und mein Körper wurden allmählich wieder eins.

Ähnliches, aber nicht ganz so Dramatisches spielte sich unter dem Einfluss medizinischer Opiate ab. Ich bekam sie in beträchtlichen Dosen, nachdem ich mir an Klippen und im Meer die Knochen zu Brei geschlagen hatte. Zwar ließen die Opiate das »Ich« nicht wie eine Rauchsäule aufsteigen; es blieb diesmal drinnen. Aber seine Interessen waren nicht dieselben wie die des Körpers. Auch scherte es sich nicht sonderlich um das Kreischen der Neuronen, obwohl es sie durchaus hörte. Morphin bewirkt, dass einen nichts mehr kümmert.[13] Dasselbe tun auch die endogenen Opioide, die unser Körper ausschüttet, wenn uns ein Ziegelstein auf den Fuß fällt. Ist das Gehirn entsprechend trainiert, kann es sozusagen dafür sorgen, dass wir uns nicht sorgen.

Was hat dieser interessante Abend in einem Oxforder Krankenhaus mit den Anfängen des menschlichen Bewusstseins zu tun? Nur eins: Er legt die Vermutung nahe, dass das, was auch immer das »Ich« ist, sich in einer Art und Weise zu bewegen vermag, die uns unbegreiflich ist. Wenn ich in einem Krankenhaus über dem Mittelscheitel eines Pflegers schweben kann, dann kann ich vielleicht auch durch Wände gehen, durch sie hindurchsehen, eine Feuerbestattung überleben, mir den Gürtel des Orion umschnallen oder – prosaischer – die Kontrolle über den Körper eines Elchs erlangen.

Denken Sie an die Höhlenmalereien im jungpaläolithischen Europa. Meistens stellen sie Tiere dar, und ihre Ausführung ist oft verblüffend. Die Künstler wussten, wie Auerochsen stehen, wie erschreckte Rehe den Kopf in den Nacken werfen, wie die Gedärme eines Bisons beim Ausweiden herausquellen. Sie waren großartige Naturalisten, aber diese Wände sind keine reinen Bestiarien. Zwischen den naturalistisch wiedergegebenen Tieren galoppieren Ungetüme: Therianthropen (Mischwesen aus Mensch und Tier) und Schimären, die sich aus Bestandteilen verschiedener Tiere zusammensetzen. Die Künstler nutzten die natürliche Beschaffenheit des Felsens, um ihren Tieren Leben einzuhauchen. So wird eine Ausbuchtung zu einem Kopf oder einem Muskel. Man hat beinahe den Eindruck, als würde das Tier aus einer Welt hinter dieser steinernen Wand in die Höhle eindringen.

In all diesen Darstellungen laufen die Tiere nie über einen Boden. Tatsächlich haben sie nie irgendeinen realen räumlichen Kontext, abgesehen von der Höhlenwand. Man sieht sie nie vor einem Berg oder einem Baum oder beim Durchqueren eines Flusses. Sie scheinen zu schweben.

Die Wandmalereien zeigen aber noch mehr: Wellen- und Zickzacklinien in Reihen, Schachbrett-, Leiter-, Netz- und Wabenmuster und Punkte – die die aufwendig ausgeführten Tiergestalten oftmals überlagern. Sind das einfach nur Graffiti-Schmierereien von zerstörungswütigen Rowdys des Jungpaläolithikums? Wenn das so ist, dann sind die Rowdys im Laufe der Epoche immer mutiger und aktiver geworden. Im Magdalénien (dem jüngsten Abschnitt des Jungpaläolithikums vor ca. 12 000 bis 17 000 Jahren) tauchen diese Muster überall auf.

Malereien aus dieser Zeit sind auch in Afrika sehr verbreitet – sie wurden dort sogar bis ins 19. Jahrhundert v. u. Z. angefertigt –, finden sich aber häufiger im Freien auf überdachten Felswänden als in Höhlen. Wobei es in Afrika sehr viel mehr Darstellungen von Menschen gibt, fast so viele wie von Tieren; in Europa hingegen sind Menschendarstellungen sehr selten.

Die humanoiden Figuren in Afrika, von Meisterhand gemalt, sind oft bizarr in die Länge gezogen. Häufig stehen sie vornübergebeugt oder mit den Armen hinter dem Rücken da, und manche haben offensichtlich einen erigierten Penis. Mitunter sind sie von Speeren oder Pfeilen durchbohrt, manchmal fließt ihnen auch etwas aus den Nasenlöchern. Gelegentlich führen sie Tiere an Stricken mit sich. Therianthropen und Schimären sind allgegenwärtig, und die geometrischen Muster ebenso.

Was haben wir da vor uns? Es gibt im Wesentlichen vier Deutungsversuche. Der erste lautet: »Wir haben keine Ahnung«, und diesen sollte man immer durchaus ernst nehmen. Der zweite lautet: »Es ist Kunst um der Kunst willen«, was offensichtlich Unsinn ist. Etliche der europäischen Höhlenmalereien befinden sich an Stellen, die zu erreichen äußerst schwierig und manchmal auch gefährlich sind. Das bekannteste Beispiel ist der »Schacht des toten Mannes« in Lascaux im Südwesten Frankreichs. Man muss sich durch einen winzigen Felsspalt zwängen und sich dann einen steilen, fünf Meter tiefen Abgrund auf einen Felsvorsprung hinunterlassen. (Versuchen Sie das mal im Dunkeln oder mit einer Kerze in der Hand, die vom Fett aus Auerochsennieren trieft.) Erst dann bekommt man den vogelköpfigen, vierfingrigen Mann zu Gesicht sowie den sterbenden Bison, der im Begriff ist, ihn aufzuspießen. Das ist kein Ort für eine Gemäldegalerie, und es war auch keine. Die »Kunst um der Kunst willen«-Theorie vermag zudem nicht die Existenz und die jeweiligen Formen der geometrischen Muster zu erklären, geschweige denn warum sie zusammen mit den figürlichen Darstellungen auftauchen. Dagegen spricht außerdem, dass häufig ältere Bilder mit neueren übermalt wurden, obwohl noch eine Menge ungenutzter Platz an den Wänden zur Verfügung stand.

Die dritte Theorie bringt die »Jagdmagie« ins Spiel und war eine Zeit lang recht populär, doch für die geometrischen Muster hat sie auch keine bessere Erklärung als die »Kunst um der Kunst willen«-Hypothese. Die geringe Anzahl von Wurfwaffen passt ebenfalls nicht ins Bild. Wenn mit den Malereien bezweckt werden sollte, ein gejagtes Tier mit einem Zauber zu belegen, der eine erfolgreiche Jagd garantierte, würde man doch erwarten, dass viele der Tiere mit Pfeilen und Speeren geradezu gespickt sind. Das ist aber selten der Fall, nur bei 3 bis 4 Prozent. Wir haben auch eine recht genaue Vorstellung davon, was zu jener Zeit die bevorzugten Beutetiere waren, und das sind nicht die, die man am häufigsten auf den Höhlenbildern sieht.

Durch Zufall kam der südafrikanische Archäologe David Lewis-Williams der mutmaßlich wahren Geschichte zumindest teilweise auf die Spur.[14] Von ihm stammt die vierte Theorie. So wie wir fragte er sich, was er von den Felsmalereien im südlichen Afrika halten sollte. Dann las er Interviews mit San-Buschmännern, die in den 1870ern geführt worden waren, und alles ergab einen Sinn. Die Malereien und Gravuren seien, so die Buschmänner, von Menschen »voller übernatürlicher Kräfte« angefertigt worden – von Schamanen. Die Schamanen traten ihre spirituelle Reise nach erschöpfenden Trance-Tänzen an, die bis zu vierundzwanzig Stunden dauern konnten, und das, ohne Nahrung oder Wasser zu sich zu nehmen. Durch die Dehydration wurden manchmal die Äderchen in der Nase brüchig und platzten – daher das auf den Gemälden dargestellte Nasenbluten. In ihrer Trance tanzten die Schamanen auch oft in dieser vornübergebeugten Haltung. Die Therianthropen wiederum zeigten die Schamanen, wie sie gerade die Tiergestalten annahmen oder verließen, mit deren Hilfe sie in die spirituelle Welt reisten, und viele der anderen Bilder vermitteln Einblicke in das, was sie währenddessen gesehen hatten. Die Felsenbilder waren *Reiseberichte*.

Die geometrischen Muster wiederum könnten die allgegenwärtigen »entoptischen Phänomene« sein, die oft im Zusammenhang mit veränderten Bewusstseinszuständen auftreten. Damit sind die visuellen Erscheinungen gemeint, die man beim Eintritt in einen anderen Bewusstseinszustand sieht, ob mit oder ohne Hilfe bewusstseinsverändernder Substanzen. Gut möglich, dass wir alle sie sehen, wenn wir sterben. Solche veränderten Bewusstseinszustände gehen für gewöhnlich mit dem Gefühl einher, dass sich die normalen Ausmaße unseres Körpers verändert haben – daher die in die Länge gezogenen Gestalten. Haben Sie sich nicht auch schon einmal ungewöhnlich groß oder klein gefühlt, wenn Sie in einen Traum versunken oder daraus erwacht sind? Und was ist mit den Erektionen? Sie zeigen, dass der unter Trance stehende Schamane im Begriff ist, eine ekstatische Penetration zu vollziehen. In eine Frau einzudringen ist, so sagen die Schamanen, wie in eine neue Welt einzudringen, und der grobe männliche Leib unterscheidet nicht so genau, ob er eine Vagina penetriert oder sich des Körpers eines Gnus bemächtigt.

In vielen Teilen der Welt verweisen Gestalten, die mit Gegenständen durchbohrt sind, auf Schamanismus. Mircea Eliade und Joan Halifax haben genau aufgelistet, welche grausigen Martyrien Schamanen erleiden mussten – besonders bei ihrer Initiation.[15] Schamane oder Schamanin zu werden ist keine Kleinigkeit. Es vollzieht sich jedenfalls nicht innerhalb weniger Stunden in einem Zelt auf einem Sommerfestival, auch wenn noch so laut getrommelt wird, der Apfelwein noch so stark ist und die Hosen einen noch so hohen Anteil an Bio-Hanf haben. Bei der initiatorischen Trance-Reise in die spirituelle Welt erfährt die Schamanennovizin üblicherweise Folter, Amputation und Tod. Ihr geschundener Körper wird dann wiederhergestellt, und sie wird in ihrem irdischen Leib wiedergeboren. Fortan ist sie verwandelt. Da die andere Welt ihr neuer Geburtsort ist, hat sie das Recht, in der Gegenwart der Geister zu weilen. Sie besitzt gewissermaßen eine doppelte Staatsbürgerschaft und kann als Mittlerin für die erdgebundenen, aber den Geistern zugeneigten Menschen fungieren. Auch vermag sie Dinge aus der spirituellen Welt zurückzuholen – beispielsweise diese Tiere an den Stricken.

Der allererste wirkliche Nachweis für Versinnbildlichungen, Religionen und anderes, das uns »Ich bin« entgegenschreit, stammt aus genau derselben Zeit wie die Belege für diese schamanischen Reisen. Das legt die Vermutung nahe, dass die Reisen selbst Bewusstsein *verursachten*.[16] Dafür gibt es natürlich keinen Beweis, aber es ist nicht nur wildes Theoretisieren von um Selbstrechtfertigung bemühten LSD-Konsumenten: In den archäologischen Bibliotheken ist diese Hypothese durchaus würdig vertreten. Jene Stimmen in X' Kopf sagen ihm, dass er auf Reisen gehen soll. Um sich selbst zu finden oder zu er-finden, muss er von der anderen Seite der Höhlenwand auf seinen Körper schauen, möglicherweise mit Geweih, das ihm aus den Schläfen sprießt. Um in seinem eigenen Kopf zu sein, muss er außerhalb seines Kopfes sein.

Dieser Gedanke erscheint mir ganz plausibel, während wir in unserem winterlichen Wald vor uns hin frösteln. Reisen bildet den Geist; spirituelle Reisen könnten ihn umgeformt haben. Oder erschaffen. Oder befreit vom Panzer des Stofflichen, in den er eingesperrt war. Vielleicht kommt es darauf an, sich weit genug von sich zu entfernen, um sich selbst zu sehen. Mithilfe des Lachgases habe ich es etwa zwei Meter aus meinem Körper heraus geschafft – und das genügte, um mich davon zu überzeugen, dass mein Ich ganz anders aufgebaut ist, als ich gedacht hatte: dass es aus Teilen besteht, die wir – sofern wir am Leben, gesund und nicht in einem Drogenrausch sind – als so eng miteinander verwoben wahrnehmen, dass wir sie als eins betrachten; doch sie können voneinander losgelöst werden. Wenn für diese Erkenntnis bereits eine Distanz von zwei Metern genügt hat, welchen Effekt hätte dann eine solche Selbstbetrachtung aus einer vollkommen anderen Welt heraus auf jemanden, der zuvor keine Vorstellung von einem Ich hatte und sich nie weiter als einen Fünf-Tages-Marsch entfernt hatte, wenn er Rentiere jagte? Wenn man in einem Flugzeug über sein Haus fliegt, schaut man hinunter, deutet darauf und behauptet von einem kaum erkennbaren schachtelförmigen Gebilde: »Schau, das ist mein Haus!« Könnte uns der Blick aus einer anderen Welt nicht zu dem faszinierten Ausruf verleiten: »Schau, das bin ich!«?

In dieser Nacht können wir nicht schlafen. »Bist du wach?«, frage ich Tom alle paar Minuten grundlos. »Ja«, antwortet er jedes Mal einsilbig.

Auf meiner Seite des Unterschlupfs schwillt die Dunkelheit an, pocht, stößt gegen uns. Die Bäume ächzen unter dem Druck: Sie sind nicht Teil der Dunkelheit, aber darin gefangen wie wir. Normalerweise sind Krähen nachts still, aber da ruft eine aus der Richtung einer hohen Birke neben den Grubenanlagen: Sie kräht bei jedem Atemzug wie ein dämonisches Metronom. Erst ein paar Stunden später hört sie abrupt auf, als hätte jemand sie am Hals gepackt, und die Dunkelheit hört auf sich aufzublähen. Dazu brauchte sie den Atem der Krähe.

Langsam und widerwillig bricht der Tag an. Wir hören, wie Menschen nach Manchester fahren, um das Bruttoinlandsprodukt zu steigern.

Sogar jetzt, mitten im Winter, gibt es im Hochmoor Hagebutten, alte Weißdornbeeren und umherschwirrende Wacholder- und Rotdrosseln; im Tal jagen Raben und Bussarde auf unserer Augenhöhe nach Beute. Das Krächzen der Raben klingt dumpf. Wahrscheinlich haben sie dem Schaf auf dem Feld über unserem Lager die Augen ausgehackt. Ein Kaninchen quietscht wie Reifen in einer engen Kurve. Das Wiesel wird es an der Drosselvene ausbluten lassen, bis es verstummt.

Für das Dach unseres Unterschlupfs sammeln wir alles, was wir in die Hände kriegen. Das ist nicht viel – nur etwas altes Farngestrüpp und ein paar Klumpen verkackter Wolle, die man den Schafen letzten Sommer abgeschnitten hat, damit sie nicht zu sehr von den Fliegen geplagt werden. Auch wenn es nicht authentisch ist (eigentlich sollten wir ein oder zwei Rehe töten und ihre Felle zusammennähen), verwenden wir die Plane als Dach. Kein jungpaläolithischer Mann, der seine Sinne beisammenhat, würde darüber die Nase rümpfen.

Aber Tom ist Purist, und er ist gekränkt. Er benutzt zum Schneiden nur Feuerstein und bleibt lieber hungrig, als die Fleischpasteten zu essen. Seine Steinwerkzeuge hat er selbst hergestellt, hat sie in einem Garten in Norfolk zurechtgehauen.[17] Teilweise, denke ich, rührt sein Purismus von der entzückten Verwunderung her, die jedes Kind empfindet, wenn es feststellt, dass es sich durch eigenes Tun eine neue Welt erschließen kann. Er ist ein Fundamentalist, trunken und besessen vom berauschenden Sog seiner Handlungsmacht.

Der Fuchs liegt mit geöffnetem Leib vor ihm. Tom hat zu fest zugedrückt, sodass der Dickdarm herausgeplumpst ist. Jetzt passt er besser auf, er hebt die Haut an, bevor er hineinschneidet, und führt den Schnitt weiter bis zum Hals und dann die Läufe entlang. Durch den Zusammenstoß mit dem Auto hat sich auf der Brust des Tieres ein Bluterguss gebildet, und das Blut unter der Haut sieht aus wie Himbeermarmelade. Tom hängt den Fuchs an einen Baum, führt einen Stock unter eine der Beinsehnen und zieht den restlichen Balg ab. An manchen Stellen macht der Balg ein schrappendes Geräusch, an anderen löst er sich leicht und in Wellen wie geschlagene Sahne. Nachdem Tom ihn auch an Kopf und Läufen abgezogen hat, sehen wir uns den Wald durch die Augenlöcher des Fuchses an. X hätte sich das Fell übergezogen und bis zum Einschlafen den Mond durch diese Löcher betrachtet.

Tom wischt das Feuersteinmesser am Boden ab und tritt zurück, um sich den Kadaver anzusehen. Sogar jetzt wirkt der Fuchs noch lebendiger als der fitteste Haushund. »Was für eine Maschine!«, meint Tom bewundernd. Das hätten Jäger und Sammler nicht gesagt.

Nun nimmt sich Tom die Kaninchen vor. Beim zweiten hat er den Bogen raus. Er weiß genau, wie er das Messer führen muss, um die Gelenke aufzubrechen. Die Oberfläche der Gelenkknochen glänzt, so wie einst die Augen. Wenn das Fell am Kopf abgezogen ist und die Augen keine Lider mehr haben, empfindet man kaum noch etwas für das Tier.

Ich helfe Tom bei einem der Kaninchen. Es fühlt sich sauberer an, wenn man ein Messer benutzt, das man selbst hergestellt hat. Man übernimmt Verantwortung für die Schnitte; mögen sie noch so misslungen sein, ist es doch besser, sich einzugestehen, dass man sie selbst ausgeführt hat. Auch ist es sauberer, mit einer Klinge zu töten als mit einem Gewehr, weil man sich nicht auf mildernde Umstände aufgrund der Distanz herausreden kann. Man sieht das Tier, trifft die Entscheidung, es zu töten, stößt mit dem Messer zu, und das Tier stirbt durch deine Hand. Wenn man den Finger am Abzug krümmt, kann man sich einreden, dass es eine Menge Technik war, die das Tier umgebracht hat. Du hast Mittäter, die mit dir auf der Anklagebank sitzen und deine Schuld kleinreden: Waffenschmiede und Waffenhändler, Munitionshersteller und Behörden, die dir die Lizenz zum Töten ausgestellt haben. Selbst die Möglichkeit, dass du danebengeschossen haben könntest, hilft dir, dich aus der Verantwortung zu stehlen. Aber wenn du mit einem Messer zustößt, tust du es mit deiner eigenen Kraft, und daran gibt es nichts zu deuten.

Wir machen ein Feuer aus Weißdornreisig und braten uns die Kaninchen zum Frühstück. Sie sind mager, ohne Fett, sodass sie anbrennen und wir Kohle kauen. Es gibt eines für jeden. Dass wir den Fuchs nicht essen, versteht sich von selbst. Warum das so ist, weiß ich nicht genau. Aber wenn X einen Jäger getötet hätte, hätte er sein Leben verwirkt.[18]

Im jungpaläolithischen Derbyshire hatte man vielleicht auch Kaninchen gegessen, aber die letzte Eiszeit hat sie ausgerottet; die jetzigen sind Abkömmlinge der Tiere, die die Römer eingeführt haben.[19]

»Die schmecken echt alt«, sagt Tom.

Und sie sind auch echt alt. Wie alles andere bestehen sie aus pulverisierten Sternen. Die Vergangenheit ist überall: Sie nistet in unseren Genen, unseren Proteinen, unseren Knochen und unseren Algorithmen. Wir atmen Vergangenheit. Mit dem Atemzug, den ich gebraucht habe, um die Energie zu verbrennen, damit ich diesen letzten Satz aufschreiben konnte, habe ich auch etwas von X' letztem Atemzug in mich aufgenommen. Wenn ich mich bücke und das Erdreich rieche, erhalte ich einen sofortigen Transekt über die letzten 500 Millionen Jahre. All diese Jahre landen, übereinandergehäuft und ineinandergepresst, als ein Päckchen vor meiner Nase. Ich lebe gleichzeitig in Millionen ineinandergeschobener Jahre. Könnte ich einzelne Jahre herauslösen, fände ich darin Schwefel von der Geburt eines Atolls im Känozoikum, den Mundgeruch eines Pterodaktylus, den Fußpilz eines römischen Legionärs, malaysischen Gummi von der Sohle des Stiefels eines australischen Höhlenkletterers, das Imbiss-Sonderangebot des Pubs vom letzten Monat und die Panik einer Amsel von vor einer Stunde.

Manchmal meine ich, X zu sehen. Manchmal steht da neben der Scheune eine Gestalt. Ich nehme ihn immer nur aus dem Augenwinkel wahr, sobald ich den Kopf zu ihm drehe, ist er schon in den Stein zurückgesprungen. Gelegentlich wird X von einer kleineren Gestalt begleitet, die sein Sohn sein muss. Der Junge verweilt noch einen Augenblick, nachdem ich mich zu ihnen umgedreht habe, als wollte er, dass wir uns anfreunden. Eigentlich sind wir hergekommen, um uns von ihnen helfen zu lassen, aber es scheint, als bräuchte der Junge irgendeine Art Hilfe von uns.

Die jungpaläolithischen Menschen hier zogen rastlos in Europa umher, von Nord nach Süd und von Süd nach Nord, kurz hinter oder kurz vor den Eisschilden, immer auf der Jagd nach dem Frühling. Wenn das Eis schmolz, drangen sie in das freigelegte Land vor, wenn das Land überfror, gingen sie dorthin, wo noch Gras und Blumen wuchsen. Einige wenige, die verächtlich auf jene herabsahen, die zu den Fleischtöpfen des Südens zurückgeflüchtet waren, harrten wahrscheinlich auf den Eisschilden aus, mit Frostbeulen im Gesicht und schmerzenden Augen, und lebten von ihrem Stolz und von getrocknetem Wildfleisch, an dem sie sich die Zähne ausbissen. Sie tauschten Bequemlichkeit und einen vollen Bauch gegen ein Gefühl von Überlegenheit und bessere Jagdbedingungen ein, denn im Schnee ließen sich die Wildtiere leichter aufspüren. Ich kenne diese Sorte Menschen.

Zu manchen Zeiten war dieses Tal vergletschert, zu anderen Zeiten nicht. So oder so wäre unser Unterschlupf ein praktischer Winterstützpunkt für Leute gewesen, die im Begriff waren, so zu werden wie wir – besser wäre allerdings eine Höhle gewesen oder zumindest eine Felswand an der Rückseite. Die Wanderungsbewegungen der Jäger wurden durch die Tiere bestimmt, und den Pfad vom Tal hinauf – auf dem sich heute an Feiertagen kichernde Horden von Wanderern mit fluoreszierenden Gürteltaschen tummeln – haben die Hufe durchziehender Rentiere ausgetreten. Wehte der Wind oberhalb ihrer Nasen oder ihrer Hinterteile, hätte sie der Geruch eines auf unserer Plane kauernden Menschen nicht erreicht; aber ein Speer mit Feuersteinspitze eventuell schon. Kam der Wind von der Seite, wurde es schwieriger. Sogar wenn dem Jäger der Wind ins Gesicht blies, konnten Geruchsspuren von Bäumen oder von der anderen Talseite zurückprallen wie Kugeln in einem Flipperautomaten. Gerüche werden in Tälern herumgewirbelt. Ich habe eine Ewigkeit lang versucht, mir ein genaueres Bild von den Wirbeln hier zu machen. Wenn man in einem Tal jagt, hat man nur einen einzigen Versuch. Geht er daneben, bleibt man hungrig und hat keine andere Wahl, als der Fährte der Herde zu folgen.

Was die Menschen damals auch taten. Die Rentiere hatten ihre Migrationsrouten, und diese Routen wurden auch die der Jäger. In manchen Jahreszeiten legten die Rentiere mehrere Hundert Kilometer zurück, immer mit den Jägern auf den Fersen. Ruhten sich die Rentiere aus, taten die Jäger das Gleiche. Zogen die Rentiere weiter, wurden die Taschen gepackt und die Zelte abgebrochen. Es war wie eine Ehe – aber eine bedeutsame, auf gegenseitiger Abhängigkeit basierende, die sich durch mehr Respekt auszeichnete als die meisten Ehen, die ich kenne.

Eine solche Beziehung unterhielten die Jäger nicht nur zu den Rentieren: Sie bestand auch zu jedem Stück Erde, das sie und die Rentiere betreten oder auf dem sie geschlafen hatten, zu jeder Nase voll Luft, die vor Informationen vibrierte, zu allem Lebendigen, mit dem sie durch einen feierlichen, schaudererregenden Bund der Unterwerfung und der freudigen Pflichterfüllung verbunden waren. Und alles Lebendige hieß *alles*. Denn sobald die Jäger erkannt hatten, dass sie Seelen besaßen, stellten sie fest, dass das auch auf alles andere zutraf. Diese Entdeckung prägte das ganze menschliche Denken bis vor etwa vierhundert Jahren. Daraus ergab sich allerdings ein großes, weitreichendes Problem, denn die Menschen mussten etwas essen, und da alles (auch Pflanzen) eine Seele hatte, bedeutete das, dass jeder Bissen von einer beseelten Kreatur stammte.[20] Man löste das Problem – oder schwächte es zumindest ab –, indem man Regeln für angemessenes Verhalten, Besänftigung, Beschwörungen und Abbitte einführte – Grundpfeiler für die Moral und letztlich für die Religion. Heute sehen wir das Problem nicht mehr und halten diese Regeln daher für überflüssig.

Das Leben der Jäger und Sammler lässt sich leicht romantisch verklären (wie ich es gerade getan habe), aber man kann gar nicht überschätzen, wie bedeutsam die Beschaffenheit ihrer Welt war: erfüllt von Handlungsmacht und Handlungsantrieb; schwer von moralischer Last und den daraus folgenden Verpflichtungen; strotzend vor Möglichkeiten; und von frühesten Zeiten an eingebettet in eine allumfassende Geschichte.

»Erzähl mir eine Geschichte, Dad«, bittet Tom.
Aber ich habe keine für ihn.

In Derbyshire gibt es keine Rentiere mehr. Der moderne Mensch hat sie alle aufgegessen und ist dann zu Schafen und den winzigen, duldsamen Auerochsen übergegangen, die man später Kühe nannte. Einmal brachte ich einen Sommer damit zu, den mutmaßlichen Routen der Rentiere durch den Peak District zu folgen: durch Talsenken, über Anhöhen und Wasserscheiden, durch Heidekraut, Farn und Fußballfelder; ich watete durch Bäche, stapfte in Serpentinen Geröllfelder hinauf, trottete Straßen entlang, trat gegen Flaschen, schimpfte auf Autos und hob zerquetschte Schmetterlinge auf. Über Rentiere habe ich zwar nicht viel erfahren, aber ich habe gelernt, Verlorenem nachzutrauern – was mir ein bisschen später von Nutzen sein sollte.

Da wir keinen Rentieren nachstellen können und sich die Rehe wegen der Kälte allzu nahe bei den Gemüsegärten des Dorfs aufhalten, verfolgen wir stattdessen Kaninchen, Elstern und Rotkehlchen. Auch sie haben ihre Rundwege.

So etwas wie Kaninchen, Elstern oder Rotkehlchen gibt es nicht. Es gibt nur Individuen.

Da haben wir einen großen Rammler mit einem wässrigen Auge und einer Narbe auf der Nase, der ungern früh aufsteht und voller Arroganz auf das Jungvolk herabschaut, als wäre Ausgelassenheit etwas Unverantwortliches. Ich sehe ihn mittags herausstolzieren und in der schweren Luft schnuppern, ehe er, angewidert vom Universum, wieder schlafen geht. Fünf Stunden lang liege ich gegenüber von seiner Böschung in alten Brennnesseln, sodass mein Nacken für die Asseln ein fester Bestandteil der Landschaft wird. Der übellaunige Alte taucht um fünf Uhr nachmittags wieder auf und hoppelt in die Dunkelheit, und als ich um Punkt elf ein scharrendes Geräusch höre, erwidert er meinen Blick, empört über meine Taschenlampe, frisst demonstrativ etwas von seinem eigenen Dung, um zu zeigen, wie entspannt er ist, und kehrt in seinen Bau zurück.

Dann gibt es da eine Elster mit einem weißen Fleck auf dem Schwanzgefieder, eine Dame aus einer alten, gewalttätigen Familie, die im Wipfel des höchsten Schlehdorns des Waldes hinter Palisaden haust. Sie ist sanftmütiger als ihre Geschwister und schämt sich für sie. Wenn die anderen an einem von Ungeziefer geplagten Schaf herumpicken, sieht sie nur zu, und ihr Schäckern klingt, als würden Steine leise aneinanderklacken. Sie ist schon vor den anderen wach, beobachtet uns und interessiert sich dabei mehr für uns als für die auf dem Boden verstreuten Essensreste.

Da sie ein Vogel ist, hat sie zwei Seiten. Visuelle Informationen, die sie über ihr linkes Auge erhält, werden nicht kombiniert mit den Daten, die ihr rechtes Auge liefert. Ihre rechte Gehirnhälfte könnte Dante lesen, während ihre linke Gehirnhälfte ein Rugbyspiel guckt. Sie neigt den Kopf mal zur einen, mal zur anderen Seite – tick-tock, tick-tock –, damit sie uns mit beiden Hälften wahrnehmen kann. Es sieht aus, als wollte sie uns *in ihrer Ganzheit* kennenlernen (denn trotz der getrennten Hirnhälften ist sie zweifellos *ein* Individuum, mit Gelüsten, Vorlieben, Plänen und Ängsten). Das empfinde ich als sehr tröstlich. Die anderen Elstern wackeln nicht mit dem Kopf, wenn sie in unserer Nähe sind. Ihnen genügt die Wahrnehmung der linken oder der rechten Seite.

Der Tag unserer Elster beginnt und endet an unserem Lager. Wenn wir unter unserer Plane herauswanken, uns in die Brennnesseln hocken, einen Kaninchenknochen abnagen und uns mit einem Stöckchenende die Zähne putzen, sitzt sie auf der Mauer neben uns und gibt ihre Kommentare ab. Wenn der Hügel die letzte Wärme der schwachen Sonne aufsaugt, ist sie wieder auf der Mauer, wackelt mit dem Kopf und vergewissert sich, dass wir sicher an unserem Lagerfeuer sitzen, ehe sie verschwindet. Ansonsten legt sie jedoch großen Wert auf ihre Unabhängigkeit und einen festen Tagesablauf. Als Erstes geht es zur Scheune auf dem Feld – der »Gespensterscheune«, wo ich, wenn ich mit der ganzen Familie dort bin, den Kindern oft Gruselgeschichten erzähle.

Manchmal findet sich dort eine Feld- oder Spitzmaus als Hinterlassenschaft einer verwilderten Katze. Die Elster zupft zaghaft daran herum, als wäre sie eine Vegetarierin, die bei einer Party mangels vegetarischer Optionen in Verlegenheit gerät, sich letztlich aber die Nase zuhält und das Fleisch auf einen Sitz hinunterwürgt. Dann fliegt sie zum Feld oberhalb des Dorfes, wo jedes Jahr Kühe an Bleivergiftung sterben, und stöbert in den Flecken kahler Erde herum, die zuvor die Dachse auf der Suche nach Würmern und Schnecken durchwühlt haben. Weiter geht es talaufwärts, um Ausschau nach Beeren und belegten Broten von Wanderern zu halten, danach zu den hohen Bäumen auf der Anhöhe, die im Wind schwanken und eine gute Aussicht bieten; nun zu einem Nickerchen und in der Hoffnung auf ein verendendes Eichhörnchen auf einen Baum mitten in unserem Wald, der von anderen Elstern verschmäht wird; weiter zur Straße, wo es vielleicht einen platt gefahrenen Dachs gibt, bestimmt aber jede Menge zerfledderten Fasan; und am Ende zurück zu uns, um mit dem Kopf zu wackeln und uns Gute Nacht zu wünschen.

Außerdem gibt es da auch ein Rotkehlchen. Es sieht ziemlich mitgenommen aus, nachdem es im Kampf darum, wer der Nachwelt seine DNA hinterlassen darf, den Kürzeren gezogen hat. Ihm fehlt ein Auge, und ich frage mich, ob für dieses Rotkehlchen die rechte Seite seiner Welt nun nicht mehr existiert.

Es bewegt sich in einem sehr viel engeren Umkreis. Den Wald verlässt es nicht. Manchmal hockt es morgens nur ein, zwei Meter von der Elster entfernt und beobachtet uns höchst angestrengt, tritt von einem seiner dünnen Dinosaurierbeinchen aufs andere und verharrt dann so vollkommen reglos, wie man es nur kann, wenn man aufs Äußerste angespannt ist. Ist die Elster weggeflogen, bleibt das Rotkehlchen noch eine Weile da und entspannt sich ein bisschen. Schließlich ringt es sich sichtlich zu einer Entscheidung durch, ruckelt mit dem Kopf und flattert davon, um etwas zu finden, was es töten kann. Ihm zu folgen ist nicht schwer. Es bettelt förmlich darum und verweilt immer wieder, damit wir hinterherkommen. Auf seinem Rundflug durch den Wald und zurück zu unserem Lagerfeuer beschreibt es ein beinahe perfektes Pentagramm.

Diese Tiere lehren uns etwas über den Wald und das Tal, so wie die Rentiere unsere jungpaläolithischen Vorfahren etwas über die paar Hundert Quadratkilometer hier im zentralen Derbyshire lehrten und so wie meine Kinder mir die ganze Welt nahebringen.

Doch meine wichtigste Lehrerin ist eine Häsin. Wahrscheinlich gab es hier im Jungpaläolithikum keine Hasen. Man hat in Großbritannien keinerlei Spuren von ihnen aus der damaligen oder einer noch früheren Zeit gefunden, vielleicht haben die Römer sie eingeführt. Aber sie kannten das jungpaläolithische Europa, das sich südlich von hier erstreckte: Von einer Lichtung in einem deutschen Wald aus schauten sie mit ihren gelblich braunen Augen zu, wie sich das Bewusstsein wie eine Wolke herabsenkte oder durch den Boden nach oben sickerte. Und mögen sie den ersten Menschen in Derbyshire auch unbekannt gewesen sein: Wenn ich einem Hasen in die Augen blicke, verspüre ich dasselbe, was jene Männer verspürt haben müssen, wenn sie in die Augen eines Rentiers schauten. Mit anderen Worten, ich verspüre Hunger (ich will ihn essen) und Angst (weil es eine große Sache ist, einen Hasen oder ein Ren zu töten).

Mittlerweile haben wir seit mehreren Tagen nichts als vergammelnde Pasteten, überfahrene Tiere und gekochte Hagebutten gegessen. Ich fühle mich leer und ausgezehrt, aber wenn ich mich in einer Pfütze betrachte, sehe ich einen ziemlich zeitgenössischen Mann, wabbelig und mit Hängebacken. Tom schlägt sich besser. Ihm sind viele meiner Präsumtionen fremd, etwa dass wir zu bestimmten Zeiten essen sollten. Mit seiner derzeit schmächtigen Figur braucht er wenig, aber er hat auch wenig Reserven, und wenn er plötzlich verkündet, dass er hungrig ist, hat das einiges zu bedeuten. Jetzt, im Winter, bedeutet es, dass wir töten müssen.

Wie das Kaninchen und die Vögel dreht auch die Häsin eine Runde tagsüber und eine Runde nachts. Zuerst haben wir sie letzten Sommer in einer Senke entdeckt, die auf einem Feld gleich oberhalb unseres Unterschlupfs durch einen eingestürzten Bergwerksstollen entstanden ist. In dieser windgeschützten Senke sammelt sich Tau und speichert sich Wärme, sodass hier auch im Winter weiche, breite Grashalme wachsen. Es ist erstaunlich, dass die Häsin diesen Platz überhaupt je verlässt. Wahrscheinlich würde sie es auch nicht tun, wären da nicht die Füchse und das Bedürfnis, sich zu paaren. Falls die Chinesen allerdings recht haben und Häsinnen durch die Berührung des Mondes geschwängert werden,[21] bräuchte sie auch wegen Letzterem nicht wegzugehen. Als wir sie zum ersten Mal sahen, rekelte sie sich mit lasziv gespreizten Hinterbeinen im Mondlicht.

Doch sie bewegt sich durchaus von ihrem Plätzchen weg – mümmelt zwischen Schafen auf den höher gelegenen Feldern, tänzelt Mauerkronen entlang. Dabei bewegt sie sich stets im Uhrzeigersinn. Wenn ich ihr im Weg stehe, schlägt sie einen Haken bergauf oder bergab, um danach ihre Runde fortzusetzen. Unter keinen Umständen, nicht einmal bei Lebensgefahr, läuft sie gegen den Uhrzeigersinn. Sie meidet auch den Schatten des Waldes. Ich verfolge sie mehrere Abende lang, beobachte mehrere Tage lang ihre Ohren und lerne sie zu lieben, ehe ich beschließe, sie zu töten.

Ich will sie nicht töten, und gerade weil das so ist, denke ich, es wäre moralisch gerechtfertigt, es zu tun. Einen Hasen habe ich früher schon einmal getötet. Ich lag in der Wasserfurche eines Rübenackers in den Somerset Levels und schoss ihm ins Gesicht, als er auf mich zuhoppelte. Danach hatte ich nicht nur Gewissensbisse, sondern war auch zutiefst verunsichert. Monatelang fühlte ich mich verfolgt. Und jetzt habe ich wieder vor zu töten.

Dieses Mal *will* ich mich schlecht fühlen. Wir gehen das alles zu unernst an. Wir wissen, dass wir jederzeit nach Hause fahren können. Das Brummen von der Straße her macht unser Experiment widersinnig. Aber eine narrensichere Methode, um uns als Teil dieses Waldes und seiner wahren Geschichte zu empfinden und uns ihm gegenüber verantwortlich zu fühlen, ist es zu töten.

Solange wir nicht Teil des Waldes sind, wird er nicht *zulassen,* dass wir töten. Und wer tötet, wird dafür Buße tun müssen. Es geht hier nicht um ein perverses dostojewskisches Verlangen zu erfahren, wie sich Töten anfühlt. Das weiß ich bereits ziemlich gut, und ich hasse es. Die Häsin wird nicht für dieses Buch sterben, sondern weil wir alle, Tom und ich und sie, Teil dieses Ortes sind und weil ich Hunger habe und sie früher oder später sowieso gefressen werden wird, genau wie ich.

Wir planen es akribisch. Für gewöhnlich treibt sich die Häsin bis zur Morgendämmerung draußen herum. Sie kommt von der Westseite zurück in die Senke; dort zieht sich eine deutlich zu erkennende Fährte durchs Gras. Auf der anderen Seite ragt ein schlanker Weißdornbaum in die Senke hinein; zwei Menschen können stundenlang bequem darauf sitzen, und die Häsin muss unter uns vorbei, um zu ihrem Lieblingsplatz zu gelangen. Dabei bewegt sie sich immer langsam und vorsichtig, auf der Hut vor dem Fuchs. Unser Geruch wird nicht vom Baum zu ihr hinuntersickern, es wird ein Kinderspiel sein, einen Stein auf sie hinabfallen zu lassen. Und wenn das nicht reicht, haben wir noch unsere Wurfhölzer parat.

Wir haben alles genau einstudiert. Jeder hat seinen Stein, und wir werden auf verschiedenen Ästen sitzen. Damit decken wir alle Zugänge der Häsin zur Senke ab. Tom hat stundenlang mit seinem Wurfholz geübt und ist tödlich gut darin geworden. Auf zwanzig Meter Entfernung trifft er kleine Ziele sicher, und von dem Baum aus sind es gerade mal vier oder fünf Meter. Wir können nicht danebenwerfen und überlegen schon, was wir mit dem Körper anfangen wollen.

Tom ist empört über unsere mangelnde Authentizität und glaubt, das ließe sich vielleicht durch diesen Hasen beheben. Von Anfang an meinte er, wir sollten keine moderne Kleidung tragen, und wollte lieber Tierhäute zusammennähen. Ich hielt dagegen, dass das nur Schauspielerei wäre; es gehe nicht darum, die jungpaläolithischen Menschen physisch nachzuahmen, sondern in ihre geistige und spirituelle Welt vorzudringen.

»Aber du sagst doch immer, was mit dem Körper geschieht, wirkt sich auf alles andere aus, Dad«, erwiderte Tom zu meiner Verblüffung. »Ich kenne doch deine langweiligen Sprüche über die Einheit von Körper, Geist und Seele, und wenn das nicht heißt, dass wir Hosen aus Tierhäuten tragen sollen, weiß ich nicht, was es sonst heißen soll.« Und ich dachte immer, Tom würde bei Tisch nur von seinem Fahrrad tagträumen.

Natürlich wusste ich darauf keine Antwort, also bekam er eine, die lang und komplex und wichtigtuerisch war, und dann ging es, eingepackt in Fleece und Nylon, auf nach Derbyshire. Doch das bevorstehende Ende der Häsin lässt die Debatte wieder aufflammen, und wir einigen uns darauf, dass ihre Haut ein Beutel für unsere Nahrungssuche oder das Rückenteil einer Jacke für Tom wird. Aus den Oberschenkelknochen schnitzen wir Flöten, die getrockneten Gedärme liefern die Basis für eine wasserdichte Kapuzenjacke (nach dem Vorbild der Inuit, die Kleidung aus Robbendarm herstellten), die Ohren fransen wir am Ende aus und benutzen sie als Bürsten, die Augen als Murmeln, die Schulterblätter als Messer, die Rippen als Nähnadeln und Zahnstocher, die Blase als Puppenhandtäschchen und die Pfoten als Talismane. Den Schädel stecken wir auf einen Pfosten vor unserem Unterschlupf, auch wenn wir uns selbst nicht genau erklären können, warum und wozu; die Rückenwirbel reihen wir an einer Schnur aus Nesselfasern zu einer Halskette auf; aus den Sehnen wird die Bogensehne eines Fiedelbohrers zum Feuermachen; aus dem Hirn ein Brei, mit dem sich das Fell haltbar machen lässt; Hinterbacken und Schultern grillen wir, Leber, Nieren und Bauchspeicheldrüse braten wir, die Lungen benutzen wir als Köder für Flusskrebse, aus dem Rumpf kochen wir Suppe; und die Kötel verwenden wir als Dünger für ein Stück Land, das uns im Frühling Blumen und im Sommer essbare Samen bescheren wird.

Nur wenn nichts verschwendet wird, kann dieser Tod gerechtfertigt werden. Wir wissen mit entsetzlicher Gewissheit, dass jede Verschwendung Vergeltung zur Folge hat. Zwar können wir nicht sagen, ob wir mit einem gebrochenen Bein, Schlafstörungen,

Spukerscheinungen oder Durchfall gestraft werden, auf jeden Fall aber wird es etwas Ernstes, Unmittelbares und Dauerhaftes sein.

Am festgesetzten Tag der Tötung regnet es. Wir frieren jämmerlich in unserem Baum, hocken da wie zwei alte, nasse Krähen. Ich bin froh darum. Wir sind im Begriff, etwas Schreckliches zu tun, und es wäre ein Sakrileg, wenn wir es beim Töten auch noch bequem hätten.

Die Häsin spielt ihre Rolle im kosmischen Drama perfekt. Sie nähert sich dem Baum wie aufs Stichwort, pittoresk und schimmernd im Licht der Mondsichel. Am Rand der Senke verweilt sie kurz, hebt den Kopf und hält prüfend die Nase in die Luft, dann kommt sie langsam auf uns zu.

Sie ist direkt unter mir. Ich kann sie nicht verfehlen. Ich lasse den Stein fallen. Er verfehlt sie.

Verwirrt von dem Aufprall neben sich hoppelt die Häsin weiter. Jetzt ist sie genau unter Tom. Er kann sie nicht verfehlen. Er lässt den Stein fallen. Er verfehlt sie.

Jetzt flitzt die Häsin zurück zum Rand der Senke, wo sie innehält und sich auf all das einen Reim zu machen versucht. Kein Fuchs, kein Bussard, keine Eule wirft Gegenstände vom Himmel herab. Nun ist sie wenige Meter von uns entfernt. Kein Zweig ist unseren Wurfhölzern im Weg. Wir holen aus und werfen. Wir können die Häsin nicht verfehlen. Tun es aber doch. Sie hastet in Richtung Acker davon.

X lacht.

Ich bin unendlich erleichtert. Wir sind noch nicht so weit. Liturgisch, meine ich. Ich kann X' strenge Maßstäbe für Anstand nachempfinden – den Anstand, den ihn die Wildnis gelehrt hat. Das Töten ist einem priesterlichen Kodex unterworfen. Wir hatten vage geahnt, dass der Wald und die Häsin in den Zuständigkeitsbereich eines solchen Kodexes fallen. Doch die Liturgie folgt einer komplexen und unabdingbaren Choreografie. Wenn man einen Schritt weglässt oder verpfuscht, ist das gefährlich.

In dieser Nacht schlafen wir zum ersten Mal gut, trotz oder vielleicht auch wegen unseres Hungers. Denn der Wald ist jetzt unser Zuhause. Unser Misserfolg bedeutet, dass wir ein Teil von ihm sind, dass er über uns wacht und uns seinen Regeln unterwirft. Wären wir moderne Kolonialisten (wie ich), die sich mit ihren gut geölten Jagdbüchsen bis zum Ende des Fahrwegs kutschieren lassen, hätten wir diesen Hasen getötet, seinen Rumpf fröhlich am Feuer verzehrt (zweifellos zusammen mit einem schönen Rotwein, den wir uns von einer unterwürfigen Ehefrau in einem Picknickkorb aus dem Geländewagen haben bringen lassen), die Reste in die Hecke geschleudert und uns eingebildet, dass wir echte Männer sind, eins mit der Natur und deren Krönung.

Wären wir der Rache des Waldes entkommen? Nein. Die empörte Seele der Häsin hätte nach Gerechtigkeit und Ruhe verlangt, wäre auf den lederbezogenen Beifahrersitz gesprungen, durch die Einbauküche geschritten und (vor allem) durch den Hochflorteppich des Schlafzimmers, bis sie erreicht hätte, was auch immer erforderlich war. Wahrscheinlich hätten wir gar nicht gemerkt, dass über uns gerichtet und geurteilt und das Urteil vollstreckt worden war. Diese Ignoranz hätte die Schwere der Strafe noch verdoppelt. Unkenntnis über das Gesetz des Waldes ist ein besonders erschwerender Umstand.

Wir versuchen, die Liturgie zu lernen: wie man Dinge richtig macht und die peniblen, auf Vorschriften bedachten und rachsüchtigen Wächter dieses Ortes möglichst nicht gegen sich aufbringt. Alles ist von Belang. Wir sehen Regentropfen auf ein Blatt fallen, folgen dem Lauf des Wassers unter einen Stein, dann wenden wir uns wieder dem Blatt zu und beobachten den nächsten Tropfen. Wir versuchen, Staubblätter mit der visuellen Auflösung von Hummelaugen zu erkennen, Schneckenschleim mit der Nase einer Rötelmaus, die Blätterwimpel an den Baum-Masten mit dem kalten Blick eines Milans. Wenn wir Flechtenmuster auf Steinen betrachten, rufen wir uns zu: »Das sieht nicht wie eine Landkarte von Neuseeland aus. Auch nicht wie ein Flugzeug.

Nicht einmal wie ein bärtiger Mann oder ein Wolf. Es ist einfach, was es ist.« Wir verbannen Vergleiche aus unserer Sprache, denn wenn wir die Dinge wirklich sehen, ist nichts *wie* etwas anderes. Durch diese Selbstbeschränkung werden Metaphern paradoxerweise umso zündender. Etwas ist nicht *wie* etwas anderes, aber es kann etwas anderes *sein*. Ein Baum brüllt nicht wie ein Löwe im Wind, aber er kann ein Löwe *sein*.

Wir richten uns nach den Zeiten des Waldes und lassen uns von seinen Launen anstecken. Wenn er tobt, recken wir die Fäuste gen Himmel. Wenn er mürrisch ist, setzen wir uns auf Baumstümpfe und blicken verdrießlich auf mittelweit Entferntes. Wenn er traurig ist, streicheln wir ihn und bitten ihn, uns zu streicheln. Anthropomorphismus? Definitiv und eindeutig: nein (wenngleich Anthropomorphismus als experimentelle Methode stark unterschätzt wird). Wir machen den Wald nicht zu einem Bildnis von uns, projizieren uns nicht selbst darauf. Vielmehr werden wir durch den Wald geformt. Wenn wir es zuließen, würde er das sehr gründlich tun: unsere Anmaßung abrubbeln, uns aufwecken, die Trennung zwischen den verschiedenen Teilen unseres Selbst und zwischen uns und den anderen Dingen aufheben, den Boden bearbeiten und uns einpflanzen, auf dass wir grün und interessant werden; und uns neue und bessere Namen geben. Doch wir lassen es nicht zu. Uns fehlt der Mut zu einer so aufwendigen Heilung, außerdem muss Tom irgendwann wieder in die Schule zurück, sagt der Staat.

Es gibt da ein Rinnsal mit schmutzigem Wasser, das aus dem Boden quillt und sich müht, ein Bach zu werden. Wir unterstützen es in seinen Ambitionen, indem wir uns danebensetzen und die Füße hineinstellen, und es meistert die Herausforderung. Es singt.

Wir wissen, dass die Bäume durch ein riesiges, dichtes und empfindliches Geflecht aus Pilzmyzelien miteinander verbunden sind. Dadurch wird der Wald zu einem einzigen Organismus. Tritt man auf einen Teil, tritt man auf alle Teile. Und trampelt man auf einen, misshandelt man alle.

Also versuchen wir, uns leichtfüßig zu bewegen. Wir können das Zischeln der Myzelien unter unseren Füßen nicht hören, wenn die Meldungen über unser Verhalten rasend schnell von Baum zu Baum weitergegeben werden, aber wir erkennen an den Blättern und an der Rinde, was in diesen Meldungen berichtet wird, und unsere Scham nötigt uns zu schicklichem Betragen.

Wir geben uns Mühe, uns dem langsamen Tempo der Bäume anzupassen und bis zur Geschwindigkeit der Herzfrequenz einer Spitzmaus zu beschleunigen, denn in diesem Wald existieren viele parallele Zeitzonen. Wenn es uns gelingt, durch sie alle hindurchzunavigieren, können wir womöglich die Zeit selbst schmecken oder – was auf das Gleiche hinausläuft – der Zeit vollends entkommen. Wir versuchen, im Geist den Gesang der Vögel zu verlangsamen, damit wir die wehmütige Melodie hören können, die sich hinter einem kurzen Laut verbirgt.

Tom behauptet, er könne kleine Säugetiere unter unseren Köpfen atmen hören, wenn wir in unserem Unterschlupf liegen. Das bezweifle ich nicht. Doch als ich ihn für sein feines Gehör lobe, streitet er es ab. »Sei nicht albern. So was kann keiner hören.«

»Aber du hast doch gesagt ...«

»Das war nur ein Scherz.«

War es nicht.

Wir betrachten Wolken, Feuer, die metallischen Gelenke von Insektenbeinen, die Anordnung der Eingeweide bei Vögeln, die einzelnen Blätter auf den Baumwipfeln, die sich bewegen, wenn sich nichts sonst rührt, die Bissspur einer Raupe am Rand eines Blattes vom letzten Sommer, kurz bevor sie selbst gefressen wurde, einen Samen, der vergessen hat, vom Baum zu fallen, und einen anderen Samen, den Toms nackter Fuß in den Boden getreten hat.

Wir vergegenwärtigen uns, dass wir unsere Nasen zu wenig benutzen, dass ständig unbemerkt Gerüche in sie hinein- und unser eigener Geruch hinausströmt. Also achten wir darauf, wie Kälte an sich riecht; es ist ein Grundgeruch, so wie Blau eine

Grundfarbe ist, die sich nicht in irgendwelche Bestandteile auflösen lässt. Dazu kommen die schmeichlerischen Begleitgerüche, die neben dem großen Schwall Winter in unsere Nasen dringen: der Zitrusgeruch von Schneckenschleim, unsere eigene Kacke, Lanolin, Schimmel in Wurmgängen, ein anderer, staubigerer Schimmel mit dem säuerlichen Hauch von Trauer, die Algennote im Wind, wenn die fahle Sonne scheint.

Doch anstatt dass der Wald zu uns kommt, taucht mein Vater auf. Das bedeutet nicht, dass wir die Liturgie nicht lernen. Sondern dass wir rasch Fortschritte machen.

Mein Vater fühlte sich diesem Ort stets verbunden. Wir wohnten nicht weit weg, und er streifte durch die Wälder, wann immer er konnte, und schrieb mir in seiner altmodischen gestochenen Schrift sehr förmliche Briefe, in denen er schilderte, wo er gewesen war. Wenn ich Prüfungen hatte, schickte er mir Glücksbringer-Beutel mit Blättern, Zweigen und Tannenzapfen. Ich legte sie vor mir auf den Tisch, während ich über den Prüfungsaufgaben brütete. Wir betrachteten es als Selbstverständlichkeit (auch wenn wir nie die Worte fanden, um es einander zu sagen), dass eine gewisse Weisheit in dem Land lag, die durch das Laub in meinen Stift floss. Einen dieser Beutel habe ich noch heute, er liegt jetzt vor mir auf dem Schreibtisch.

Wir verbrannten meinen Vater, so wie meine Mutter, ein paar Hundert Kilometer entfernt in einem kommunalen Krematoriumsofen, der mit den Körpern uralter Meerestiere von irgendwo unterhalb von Arabien befeuert wurde. Wir heuerten Fremde an, die schwarze Anzüge und feierliche Mienen zur Schau trugen und den Leichnam mit einem glänzenden Wagen mit Automatikgetriebe von einer Garage aus Schlackenbeton abholten; dabei war mein Vater immer nur glücklich gewesen, wenn er mit seinem alten Land Rover fahren konnte. Dazu engagierten wir einen Pfarrer, der ihn nicht gekannt hatte, um mithilfe unserer Notizen und einer fernen Theologie ein paar nette Dinge über ihn zu sagen.

Nichts – nicht einmal mein Laptop, mein Reduktionismus oder meine Heizkostenrechnung – legt schonungsloser offen, wie weit ich mich von der Welt des Waldes – von X' Welt – entfernt hatte. Ich sehe X vor mir, wie er angewidert den Kopf schüttelt, als er sieht, was wir mit meinem Dad gemacht haben. Wir hätten ihm seinen alten Tweedanzug ausziehen und ihn in einer Prozession zu einer erhöhten Stelle oben im Moor tragen, ihn dort ablegen und den Krähen überlassen sollen. So machten das zivilisierte Leute hierzulande.

Oder (wie man es ein paar Tausend Jahre später zu tun pflegte, als die Menschen sesshaft wurden) man begrub ihn direkt unter der Feuerstelle, denn die Feuerstelle zu verlassen war so undenkbar, wie die Familie zu verlassen. Dann wären die Kinder über ihm aufgewachsen und hätten über ihm gespielt.

Hier oben war mein Dad glücklich. Er war ein Teil davon. Jetzt, da er verbrannt ist, ist etwas von ihm in diesen Ort eingegangen, auch wenn die Einäscherung in Somerset stattfand. Er war begeistert von diesen Bäumen, die jetzt etwas von ihm eingeatmet haben. Winzige Teile von ihm wurden über die Spaltöffnungen ihrer Blätter aufgenommen und in ihre Zellwände eingebaut.

Allerdings vergaß er oft, dass er ein Teil dieses Ortes war. Monatelang guckte er endlos Fernsehen, ehe ihm einfiel, dass ihn das unglücklich machte, woraufhin er wieder mit einer Plastiktüte zum Sammeln in die Berge loszog und einen dieser Briefe schrieb und wieder so lächelte wie in ganz jungen Jahren.

Obwohl er gerne hier war und Tom und mich liebte, und obwohl er die perlenen Tore der Stomata passiert hat, überrascht es mich, ihn hier anzutreffen. Vielleicht protestiert er gegen die Barbarei der Automatikgetriebe oder versucht, uns auf Glück bringende Blätter für Toms Prüfungen hinzuweisen, oder er will einfach nur mit uns kampieren. Aber vielleicht hat er sich auch erfolgreich um den Job eines Liturgielehrers beworben. Das wäre immerhin ein typischer Job für einen verstorbenen Mann des Jungpaläolithikums, und womöglich werden wir nach dem Tod, wenn all die Posen der Zeitalter dahinschwinden wie unser verwesender Leib, zu Jungpaläolithikern. Warum auch immer mein

Dad hier ist, ich finde es ermutigend, dass er für mich erreichbar ist. Das lässt darauf schließen, dass die Wände zwischen den Dingen dünner werden. Wenn wir ungestraft töten wollen, müssen wir Mauern einreißen: Wir müssen zu der Häsin gehen und um die Erlaubnis bitten, sie zermalmen oder aufspießen zu dürfen. Oder (das wäre die fortgeschrittene Variante) wir verwandeln uns selbst in die Häsin, sodass ein Stein auf ihren Kopf ein Stein auf unsere Köpfe ist und daher moralisch nicht verwerflich.

Er war Lehrer, mein Vater. Zeitlebens, und ich glaube, er ist es immer noch. Sein Sakko hatte Kreideflecken und Lederflicken an den Ellbogen, er roch nach Teerseife, trug eine Krawatte des National Trust, schrieb stets mit einem Füllfederhalter und verkündete bei Schulversammlungen, dass er sich jederzeit über Tierkadaver freuen würde, die sein Sohn ausstopfen könne. Wenn er heimkam, lag im Kofferraum immer ein Mitbringsel für mich, und abends saß er in meinem Tierpräparationsschuppen und erklärte mir die einzelnen Organe. Er war auch geschickt im Umgang mit Holz, ein begnadeter Schreiner und Schnitzer. Aber mit Metaphysik konnte er nichts anfangen, obwohl er überwiegend irischer Abstammung war, schnell in Tränen ausbrach und für ihn zweifelsfrei feststand, dass unter dem Berg das Kleine Volk lebte. Er hätte X lang vor uns erspäht, mit ihm seine alte Pfeife geteilt und würde inzwischen die Geschichte seines Lebens und seines Sterbens kennen.

Die zeitweilige Steifheit meines Vaters war, wie mir heute klar wird, einstudiert. Wie X wusste auch er, dass die Welt nun mal bestimmte Haltungen vorschreibt: Dass die Wirklichkeit keine Audienz gewährt, sofern man sich nicht ordentlich kleidet, hinter den Ohren wäscht und sich richtig bewegt.

Diese Tierkadaver im Wagen hatten für ihn eine sakramentale Bedeutung. Zweifellos sah er darin sich selbst als Leichnam. Oft wäre er beinahe überfahren worden, wenn er auf die Straße lief, um zu verhindern, dass ein toter Dachs platt gefahren wurde. »Es wäre unwürdig, ihn dort liegen zu lassen«, meinte er. »Ich habe ihn in die Blumen zurückgelegt, wo er hingehört.« Das ist Jäger-

und-Sammler-Denken in Reinkultur. Ich verstehe, dass er vielleicht *post mortem* lehren möchte, was er inzwischen – und das sogar mit noch größerer Autorität – über die Natur der Dinge weiß.

»Dad«, sagt Tom. »Da drüben bei den Erlen, wo die zwei Eichelhäher gekämpft haben und wo du dich im Sommer immer zum Lesen hinsetzt: Da riecht es ständig nach Teerseife.«

»Das wundert mich nicht«, erwidere ich. »Dort ist es ziemlich sumpfig, und das heißt, dass all die abgestorbenen Pflanzenteile anaerobisch verrotten und Sumpfgas erzeugen – Schwefelwasserstoff, Methan und anderes. Das ist es, was du riechst.«

Starren, schnuppern und über meinen Dad nachdenken bringt uns nur begrenzt weiter. Erinnern Sie sich an die beschwerlichen Reisen der durchbohrten Schamanen – Reisen, von denen die Schamanen Wissen über die Wanderungen der Herdentiere mitbrachten, aber vor allem eine neue Sichtweise, die eine weitaus größere Tragweite hatte: das Wissen-um-sich-selbst-*Bewusstsein*. Diese Reisen waren schmerzhaft und schrecklich. Möglicherweise ist das Bewusstsein in einem Tsunami von Erbrochenem, das von pflanzlichen Entheogenen herrührte, in die Menschheitsgeschichte geschwappt – keine schöne Erfahrung, wie Ihnen jeder moderne Narkonaut, der sich während einer Ayahuasca-Session in einer peruanischen Hütte übergeben hat, bestätigen wird. Erleuchtung hat ihren Preis, es genügt nicht, ein Selbsthilfebuch zu lesen oder bei einer Pizza über Gott zu reden. Man wird entzweigerissen oder muss durch einen Gang, der kaum größer ist als der Geburtskanal, in den Bauch der Erde kriechen.

Vor einigen Jahren, nach tagelangem Fasten in einem Torfloch in einem Moor hier in der Nähe, wuchsen mir schwarze Flügel. Ich flog über mich und das Moor hinweg, so wie ich einst in einem Vorstadtkrankenhaus über mir selbst geschwebt war, schwirrte über eine Straße neben dem Stausee, krächzte, aß einen Frosch und steckte meinen Schnabel in den Brustkorb eines schon lange verstorbenen Schafs.

Ich erschrak bis ins Mark. Diesen Weg wollte ich nicht noch einmal gehen, und ich schwor mir, es nie wieder zu versuchen. Später lernte ich so viel über wahren Schamanismus, dass es mir überheblich erschien, mein Krähenerlebnis als schamanisch zu bezeichnen. Denn in echt ist es noch *viel* schrecklicher. Ich habe nichts zu schaffen mit dem bequemen Pseudoschamanismus, der Schamanen wie Teddybären aussehen lässt. Sie sind echte Bären, mit blutroten Zähnen.

Wann immer ich etwas Neues über Schamanismus las, erneuerte ich meinen Schwur. Davon würde ich tunlichst die Finger lassen. Doch jetzt bin ich hier in diesem Wald und davon überzeugt, dass schamanische Erfahrungen essenziell für jegliche Erforschung der Ursprünge der Menschheit sind. Schlagartig wird mir klar, dass der Gründungsmythos des Christentums die Geschichte von einem durchbohrten Schamanen ist, der zwischen dieser Welt und anderen Welten hin- und herpendelte, angeblich mit großen Gaben gesegnet war und wunderbare Taten für die Menschen vollbrachte. In ein paar Tagen wird das Gedenken an die erste jener Reisen mit einem großen Fest begangen, woran uns die Glocken der Dorfkirche von Zeit zu Zeit höflich erinnern. Ich entkomme also dem Schamanismus nicht, wenn wir den Zug nach Hause nehmen. Ganz und gar nicht. Stattdessen werde ich in die Feier für eines der eindeutigsten Beispiele des Schamanismus hineinkatapultiert. Und der Wald fordert nun zusehends mehr von mir: Tagsüber krallt er nach meinem Gesicht, und nachts saugt er die Wärme aus meinem Körper, dabei flüstert er entweder bedrohlich oder mit einem Unterton von Solidarität: »Du bist ein Teil von uns. Komm weiter rein.«

Ich bin kein Held. Ich parke den Gedanken an schamanische Reisen irgendwo weit hinten. Oder glaube es zumindest. Ich bilde mir ein, das Steuer noch selbst in der Hand zu haben.

Vielleicht ist X ein Schamane oder ein angehender Schamane. Vielleicht ist er deshalb mit seinem Sohn hier. Schamanen halten sich immer in Grenzbereichen auf. Sie leben am Rand von Siedlungen, als Bindeglied zwischen den Menschen und der Wildnis, und am Rand des alltäglichen Bewusstseins, um Vereinbarungen mit den Geistern auf der anderen Seite auszuhandeln. So gesehen wäre es ganz natürlich, dass X mit solcher Selbstsicherheit hier auf der anderen Seite seines Grabes weilt. Vielleicht versucht er, dem Jungen das Fliegen beizubringen; oder die Sprache des Löwenzahns; oder wie man Rentiere dazu bringt, sich von einer Klippe zu stürzen; oder wie man ein Tier, das man getötet hat, auf geziemende Weise anspricht; oder welche Körperhaltung man einnehmen muss, wenn man Mars begegnet; oder wie viele psilocybinhaltige Pilze man essen muss, um die Farbe eines Wolfsschlundes zu hören; oder wie man eine verwundete Seele durch ein Nasenloch herauszieht, sie verbindet und wieder zurückschiebt. Doch meistens werden es Lektionen von geografischer Natur sein: die Wegrouten zu den Sternen; die Straßen, die die Toten nehmen; die Spalte, durch die Böses aus dem Untergrund heraufquillt.

Ich glaube, der Sohn ist eingeschüchtert. Er würde lieber zusammen mit Tom Kiesel in den Teich werfen und mit Stöcken jonglieren. Doch wenn der Vater sich noch kein Bewusstsein eingefangen hat, sollte der Junge aufpassen: Es ist hochansteckend.

Wir wachen im Licht der fahlen Sonne auf, drehen mit den Säugetieren und Vögeln unsere Runden, füllen unsere Hüte mit den letzten verbliebenen Beeren, legen optimistisch Fallen aus Nesselschnur, hauen Faustkeile aus unseren mitgebrachten Feuersteinen, suchen die Straßen nach Fleisch ab, schlafen und pulen zwischen unseren Zehen.

Die Zeit vergeht auf ganz eigene, mysteriöse und unberechenbare Weise. Eine Armbanduhr trage ich nicht einmal zu Hause, und die Uhr an meinem Computer habe ich ausgeblendet. Warum sollte sich jemand freiwillig dem Totalitarismus der Uhr unterwerfen, wenn es so leicht ist, sich davon freizumachen? Auch Tom hat seine Uhr zu Hause gelassen und beobachtet das seltsame Verhalten der Zeit ebenso fasziniert, wie er die Spechte, die Hasenpfoten oder die Fliegenaugen betrachtet.

»Heute scheint schon gestern angefangen zu haben.«
»Diese Wolke hat sich einen Tag lang nicht bewegt und dann beschlossen aufzuholen.«
»Alles in diesem Wald ist alt, aber nichts wird jemals älter. Ich frage mich, ob wir ewig leben würden, wenn wir hierblieben?«
»Dad, wer entscheidet darüber, wann der Tag zu Ende geht? Die Sonne oder die Sterne? Wer ist wichtiger?«

Abends atmen wir Dunst und Rauch ein und husten mit den Schafen. Das feuchte Holz kreischt im Feuer. Wenn wir uns schlafen legen, hören wir nichts als das Flattern der Plane, das Zischen des Feuers und das Tosen in den Bäumen.

Mittlerweile denke ich, dass vielleicht doch kein dramatisches außerkörperliches Erlebnis nötig ist, um die Flamme des Bewusstseins zu entzünden. Stattdessen kann man auch lange ins Feuer starren. Feuer verwandelt prosaische Wesen in Symbolisierer, es macht jeden zu einem metaphorischen und Geschichten erzählenden Tier. Feuer ist schöpferisch, zugleich zeigt es, dass der Schöpfer auch zerstörerisch ist. Es hebt die Grenzen der Materie auf. Flüssiges und Festes werden in Gase verwandelt. Das Feuer verzehrt Holz, schläft und wird durch den Atem des Menschen geweckt. Es verwandelt Raum in etwas Unsinniges. Einerseits kann es als winzige dunkle Glut in einem Baumpilz von einem Ort zu einem anderen reisen (wenn Tom oder X es tragen), andererseits vermag es sich aber auch in einem ganzen Wald auszubreiten. Es gebiert Metaphern. Und es gibt keine politische Philosophie, die nicht aus dem gebannten Blick ins Feuer hergeleitet werden kann. Ohne Reisig und dünne Zweige bringt man dickes Holz nicht zum Brennen. Und so bringen kleine Zweige letztlich Baumstämmen den Tod, führen aber auch zu deren Überhöhung.

Metaphern können ebenfalls Geschöpfe der Angst sein. Unsere Software ist darauf programmiert, Schlangen zu sehen, wo nicht unbedingt welche sind, und das aus sehr einleuchtenden Gründen: Lieber eine ganze Reihe falsch positiver Beobachtungen als eine einzige falsch negative. Denn diese könnte Ihre letzte sein.

Stellen Sie sich vor, Sie gehen im Dämmerlicht durchs Buschland zurück zu Ihrem Nachtlager. Gerade wollen Sie Ihren Fuß auf einen Stein setzen, als Sie dort eine Puffotter entdecken. Sie schaffen es eben noch, ihr auszuweichen. Aufgeregt und erleichtert werfen Sie einen Blick zurück auf die Schlange – die gar keine Schlange ist, sondern nur eine dicke Baumwurzel. Machen Sie sich dann nicht im Hinterkopf einen Vermerk, dass eine Baumwurzel wie eine Schlange aussehen kann?[22] Sie stellen also einen Vergleich an. Auch wenn Vergleich und Metapher nicht dasselbe sind, liegen sie im Fall von Schlange/Wurzel nicht sehr weit auseinander. Wenn Sie an jenem Abend am Feuer sitzen, könnten Sie dann nicht leicht auf den Gedanken kommen, dass eine Wurzel eine Schlange *repräsentieren* kann? Damit hat in Ihrem Kopf die Revolution der Zeichenhaftigkeit begonnen. Und hat sie erst einmal Fahrt aufgenommen, lässt sie sich nicht mehr aufhalten. Die nerdig-nüchterne linke Gehirnhälfte protestiert natürlich dagegen.[23] »Das war doch nur eine Wurzel«, nörgelt sie. »Schlangen können beißen, Wurzeln nicht. Sie sind grundverschieden.« Mit derlei verdrießlichen Plädoyers konnte sich die linke Hirnhemisphäre jedoch nicht durchsetzen – jedenfalls so lange nicht, bis ihr der große Putsch gelungen war. Plötzlich war das Buschland voller Geschichten. Der Busch brannte, so wie auch Moses es sehr viel später erlebte. Auf einmal waren die Dinge nicht mehr nur das, was sie zu sein schienen. Jedes Ding hatte ein Hinterland, alles trug eine – zumindest potenzielle – *Bedeutung.* Die Welt war nun unendlich viel größer, farbiger, komplexer und beziehungsreicher als je zuvor.

Diese Revolution begann, wie alles andere auch, in Afrika. Roter Ocker wurde dort seit mindestens 100 000 Jahren benutzt, und in der südafrikanischen Blombos-Höhle hat man ein Stück roten Ocker gefunden, in den jemand vor 70 000 Jahren mit großer Sorgfalt ein Muster geritzt hatte. Dass roter Ocker unter vorgeschichtlichen menschlichen Hinterlassenschaften auftaucht, sollte uns vielleicht nicht allzu sehr überraschen: Er war von praktischem wie auch symbolischem Nutzen (das Mineral wird seit mindestens 300 000 Jahren abgebaut und dient zur Leim- und Schmiermittelherstellung, zur Bearbeitung von Tierhäuten sowie zur Körperbemalung), aber es ist durchaus gerechtfertigt, in diesem geritzten Ocker zumindest ein schwaches Aufflackern jener Symbolismus-Flamme zu sehen, die sich gen Norden und letztlich überallhin ausbreitete und ein Feuer in den Köpfen entfachte.

Ansonsten gibt es im vorgeschichtlichen Afrika wenige offensichtliche Indizien für dieses Feuer. In Marokko hat man etwa 70 000 Jahre alte durchbohrte Muscheln und in den israelischen Qafzeh- und Skhul-Höhlen jungpaläolithische Grabbeigaben gefunden, die circa 130 000 Jahre alt sind. Zweifellos gibt es in Afrika noch viel mehr zu entdecken, und ebenso zweifellos wäre es falsch zu behaupten, die ersten Menschen der Verhaltensmoderne seien Europäer gewesen. Doch selbst wenn man eurozentristische Voreingenommenheit miteinberechnet, lässt sich feststellen, dass in Europa vor etwa 50 000 Jahren etwas Besonderes geschah. Es scheint, als wären kleine Flämmchen das Niltal heraufgekrochen, hätten dann in östlicher Richtung die Levante und Anatolien durchquert und wären schließlich in Europa auf eine Menge zundertrockenes neurologisches Gestrüpp gestoßen. Es ist eine abstruse Vorstellung (der manche trotzdem anhängen), dass zu dieser Zeit in Europa eine genetische Mutation stattfand, die den Menschen zur Symbolerzeugung befähigte. Vielmehr sollte man davon ausgehen, dass es eine zunehmende Häufung symbolverwendender Strömungen gab, und als diese Häufungen einen kritischen demografischen Punkt überschritten: wusch!

Bis auf Weiteres versuchen wir, nicht mehr zu töten. Stattdessen verlagern wir uns auf die Suche nach Aas, was für die jungpaläolithischen Jäger und Sammler ein überlebensnotwendiges Nahrungsmittel war. Oder zumindest tut Tom das. Er glänzt vom Fett und vom Mark der Kaninchen und Fasane, die er am Straßenrand aufgelesen hat. In seiner Tasche hat er gebratene Keulen, und er hockt mit aufgespießten Herzen am Lagerfeuer.

Ich hingegen habe aufgehört zu essen. Ich lerne, dass das Bedürfnis nach Klarheit genauso süchtig machen kann wie das Verlangen nach alkoholischer Umnebelung oder die Gier nach Sex. Ich lechze nach der ruhigen, flimmernden Klarheit, die nach dem ersten Fastentag einsetzt, wenn von überallher Hinweise kommen, dass die Dinge nicht ganz so sind, wie sie scheinen; dass wir nur an der Oberfläche kratzen; dass wir nur den Kopf ein bisschen drehen müssen, um zu sehen, dass dieser graue Birkenstamm einen Pfauenschwanz wie eine Einsiedlerkutte wirken lässt.

Nach drei Fastentagen ist der Schmerz verschwunden. Ich bin müde, fühle mich aber wohl. Die Kälte spüre ich kaum. Tom fastet nicht, er zieht allein zur Aassuche los. Ich liege die meiste Zeit des Tages nur da und schaue; warte darauf, dass etwas passiert. Da kommt das Flimmern.

Auf etwas zu warten, ohne dass ein Bildschirm, ein Spiel, eine andere Person oder eine Empfindung für Unterhaltung sorgt, mag nach tödlicher Langeweile klingen. Tatsächlich ist es aber so anregend, dass es mir unentwegt den Atem verschlägt und ich kaum stillhalten kann. Ich zittere zu dem Geflimmer und weiß, dass etwas auf mich zukommt, das alles verändern wird.

Am Fasten ist nichts außergewöhnlich oder schwierig. Es ist ganz leicht: Man hört einfach auf, sich Essen in den Mund zu schieben. Für die meisten Menschen war es über den größten Teil der Menschheitsgeschichte hinweg ebenso Teil ihres Daseins wie die Darmentleerung und auch ähnlich wichtig für die Gesundheit. Einen leeren Bauch auszuhalten war weit nützlicher, als es heute ist, Maschine schreiben oder Auto fahren zu können. Wie Wölfe sind wir darauf ausgelegt, uns zu übersättigen und danach zu hungern. Regelmäßige Mahlzeiten sind fatal. Zellen, die hungrig bleiben, leben länger. Manchmal können sie sich sogar *verjüngen*.[24] Vielleicht steckt das hinter dem Flimmern. Vielleicht guckt da mein zunehmend jünger werdendes Ich in den Himmel. Man würde erwarten, dass interessante sensorische Effekte damit einhergehen.

Da ich nicht mit Tom zusammen esse, habe ich nicht darauf geachtet, wie er sich sein Essen besorgt (aber, liebe Leute vom Jugendamt, ich habe mich vergewissert, dass es ausreichend ist). Im Lauf der Zeit fällt mir auf, dass er vor seinen Mahlzeiten am Feuer immer für ein paar Minuten im Wald verschwindet. Ich sage nichts. Offenbar will er mich nicht dabeihaben. Aber es bringt mich ins Grübeln, und eines Tages, als er weiter oben im Tal ist, um Rehen nachzupirschen und seine Dohlenrufe zu üben, gehe ich in die Richtung, in die er vor dem Essen immer verschwindet. Dort ist ein gut ausgetretener Pfad.

Er führt über eine Wiese mit Birken, über eine Mauer und durch eine Dornenarkade zu einer Lichtung. Darauf liegt ein großer Stein, von Bergarbeitern ausgegraben und abgeladen. Und auf dem Stein befinden sich kleine Stücke von Knochen und verwesendem Fleisch.[25]

Schneeflocken fallen aus einem blassen Winterhimmel, erst nur vereinzelt, dann mehr als nur vereinzelt. Bald hängt die Plane unter der Schneelast durch. Mit dem Schnee kommen Gänse und eine Stille von einer neuen, kristallinen Qualität. Es gibt ja verschiedene Arten von Stille, wie es auch verschiedene Arten von Schnee gibt.

Hätten wir den richtigen Blick, hätten wir die Spuren schon vorher bemerkt. Jetzt kann man sie nicht mehr übersehen. Der Schnee friert Bewegungen ein: Verschiedene Zeiten sind nun an einem Ort komprimiert. Donnerstag und Freitag liegen Seite an Seite, um als eins gelesen und im Licht des jeweils anderen gedeutet zu werden. So muss Gott, der in ewiger Gegenwart existiert, die Zeit erscheinen.

Der Schnee verändert auch die Tagesabläufe der Tiere, an denen wir uns orientieren. Das Kaninchen sitzt am Eingang seines Baus und niest, wenn Schneeflocken auf seiner Nase landen. Die Elster fliegt nicht mehr zu den Äckern und ruckelt auch weniger mit dem Kopf. Das Rotkehlchen hat den unteren Teil seines Rundflug-Pentagramms abgekürzt. Und die Häsin verlässt ihre Senke nicht mehr. Ihre Augen ragen kaum über den Schnee hinaus, und Schnee bedeckt ihren Rücken. Sie sieht wohl nichts anderes als Weiß. Regloses, unterschiedsloses Weiß, sechs Tage und sechs Nächte lang.

»Wenn ihr schon diesen Affenzirkus durchziehen müsst«, sagte die stark parfümierte Frau, »solltet ihr wirklich bis zum Sommer warten. Oder wenigstens bis zum Frühling.«

Doch da lag sie falsch. Dies ist die mit Abstand wichtigste Zeit für einen Aufenthalt hier. Der Winter muss das erste, längste und am nachhaltigsten prägende Kapitel dieses Buches sein, denn es war das erste, längste und prägendste Kapitel des Ichs. Die frühen Europäer waren Wesen der Dunkelheit und des Eises. Dem Wahnsinn in den schwankenden Glaskästen, in denen die meisten von uns leben, arbeiten und sich fortpflanzen, können wir nur entgehen, weil sie uns an die gewaltigen Gletscher erinnern, die nach dem dornigen Buschland Afrikas zu unserer zweiten Heimat wurden. Gezeugt wurden wir unter einer afrikanischen Akazie, und dann wuchsen die Europäer unter uns in einer Eishöhle auf, vor deren Eingang ein Wollnashorn grunzte.

Unser Blick ist immer auf den Sommer gerichtet; den Winter halten wir für etwas, das man gezwungenermaßen durchstehen muss. Dabei ist es der Winter, der unsere überdauernden Geschichten aufkeimen lässt – die Zeit, in der sich die Menschen zusammenkuscheln und die Beziehungen (und damit auch die Unterschiede) zwischen ihnen deutlicher hervortreten. Sowohl Beziehungen als auch die Entwicklung des Individuums finden im Dunklen einen guten Nährboden. Und die Dunkelheit hat mehr vom *Anderen* – mehr Zähne, mehr Haare.

Dass wir alle Teil der Natur sind, ist heutzutage in gewissen Kreisen ein Gemeinplatz. Es ist absolut wahr und absolut unwahr. Wenn der Frühling kommt, kann man sich natürlich einbilden, einfach ein Teil des Waldes zu sein. Aber niemand hält sich für einen Teil des Waldes, wenn dieser knurrt und die Zähne fletscht. Es ist ebenso wahr, dass wir Teil der Natur sind, wie es wahr ist, dass wir es nicht sind. Aus dieser Spannung heraus entstand das menschliche Bewusstsein, es ergoss sich über die Eislandschaften und verfestigte sich zu dem Stoff, aus dem wir heute gemacht sind.

Ich vermute, derlei Gedanken könnten tröstlich sein, wenn wir darüber reflektieren, dass wir eines Tages in die Dunkelheit und Kälte zurückkehren werden. Vielleicht aber auch nicht.

Ich mache mir Sorgen um Tom. Er ist auf dem besten Weg, ein Anhänger des schrecklichen Bear Grylls zu werden. Ihn interessieren Überlebenstechniken mehr als der Sinn des Überlebens, und er benutzt auch Bear Grylls' imperialistische Sprache: über Eroberung und Triumph, über die Wildnis als Widersacher, den es zu überlisten und zu vernichten gilt. Das ist eine anachronistische Sprache, nämlich die des Neolithikers (dessen Akzent wir bald hören werden), verfeinert und ins Diabolische gewendet durch die westlich-christliche Fehldeutung jener Aufforderung in der Schöpfungsgeschichte, wonach sich der Mensch die Erde untertan machen solle. Berge kann man nicht erobern. Man kann bestenfalls darauf hoffen, dass man an dem Tag, den man für die Besteigung ausgesucht hat, nicht vom Berg umgebracht wird. Wer schlau ist, verwendet Zeit und Mühe darauf, ihn davon zu überzeugen, dass er es bitte schön nicht tut. Aber wir haben schon lange aufgehört, uns um Besänftigung zu bemühen, weshalb (wer will das heute noch leugnen?) sich die Erde zornig gegen uns erhebt und im Begriff ist, über uns herzufallen.

Toms Werkzeuge (Messer, Schaber und Faustkeile aus Feuerstein, Schnüre aus Pflanzenfasern, Bodenfallen, Speere mit feuergehärteter Spitze und Speerschleudern, die mehr Reichweite, Durchschlagskraft und Treffsicherheit haben) dienen ihm nicht als Instrumente für die Ausübung eines Sakraments, sondern mehr und mehr als Waffen in einem Krieg gegen die Natur: Sie sind Teil einer Mauer, die ihn vom Wald trennt. Hier, denke ich, findet eine Wiederholung dessen statt, was sich in der Menschheitsgeschichte tatsächlich zugetragen hat: Es ist eine Warnung, dass wir von den Dingen, die wir benutzen, irgendwann selbst benutzt und verändert werden.

Doch die meiste Zeit finde ich gerade über Tom einen Zugang zu diesem Ort. Er ist eben noch ein Kind. Der Prozess jeglicher Erkenntnis über die Welt ist der Prozess der *Anamnese,* des Nicht-Vergessens,[26] und Tom hat – wie alle Kinder, bevor wir sie korrumpieren – viel weniger vergessen als ich. Außerdem ist da seine sensorische Überlegenheit, die ihn vor der Tyrannei des Kognitiven und der mutwilligen Reduzierung wunderbarer Bäume auf schäbige Propositionen bewahrt.

Die Fesseln der Sprache und der Propositionen, die meinen Geist daran hindern, sich zu entfalten und in Berührung mit der echten Welt zu kommen, beginnen sich zu lockern. Sprechen bringt nichts; bewusstes Atmen schon. Allerdings ist es eine langwierige Angelegenheit. Wie sprachbegabt die jungpaläolithischen Bewohner dieses Waldes auch waren: mit Sicherheit benutzten sie Sprache als Werkzeug und ließen (im Gegensatz zu mir) nicht zu, dass die Sprache eine komplett virtuelle Welt erzeugte, in der zu leben sie (wie ich) gezwungen waren.

Gestern Abend habe ich X wieder gesehen. Im letzten Licht der Dämmerung lehnte er an einem Baum und schaute mich unverwandt an. Seinen Gesichtsausdruck konnte ich nicht erkennen, aber nach einer Weile hob er die Hand wie zum Abschied, machte kehrt und ging weg. Und da sah ich, dass er stark humpelte, er zog das linke Bein nach.

Tom kommt mit einem Eichhörnchen zurück. Er bringt das Feuer in Gang und brät das Eichhörnchen, dann sitzt er da und schaut in die Dunkelheit anstatt ins Feuer, was untypisch für ihn ist. Als das Auge des Großen Bären über Sarahs Haus aufgegangen ist und zu uns herabblinzelt, beginnt Tom zu reden. Ihn beunruhigt der Gedanke, dass Heiler selbst verwundet werden müssen. Ich kann ihm nicht helfen. Ich bin ebenfalls beunruhigt.

Er wendet sich wieder der Dunkelheit zu.

Jetzt habe ich seit acht Tagen nichts gegessen.

»Du bist nicht mehr ganz so fett wie früher«, bemerkt Tom. Er hat recht. Meine Wangenknochen treten stark hervor, und die Grenze zwischen mir und dem Wald wird immer dünner. Wir diffundieren ineinander. Meine Gestalt verändert sich unentwegt.

Die Gestalt, die mir eigen ist, wird durch den Druck anderer, menschlicher wie nicht-menschlicher Entitäten rings um mich erzeugt. Nimmt man mir meine Beziehungen weg, höre ich auf zu existieren. Will man mich beschreiben, geht das nur mittels der Beziehungsgeflechte, innerhalb derer ich existiere. An welchem Ort ich mich befinde, lässt sich einzig und allein durch triangulatorische Berechnung der Positionen der anderen Lebewesen in meiner Welt bestimmen.

X weiß, wo diese anderen Lebewesen sind. Daher weiß er besser als ich, wo ich mich befinde. Er weiß, dass da ein Reh in einem Dornengestrüpp liegt, ein Eichelhäher auf dem Wipfel der Eiche hockt und direkt über meinem Kopf ein Wolf über die Plejaden läuft. Er sieht, wie wenig von mir hier anwesend ist. Er sieht, wie Tom unbehaglich von einem Fuß auf den anderen tritt, wenn ich mit ihm rede; ich glaube nicht mehr daran, dass Sprache auch nur annähernd den Dingen entspricht, die sie zu bezeichnen versucht. Deshalb kann sie die Dinge nicht zusammenbringen, die einzelnen Teile nicht zu einem Ganzen verbinden. X lebte an einem Ort, der ein Ganzes war. Seine Teile der Tundra haben sich eingefügt. Was kann unseren Wald zu einem Ganzen machen?

Während ich daliege und den Schnee betrachte, wie er zu einer unhörbaren Melodie tanzt, dem symphonischen Brausen des Windes lausche, die Quadrillen der Saatkrähen auf dem Acker und die Kreisbewegungen der Sterne beobachte, weiß ich, wer der offensichtliche Kandidat ist: die Musik.

Später schrieb ich panisch an den Biologen David Haskell, einen Experten für Vogelstimmen, er möge mir doch bitte bestätigen, dass Musik »chronologisch und neurologisch älter ist als Sprache«. Aber sicher, antwortete er. »Allem Anschein geht beiden die körperliche Bewegung voraus: Die für die Geräuschwahrnehmung zuständigen Hirnregionen entwickeln sich aus denselben Teilen des embryonalen Gehirns wie das großmotorische System; das heißt, jeder stimmliche Ausdruck geht auf das zurück, was man Tanzen oder – weniger hochtrabend – Herumschlurfen nennen könnte. Was wir also brauchen, ist vielleicht eine auf Muskeln, Nerven und Knochen basierende Erkenntnistheorie.«

Genau! Eine solche Erkenntnistheorie ist zwingend erforderlich. Nicht nur, um das Jungpaläolithikum zu verstehen, sondern auch um das *Jetzt* zu verstehen. Und damit wir als Menschen ein gutes Leben haben können, denn wie sollen wir in einer Welt gut leben, über die wir nichts oder – weil die Sprache uns falsche Fakten auftischt – noch weniger als nichts wissen? Also werde ich mit Tanzen, Gehen und Laufen all die Lügen hinter mir lassen, ich exorziere sie mit meiner Tin Whistle und der h-Moll-Messe und einem Rembetiko aus einem rauchgeschwängerten Keller in Piräus.

Außerdem werde ich mehr als meine fünf Sinne benutzen (es gibt bestimmt mehr als fünf). Bisher benutze ich nur meine Augen. Sogar wenn es nur fünf Sinne gibt, bedeutet das, dass ich bestenfalls (also auch ohne die Verzerrung, die von der unheiligen Trinität aus Sehvermögen, Erkenntnis und Sprache herrührt) gerade mal ein Fünftel der verfügbaren Daten über die Welt bekomme. Stellen Sie sich vor, Sie würden Entscheidungen über Geschäfte oder Beziehungen auf der Grundlage von nur zwanzig Prozent der relevanten Informationen treffen. Da wären Sie schnell bankrott und Ihre Beziehungen eine Katastrophe. Aber genau das tun wir *mit der Welt als Ganzes!* Unsere Intuition ist älter, weiser und verlässlicher als unsere kaum benutzten, verkümmerten Sinne. Intuitiv ahnen wir, dass die Welt sich auf die eine Weise verhält, aber unsere Sinne suggerieren uns etwas anderes. Zwischen Intuition und Sinneswahrnehmung klafft eine grässliche Lücke. Kein Wunder, dass wir uns in der Welt nicht zu Hause fühlen. Wir haben keine Ahnung, wie sie *wirklich* ist, und auf einer gewissen Ebene ist uns das auch bewusst. Wie viel befriedigender und intensiver könnte ich mit nur zwanzig Prozent mehr Sinneswahrnehmung in diesem Wald leben – beispielsweise indem ich auf die Gerüche achte, die ständig in meine Nase strömen? Wie viel mehr würde ich aus dem Leben herausholen, um wie viel würde mein Leben bereichert? X hingegen hat, wie ein Fuchs, alle seine Sinne benutzt. Andernfalls wäre er gestorben, bevor ihm ein Bart spross.

Aber das ist eine Aufgabe für die Zukunft. Momentan muss ich erst einmal etwas aus diesem Flimmern machen: den Protest meines Magens zur Kenntnis nehmen, ohne zu grollen, und vor allem für meinen Sohn irgendwie als Vater da sein.

Für Tom steht fest: Wenn wir es richtig machen wollen, brauchen wir einen Hund. Er hat das alles nachgelesen. Wölfe, sagt er, könnten schon vor 40 000 Jahren domestiziert worden sein, und ein zahmer oder halb zahmer Wolf würde diesen Wald massiv verändern. Beides stimmt – auch wenn ich bezweifle, dass Hunde schon so früh in diesen Teil des nordeuropäischen Eisschilds gelangt sind. Tom schwebt so etwas wie ein großer Lurcher vor, den man im Halbdunkel für einen Wolf halten könnte. So einen könnten wir uns ohne Weiteres von einem Freund im Exmoor ausleihen.

Aber ich bin dagegen.

In England gibt es keine domestizierten Wölfe, nur Hunde. Diese Hunde haben sich mit uns entwickelt – und für uns. Bedauerlicherweise haben wir sie weit mehr geformt als sie uns; das Studium von Hunden ist eher eine anthropologische als eine zoologische Disziplin. (In allerjüngster Zeit hat sich das möglicherweise geändert, und die Hunde beginnen jetzt unsere Evolution voranzutreiben statt umgekehrt. Ich hoffe es.) Die Hunde tragen die postpaläolithische Menschheitsgeschichte in ihrem Körper und in ihrer Psyche. Denn ab dem Neolithikum schritt die Koevolution von Hund und Mensch sehr schnell voran.

Wenn man wissen will, wie weit wir uns von dem für uns vorgesehenen Lebensraum entfernt haben, braucht man sich nur die heutigen Hunde anzusehen: die tragischen, keuchenden mit Schleifchen im Stirnhaar, die mit den platten Gesichtern und den verkrümmten Beinen. Echte Hunde – die mit den Wolfsgesichtern – blicken uns aus einer fernen Vergangenheit an. Doch diese Vergangenheit ist nicht fern genug, um die Hunde für den Wald tauglich zu machen.

Natürlich wäre ein echter Hund dem paläolithischen Wald näher, als wir es sind. Was ein anderes Problem aufwirft: Der Hund würde die Kontrolle übernehmen. Der Wald würde eher auf ihn als auf uns reagieren, wir wiederum würden eher auf den Hund als auf den Wald reagieren. Eigentlich wollen wir hier ja den Menschen studieren, wenn jedoch ein Hund da wäre, würde sich unsere Aufmerksamkeit auf ihn richten – der zudem ein moderner Hund wäre. Er würde uns vom Wald isolieren, den wir mehr über die Sinne des Hundes als über unsere eigenen wahrnehmen würden. Um eine solche indirekte Wahrnehmung zu vermeiden, reise ich auch lieber allein ins Ausland.

Der Lurcher muss also im Exmoor bleiben.

Es schneit noch immer. Zu Hause machen sie sich bestimmt Sorgen, wegen Unterkühlung und Frostbeulen und ob wir wohl bald aufgeben. Während der Schnee die Konturen des Landes einebnet, bekommt das Land immer mehr spitze und gefährliche Zacken. Die Vögel verzweifeln neuerdings: Es ist schwerer geworden, vom Boden abzuheben, und wenn sie es endlich in die Luft geschafft haben, ist dann auch noch das Landen heikler. Im Sommer ist ihr Flug über den Wald unbeschwert, fließend und anmutig. Jetzt wirkt er angestrengt und stakkatoartig. Im Geiste übersetze ich alles in Musik, und da gibt es nichts als Dissonanzen. Die Saatkrähe kollidiert mit dem Rotkehlchen, der Fuchs mit der Ringeltaube, die Häsin mit dem Baum.

In der Kälte liegt das Wissen um die persönliche Auslöschung oder Transformation – um die grenzüberschreitende Reise dorthin, wo auch immer mein Vater ist. Oder nicht ist. Ich drücke Tom fester an mich.

Das Rotkehlchen und die Elster kommen jetzt sogar noch näher. Mir gefällt die Vorstellung, dass sie mehr an unserer Gesellschaft als an unserem Essen interessiert sind. Immerhin gehören wir ihrer alten, freundlicheren braungrauen Welt an. Das Kaninchen scharrt im Schnee, um an Gras heranzukommen, so wie X' Rentier in der Tundra nach Flechten scharrte; eines Tages sind von dem Karnickel aber nur mehr seine Ohren und eine Pfote neben einer Mauer übrig. Lediglich die Häsin und der Fuchs setzen sich der Kälte aus. Wenn ich am Rand der Senke liege, sehe ich winzige Dampfwölkchen aus dem Schnee aufsteigen. Sie stammen vom Atem der Häsin. Sie liegt in einer Höhle im Schnee, die durch ihre eigene Körperwärme entstanden ist.

Auch wir versuchen, den Schnee für unsere Zwecke einzuspannen, und bauen niedrige Schneewälle am Rand unseres Unterschlupfs. Sie halten den Wind ab und geben uns das Gefühl, etwas gegen die Kälte zu unternehmen.

An Nahrung mangelt es uns nicht. Die Fasane sind von der Kälte benommen und bemühen sich erst gar nicht, vor herannahenden Autos zu fliehen. Und warm genug haben wir es auch. Bevor der Schnee kam, haben wir wie besessen Holz gesammelt und unter unserer Plane gelagert, wo sich zu der Gemeinschaft aus Asseln und Spinnen auch andere Flüchtlinge gesellt haben, darunter eine Waldmaus. Wir können ihr Schwanzende zucken sehen, wenn sie zwischen den Zweigen schläft oder aufschreckt. Dieser Schwanz macht den Unterschlupf für uns zum Zuhause.

Das Herzstück unseres Zuhauses ist die Feuerstelle. Sie sorgt unablässig für Wärme, die uns durchströmt. Zumindest glimmt dort immer Glut. Wenn Tom von seiner Nahrungssuche zurückkehrt, sagt er, er werde jetzt das Feuer aufwecken. Diese Denkweise und diese Worte hat er nicht von mir. Tatsächlich scheint er zu glauben, dass ein Feuer nicht einmal Glut braucht, um zu existieren, sondern immer in jedem Stück Brennholz vorhanden ist und nur darauf wartet, aufgeweckt zu werden. Als wäre das Feuer die Seele des Brennholzes – ein Sonderfall jenes elementaren, zündenden Funkens, der im Wesen aller Dinge liegt.

Tom will nicht, dass ich mich ums Feuer kümmere. Das ist seine Angelegenheit. Seine Bewegungen um die Feuerstelle gleichen den langsamen, bedächtigen Handlungen eines Priesters um den Altar. Als ich vorschlage, mit unserem Unterschlupf an einen trockeneren Platz umzuziehen, will er davon nichts wissen, »weil wir mit dem Feuer wirklich schlecht umziehen können«.

Sein Instinkt sagt ihm das Richtige, aber tatsächlich haben unsere Ahnen, auch wenn sie mit Toms Theologie des heimischen Feuers vollauf übereinstimmten, Mittel und Wege gefunden, wie man umziehen konnte. Als Aeneas seinen betagten Vater Anchises aus dem brennenden Troja hinaustrug, wurde er von seinem Sohn Ascanius begleitet, der das Feuer trug.[27] Das Feuer war heilig. Es stand für die Heimstatt, die ebenfalls heilig war. Wo auch immer das Feuer war, dort war das Zuhause.[28]

Vergil berichtet hier etwas, dessen Ursprünge sehr viel weiter zurückreichen als bis zur Bronzezeit Homers; für die menschliche Identität besaß es weitaus mehr Tragweite als eine romanisierte Abstammung von levantinischen Vorfahren. X hatte sein Zuhause in einem Feuerbeutel dabei. Es glomm in einer Mooskugel und wartete darauf zu entflammen. Auf Wanderschaft zu sein bedeutete nicht, besitzlos zu sein.

Anchises hielt ein Gefäß in der Hand, das die Asche seiner Ahnen enthielt. Sie definierten das Zuhause ebenso sehr wie das Feuer. In alten Zeiten hatten die Menschen ihre Verstorbenen immer bei sich – in Beuteln, unter dem Küchenboden, ums Handgelenk, auf dem Kaminsims oder am Kopf der Tafel. Wir hingegen haben die Asche unserer Eltern in glänzende Kästchen (made in China) gefüllt, die wir aus einem Hochglanzkatalog aussuchen konnten. Bei meinem Dad haben wir uns nicht lumpen lassen und ihm ein Modell mit Messingecken spendiert. Dieses versenkten wir dann in einem Moorloch in Somerset. Und da fragen wir uns, warum wir das Gefühl haben, dass uns fundamentale Dinge abhandengekommen sind? Stattdessen hätte ich, nachdem die Raben meinen Vater gründlich abgenagt hatten, seinen Schädel in meinen Rucksack stecken, aus seinen Zähnen eine Halskette machen und seinen Beckenknochen als Kopfstütze verwenden sollen.

Der Winter ist die Zeit der augenfälligen Scheidelinien: überlebensfähig/todgeweiht; schwarz/weiß. Baumspitzen bohren sich in den Wind. Tatsächlich geht es in der Natur immer um Trennlinien. Wenn Sie mit dem Gesicht nahe genug am Boden sind – außer vielleicht in einem totgespritzten, antiseptischen Stadtpark oder auf einem industriell bewirtschafteten Acker –, werden Sie feststellen, dass Sie sich mit jedem Zentimeter in eine neue Zone begeben, und diese Zonen sind so unterschiedlich wie die Antarktis und der Amazonas. Wenn man diese Erfahrung gemacht hat, ist ein Spaziergang durch den Wald eine fantastische Reise und viel spannender als alles, was man mit einem Privatjet erleben kann. Mit jedem Schritt durchquert man viele Ländereien und passiert zahlreiche Grenzen. Ja, es gibt das große Ganze, aber es ist nur vollständig dank des Individuellen in seiner ganzen pulsierenden Vielfalt – dank des Trennenden. Die echte Welt ist keine Einheitspampe. Sie kennt keine Monokulturen. X trat nie zweimal auf dasselbe. Er würde nie sagen: »Wir gehen auf Gras«, sondern: »Dieser Zeh befindet sich auf diesen Halmen, und dieser Zeh auf jenen«; dann würde er die fünfzehn Grasarten unter jedem Fuß benennen, um Verzeihung bitten (möglicherweise in ihrer eigenen Sprache), weil er sie niedergetreten hat, und sich bedanken, dass sie ihm als Polster dienten.

Jede Veränderung – wirklich *jede* – konnte und kann immer nur von den Rändern her kommen. Nichts, was aus der Mitte gekommen ist – von Parlamenten, Kabinetten, aus Vorstandsetagen oder Thinktanks mit dem geneigten Ohr von Ministern –, war jemals von irgendwelcher Bedeutung. Die Evolution braucht die Trennlinien. Verwandelt man die Welt in eine Monokultur, verringert sich die Gesamtlänge dieser Linien, was weniger Veränderung und somit weniger Evolution zur Folge hat. Keine gute Nachricht.

Nehmen wir an, die Verhaltensmoderne hat vor 40 000 Jahren begonnen, das Neolithikum vor 10 000 Jahren, und wir sind seit 1000 Jahren moderne Menschen im heutigen Sinn. (Später in diesem Buch komme ich darauf noch mal zurück, denn meiner Meinung nach hat sich dieser letzte Übergang vor sehr viel kürzerer Zeit vollzogen.) Gehen wir weiter davon aus, dass jede Generation fünfundzwanzig Jahre umfasst, so lebten bisher 1600 verhaltensmoderne Generationen, davon 1200 (75 Prozent) im Jungpaläolithikum und Mesolithikum. Von den im heutigen Sinn modernen Generationen gab es 40: Das entspricht 2,5 Prozent aller Generationen der Menschheit. Wenn ein Menschenleben 70 Jahre dauert, hat man mit etwa 53 Jahren 75 Prozent seines Menschenlebens hinter sich. Den größten Teil unserer individuellen Entwicklung haben wir mit 53 Jahren abgeschlossen. Dementsprechend war auch der größte Teil unserer Entwicklung als Menschen am Ende des Jungpaläolithikums abgeschlossen. Wir sind Geschöpfe des Pleistozäns.

Den modernen Menschen als normgebend zu betrachten, ist lächerlich. Wir sind erst seit Kurzem existierende und offensichtlich untaugliche Mutanten. Aber keine Sorge: Wir können die Mutation umkehren.

Wenn unsere Geschichte zu dem Zeitpunkt beginnt, als der anatomisch moderne *Homo sapiens* erstmals in Erscheinung getreten ist, also vor 200 000 Jahren, haben wir 95 Prozent unserer Menschheitsgeschichte als Jäger und Sammler zugebracht: als Geschöpfe der Scheidelinien und der Ränder und daher als Wesen, die in faszinierender Weise Wandel unterworfen sind und Wandel herbeiführen. Heute halten sich die meisten von uns in der Mitte auf (in Städten, in Bewegungen und Einbildungen) und haben aufgehört, entweder sich selbst oder die Welt so zu verändern, wie es die frühen Menschheitsgenerationen taten. Wir glauben, dass wir in einer sich rasch wandelnden Welt leben. Mag sein, aber wir verändern uns nicht so, wie uns das Jungpaläolithikum verändert hat. Was wir heute für Veränderung halten, sind Existenzangst und Verfall. Die unter unserer Ägide vollzogenen

Veränderungen bringen keineswegs eine mannigfaltigere und verfeinerte Nuancierung oder ein tieferes Verständnis hervor. Sie sind vielmehr Akte eines Vandalismus, der Dinge und Orte und Daseinsformen, die der unseren ontologisch überlegen sind, vernichtet.

So – ich bin froh, dass ich mir das mal von der Seele geredet habe. Nächste Woche um dieselbe Zeit?

Die Erwartungshaltung der ersten Fastentage ist einem Schwindelgefühl gewichen. Ich sitze auf einem Felsvorsprung, vor mir geht es tief hinunter in die Dunkelheit, und ich habe keine Ahnung, was dort unten ist. Wir bewegen uns am Rand der Seriosität und ernten schiefe Blicke, wenn wir überfahrene Tiere in unsere Taschen stecken und am Pub vorbei das Tal hinauftrotten.

Das Letzte, was ich gegessen habe, war ein Igel. Das ist neun Tage her. Dem Geschmack nach zu urteilen, verwesen Igel schon, wenn sie noch lebendig und in ihren besten Jahren sind. Dieser hier rumort immer noch in mir, und meine Rülpser riechen nach einer Madenzucht. Den Tod dieses Tieres unter den Rädern eines Viehtransporters bedauere ich weitaus mehr, als seine Eltern oder Kinder es könnten.

Die Grenzerfahrungen in diesem winterlichen Wald verändern uns: Wir halten uns am Rand des Dorfes auf und verbringen den größten Teil unserer Tage und Nächte am Rand der Feuerstelle. Ich hungere und bin am Rand meiner Fastenerfahrung.

Außerdem haben wir mit unserem Verständnis dessen, was für eine Art von Wesen wir sind, eine Grenze erreicht; wir sind beide am Ende unserer Kräfte; und Gott sei Dank geht auch die Zeit zu Ende, die wir hier verbringen können. Bald kann ich wieder dem nachgehen, was sich Nature Writing nennt, an einem Schreibtisch sitzen, schmachtend in die Wolken gucken und elektronischem Vogelgesang lauschen.

Die wichtigste Grenzerfahrung ist für mich momentan der Grat zwischen Schlafen und Wachen. Ich verbringe viel Zeit im Niemandsland.

Warum bin ich nicht früher darauf gekommen? Wenn du wissen willst, wie sich die Dämmerung des Bewusstseins anfühlt, na, dann betrachte doch das Bewusstsein, während es heraufdämmert – manchmal ganz konkret, in den frühen Morgenstunden, wenn Hell und Dunkel ineinander verlaufen. Beobachte dein eigenes Erwachen. Wachträumen ist in vielen Religionen eine wichtige spirituelle Disziplin, und jetzt weiß ich auch, warum.[29] Es ist eine starke Lupe, unter der man das eigene Bewusstsein betrachten kann.

Wo Licht und Dunkelheit sich begegnen und das Bewusstsein auf das Unterbewusste trifft, gibt es kein verschwommenes Zwielicht. Da ist nichts form- und gestaltlos. Ganz im Gegenteil, in dieser Zone herrscht eine ungewöhnliche Klarheit, wie im attischen Oktoberlicht. Ungewöhnlich deshalb, weil sich die Wirklichkeit auf allen Ebenen des Seins offenbart: im Ertasten und Begreifen; in den Fingern und Eingeweiden; in Hoden und Hirn; in der dünnen, verschlungenen Großhirnrinde und im dicken, tief liegenden Fischgehirn, gebaut aus Phospholipiden und gebadet in Meerwasser und voller Erinnerungen an schnappende Plesiosaurier; und in dem Teil von mir, der die Chromosomenzahl eines Wolfes kennt, sowie dem Teil, der gern am Feuer sitzt, damit ich einem angreifenden Wolf eine brennende Fackel ins Gesicht stoßen kann. Ungewöhnlich ist auch, dass diese Ebenen normalerweise Gegenspieler sind, hier jedoch sind sie friedlich vereint.

Ich kann hören, wie sie miteinander kommunizieren, und etwas über die Beziehungen zwischen ihnen lernen, einfach indem ich vor mich hin döse und mir von Tom einen leichten Tritt geben lasse, wenn er mich einschlafen sieht. Das Hungern hilft (auch wenn es nicht schön ist), aber selbst wenn man Hunger leidet, ist das Wandern im Niemandsland zwischen Wachen und Schlafen viel weniger unangenehm und weniger schädlich für die Nieren, als es die Alternativmethoden wären, derer sich unsere Vorfahren bedient haben, etwa das Verzehren halluzinogener Pilze.

Der müde Mann, der an seinem Lagerfeuer in der Tundra von Derbyshire wacht und dem der Kopf mit der elchledernen Haube immer wieder auf die Brust sinkt, muss diese Zone gut gekannt haben. Tatsächlich lernen wir sie alle kennen, wann immer wir draußen in der echten Welt übernachten, wo es Eulen und Füchse und Todesschreie gibt, anstatt in unseren schallisolierten Kästen. Es scheint, als wäre der Schlaf des Menschen darauf programmiert, unterbrochen zu werden. Der Schlaf wird dadurch bereichernder. Vielleicht macht das den Reiz von Camping aus, überlege ich. Eine schlammige Parzelle im Regen zwischen schlaflosen Soziopathen mit weißen Wohnmobilen voller billigem Weißwein kann man wohl nur im halluzinierenden Bewusstseinszustand des Einschlafens oder Tagschlafens ertragen.

Jetzt hör mal (ich rede mit mir selbst). Die herkömmliche Sicht auf die Entstehung des menschlichen Bewusstseins ist schlicht falsch. Bewusstsein gab es schon lange vor dem Jungpaläolithikum, und nicht nur bei Menschen. Zweifelsohne haben auch viele nicht-menschliche Wesen ein Selbstempfinden: Das ist hinlänglich nachgewiesen bei Primaten, Walen und verschiedenen Vogelarten (die natürlich gar keinen Neocortex haben – folglich existiert Bewusstsein unabhängig von der jüngsten evolutionären Neuerung des Gehirns, und unsere notorische, auf Chronologie basierende Überheblichkeit ist fehl am Platz); vielfach wird auch die Meinung vertreten, dass Bewusstsein in der Natur allgegenwärtig sei.[30]

Wir sind ziemlich schlecht darin, Bewusstsein zu entdecken. Wir neigen zu der Annahme, Bewusstsein könne sich nur in der Weise manifestieren, wie es sich bei uns manifestiert – etwa indem wir uns im Spiegel betrachten und auf bestimmte Stellen in unserem Gesicht deuten –, sonst sei es kein Bewusstsein. Doch wir werden auf unserer Suche nach Bewusstsein besser, und je besser wir werden, desto mehr finden wir. Das Universum scheint ein recht fruchtbarer Garten für Bewusstseinswachstum zu sein. Dennoch muss im Jungpaläolithikum irgendetwas Bahnbrechendes mit dem menschlichen Bewusstsein passiert sein – sei es durch Revolution, Evolution oder Offenbarung. Eine neue Art von Bewusstsein entstand aus dem bisherigen oder ergänzte oder ersetzte es.

Bis ins 17. Jahrhundert unserer Zeitrechnung sind fast alle Menschen auf der Welt davon ausgegangen, dass die Welt als Ganzes und auch alle ihre Teile – egal, wie groß, vom Kieselstein bis zum Wal – eine Art von Bewusstsein haben. Ich neige ebenfalls zu dieser Ansicht. Und östliche wie westliche Religionen postulieren ein Bewusstsein, das dem ganzen Universum zu eigen ist – vielleicht (vielleicht aber auch nicht) als Summe all des individuellen Bewusstseins, das im Universum vorhanden ist.

Welche Beziehung zwischen diesem universellen Bewusstsein und dem jeweiligen Bewusstsein eines Individuums besteht, ist ein zeitloses Mysterium und eine Frage von größter Tragweite. Die mir am meisten einleuchtende Darstellung dieser Beziehung stammt von Iain McGilchrist:[31] Er stellt einen Zusammenhang zwischen Bewusstsein und *Materie* her. Individuelles Bewusstsein entsteht dadurch, dass universelles Bewusstsein in irgendeiner Weise an Materie gebunden wird. Es ist, als würde sich mein Körper wie das Scheinfüßchen einer Amöbe etwas vom universellen Bewusstsein einverleiben. Dieses Stückchen Bewusstsein nimmt eine Zeit lang die Gestalt meines Körpers an. Und die Körper bestimmen, wie sich dieses Bewusstsein verhält. Wir reden hier nicht über einen kruden kartesianischen Dualismus, demzufolge eine Seele, die mein eigentliches Ich ist, mein Fleisch okkupiert wie ein Besatzer, der aller Welt verkündet, dass dieser mein Körper nun ihm gehört.

Da es viele unterschiedliche Körper gibt, ist es nicht verwunderlich, dass es – wie wir mehr und mehr feststellen – auch viele verschiedene Arten von Bewusstsein gibt. Der Körper eines Schwertwals entspricht nicht dem meinen (na ja, vielleicht nicht *ganz*, würde der freche Tom sagen). Sein Selbst ist anders als meins, also hat er auch ein anderes Selbstgefühl als ich. Was nicht unbedingt weniger Selbstgefühl heißt: einfach nur ein anderes.

In den Menschen des Jungpaläolithikums entstand eine neue *Art* von Bewusstsein (oder zumindest eine, die den Menschen neu war), und zwar offenbar ohne eine wesentliche Veränderung ihrer körperlichen Gestalt. In X erwacht diese neue Bewusstseinsart. So lässt sich die verstörte Miene hinter seinem Bart und die Panik im bartlosen Gesicht seines Sohns am ehesten erklären.

Das Fasten, das Flimmern, die Grenzbereiche des Schlafes, die Ränder von Blättern, die Artengrenzen, die Kanten gekauter Knochen und die Ränder aller Kategorien erschaffen eine neue Art von Bewusstsein in mir.

In den Augenblicken unmittelbar nachdem ich von Tom getreten werde, tauchen Gesichter und Muster auf. Für gewöhnlich sind die Gesichter freundlich, aber ernst. In der Randzone des Schlafes erwarte ich, die Göttin Flora zu sehen, kichernd, barbusig und mit einem Korb voller Blumen, aber sie lässt sich nie blicken. Es sind keine gespenstischen Gesichter, sie wirken vor allem *schwer* – als kämen sie aus einer festeren, stabileren Welt als der unsrigen. Manchmal krönt oder umhüllt sie Laub, und dieses Laub durchschneidet den Stein einer Mauer in Derbyshire wie ein Feuersteinmesser die Luft. Die Gesichter sprechen nie, denn sie existieren vor und jenseits des Wortes, deshalb verhält sich ihre Beredsamkeit zu der unseren wie das Laub zum Stein. Sie stimmen mich durch und durch platonisch oder (falls das einen Unterschied macht) jungianisch.

Hinter den Gesichtern ist eine geometrische Matrix oder ein gleichmäßig gepunkteter Himmel oder üppige Vegetation aus mosaikartigen Farnen, wie man sie angeblich im Ayahuasca-Rausch sieht. Die Farne schwanken und betonen (als ob das noch nötig wäre), wie reglos die Gesichter sind.

Gelegentlich sind da auch Gestalten mit sich abschälender Haut. Unter der Haut kann man erkennen, was sie wirklich sind. Manchmal kommt man nur im Flug an sie heran, um sie richtig zu sehen. X ist eine dieser Gestalten. Seine Augenbrauen sind dichter, als ich gedacht hatte. Er entspricht eher dem Klischee eines Höhlenmenschen. Ein Stück hinter ihm verharrt sein Sohn, er wirkt blass und unbeholfen.

Wenn ich mich zwinge, die Augen zu öffnen, schnitzt Tom an einem Stock oder zeichnet etwas in sein Heft. Manchmal sind diese Zeichnungen identisch mit dem, was ich gerade gesehen habe; Sie können Ihre eigenen Schlüsse daraus ziehen. Einen Moment lang sehe ich durch meine Stiefel meine vermodernden Füße, die Würmer, die im Erdboden unter unserem Unterschlupf dahingleiten, meinen Dad, wie er mich wegen des Drecks um unsere Feuerstätte milde tadelt, ein Rentier, das an einer Einkaufstasche schnuppert, einen Raben mit einem menschlichen Finger im Schnabel und einen Baum, der sich mit weit ausladenden Ästen gravitätisch verbeugt.

Nichts wird mehr so sein wie früher. Ich kann nicht mehr an *bloße* Steine oder *bloße* Bäume glauben. Ebenso wenig wie an mich oder an Tom. Plötzlich ist der Wald voll von Geschichten, von Schauspielern, von Seelen, die ihre Rollen einstudieren.

Im Frühling erzählen die Sonne und die Schösslinge und die fließenden Säfte ihre eigenen Geschichten. Doch jetzt, im winterlichen Wald, liegt die Last auf mir. Die Geschichte muss erzählt werden, andernfalls wird etwas Schlimmes geschehen. Und es ist niemand da außer mir, der das tun könnte.

Ich erinnere mich, dass in vielen Kulturen Geschichten nur im Winter oder im Dunkeln erzählt werden dürfen.[32] Sonst würde man vielleicht jenen anderen, maßgeblicheren Geschichtenerzählern das Privileg des Erzählens streitig machen. Ich entsinne mich auch, dass es verhängnisvoll sein kann, eine Geschichte nicht zu erzählen, dass Geschichten nämlich heilen, erneuern und erlösen können. Manchmal vermögen sie sogar Tote zu erwecken.

Also beginne ich stotternd und nuschelnd, Tom eine Geschichte zu erzählen.

»Mehr«, sagt er. »Mehr.«

Bald wird er ein Mann sein. Wenn ich ein ordentlicher Vater wäre, würde ich den Leuten vom Jugendamt sagen, dass sie sich aufführen können, wie sie wollen, aber den Jungen würde ich in die Kälte hinausschicken, damit er fastet und sich fürchtet und seine eigene Geschichte kennenlernt. Ebenso würde ich, wenn ich ein anständiger Sohn wäre, mir meinen Dad um den Hals hängen. Tom weiß zwar, dass Geschichten wichtig sind, aber er kennt die richtigen noch nicht.

Das ist mein Fehler, und ich fühle mich miserabel deswegen. Moderne Initiationsriten bestehen darin, dass man sich mit Billigfusel auf einem Parkplatz besäuft, seine Jungfräulichkeit in einem Bushäuschen verliert, sich ein Smartphone schenken lässt, als wäre es eine Torarolle, und Berufserfahrung auf einer Hühnerfarm oder – wenn man der Mittelschicht angehört – in einer Versicherungsgesellschaft sammelt. Ich denke, es ist zumindest ehrlich, wenn die Kinder einen guten Start in die Richtung bekommen, die sie höchstwahrscheinlich einschlagen werden. Vielleicht wäre es nicht sehr nett, ein Kind mit ekstatischen Erlebnissen und der Wollnashornjagd vertraut zu machen und es dann den Rest seines Lebens in einem Callcenter malochen zu lassen.

Die Elster hört zu, sogar im Dunkeln. Während ich rede, sitzt sie ein paar Handbreit von meiner Schulter entfernt, und ist still, solange ich spreche. Sobald ich aufhöre, schwatzt sie selbst noch ein Weilchen, ehe sie uns zunickt und bis zum Morgen davonflattert.

Jetzt ist mir kalt. Wenn ich aufstehe und zum Pinkeln gehe, dauert es einige Zeit, bis wieder Blut in meine Beine gepumpt wird. Ich stelle mir meine Arterien wie zerdrückte Strohhalme vor.

Das Flimmern vor meinen Augen ermüdet mich, weil ich das Gefühl habe, ich müsste mich auf jede noch so kleine Variation dieses Flimmerns konzentrieren. Ich würde gern etwas essen, nicht um des Essens willen (denn das empfinde ich als anstößig), sondern um für ein bisschen mehr Eintönigkeit zu sorgen. Denn ich will nicht, dass jeder Augenblick so inhaltsschwer ist. Ich will nicht so viele Möglichkeiten haben. All diese Valenzen strengen mich an. Eigentlich möchte ich gar nicht frei sein. Ich möchte eine kleine Auswahl an geeigneten Optionen haben, bei denen meine Entscheidung nicht zu sehr hinterfragt wird. Mit unbegrenzten Möglichkeiten zu leben und tapfer die Verantwortung für das zu tragen, wofür auch immer man sich entschieden hat: Das macht einen Menschen aus.

Auch wenn mir immer kälter wird, wird es im Wald wärmer. Man sieht jetzt Löcher im Schnee; die überfahrenen Tiere fangen an zu stinken, und wir auch. Die Kälte hatte unsere Nasenlöcher verätzt, aber nun kommt wieder Leben in sie. Ich habe eine wunde Stelle am Rücken, die einzig heiße Stelle an meinem Körper, und wenn sie nässt, riecht sie nach Stroh in einem schmutzigen Schweinestall – was ich durchaus mag. Mein Atem riecht nach Pear Drops, Birnenbonbons, was ich sogar selbst merke. Das sind die Ketone der Unterernährung. Mir werden meine alten Hosen wieder passen, wenn ich wieder zu Hause bin.

»Wenn ich wieder zu Hause bin.« Dieser Gedanke ist ein grober Fehler, und ich kann ihn nicht ungeschehen machen. Er ist Verrat am Wald. Und die Elster kommt nicht mehr zu uns.

Wir packen zusammen. Das dauert ein bisschen. Wir ziehen die Plane vom Baum, rollen sie zusammen und stopfen sie in unsere Rucksäcke, zusammen mit den Schlafsäcken, den Feuersteinen, den Speeren, den im Feuer gehärteten Stöcken und den Notizbüchern.

X und der Junge, jetzt deutlicher zu erkennen, stehen neben der Scheune. Der Junge hat die goldenen Augen eines Hasen.

Die Rückkehr wird schwierig und gefährlich sein. Wenn man frei und bedeutsam gelebt hat, also so, wie man leben sollte, dann fällt es einem schwer, bei der postpaläolithischen Farce mitzuspielen. Deshalb haben alle Regierungen (die samt und sonders im Neolithikum ihren Ursprung haben) Angst vor Menschen, die so etwas tun wie Tom und ich. Sie hassen, fürchten und beneiden die Streuner, die sich jeder Kategorisierung entziehen, die Ungebundenen, die Gleichmütigen. Schauen Sie sich nur die

Gesetzgebung an. Die Regierungen wissen, dass jeder, der die Freiheit (auch ungewollt) gekostet hat, sie nie mehr vergessen wird; dass die Lügen der Regierungen klar zutage treten; dass ihre sorgsam aufgebauten Themenparks – die sie »echtes Leben« nennen – als trügerisch und brüchig entlarvt werden. Niemand, der im Wald war, macht bei diesem Spiel noch mit.

Trotzdem fürchte ich zu vergessen, was hier geschehen ist. Denn hier waren wir für einige Augenblicke eins mit unserer Umgebung. Für die Jäger und Sammler war es ein Ding der Unmöglichkeit zu vergessen, dass sie ein Teil dessen waren. Andernfalls wären sie gestorben. Zu leben bedeutete zu atmen, und durch den Atem nahm man bewusst den Wald in sich auf. Bei den Walen wird die Atmung bewusst gesteuert. Die Hälfte des Walgehirns muss wach bleiben, um dem Zwerchfell zu sagen, dass es weiterarbeiten muss. Würde ein Wal in Tiefschlaf fallen, würde er ertrinken. So war es auch im Jungpaläolithikum. Wer aufhört, den Wald in sich aufzunehmen, stirbt. Und so ist es auch heute noch, wir müssten es nur wissen.

Kann ich im biederen Oxford ein Jäger und Sammler sein? Kann ich ein Teil jedes Ortes sein, den ich betrete – selbst wenn meine Füße in glänzenden Halbschuhen stecken? Ich denke, es ist eine Frage der Achtsamkeit. Und die kann man lernen, so wie man nach jahrelanger Übung lernen kann, auf seinen Atem zu achten. Aber gegen Daueraufmerksamkeit wird heutzutage ein systematischer Krieg geführt, und ich bin – wie die meisten meiner Bekannten – eines der Kriegsopfer.

Auf dem Weg vom Wald zum Bahnhof breche ich einen Ast ab und sage automatisch: »Tut mir leid, verzeih mir.« Ich finde und verzehre eine alte Brombeere und sage automatisch: »Danke.« Ja, ich habe Fortschritte gemacht. Dankbarkeit ist das wichtigste definierende Merkmal der Jäger-und-Sammler-Gemeinschaften. Wobei diese Dankbarkeit sehr wenig mit Erntedankfesten gemein hat.

Als wir den guten Kilometer zum Dorf gegangen sind, haben wir 40 000 Jahre hinter uns gebracht, weswegen mein Blick umherschweift und nach Unterhaltung sucht. Ich bin wieder in der Moderne angelangt, und moderne Menschen lassen sich nicht von Sinnhaftem unterhalten, also höre ich auf, danach zu suchen. Dennoch blinzelt uns ein mittelalterlicher Steinkopf in einer Mauer beim Vorbeigehen zu, und die Elster fliegt herbei, lässt sich auf einem Spaten nieder und wackelt mit dem Kopf.

»Ich liebe diesen Wald«, meint Tom. Ich beiße mir auf die Zunge, um nicht nachzufragen und dadurch womöglich etwas Kostbares zu zerstören.

Einige Häuser im Dorf sind mit Flaggen geschmückt. Ich ärgere mich darüber, und aus diesem Ärger schöpfe ich Mut. Denn auch das ist ein Anzeichen dafür, dass etwas geschehen ist. Ich ärgere mich, weil ich ein Patriot bin. Jeder, der ein Land oder einen Ort wirklich kennt und liebt, weiß, wie unpassend eine Flagge ist. Der Gedanke, dass eine Flagge auch nur ansatzweise ein Tal oder einen Baum repräsentieren kann, ist blasphemisch. Kein Jäger und Sammler hat eine Flagge. Wahre Patrioten verbrennen Flaggen.

Als wir den kleinen ländlichen Bahnhof erreichen, beginnen sich die Momente öde aneinanderzureihen. Im Wald gab es keinerlei gerade Linien, aber hier sind sie überall: Fensterrahmen, Gebäudeecken, Augenblicke und Verwendungszwecke in geordneter Folge.

»Hier gibt es nichts als Kästen«, stellt Tom fest.

In Derby essen wir eine Tüte Pommes frites, und das Flimmern hört auf.

Als wir das Haus betreten, schnappen alle nach Luft.

Es hat ihnen nicht wegen X und dem Jungen den Atem verschlagen, die draußen in ihrer Fellkleidung zwischen Abfalltonnen und einem Müllcontainer voller Stühle stehen, sondern wegen uns.

Trotz der blöden, rund um die Uhr minotaurisch brüllenden Ringstraße, des Gebrabbels der Bildschirme und des Geschreis zankender Kinder ist die Stille und Ereignislosigkeit von Oxford erschreckend. Wir waren an Wind gewöhnt, der sich wellenartig an Bruchsteinmauern bricht, an das Zischeln in Buchen, den rauen Schrei der Raben, das Gerascheln von Mäusen. Dort draußen im Wald war alles unablässig im Wandel. Wann immer wir zu der Eiche hochsahen, verschränkten sich ihre Äste miteinander, wie sie es nie zuvor getan hatten und nie wieder tun würden. Nie hatte eine Wolkenkrone genau *so* ausgesehen, nie ein Gezwitscher unter Spatzen genau *so* geklungen. Dieser Regentropfen, der in den Kalk sickerte, ballte sich zuerst zur Faust, dann formte er einen Rehkopf, dann einen Kelch.

Ich gebe mir Mühe, hier in Oxford das Gleiche zu sehen. Und ich stimme mit David Abram darin überein, dass »es stets nur relativ unwilde Orte gibt«. Ich langweile die Leute zu Tode, wenn ich ihnen erzähle, dass sogar das sterilste Einkaufszentrum ein Ort der Wildnis ist, der vor Möglichkeiten und Pilzen und belebendem Schmutz geradezu strotzt. Doch wenn man eine Weile dort verbracht hat, was heute als echte Natur zählt, sind die »nur relativ unwilden Orte« schmerzhaft nervig. Von meinem Platz aus kann ich den Himmel nicht sehen. Ein BMW fährt vorbei. Dann ein Ford. Dann ein DHL-Lieferwagen, der der Journalistin nebenan Druckerpatronen bringt. Und noch ein BMW. »Leider kann ich gerade nicht reden«, sagt mir ein Freund am Telefon. »Ich bin schwer beschäftigt.«

Nein, bist du nicht. Deine Augen und dein Hirn haben in der ganzen letzten Woche nicht so viel geleistet, wie sie in zehn Minuten in unserem jungpaläolithischen Wald hätten leisten müssen. Und deine Arme und Beine, deine Ohren, deine Nase und deine Berührungsrezeptoren haben schon seit Jahren nichts mehr getan.

Wir stellen uns Natur als eine Abwesenheit von Geräuschen, Bewegungen und Ereignissen vor. Wir mieten Ferienhäuschen auf dem Land, die »ein bisschen Ruhe und Abgeschiedenheit«

versprechen. Das zeigt allerdings nur, wie abgeschieden wir selbst von der Natur sind. Ein Spaziergang auf dem Land sollte eine ohrenbetäubende, beängstigende, irrwitzige und anstrengende Kakofonie sein.

Wenn schon der heutige zurechtgestutzte, verbrannte oder vergiftete Abklatsch von Natur so auf uns wirken kann, wie viel beeindruckender wäre dann die echte Wildnis, würde sie noch existieren? Es wäre, als würde man einen synthetischen Cocktail aus Speed, Heroin und LSD einnehmen und durch einen Club tanzen, in dem Mozarts Requiem zum Rhythmus von Grateful Dead gespielt wird, während man jeden Moment damit rechnet, von einem Höhlenbären aufgeschlitzt zu werden.

In unserem Viertel im Süden von Oxford muss es X und seinem Sohn vorkommen, als befänden sie sich in irgendeiner abartigen Wüste. Die Herden sind verschwunden. Die Vögel sind erschreckend still. Doch sogar hier hat X bestimmt die Gänseformationen am Himmel bemerkt, ihre Futterplätze ausfindig gemacht und sich überlegt, wie er sich anpirschen kann. Wasservögel waren wichtig bei so kalten Temperaturen, mancherorts sogar der Inbegriff von Leben. Möglicherweise hielt X sein Gemächt in einem Nest aus Schwanendaunen kuschelig warm; wahrscheinlich trug er Gamaschen aus Entenfell und einen Mantel aus Gänsefell, gefüttert mit der Befiederung, sowie eine Tordalkmütze, die er von seiner Großmutter bekommen hatte; vielleicht imprägnierte er auch seinen aus einem Schwanenfuß gefertigten Feuerbeutel mit dem Sekret der Bürzeldrüse eines Wasserläufers. Ich bin mir sicher, dass seine wind- und wettergegerbte Nase vor Blesshuhnfett glänzte, und vermute, dass er unter seiner Mütze einen Vorrat an geräucherten Entenfleischstreifen aufbewahrte, mit denen er einen Monat überleben konnte, falls er sonst nichts fing.

Wenn man sich eine Vorstellung von den Wasservögeln im Jungpaläolithikum machen will, bringt es nichts, an der Wash-Mündung, am Solway Firth oder auch in Island nach ihnen zu suchen. Man setzt sich besser auf eine Bank im St. James's Park, schließt die Augen, blendet Big Ben, die Flugzeuge und die brummenden Busse aus und konzentriert sich auf die unverschämt fetten Enten, die rings um einen herumwuseln und -watscheln. Oder noch besser: Fahren Sie – so wie wir es am Tag nach unserer Rückkehr aus Derbyshire gemacht haben – zum Slimbridge Wetland Centre an der Mündung des Severn. Denken Sie daran, mit offenen Fenstern und abgeschalteter Heizung zu fahren und nur ein dünnes T-Shirt, kurze Hose und Badeschlappen zu tragen, dann gehen Sie mit Gänsehaut an den Giftfröschen vorbei zu den großen Ententeichen. Dort finden Sie Enten und Gänse in einer Populationsdichte vor wie in den alten Zeiten, allerdings kann es schwierig sein, den Speer mit der Feuersteinspitze am Empfang vorbeizuschmuggeln.

Von den Beobachtungsständen entlang des Flusses kann man römische Anlegeplätze und – am Tiefpunkt der Ebbe im fernen Watt – Schatten von etwas Mesolithischem sehen; außerdem Fußabdrücke von einem Seite an Seite laufenden Wolfspaar, einigen dahintrottenden Auerochsen, langbeinig stelzenden Kranichen und dem einen oder anderen Menschen. Manchmal ist der blasse Himmel verdunkelt von Kiebitzen, die sich im Sturzflug um die eigene Achse drehen, oder silbern von den blitzschnell die Richtung wechselnden Strandläufern. Wenn man dort einen Moment lang die laminierten Erläuterungen zur Funktion des Flügelspreizens und der Kopfformen und die Hochklappfenster ignoriert, unter denen man sein Beobachtungsfernrohr phallisch der Natur entgegenstrecken kann, bekommt man eine Ahnung von der zischenden, pfeifenden Metropole, die die Welt des Jungpaläolithikums war; ein fiebriges Summen, das nichts mit dem statischen Rauschen in den Köpfen der Menschen zu tun hat und auch nichts mit den Machenschaften von Konzernen.

»Warum fliegen die denn dauernd rum?«, will Jonny, unser Achtjähriger, wissen.

»Weil sie's können!«

»Oder vielleicht, weil die Sonne scheint?«

»Genau!«

Als wir zurückkommen, fängt der Winter richtig an.

Unser Vorstadtwinter unterschied sich nicht so sehr vom Winter im Wald – zumindest versuchte ich mir das einzureden. Wir harrten aus. Wir futterten ordentlich. Wir mummelten uns ein und eilten auf der Suche nach Nahrung, Gesellschaft oder neuen Ideen in die Kälte hinaus. Mein normales Leben besteht darin, Reste von Ideen aufzulesen und eine Mahlzeit daraus zu bereiten; der einzig echte Unterschied zwischen meinem Sammeln und dem Sammeln der Jungpaläolithiker liegt darin, dass ich im Winter mindestens genauso viele Ideen auf den Bäumen oder in den Wäldern finden kann wie im Sommer.

Wir versuchten uns Geschichten zu erzählen: von den Flugrouten der Schwäne aus Grönland; vom Licht, das stets von Dunkelheit umhüllt ist; vom emsigen Treiben unter dem stillen Schnee; vom Feuer tief unter unseren Füßen, im Kern des Erdballs; vom Geist und Verstand des Rotkehlchens, der weit über dessen Kopf hinausreicht bis hinein zu uns.

Im Morgengrauen lagen wir im Marschland, unsere Klamotten am schlammigen Boden angefroren. Während wir mit gespitzten Ohren auf die Ankunft der Gänse warteten, dachten wir an die Klänge, die wir ihren schönen langen Oberschenkelknochen entlocken könnten, wenn wir Löcher hineinbohrten und hineinbliesen, und fragten uns, ob Meerfenchel zu Gänseleber passt. Wenn wir tote Vögel auf der Straße fanden, kochten wir ihre Knochen und rissen ihre Zungen mit einer Zange aus, wobei wir feststellten, dass Amselzungen wie ein Stilett geformt sind. Wir sahen, dass sich unser hiesiger Fuchs vor Plastik fürchtet, dass unser hiesiger Eichelhäher einen Zeh verloren hatte und dass sich Panik auf die Gesichter gefeierter Akademiker malte, wann immer das Wort »Gefühl« erwähnt wurde.

Aber die meiste Zeit beobachteten wir nur: wie der Orion von Ost nach West wanderte, wie sich die Sternbilder des Stiers und der Zwillinge gegenseitig auf Abstand hielten, wie das schleichende Licht in die Ränder der Nacht sickerte.

X und sein Sohn waren verschwunden. Wir hatten sie nicht mehr gesehen, seit wir die Schwelle unseres Hauses überschritten hatten. Ich fragte mich, ob sie zu dem verwilderten Wald hinter dem Kindergarten aufgebrochen waren, aber obwohl ich dort zu allen Tages- und Nachtzeiten sitze oder spazieren gehe, bekam ich sie nie zu Gesicht. Vielleicht wollten sie in dieser Jahreszeit, die sich so gut zum Geschichtenerzählen eignet, nichts zu meiner Geschichte beitragen – denn wenn eine Geschichte nicht die eigene ist, ist sie keine sonderlich gute Geschichte. Allerdings ist eine, die *nur* einem selbst gehört, eine wirklich total langweilige; deshalb dachte ich, sie würden mir vielleicht aushelfen.

Den Winter spielten wir bloß. Der Wald von Derbyshire war immer da, lauerte süffisant in jeder Zimmerecke oder machte sich auf einem Sessel breit und setzte mir – manchmal ziemlich derb – mit seinen Fragen zu:

»Hast du dich schon mal gefragt, was aus dir geworden wäre, wenn du dort geblieben wärst?«

»Siehst du diese immer größer werdende Wampe? Davon würde ein Wolfsrudel einen Monat lang satt werden.«

»Du hast etwas sehr Merkwürdiges im Leben dieser Häsin verpasst, als du im Warmen vor dich hin geschnarcht hast. Wie geht es dir damit?«

»Die gefrorene Wasserlache am unteren Feld bildet ein Gesicht. Rate mal, wessen?«

Wald und Savanne sind die Vergangenheit; die Orte, an denen ich und wir alle im Lauf der Zeit zusammengefügt wurden. An diesen Orten haben sich unsere Knochen gebildet, und sie allein wissen, woraus sie bestehen.

Ich radelte in verschiedene Bibliotheken und brachte Wochen damit zu, nach der Rezeptur für menschliche Knochen zu suchen: bei Charles Darwin, Daniel Dennett, William Blake, Richard Jefferies und zahllosen anonymen Wissenschaftlern, die Töpfe und Schädel und Behälter mit Feuersteinen in ihren Büroregalen aufbewahrten und ihre Artikel mit sorgsamen Fußnoten versahen.

Ob ich schrieb oder schlief, immer hielt ich Toms Version eines jungpaläolithischen Faustkeils in der Hand, halb hoffend und halb glaubend, er wäre ein superleitfähiges Verbindungsstück zwischen mir und der alten Dunkelheit, ein Hilfsmittel, um zu erfahren, wie meine Knochen gemacht worden waren. Während ich im Kindergarten-Wald auf dem Boden saß und die Ringstraße verfluchte, gewöhnte ich mir an, den Kopf rasch zur Seite zu drehen, denn ich wusste, dass wirklich Bedeutsames – wie Tote, die Vergangenheit, X und sein Sohn oder die Rezeptur für die menschlichen Knochen – stets am äußersten Rand unseres Gesichtsfeldes aufblitzt und dass es überrascht werden kann, wenn man Glück hat und schnell genug hinsieht oder wenn es gesehen werden will.

Das eigentliche Werk, das die Verbindung zwischen Vergangenheit und Gegenwart herstellte, wurde unter meinen Füßen verrichtet. Würmer zogen das Laub vom letzten Herbst unter die Erde, sofern der Frost es zuließ, und brachten Partikel von sächsischen Bauern, normannischen Steuereintreibern und viktorianischen Gouvernanten an die Oberfläche – die alle an den Sohlen der Sportschuhe der Kinder haften blieben und auf dem Fußabstreifer landeten, wenn die Kleinen von ihren waldpädagogischen Aktivitäten zurückkehrten. Unter der Erde trieben auch Keime, sie entfalteten und formten sich und schoben sich ohne Augen, aber mit unerschütterlichem Vertrauen dem Licht entgegen, das aus Afrika kam, so wie die frühen Menschen.

Es gab eine Menge, was uns den Winter über beschäftigte: alte Weisen, Abgabetermine, Partys, tapsige Runden durch den Park, fummelige, schwülstige Versuche, einander zu verstehen, und die mit dem Versagen einhergehende Einsamkeit, trunkene Ausgelassenheit und noch größere nüchterne Ausgelassenheit, einige beunruhigende Momente bei der *Saga von Brennu-Njáll* und bei der übergriffigen Saga namens Weihnachten, das Gefühl, dass man beim Genuss von Apfelwein vom Mostbauernhof einer großen, alten Sache auf der Spur ist – als wäre er aus den verschrumpelten Früchten der Weltesche gemacht (damit sollte mir die Erwähnung in einem Satiremagazin sicher sein) –, Friedhofsbesuche, verbunden mit der Hoffnung, dass irgendetwas passierte, Sprünge in die Brandung, kistenweise billiger Rotwein vom Peloponnes, morgendliche Hektik, um einen Blick auf die Gänse zu erhaschen, die jeden Tag zur exakt selben Zeit – gerechnet ab Sonnenaufgang – über unser Haus flogen, die heißen, bebenden Leiber der Wühlmäuse, die wir hinten im Garten fingen, weil wir wissen wollten, wer noch hier wohnte.

Wir traten auf der Stelle. Wahrscheinlich hatten X und sein Sohn während der Dunkelheit die Geschichten gesponnen, mit denen sie den Rest des Jahres über die Runden kamen.

Frühling

*»Kurz bevor Geister in den Wald kommen, geschieht etwas.
Es wird still. Du erlebst etwa zehn Minuten urplötzlich eintretende,
wattige Stille, die mit keiner anderen Stille vergleichbar ist,
mit keiner anderen Art von Geräuschlosigkeit,
mit keiner anderen Atmosphäre. Falls dir deine Beine noch
gehorchen, ist das deine Chance wegzurennen.
Andernfalls, so die Vermutung, hängst du drin.«*
Martin Shaw, Small Gods

Im Winter machten sich die Menschen Gedanken, im Frühling machten sie Wanderungen. Zwar fürchte ich den Winter, aber ich bin auch faul und rührselig und mag Geschichten. Nur ungern lasse ich mich vom Feuer in der Höhle weglocken, damit ich selbst Geschichten erlebe, anstatt nur welche zu erzählen. Es ist einfacher, von den Fettreserven zu leben.

Im Jungpaläolithikum war der Frühling die magere Zeit, in der die Rippen der Menschen ebenso hervortraten wie die Unebenheiten der Erde, wenn sich der Schnee zurückzog.

Auch an mir hatte der Winter gezehrt, obwohl man das bei meinem Anblick niemals vermuten würde.

»Du weißt, dass du dich auf diese Schamanen-Sache wirklich einlassen musst«, hatte ein weiser Freund unerbittlich gedrängt. »Denn das *war* die Welt des Jungpaläolithikums. Über diese Epoche zu schreiben, ohne ein erfahrener schamanischer Reisender gewesen zu sein, ist, als würde man übers Schwimmen schreiben, ohne je nasse Füße bekommen zu haben.«

Das war zwar übertrieben, aber nur ein bisschen. Also biss ich die Zähne zusammen, fragte herum und klopfte eines Tages in einem Wald in Somerset an die Tür eines Wohnwagens.

»Herein«, rief Polly, die nach Sandelholz roch, »nur keine Angst.«

Polly hatte vor nichts Angst. Vor zwanzig Jahren hatte sie bei einer Routineoperation aufgehört zu atmen, war durch einen Tunnel gegangen, hatte ihre tote Großmutter umarmt und sich dann, wenn auch widerstrebend, von einem energischen Anästhesisten zurückholen lassen. Danach hängte sie ihren Bürojob beim National Health Service an den Nagel und reiste nach Zentralasien, wo sie sich von Pferdefleisch, Flechten und einer wöchentlichen Dosis Fliegenpilz *(Amanita muscaria)* ernährte. Schwitzend, zuckend und voller Ekel hielt sie Judy Garlands riesige fleischige Hand (mit Krallen), sie starrten zusammen in die Leere vor und jenseits unserer Zeit und aßen Schokoladentaler und Geckos. Dann putzte sie in einem Wolfsreservat irgendwo an der Seidenstraße die Toiletten, bevor sie in den Südwesten Englands heimkehrte.

»Nichts davon war derart angsteinflößend wie mein Job in der Behörde«, sagte sie.

»Sie haben keinen Grund, mir zu trauen«, fuhr sie fort, »aber das können Sie. Da draußen sind eine Menge Scharlatane unterwegs. Leute, die einen Wochenendkurs in Schamanismus belegen und dann ins Geschäft einsteigen, mit Websites voller Fotos von Jaguaren und Eichen und Sternen. Wir gehen es langsam an. Falls Sie sich jemals fürchten, sind Sie am falschen Ort, und wir verlassen ihn auf der Stelle.«

Ja, wir gingen es langsam an, trotzdem war das alles zu schnell für mich. Wochenlang pilgerte ich zu Pollys Stellplatz, lag auf einer Schaumstoffmatte neben einem Holzofen und lernte zusammenzuschrumpfen, damit ich meine Schultern durch ein von Süßgräsern überwuchertes Loch an einem griechischen Strand zwängen konnte; ich schlängelte mich unter den Wurzeln einer alten Palme hindurch, ging gebückt und dann wieder aufrecht immer weiter hinunter, wobei ich die Augen in den Wänden ignorierte – durch einen brodelnden Bach, auf eine Lichtung hinaus. Dort wartete ein Fuchs auf mich, der wie ein Kätzchen schnurrte; gelbe Augen mit schwarzen Sprenkeln im Muster von Galaxien, die ich vage erkannte. Er *klang* nach Moschus, denn hier unten konnte man Gerüche hören und Farben riechen. Manchmal hauchte er mich an, und das war wie eine Brise auf einer warmen Frühlingswiese; manchmal riss er mir mit seinen weichen Pfoten die Brust auf und wühlte darin; und manchmal, wenn ich ihn darum bat, begleitete er mich durch den Tunnel zurück nach oben, kam auf meine Matte und dann mit ins Auto, die ganze M5 entlang.

»Es ist gut, dass er mitkommt«, sagte Polly. »Vielleicht bist du bereit für Derbyshire?«

Da war ich mir überhaupt nicht sicher, aber Tom und ich fuhren trotzdem los.

Wir kommen an, kurz bevor die Sonne klein beigibt. Unser alter Unterschlupf hat dem Winter gut standgehalten. Ein Fuchs hat einen Kotkringel genau dort hinterlassen, wo ich zuletzt meinen Kopf gebettet hatte, was ich als gutes Zeichen deute. Wir werfen die Plane über die Zweige, entfachen ein Feuer (»Nein: wir *wecken* ein Feuer«, beharrt Tom. »Weißt du das nicht mehr?«), klettern auf ein paar alte Bäume, nur um Hallo zu sagen, und machen uns auf die Suche nach den Tieren, die wir kennen.

Wir wissen, dass der alte, mürrische Rammler tot ist, und von dem einäugigen Rotkehlchen ist nichts zu sehen, aber die kopfruckelnde Elster sitzt bald schon wieder auf ihrem alten Ast. Im Lauf des Winters hat sie gelernt, an einem Bein kopfüber zu hängen, und ist stolz darauf. Ihr Kopf zuckt in unsere Richtung, um zu überprüfen, ob wir auch zuschauen und sie bewundern.

Die Häsin? Ich weiß es nicht. In der Senke sind ihre seidigen Löffelspitzen nirgends zu sehen, aber das heißt nicht, dass sie nicht da ist. Heute Nacht ist Vollmond. Wenn sie noch lebt, wird sie sich wollüstig darin suhlen.

Tom richtet alles ordentlich her; er säubert die Steine unserer Feuerstelle, sammelt Farngestrüpp, um den Unterschlupf abzudecken, wo die Plane nicht hinreicht, und trampelt das Dickicht auf dem Weg zur Lichtung nieder, wo er die Essenshäppchen hinterlässt.

»Mach dir nicht zu viel Mühe«, sage ich zu ihm. »Wir werden das Lager oft wechseln.«

Der am deutlichsten sichtbare Unterschied zwischen den modernen Menschen und denen des Jungpaläolithikums ist nicht ihre Kleidung oder Körperbehaarung, nicht einmal unsere heutige Verweichlichung und Schmächtigkeit. Vielmehr ist es die Weltläufigkeit und Mobilität der Jungpaläolithiker, im Gegensatz zur Engstirnigkeit und Unbeweglichkeit unserer Zeitgenossen. Wenn nicht gerade Winter war, reisten die jungpaläolithischen Menschen in die Ferne, in vertraute oder ganz andersartige Gegenden, wo sie an jedem neuen Ort mit hellwachem Verstand neue Verträge mit den dort ansässigen Geistern aushandelten und versuchten, nicht zu verhungern. Wir reisen normalerweise lediglich zwischen ein und denselben Orten hin und her – zwischen identischen Schachteln mit identischen Einrichtungen und identischem Essen. Und während wir herumsitzen, -lümmeln oder -liegen, lassen gefügige Leibeigene Kalorien in unsere offenen Münder fallen.

Im Frühling und im Herbst legten die Rentiere Hunderte von Kilometern zurück, an einzelnen Tagen bis zu fünfzig, und manchmal hefteten sich Jäger an ihre Fährte wie Schiffshalter an einen Hai. Wir gehen dorthin, wo die Rentiere meiner Vermutung nach hingezogen sein könnten, und machen die Plätze ausfindig, wo man ihnen am leichtesten hat auflauern können, etwa an Engpässen. In der Nähe solcher Flaschenhälse, diesen Orten des Gemetzels, versammelten sich zu bestimmten Jahreszeiten die Menschen des Jungpaläolithikums, und dort schufen sie auch (nach X) ihre großen Meisterwerke[33] – die komplexeste zweidimensionale Kunst bis zur byzantinischen Epoche. Kunst, Gemeinschaft, Politik und Religion richteten sich nach den jahreszeitlichen Rentierwanderungen aus.

Mir gefällt die Vorstellung all dieses ständigen Umherziehens nicht. Ich habe das Gefühl, ich muss einen Ort gründlich kennenlernen können, um Teil *seiner* Geschichte zu werden, sodass dann die Ahnung einer Geschichte zu mir durchdringt. Die besten Geschichten *erzählen* nicht von einem Ort, sie *sind* die Geschichte des Ortes, sagt der Mythologe und Geschichtenerzähler Martin Shaw. »Finde den Ort, der nach dir verlangt.« Nun, es gab in diesem Winter Augenblicke, in denen ich zu spüren begann, dass das Tal mir ein solches Angebot machte. Genau so, sagte ich mir, musste es im Jungpaläolithikum gewesen sein, als die Grenze zwischen dem Individuum und der nicht-menschlichen Welt durchlässig wurde und kaum noch existierte und sich das große, beherrschende Prinzip der Gegenseitigkeit durchsetzte: Gibst du mir, geb ich dir. Geb ich dir, gibst du mir. Ich erhebe Anspruch, du erhebst Anspruch. Sollte ich nicht hier im Tal bleiben und damit meinen Anspruch untermauern?

Tja, ich kann nicht. Sie sind weitergezogen, also muss ich es auch.

Sie ist noch da! Allerdings rekelt sie sich nicht breitbeinig im Mondlicht, sondern trippelt scheu um den Lichtkegel herum und schlüpft – mit einem dicken Bauch, der von Seite zu Seite schwingt – von einer dunklen Stelle zur nächsten, wobei sie sich gegen ihr Schwanken stemmt wie ein Seemann auf einem Schiff.

In der Senke riecht es nach Fuchs. Kein Wunder, dass sie einen Bogen darum gemacht hat. Wahrscheinlich trägt sie vier Föten im Bauch, sie darf nicht nur an sich denken.

Allerdings sind die Häsin und die Elster lediglich ein schwacher Trost. Denn der Wald als solcher hat sich abgewandt.

Manchmal schleichen wir uns tagsüber von unserem Unterschlupf fort, springen hinter Bäume oder legen uns flach auf den Boden, weil wir in der Ferne die Jacke eines Wanderers aufblitzen sehen. Wir beobachten ihn dann mit Adleraugen, und uns läuft das Wasser im Mund zusammen, wenn wir an die Schokolade in seinem Rucksack denken, und fragen uns, welchen Schaden er nimmt, wenn er stundenlang durch diese alte Hügellandschaft stapft, um danach zum Parkplatz zurückzukehren und die Nachrichten im Radio zu hören. Wäre es nicht besser für ihn, gleich zu Hause zu bleiben und sich nicht einem solchen Wechselbad auszusetzen? Wenn wir hin und wieder Lust auf einen Nervenkitzel haben, legen wir uns neben die große Straße, wo wir mit Schrecken und Schaudern mit ansehen, wie viel Gewalt und Gedanken- und Rücksichtslosigkeit dort herrschen. Und ab und zu spähen wir, wenn es dunkel ist, in eins der Häuser im Dorf: Kinder werden gefüttert und zanken sich; Paare tauschen Zärtlichkeiten aus, bekriegen oder ignorieren sich. Nur sehr selten sehen wir, wie jemand einen anderen länger als nur einen Augenblick betrachtet. Wir versuchen, ihren Geschichten auf die Spur zu kommen; und wie alles zu den jeweiligen Geschichten passt, die sie sich ausgesucht haben. Warum bloß *diese* Tapete? Was hat der Kunstdruck des sterbenden Toreros zu bedeuten? Und warum ausgerechnet heute Abend frittierten Fisch?

Um uns herum wird die ganze Nacht lang getötet und versucht, dem Tod zu entwischen. Eine Schleiereule durchkämmt das Feld so systematisch wie der Abtaster eines Scanners die Unterlagen und stößt hin und wieder herab, wenn etwas quiekt oder piepst. Füchse zerren an einem Kaninchen, als würden sie Tauziehen spielen. Ein Waldkauz verfehlt knapp eine Wühlmaus und legt eine Bruchlandung in den Brennnesseln hin. In der Ferne spuckt und knurrt ein Dachs, der mit einer Zange aus der Erde gezogen und in einen Sack geworfen wird (wir haben kein Handy dabei, um die Polizei zu rufen). Und im Dorf verprügelt ein Mann offensichtlich seine Frau.

Tom schläft, er träumt von Schokolade und Rentieren. Ich bin wach und frage mich, wohin X gegangen ist und ob seine Abwesenheit, ja der komplette Rückzug des Waldes vor mir, die Folge einer unbedachten Grausamkeit oder Gleichgültigkeit ist. Das zumindest ist ein für das Jungpaläolithikum authentischer Gedanke. Habe ich jemanden übersehen, der dringend mit mir reden wollte? Habe ich den Schweinebraten gedankenlos gegessen, ohne mir zu vergegenwärtigen, dass er aus dem Hinterteil eines nahen Verwandten besteht, der noch immer hier anwesend ist und mich bei jedem Bissen beobachtet? Habe ich über das Missgeschick von jemandem gelacht? All dies hätte mir den Zugang zum Wald versperrt und X veranlasst, angewidert fortzuziehen. Jay Griffiths spricht von »Wildnis-Freundlichkeit«: einer Freundlichkeit, die denjenigen zu eigen ist, deren Moral der Erde entspringt[34]. Das heißt nicht, dass blutrote Zähne und Klauen ein Quell der Freundlichkeit sind. Ich habe das Heulen und Kreischen gehört und möchte nicht, dass Darwin meine moralische Instanz ist. Wettbewerb, Tod, Aussonderung und Vertreibung machen uns nicht gut. Der Wald scheint von Menschen mehr zu erwarten als von Eulen.

Ich gehe die vergangenen Monate durch, rufe mir alte Dummheiten, blöde Witze und mögliches Imponiergehabe ins Gedächtnis, und als die Kirchenuhr drei schlägt, fällt es mir plötzlich ein! Eine spöttische Frage bei einem Vortrag, um besonders zu glänzen. Ich denke, das lässt sich korrigieren, aber es braucht eine radikale Tat. Fasten wäre ideal, aber ich will die Sache mit dem Wald in Ordnung bringen, bevor wir ihn morgen früh verlassen. Also stehe ich auf und gehe hinaus, ziehe mich nackt aus und zittere im Wind, ich laufe Toms Trampelpfad entlang zum Stein der geopferten Nahrung. Dort lege ich die Stirn an einen Baum und klappere mit den Zähnen ein klägliches *Miserere*, bis die nächste Stunde schlägt und ich zum Unterschlupf zurückkehren kann. Als ich mich wieder in meinen Schlafsack lege, sehe ich, wie der Mond Toms Pfad leuchten lässt, und höre die weichen Fellstiefel von X hinter der Mauer.

»Dad«, sagt Tom am nächsten Morgen. »Weißt du, warum das Gras auf dem Pfad nachts mehr glänzt als das Grünzeug daneben? Weil das Gras *reflektiert*. Das liegt an dem Silizium da drin. Das Mondlicht wird von den Siliziumkristallen zurückgeworfen.«

Ja, ja, Tom.

Mit einem Sack Trockenfleisch, einer Bodenplane und unserer gemeinsamen Intuition, wo die Rentiere wahrscheinlich entlanggezogen sind, waten wir durch das taufeuchte Gras westwärts das Tal hinauf. Es ist kalt: die Art von nagender Kälte, die einem jegliche Entschlossenheit und jeden Frohsinn aus den Gliedern saugt. Gäbe es in unserer unmittelbaren Nähe Rentiere, würde ihr säuerlicher Geruch (als hätten in einem Keller alle Sauerkraut gegessen und würden um die Wette rülpsen) mit ihrem Kot zusammen auf den Boden fallen, und sehr bald würden in dieser Kälte sogar ihre Haufen aufhören zu dampfen. Die Kälte bedeutet auch, dass wir eine große Herde schon von Weitem ausmachen könnten, denn wir würden ihre Atemwolke sehen. Die Jäger im Jungpaläolithikum folgten einer Wolkensäule, genau wie die Israeliten.

Heute beobachte ich die Zielstrebigkeit von Krähen. Ihre Intention ist viel ganzheitlicher als meine eigene bruchstückhafte. Diese Krähe dort, die schwerfällig von einer Ecke des Felds zur anderen flattert, trägt sehr viel mehr Wirkkraft in sich; sie ist ein weit besseres Agens, als ich es je war. Und Agenzien kennen ihresgleichen: In der nicht-menschlichen Welt – zu der im Jungpaläolithikum auch die Menschen gehörten – herrscht eine ganzheitliche Solidarität. Agens zu sein heißt, bedeutsam zu sein. Das Feld als Ganzes *bedeutet* etwas. Es hat eine Ursache und einen Zweck.

Was hier nach mystischem Geschwafel klingt, ist einer der wesentlichen Grundsätze im Leben des Jägers und Sammlers – so fundamental wie das Primat des Marktes und die Unantastbarkeit der Profitorientierung für uns heute.

Es gibt Augenblicke (es sind tatsächlich nur Augenblicke), in denen ich mit der Intention der Krähen vollkommen im Einklang bin. Und wenn das passiert, ist es absurd, daran zu zweifeln, dass die Bewegungen der Vögel zuverlässigere Vorhersagen liefern als Satellitenwetterkarten oder Diagnosen aus der Labormedizin.

Der Fuchsgeist trottet irgendwo neben mir her. Manchmal sehe ich, wie sich das Gras biegt, wenn sein Schwanz es streift, oder die Halme unter seinen weichen Pfoten heruntergedrückt werden. Er ist ein verlässlicher Begleiter, trotzdem kann ich seine Erregung spüren, sobald er die Rentiere vor sich wittert.

Es geht stetig bergauf, und wir kriechen unter Gattern durch und klettern über Zauntritte. Vor langer Zeit hat sich das Land längs der Kante, an der wir entlanggehen, aufgefaltet und ist dann wieder flacher geworden, allerdings nur zum Teil. Hier gibt es mehr Schafschädel als Schafe, und an ein Scheunentor sind zwei Elstern genagelt. Eine Blaumeise flattert zwischen ihnen hin und her und futtert die Maden, die der Wind herausbläst.

Tom folgt der Rentierspur, die er viel leichter findet als ich. Seit einigen Stunden hat er nicht mehr gesprochen, nur noch gegrunzt, um mich zum Schweigen zu bringen, wenn ich ihn auf etwas hinweise oder halblaut nachdenke.

Er hat recht. Ich rede nur, um zu kaschieren, dass ich an dieser Aufgabe scheitere.

Der Pfad kreuzt eine Straße, dann führt er von der Kante weg entlang einer Höhenlinie durch einen Buchenwald. Tom gefällt das nicht. »Das stimmt nicht«, sagt er. »Sie wären dort unten«, und er prescht los, um diesen Abschnitt hinter sich zu bringen. Zu unserer Rechten bilden zertrümmerte Steinzacken einen langen schwarzen Grat. Dahinter Heidekraut und einige ausgebrannte Autos. Vor uns fällt der Pfad zum Fluss hin ab und begleitet ihn eine Weile. Ein Wasserlauf unter unseren Füßen kriecht im Schneckentempo, nur wenige Zentimeter pro Jahr, durch den Boden. Und so könnte der Regen, der auf mich fiel und von meiner Nase tropfte, als ich sieben Jahre alt war und wir im nördlichen Hochmoor gepicknickt haben, dasselbe Wasser sein, durch das ich jetzt mit meinen Stiefeln platsche.

Tom ist inzwischen weit voraus, er läuft, seltsam vornübergebeugt, immer schneller. Manchmal berührt er mit den Fingern das Gras. »Langsam!«, rufe ich, doch er hört nicht auf mich. Ich wäre schon längst stehen geblieben. Mir würde es gefallen, am Fluss zu sitzen, ein Eichhörnchen zu verspeisen und mich bukolischen Gedanken hinzugeben. Aber keine Chance. Tom ist bereits außer Sichtweite, zwängt sich durch Hecken und rennt zwischendurch sogar (wie seine Fußabdrücke verraten). Vielleicht erträgt er meine Gesellschaft nicht. Was ich ihm nicht übel nehme. Oder er will die Straße so schnell wie möglich hinter sich lassen. Auch das kann ich ihm nicht verdenken, obwohl es ein angenehmes Sträßchen ist, auf dem nur hin und wieder ein Land Rover mit Anhänger wollige schwarze Rinder zum Markt fährt.

Wir können dem Marktstädtchen nicht ausweichen, und ich will das auch gar nicht. Mein Vater hat hier rote Westen mit Fuchskopf-Messingknöpfen gekauft, in der Metzgerei für Wild und Geflügel durfte ich Rebhühner und Krickenten befühlen, und hier wollte ich einst auch einen elektrischen Zaun kaufen, um meine Schwester von meinem Zimmer fernzuhalten.

Tom wartet an der Brücke auf mich. Er versucht, mit einer Schlinge eine Forelle zu fangen. »Aber ich würde keine essen wollen. Die ernähren sich von Pommes und Gammelfleisch.«

»Gammelfleisch?« Das ist ein Ausdruck, den mein Vater benutzt hat. Aber nie in Gegenwart von Tom, und ich auch nicht.

»Warum die Eile?«, frage ich, ohne eine Antwort zu erwarten, und höre auch nur: »Wir sollten vorankommen, das ist alles.« Schon zieht er wieder los, in Richtung Nordwesten, er bückt sich, berührt das Gras, überquert alte, kalte Äcker mit weißen Steinmauern, wo sich Saatkrähen tummeln und ein Fuchs auf der Mauer sich fragt, was wir mitbringen, während ein großer, fülliger Raubvogel in einer Baumkrone hockt.

Ich glaube, ich weiß jetzt, wohin Tom will, auch wenn er selbst sich dessen vielleicht gar nicht bewusst ist. Etwa zwölf Kilometer vor uns führt der Weg wie ein Trichter in eine Bergspalte. Sie ist berüchtigt für vielfachen Mord. Wenn man auf das Gras tritt, ächzt der tiefer liegende Straßenrandstreifen, und immer sitzt irgendwo ein schwarzer Vogel, der die Menschen abhakt, die die Schlucht betreten, und ein anderer an deren oberem Ende, der sie quasi ausstempelt. Das meiste von der Welt hier ist unterirdisch, und selbst in der kecken Frühlingssonne und oben an der Kante hat die Dunkelheit das Sagen.

Tom steht vor der Engstelle. »Hier«, sagt er mit Nachdruck, schiebt sich in die Schlucht und stapft weiter bergan. Beidseits stoßen wir auf kleine Höhlen, denen er zunickt. »Hier nicht«, sagt er, und: »Noch nicht«, dann hält er auf einen Felsvorsprung zu, der aus dem Hang ragt. Er klettert hinauf. »Hier ist es«, stellt er mit Entschiedenheit fest und wirft seinen Rucksack ab.

»Und nun?«, frage ich. Er zuckt die Achseln und setzt sich, dann beobachtet er den Eingang der Schlucht, wo die Straße anfängt, steil bergan zu steigen. Es gibt nicht viel zu sehen. Tagesausflügler aus Sheffield und Manchester parken, wandern fünfzig Meter die Straße entlang und kehren wieder um. Hin und wieder quält sich, in glänzendem Schwarz, ein ausgemergelter Radfahrer vorbei, die Augen hinter den Brillengläsern auf ein kleines Asphaltviereck vor dem Vorderrad geheftet. Hummeln, Kaninchen und Wolken tummeln sich. Toms Augen bewegen sich nicht.

Die Tagesausflügler trinken ihren Tee aus, schalten das Navi ein und fahren heim. Bienen schleppen dicke gelbe Säcke mit Pollen in ihre Gänge und überlassen das Tal den Kaninchen, den Wolken, den schwarzen Vögeln und uns. Tom tastet nach seinem Rucksack, zieht ihn zu sich und holt seine Daunenjacke heraus, die er sich samt Kapuze überzieht. Dabei hält er den Kopf völlig still. Ich krame Trockenfleisch aus meinem Rucksack und gebe ihm ein Stück, das er schweigend entgegennimmt. Mit dem Holz, das wir schon länger mitschleppen, mache ich in einer Felsspalte genau unter ihm ein Feuer. Eigentlich hätte ich gedacht, dass er herunterkommt und sich die Hände wärmt, aber nein.

Wir hatten heute nicht viel Sonne, aber das bisschen, das es gab, ist mit den Bienen hinter den Bergen verschwunden. Jetzt wiegt sich, in die Nacht eingebettet, ein Sichelmond über Sheffield. Und Tom sitzt immer noch da. Ich bin ein bisschen verärgert. Immerhin ist das mein Projekt, nicht seins. Ich bin der Empfindsame, derjenige mit dem Anspruch auf Übersinnlichkeit. Gern würde ich mir einreden, dass es väterlicher Beschützerinstinkt ist – dass ich ihn nicht in der kreischenden Wildnis irgendwo in tiefer Zeit wissen will, wo ich kein Auge auf ihn haben kann –, doch wahrscheinlich bin ich einfach nur eifersüchtig. Er ist hier, an diesem Ort, und das auf andere Weise als ich. Denn ich bin überall: Teile von mir sind in Oxford, stecken in Zugfahrplänen, in Syllogismen, Neurosen, Hoffnungen, im mittelalterlichen Island und in der Biologie von Spinnen, und all das wird von Mems beherrscht, die in Griechenland ersonnen, in Deutschland übersetzt und von meinem Vater fehlinterpretiert wurden und die verworfen werden, sobald ich einschlafe und zu träumen beginne. Wenn ich an nur einem Ort sein könnte, so wie Tom, wären Zeitreisen trivial. Denn ist man in einer Dimension sicher, dann ist man es in allen.

Ich bin eingenickt und wache auf, weil das Feuer »eingeschlafen« ist, wie Tom es nennen würde. Er sitzt immer noch oben. Reglos, aber angespannt und wach. Ich gehe hoch und setze mich neben ihn. »Gab's irgendwas?« Er zuckt die Achseln. Wegen meines schlechten Gewissens hellwach, bleibe ich diesmal sitzen.

Er hat recht. Hier sind sie entlanggekommen und wurden von Menschen erwartet. Dieses Tal bietet den einfachsten Aufgang ins nordwestliche Hochland hinauf. Eine große Herde muss sich durch den Flaschenhals gedrängt und auf den Hängen verteilt haben. Kaum dass sie dann ins Tal kamen, witterten sie Menschen, Löwen und große Katzen, deren Ausdünstungen sich hier verfangen hatten, ebenso wie dann auch die der Rentiere. Panik überfiel sie. Manche hatten sicher versucht umzukehren. Schnaubend und brüllend bespritzten sie die anderen, die weiterhin heraufströmten und den Tod noch nicht gerochen hatten, mit ihrem muffig riechenden Urin, stießen sie zurück, schlugen ihnen mit ihren krummschwertartig gebogenen Hufen die Augen aus, kletterten auf ihre Rücken, rissen sie zu Boden, drückten ihre Köpfe in den Schlamm, brachen Beine, ließen Augen hervorquellen. Und dann, noch bevor der eigentliche Rückzug begonnen hatte, tauchten Männer aus der Höhle in der Nähe des Parkplatzes auf, die schrien, und auch auf Toms Felsvorsprung, die ebenfalls schrien; Speere aus Feuerstein bohrten sich in die Masse, und überall ergoss sich das Gras vom Nachmittag aus ihren Bäuchen, sodass sich das Tal mit Dampfschwaden, Blut und Pansenflüssigkeit füllte. Dann hörten die Männer auf zu schreien und Speere zu werfen, sie fielen auf den Boden, weinten, schlugen sich an die Brust und taten, was auch immer in Derbyshire während des Jungpaläolithikums als Bekreuzigen durchging. Die nächsten Tage verbrachten sie mit Häuten und Braten und Abschaben und dem Bemühen, die Seelen all derer zu besänftigen, die im Tal umhertrotteten und sich fragten, was mit ihren Körpern passiert war und warum ihre Beine in der Sonne verdorrten, anstatt wie sonst an ihrem Rumpf befestigt zu sein.

Inzwischen wimmelte es wohl im Tal und in der näheren Umgebung von Männern, Frauen und Kindern. Sie waren aus allen Richtungen herbeigeströmt, manchmal aus Hunderten Kilometer Entfernung, weil sie wussten, dass nun die Rentiere da sein würden. Sie hatten ihre Ankunft mit Sonne und Mond berechnet; und sie wussten, dass man sich Geschichten erzählen und es einen Festschmaus geben würde – dazu religiöse Ekstase, Sex im Wald und Eheanbahnungen. Auch würden sie Bekannte aus entfernter verwandten Sippen treffen, die sie ein Jahr lang nicht gesehen hatten: Menschen, mit denen es vernünftig war, die DNA zu mischen; mit denen ihre Töchter es gut treffen würden; Männer mit einer besseren Art von Feuerstein, den man gegen Tierhäute tauschen konnte; Männer mit Biberfellen, um damit Frauen oder roten Ocker einzuhandeln.

Wir haben uns daran gewöhnt, die Jäger und Sammler als Mitglieder einer egalitären Gemeinschaft zu sehen, und verglichen mit irgendeiner Gesellschaft oder einem Gemeinwesen der Neuzeit waren sie das auch – zumindest einen Teil des Jahres. Doch auch in der Archäologie und in der Anthropologie gibt es Moden.

Der Anthropologe David Graeber hat zusammen mit dem Archäologen David Wengrow einige alte Arbeiten über die Inuit und die Jäger und Sammler im Pazifischen Mittleren Westen ausgegraben und rehabilitiert, und sie stimmen wunderbar mit dem überein, was wir aus archäologischen Funden über das Jungpaläolithikum schließen können.[35]

In diesen eher zeitgenössischen Gemeinschaften änderten sich Politik und Soziologie mit dem Wechsel der Jahreszeiten. Und diese waren nicht primär durch Temperatur, Niederschlagsmengen oder Tageslichtdauer definiert, sondern durch die Wanderungen der Tiere und das Wachstum der Pflanzen. Einen Großteil des Jahres spalteten sie sich in die Grundeinheiten auf, die ich bereits für X und seinen Sohn beschrieben habe: Es waren kleine Gruppen zur Nahrungsbeschaffung, zusammengesetzt nach familiären Bindungen und Funktionen – Wurzelgräber, Speerwerfer für das Rotwild, Fallensteller für Biber, Beerenpflücker und – manchmal – Hüter des Feuers und Verteidiger der Wohnstätten, denn man konnte im Leben nun mal nicht immer nur unterwegs sein.

Diese Kleingruppen waren relativ frei von toxischem Standesdünkel. In dieser Phase ihres Lebens wurde offensichtlich jeder gebraucht: Ihre Funktionen griffen ineinander; jeder Beitrag war lebenswichtig; Beeren wurden zusammen mit gebratenem Rentier verzehrt. Zweifellos gab es den einen oder anderen eingebildeten Ehemann, der glaubte, Jagen sei etwas Besseres als Sammeln, doch es gab auch gewitzte Frauen, die ihnen zu Recht unter die Nase rieben, dass auf dem Speiseplan der Familie viel mehr Pflanzen standen als Tiere. Im Großen und Ganzen herrschten für alle relativ gleiche Bedingungen.

Doch bei den großen saisonalen Schlachtfesten sah das anders aus. Dort waren die (überwiegend männlichen) Jäger die Hauptnahrungslieferanten, und bei den Sippenversammlungen trafen viel mehr männliche Egos aufeinander, die sich gegenseitig aufstachelten, sodass es zu den teuflischen Synergien kam, die man aus jedem Vorstand oder Kabinett kennt. Und wegen der größeren Anzahl an Anwesenden bildete sich in dieser Zeitspanne eine mehrschichtige Gesellschaft mit Regeln und Zwangsmaßnahmen heraus, die sich dann bis zum nächsten Jahr wieder auflöste. Da gab es Polizisten in Stiefeln aus Bisonfell und Richter mit Ohrringen aus Mammut-Stoßzähnen. Um Hals und Handgelenke der Richter und Anwälte baumelten klimpernd die Toten, und die Toten standen auch an den Schaltern der Polizeiwachen, hielten die Plädoyers und sprachen die Urteile.

Die Jäger und Sammler im Jungpaläolithikum lebten also wechselweise in und außerhalb von Hierarchien, sie probierten mehrere der politischen und soziologischen Möglichkeiten, die ihnen das je nach Jahreszeit unterschiedlich bestückte Büfett bot. Und so waren sie politisch weit erfahrener und gebildeter als wir politisch monokulturellen Menschen. Das wird wichtig, wenn wir zu dem erdbebenartigen Umbruch kommen, den das Neolithikum darstellte, und zu der großen Mutation, der Staatenbildung.

Was für Kräfte haben die soziale und politische Architektur des Jungpaläolithikums bestimmt? Manche behaupten, dass die Jäger und Sammler des Jungpaläolithikums, und das nicht anders als wir, schlicht machiavellische Schimpansen waren. Schimpansen sind feige, prahlerisch, gewalttätig, unterwürfig, manipulativ und besessen von Status. Gut, angeblich sei bei uns eine kognitive Software installiert, die die Schimpansen nicht hätten, was aber hinsichtlich unseres Naturells keinen echten Unterschied mache. Wir seien einfach Schimpansen mit einem Upgrade.

Doch das haut nicht hin. Menschen sind nicht – oder waren zumindest nicht – einfach irgendwas. Mit dem Software-Upgrade wurde eine Beziehungsfähigkeit geschaffen, wie es sie nie zuvor gab (dazu kommen wir gleich), und zwar nicht nur, was *Beziehungen zu anderen Menschen* angeht. Warum auch sollte sie so eingeschränkt sein? Ein typischer moderner Mensch verfügt über eine Intentionalität fünfter Ordnung[36]: »Peter glaubt (1. Stufe), dass Jane denkt (2.), dass Sally will (3.), dass Peter annimmt (4.), dass Jane beabsichtigt (5.) ...« Stellen Sie sich vor, aber ohne jeden Anthropozentrismus, was ein solches Gehirn in einem Wald tun würde, der vor Andersartigkeit und Wirkkraft summt und pulsiert. Nein, stellen Sie es sich nicht vor, probieren Sie es aus. Machen Sie sich durch Reden oder Hypnose frei von Ihren Vorurteilen, und steigen Sie dann in einen Zug irgendwohin, wo Sie sich unbehaglich fühlen, und verbringen dort vier Tage, ohne sich durch Essen oder Sex abzulenken – und das in dem Wissen, dass Sie von einer Million Augenpaare taxiert werden, darunter einigen Facettenaugen, sowie durch viele andere Arten von Sinnesorganen, von denen einige wahrscheinlich erkennen, was in Ihrer Bauchspeicheldrüse vor sich geht. Außerdem muss Ihnen klar sein, dass diese taxierenden Wesen viel älter sind als Sie; dass sie an diesem Ort viel mehr zu Hause sind; dass ihr Verstand, ebenso wie Ihrer, weit über ihre Schädeldecke hinausreicht – vielleicht sogar, wie der Ihre, über den Rand des Universums; und dass die Elektronen in ihren Neuronen den Spin von Elektronen beeinflussen, die eine Milliarde Kilometer entfernt sind. Dann bitten Sie sie herein und sehen in Ihrem Posteingang nach, welche Einladungen Sie von ihnen erhalten haben.

Ich darf mich nicht zu sehr hineinsteigern. Die Jäger und Sammler im Jungpaläolithikum sind nicht immer wie auf LSD durch die Wälder gelaufen. Aber sie bezogen ihre Vorstellungen von ihrem Selbst und damit auch ihre Vorstellungen von Beziehungen, Gesellschaft und Politik aus der nicht-menschlichen Welt um sich herum.

Das heißt nicht, dass man an den Bächen im Wald glückselig »Kumbayah« singen muss. Doch es bedeutet sehr wohl, wie der heilige Franziskus »Bruder Ochse« zu sagen und zu wissen, dass der Regen gleichermaßen auf die Gerechten wie die Ungerechten fällt, dass alles von allem abhängig ist und dass sich keiner groß aufspielen kann, weil wir alle stets im Fadenkreuz tödlicher Eventualitäten stehen und der Finger am Abzug liegt.

In der Tundra gab es keine aufgeklärte, mitfühlende Demokratie. Es gab Statusfragen und, obwohl dies vom orthodoxen Darwinismus überbewertet wurde (denn die Komplexität der Natur gründet zu einem großen Teil auf Kooperation, Gemeinschaft und Altruismus), auch so etwas wie einen freien Markt. Hunde fressen wirklich Hunde und – für die Welt der Jäger und Sammler noch wichtiger – Hirsche kämpfen gegen Hirsche. Wir können schlecht behaupten, dass die Welt des Jungpaläolithikums nach dem Vorbild der Natur gestaltet war, und dabei ausklammern, dass dazu auch Hörner gehörten und diese Hörner manchmal aufeinandertrafen. Es gibt zwar kaum Belege für zwischenmenschliche Aggression im Jungpaläolithikum, aber dass selbst die kleineren Jäger- und Sammlergruppen hierarchisch strukturiert waren, ist durchaus wahrscheinlich. Denn es gab große Hirsche und kleine Hirsche – und es gab Hirschkühe.

Die Existenz von Hörnern erzählt nicht alles, doch sie stechen bei den archäologischen Funden und in den selbstverständlichen Rückschlüssen, die wir durch unser Denken auf die Beschaffenheit der Welt ziehen, deutlicher heraus als andere menschliche Strukturmetaphern. Erinnern Sie sich an *My Big Fat Greek Wedding – Hochzeit auf Griechisch?* Der Ehemann mag, bildlich gesprochen, der Kopf sein, aber die Frau ist der Hals, und sie dreht den Kopf, wohin sie will. Sie hat das Sagen. Bestimmt war es auch im Jungpaläolithikum so – wie in jeder anständigen Kultur. Gott sei Dank existiert tatsächlich überall ein Matriarchat, trotz des Röhrens der Hirsche. William Irwin Thompson bemerkte:

»Da wir die Menschheit von der Natur abtrennten, ebenso das Subjekt vom Objekt, die Werte von der Analyse, Wissen vom Mythos und die Universitäten vom Universum, ist es für jeden, der kein Dichter oder Mystiker ist, außerordentlich schwer zu verstehen, welcher Art das holistische und mythopoetische Denken der eiszeitlichen Menschheit war. Selbst die Sprache, mit der wir die Vergangenheit diskutieren, redet von Werkzeugen, Jägern und *Männern,* während jede Statue und jedes Gemälde, das wir entdecken, überdeutlich machen, dass die Kultur dieser Eiszeitmenschen eine Kultur der Kunst, der Liebe zu den Tieren und eine Kultur der *Frauen* war.«[37]

Männliche Macht und männlicher Status sind, wie Erektionen, vergänglich. Das weibliche Wirken ist, wie die Menstruation, ein ewiger Zyklus, der maßgebend sein muss. Denn nur Frauen liefern lebenden Nachwuchs, der wiederum lebenden Nachwuchs hervorbringt, und so weiter, auf ewiglich. Männliche Jäger hingegen bringen lediglich toten Nachwuchs nach Hause, der gebraten wird und innerhalb einer Woche verzehrt ist.

Darüber dachte ich nach, als ich auf dem Parkplatz Ausschau nach Rentiergeistern hielt.

X ist nicht hier. Warum sollte er auch? Er ist weder mein Diener noch unser Fremdenführer. Er hat seinen eigenen Kram zu erledigen und geht seine eigenen Wege. Und vielleicht mag er uns einfach nicht.

Ich beobachte Tom und versuche dahinterzukommen, was er wohl sehen mag. Er gibt nichts preis. Als die Sonne über Sheffield aufgeht, dreht er sich schließlich um, rollt sich auf dem Felsen zusammen, zieht sich die Kapuze über die Augen und schläft ein. Es ist nicht nett von ihm, mich in meinem Kopf allein zu lassen, der ein grollender, gespenstischer Ort ist wie dieses Tal. Ein bisschen Gesellschaft wäre schon schön. Wobei die Tage härter als die Nächte sind. Denn Nächte sind eben von Natur aus gespenstisch. Das ist die natürliche Ordnung der Dinge. Aber von einem Morgen erwartet man etwas Hoffnungsvolles, mit Schinkenbrötchen, Listen, Schulbussen und ausgefallenen Zügen, sodass in all dem Trubel für Gespenster, wie sie hier herumstreifen, kein Platz mehr bleibt. Doch am Ende vertreibt sie die Biologie, und ich schlafe ebenfalls ein. Das Letzte, woran ich mich erinnere, ist, wie mein Vater gleich dort hinter der Hügelkuppe die Kiefernnadeln für meine Prüfungen gesammelt hat.

Tom stupst mich wach. »Wir müssen los.«

»Wohin?«, frage ich, und er zeigt nach Norden.

»Und warum?«

»Komm schon.«

Englands Gebirgsgrat beginnt hier in der Nähe und zieht sich durch Sümpfe, Moore und makellose Hochweiden weiter hinauf bis nach Schottland, wo er sich erhebt und das Land teilt; man blickt dort hinunter auf Mühlen, einsame Farmen und noch einsamere Siedlungen. Dorthin gehen wir anscheinend.

Meine Fußabdrücke im Torf markieren mein Zuhause. Dies hier – der ganze Weg Richtung Osten nach Sheffield – ist meine Heimat. Hier habe ich gelernt, was Heimat ist, und somit auch, was Exil bedeutet. Ich habe noch nie einen Menschen der westlichen Hemisphäre getroffen, der nicht im Exil lebt – für immer vertrieben aus dem Paradies seiner Kindheit und aus dem Ort, an dem seine Existenz normalerweise begonnen hat und zu dem er gehört.

X lebt nicht im Exil. Er hängt so sehr an dem Wald, dass er sogar 35 000 Jahre nach seinem Tod noch hier ist. Und zweifellos hängt er ebenso stark und auf immer an dem gepflasterten Weg neben unseren Mülltonnen in Oxford. Das ist echter Adel: Wenn dir alles und du allem gehörst, auf das du deinen Stiefel setzt.

»Kommst du jetzt endlich!«

»Ja, Tom, ich komme.«

Ich habe diesen Ort geliebt. Ich liebe ihn immer noch. Ich zehre von ihm, genau wie die Jäger und Sammler des Jungpaläolithikums. Ohne ihn wäre ich verhungert. Schlimmer noch: Ich wäre tot geboren worden. Jede Nacht ging ich nach draußen, weiter als der Schein der Neon-Straßenlaternen reichte, und kletterte auf einen Hügel, den ich Sinai nannte – denn dort traf ich auf Dinge, die in Rauch und Feuer wohnten. Auf dem Gipfel des Sinai roch es stets nach der süßen Luft des Moors – Heidekraut, halb zu Kohle gewordener Torf, Moorhuhn-Atem und Fuchs –, und immer fand ich da etwas Neues, jenseits von Geruch und Gedanken. Ich schrieb in der Dunkelheit mit einem Kugelschreiber hastig in ein Notizbuch. Es war fast wie automatisches Schreiben, denn dies war wie der Schrank nach Narnia einer dieser keltischen »dünnen Orte«, nur einen Atemzug oder einen Fellmantel von einem anderen Universum entfernt, wo die üblichen Gesetze von Wahrnehmung und Komposition nicht galten. Mein eigener

Beitrag dazu war so obskur, dass ich mich seitdem frage, ob ich überhaupt etwas mit den Gedanken zu tun habe, die ich die meinen nenne. Im Frühling und Sommer presste ich in dem Notizbuch Blumen, im Herbst und Winter Grashalme. Wahrscheinlich wollte ich damit sagen, dass die Worte mit Saft geschrieben worden waren, der seinen Ursprung im Hügel hatte, wie die Farbe der Blütenblätter oder die Färbung des Laubs.

Und dann machte ich alles kaputt, ich widerlicher kleiner Snob. Die Gesamtschule am Ort war mir nicht gut genug. O nein. Also fuhr ich mit dem Bus Nummer 51 hinunter in die Stadt, marschierte in die Bücherei, lieh mir das *Public and Preparatory Schools Yearbook* aus und suchte darin nach einer passenden Privatschule für mich.

Meine Eltern hatten nicht viel Geld, also brauchte ich ein Stipendium. Ohne dass meine Eltern davon wussten, bewarb ich mich um eines, das groß inseriert war, und wartete dann wochenlang in der Nähe des Briefkastens.

»Fährst du mich zu der Prüfung?«, fragte ich meinen Vater und reichte ihm das Kuvert.

Er öffnete es, las den Brief und war dann so still, wie ich es nicht für menschenmöglich gehalten hätte.

»Warum willst du das machen?«, fragte er sehr leise, und ich zuckte die Achseln, genau wie Tom es tut.

»Wenn es wirklich das ist, was du willst«, sagte er schließlich.

Das hätte er nicht sagen dürfen. Er hätte wissen müssen, dass Worte wie »ich« und »wollen« gegenüber der Sache, die »ich« da anfing, kaum ins Gewicht fielen und wenig Bedeutung hatten. Er hätte das Kuvert in den Mülleimer werfen und mich auf einen Berg schleppen sollen, damit mein Ich aus mir herauskam. Stattdessen respektierte er meine rein imaginäre Autonomie auf eine Art und Weise, die mich erschreckte und berührte, er brachte mir bei, wo man Apostrophe setzt, gab mir Tipps zum Aufsatzschreiben und fuhr mit mir etliche Hundert Kilometer in den Süden, wo ich mich durch Trigonometrie quälte, das französische Plusquamperfekt verhunzte, Zenturionen in meinem mir selbst beigebrachten Latein weit hergeholte Redewendungen in den Mund legte, korrekt ein Schienbein identifizierte, einen Sonnenuntergang in Übelkeit erregender Schwülstigkeit beschrieb, ein Schlagzeug bearbeitete, als würde ich einen Teppich klopfen, und auf dem Klavier ein Menuett spielte, als hätte ich eine gepuderte Perücke auf dem Kopf.

Aus irgendeinem Grund bekam ich ein Stipendium. Die Leute mussten verrückt gewesen sein. »Nun, das wird eine interessante Reise«, bemerkte mein Vater weise. Meine Mutter weinte still in sich hinein und kaufte eine Kiste Sherry.

Ich schloss Frieden mit meinen Freunden in Sheffield, wobei ich ziemlich gekränkt war, dass dies für sie nicht auch ein weltbewegender Moment war, pilgerte hinauf zum Sinai, um mir meinen Segen zu holen, erklärte dem Tal, dass ich es ihm zuliebe tat, räumte meinen Teddybären in eine alte Blechkiste und saß benommen auf dem Rücksitz unseres alten Volvo, als mich meine Eltern zu Beginn des Wintersemesters in den Süden fuhren.

Es war eine Katastrophe. Erst heute fange ich an zu begreifen, wie groß die Katastrophe wirklich war. Anfangs dachte ich, es sei eine Katastrophe, weil sie nicht etwa »Erste Sahne, alter Knabe« sagten und Muffins über dem Feuer rösteten, sondern unter der Bettdecke Pornos lasen und sagten, ich solle mich verpissen und verrecken. Kilometerweit gab es weder flotte Strohhüte noch ein Glas Pimm's, und um rudern zu gehen, musste ich am Wochenende allein mit dem Bus in ein Industriegebiet fahren. Ich sperrte die Briefe von zu Hause zusammen mit den Talisman-Kiefernzapfen und -Blättern sorgsam in meinen Nachttisch und räumte alles, was heilig war, hinter eine hastig errichtete Mauer in meinem innersten Ich, das gerade angefangen hatte zu zerbröseln. Ich konnte ein normales Internatsleben führen, ohne auf das Heilige zurückzugreifen: Ja, es war eine moralische Notwendigkeit, die Heiden keinesfalls in die Nähe des Heiligen zu lassen. Und so lebte ich gleichzeitig an einem heiligen und an einem profanen Ort – eine Meisterleistung selbst erzeugter Schizophrenie. Seither bin ich unsicher, was ich meine, wenn ich Personalpronomen verwende. Was für uns *alle* galt: Niemand, der auf einem Internat war, ist beziehungsfähig oder für ein öffentliches Amt geeignet.[38] Ich schrieb mein Tagebuch mit griechischen Buchstaben, weil ich wusste, dass die Banausen das nicht lesen konnten. Eines Tages knackten sie das Schloss meines Nachttischs und reichten die Briefe meiner Mutter und meines Vaters unter sich herum, während sie nachts im Schlafsaal rauchten. Zwar tat ich mein Bestes, um ihnen die Nasen zu brechen, aber es waren zu viele.

Langsam dämmerte mir, was ich angerichtet hatte, obwohl ich das meinen Eltern gegenüber natürlich nicht zugeben konnte. Am leichtesten fiel es mir noch einzusehen, dass ich meine Freunde und meine Heimat verraten hatte. Niemand aus unserer Straße in Sheffield hätte meine Briefe gelesen. Niemand, der je in der Nähe des Sinai gewesen war, hätte über Sex gesprochen wie diese Banausen. Mein Elend verdichtete sich zu einem sentimentalen nordenglischen Nationalismus – ich überhöhte den Norden und verteufelte den Süden und alles, was es dort gab.

Bevor ich zu Bett ging, stand ich allabendlich auf Zehenspitzen auf dem Toilettensitz, um einen Blick auf die Straße zu erhaschen, und gab den Lkws, die nach Norden fuhren, meine treu ergebenen Grüße mit. Wenn ein Lkw in Richtung Süden fuhr, atmete ich begierig ein, denn vielleicht war er ja mit Schlamm aus der Nähe des Sinai bespritzt. »Die Männer aus dem Norden Englands«, stimmte ich leise an, »die sind mir wohlbekannt. Ihr Herz hängt an dem düstern Himmel und dem kargen Hügelland. Von ihren Burgen sehen sie der fernen Berge Zackenrand.« Unser Haus am Ortsrand von Sheffield war beileibe keine Burg, aber wenn man es sich fest genug einbildete, konnte man von dort aus gerade noch die Berggipfel erspähen, und mein Herz hing ganz ohne Zweifel an dem kargen Hügelland. Nachdem ich, den düsteren Himmel vor Augen, dem Sinai erneut Treue geschworen hatte, öffnete ich die Toilettentür und ging zurück in den Rauch.

Der Bezug von alldem zum Jungpaläolithikum ist, dass meine Wertvorstellungen und meine Identität vom *Ort* geformt wurden: Sie sickerten mit dem braunen torfigen Wasser des Nordens in mich ein; sie waren verschlüsselt in dem, was der Brachvogel sang; sie ließen sich herleiten aus der Gangart des Fuchses im Wald unter dem Sinai. So war es auch bei den Jägern und Sammlern, die im Gegensatz zu den meisten von uns durch den Ort geschaffen und genährt wurden, an dem sie sich jeweils befanden. Ich musste meinen Ort erst verlieren, um ihn zu finden und seine Bedeutung zu erkennen: Er musste mir entrissen werden, damit ich ihn zurückerobern und schwören konnte, ihn nie wieder zu verlassen. Das Internat hat dabei eine entscheidende Rolle gespielt.[39]

Seitdem ist dieser Ort für mich das braune Wasser, obwohl ich im Exil in Oxford lebe. Und ich habe seither das Gefühl, Wiedergutmachung für meinen Verrat leisten zu müssen. Bis vor Kurzem habe ich mich nicht getraut, nach Sheffield zurückzukehren. Ich fürchtete, die Moore und Täler würden sich zurückholen, was ihnen gehört. Ich hätte es ihnen nicht verdenken können. Im Geiste sah ich vor mir, wie ich von einem der sandigen Felsvorsprünge stürzte, gestoßen von einer rächenden Böe vom Stanage Pole, oder mir oben auf dem Kinder Scout einen Knöchel brach und mich ein Moor in seinen Schlund zog und zur Moorleiche machte, oder mich schlicht ein Milchtransporter von einer der Farmen rund um Tideswell überfuhr, auf denen ich als Kind mitgearbeitet, die ich aber um der strahlenden Lichter des Südens willen verlassen hatte.

Das alles wäre nur gerecht gewesen. Das Gnädigste, worauf ich hoffen konnte, war genügend Zeit, um die Dinge in Ordnung zu bringen.

Auf ähnliche Weise sind, so denke ich, die Jäger und Sammler durch einen Landstrich gezogen. Für sie, wie heute für mich, birst dieses Land geradezu vor Wirkkraft[40]: Es verlangt Aufmerksamkeit und Reaktion und hat nicht nur die Macht, unser Leben zu beeinflussen, sondern auch die definitive Absicht, dies zu tun. Das Land ist nicht nur Kulisse für das menschliche Drama, eine Bühne für unseren Auftritt. Es ist die Hauptfigur.

Tatsächlich vergaben mir das Land und sein Handlungsbeauftragter Chris, mit dem ich als Kind Nachtfalter gesammelt hatte. Der Sinai hatte mich wieder. So saß ich Jahrzehnte später erneut oben, und er ließ sich dazu herab, mit mir zu sprechen. Was sehr freundlich war. Aber ich habe gelernt, dass ich mir nichts herausnehmen darf.

Kürzlich habe ich ein Buch über das Meer fertig geschrieben.[41] Ich war reichlich nervös deswegen. Das Meer ist sehr groß, und ich bin sehr klein. Weil ich meinen Versuch für anmaßend hielt, spielt das Buch in einer abgelegenen Gegend in einem kleinen, schäbigen Hafen – man kann eigentlich kaum von Meer sprechen. So würde Poseidon hoffentlich keinen Anstoß an meiner Vermessenheit nehmen und mich nicht heimsuchen.

Wir waren in Nord-Devon, als ich dem Text den letzten Schliff gab. Danach stieß ich einen großen Seufzer der Erleichterung aus und ging mit einem Freund und Tom zum Schwimmen, an einer Stelle, die ich liebe. Das Meer war bewegt, aber nicht sonderlich aufgewühlt. Schwimmen ging problemlos. Als mein Freund und Tom bereits herausgingen, watete ich noch knietief durchs Wasser, und da hörte ich von hinten ein Brüllen. Eine haushohe Welle türmte sich hinter mir auf. Ich habe so etwas noch nie davor oder danach gesehen. Sie raste viel zu schnell auf mich zu, als dass ich vor ihr hätte weglaufen können, also versuchte ich, unter ihr hindurchzutauchen. Doch ich hatte nicht annähernd genug Schwung, und so hob sie mich hoch und schleuderte mich etwa 50 Meter weit. Mein Bein knallte auf einen Stein und wurde zertrümmert, und die Strömung zog mich zurück ins Meer. Aber ich verlor nicht das Bewusstsein, und eine weitere kleinere Welle spuckte mich ans Ufer, wo mich einige Schaulustige ganz aus dem Wasser zogen.

Schließlich kamen Sanitäter und pumpten mich mit Morphium voll. »Ich muss eine Vene finden, bevor er endgültig hinüber ist«, sagte einer von ihnen, also nahm ich an, dass ich sterben würde. Wobei ich mir das immer ganz anders vorgestellt hatte. Mein erster Gedanke war, wie die Kinder damit klarkommen würden. Als Zweites fragte ich mich, was in meinem Manuskript so unverzeihlich gewesen war.

Ein Hubschrauber kam, und ein geschickter Chirurg flickte mich wieder zusammen, sodass meine Anmaßung letztlich keine tödlichen Folgen hatte. Aber dieser zweite Gedanke war authentisch jungpaläolithisch, obwohl ich ihn auf sehr griechische Weise formuliert hatte.

»*Bitte*, komm jetzt!«

»Ja, Tom, ich komme. Entschuldigung, aber ich habe gerade über etwas nachgedacht.«

»Kannst du nicht gleichzeitig gehen und denken?«

»Hm, manchmal schon. Ja, normalerweise.«

»Wir müssen vorankommen. Wir haben zu lange geschlafen.«

»Zu lange für *was*?«

Keine Antwort. Inzwischen gehen wir schon gut sieben Stunden.

Doch jetzt ist er auf und davon, schnurstracks Richtung Norden und einen Bachlauf entlang, dessen Bett das Schmelzwasser des Gletschers gegraben hat, der X' Großeltern in Frankreich festhielt. Er erreicht das obere Ende des Tals. Schwitzend und fluchend keuche ich im Abstand von mehreren Hundert Metern hinter ihm her und sehe, wie er anhält und dann wie ein Jagdhund, der nach einer Witterung sucht, in einem großen Kreis läuft. Das macht er dreimal, dazwischen hält er inne und schaut angestrengt nach vorn. Nach der dritten Runde ist er wieder weg und hält entschieden auf den einzigen Baum im Umkreis von mehreren Kilometern zu – eine Eberesche am Horizont.

An dem Baum wird er doch sicher warten? Ja, er bleibt stehen, aber nur kurz, um einen Blick zu mir zurückzuwerfen. Ich kann seinen Ärger und sein Drängen spüren, aber ich bin zu stolz und zu verblüfft, um sauer zu sein. Und weiter geht's, zur Mitte eines Bergrückens hinauf, was mich überrascht. Ich dachte, er würde sich von einer Landmarke zur nächsten bewegen, aber an der Stelle, auf die er zusteuert, ist nichts Besonderes.

Wieder beschleunigt er sein Tempo, und ich falle mit jedem Schritt weiter zurück. Zeitweilig verliere ich ihn aus den Augen und mache mir bereits Sorgen, aber da ist er wieder und läuft die Anhöhe hoch, duckt sich hinter einen Farnbusch und schleicht um das Ende einer Schotterzunge herum.

Diesmal wartet er. Nicht nur das – bis ich zu ihm hoch getrottet bin, hat er bereits seine Isomatte ausgerollt, und von einem Feuer steigt Rauch auf.

»Wir bleiben heute Nacht hier?«, frage ich.

»Ja, ich denke schon. Ist das okay?«

»Na klar.« Es hat ganz offensichtlich nichts mit mir zu tun. Und so liegen wir auf dem Rücken, kauen auf holzigen Wollgrasstängeln, lauschen den Feldlerchen, ziehen Zecken aus unseren Waden, beobachten einen Turmfalken, der dem Labyrinth der ultravioletten Urinspuren folgt, das die Wühlmäuse im Gras hinterlassen haben, und spüren, wie der Boden gierig die Wärme aus uns saugt. Das Licht hält sich länger als die Wärme, aber plötzlich geht es aus, und die Sterne sind da. Meine Gedanken über Sterne sind die üblichen und verraten wenig über die Rentierjagd. Aber es hat ja auch nichts mit mir zu tun.

In der Nacht murmelt etwas schnell, als ob es eine Menge zu sagen gäbe, was sich aber nicht recht in Sätze pressen lässt. Vielleicht wird eine Quelle tief unter unseren Köpfen durch eine steinerne Kehle gezwängt, vielleicht plappert da ein schlafloser Troll, vielleicht ist es in mir – oder es ist alles ein und dasselbe.

Ich schlafe auf dem Rücken. Südamerikanische Schamanen sagen, dass ein Jaguar niemanden angreift, der mit dem Gesicht nach oben schläft, weil er in dem Gesicht ein ihm verwandtes Geschöpf erkennt. Was auch immer da draußen oder unter oder über mir ist, es ist eine Persönlichkeit, und ich hoffe, dass es in mir auch eine sieht und mich aus Solidarität verschont. Als ich von Tau durchnässt aufwache, sitzt Tom in der Hocke vor dem Feuer und versengt Grashalme.

»Als sie sich bewegt haben, hat es irgendwie geklimpert. Hast du es gehört?«

»Als sich *was* bewegt hat?«

»Die Sterne.«

Nein, ich habe es nicht gehört. Aber im Mittelalter hat man es natürlich gehört und eine ganze Kosmologie auf dem Klang aufgebaut.

Tom tritt das Feuer aus, hievt sich schwungvoll den Rucksack auf den Rücken und ist weg.

So bleibt es die nächsten paar Tage: Tom – ein ganzes Stück vor mir – schnuppert, kneift die Augen konzentriert und zum Schutz gegen Sonne und Wind zusammen und sagt nichts, was nicht wichtig ist. Er kaut Fleisch, versteckt sich, sobald er in der Ferne einen Wanderer erspäht; »weckt« geduldig Feuer; schläft unruhig und steht noch in der Dunkelheit auf, um bloß nichts zu verpassen. Die meisten Sterne, die wir sehen, haben ihre Bahn über diesem Moor bereits gezogen, als X und sein Sohn hier auf Mammutjagd waren.

Ich bin rot im Gesicht, und der Schweiß brennt. Meine Leistengegend ist wund. Auch beunruhigen mich ein paar Zeckenbisse – einer davon ist in meiner Achselhöhle. Unsere Exkremente sind schwarz und dünn; Tom hat sich inzwischen angewöhnt, sein Geschäft auf erhöhten Stellen zu verrichten, wie ein Fuchs.

Ich kann mir nicht einreden, dass der Fuchsgeist hier ist, denn er lebt im dämmrigen Bereich meiner Gedanken, die jetzt jedoch sonnendurchflutet sind. Vielleicht ist er ja viele Meter unter uns auf Höhe der jungpaläolithischen Bodenschicht unterwegs. Denn der hiesige Torf – für mich die Quintessenz des nördlichen Landes – ist nur etwa 12 000 Jahre alt. Zu X' Zeiten war dies eine Steppe, auf der große Herden – vor allem Mammuts – weideten, die nichts für eine Torfbildung übrig ließen. Dafür schufen sie mit ihren Tausenden Tonnen saftigen Dungs den Nährboden für die Bäume des nachfolgenden Mesolithikums.

Und plötzlich ist es vorbei. Mitten am Vormittag bleibt Tom auf halber Höhe einer Böschung stehen, schaut sich rasch um, macht kehrt und läuft in meine Richtung.

»Lass uns zurückgehen.«

»Jetzt? Warum?«

Zwei dumme Fragen. Die einzige Frage, die sich wirklich stellt, ist das Wie. Eigentlich sollten wir natürlich zu Fuß gehen, auf demselben Weg zurück, doch für Tom steht fest: Es ist vorbei, und wir müssen so schnell wie möglich wieder zu unserer Basis.

Davon sind wir allerdings hundert Kilometer entfernt, und am Fuß der Berge gibt es nur kleine Sträßchen. Es wird eine Weile dauern.

»Zumindest sollten wir uns waschen«, schlage ich vor. »Wir müssen trampen, und ich jedenfalls würde jetzt nicht neben mir sitzen wollen.« Also gehen wir ein paar Kilometer zurück zu einem Bach, wo wir uns ausziehen und, mit den Köpfen unter einem Wasserfall, in ein steinernes Becken legen. Danach schütteln wir uns wie Hunde, wälzen uns im Gras, ziehen unsere stinkenden Kleider wieder an und gehen tropfnass hinunter zu einer schmalen Landstraße.

Weil Gott gut ist und ein Herz für das Jungpaläolithikum hat, nimmt uns ein Traktor mit und setzt uns in einem Dorf ab; ein Vikar mit vorstehenden Zähnen und ohne Geruchssinn fährt uns ins nächste Dorf; mit einem wortkargen Asbestsanierer gelangen wir in ein weiteres Dorf, wo uns ein abgehärteter Geländeläufer mit dünnem Bart aufliest, der genauso stinkt wie wir und der uns, er ist eine wahre Frohnatur, mit Chips und Geschichten über schreckliche Schmerzen füttert, bis wir zu einer Bushaltestelle kommen.

Als die Dämmerung anbricht, sind wir wieder im Wald, mit haufenweise Essen beladen, falls wir nichts töten oder nach Nahrung suchen können.

Tom hält sich gar nicht erst mit einem Feuer auf. Lange bevor die weiße Eule über Sarahs oberes Feld gleitet, ist er schon eingeschlafen.

Die ersten kleinen Sommermigranten treffen ein. Sie sind alle männlich und wollen hier ihr Revier abstecken, bevor die Weibchen kommen. Noch sind es nur Bewegungen in den knospenden Baumkronen und Gesänge, die den Wald unterteilen. In unserer Nähe zwitschert es dünn und kränklich. Könnten wir den Vogel aus der Nähe betrachten, würden wir vielleicht sehen, dass er von Läusen ausgesaugt wird, die im Kongo geschlüpft sind, und an seinen Zehen, die den Ast in Derbyshire umklammern, noch Schlamm von einer Oase in Mali klebt.

Den Jägern und Sammlern muss es vorgekommen sein, als bildete das Hereinbrechen der Vögel in den Frühlingswald eine Einheit mit der Eruption von Blättern und Blüten aus trockenen Stängeln. Jeden Frühling verbringe ich Stunden damit, in den Himmel zu starren, dennoch habe ich noch nie gesehen, wie der erste Schwarm Zilpzalps aus dem Süden einfällt. Im Winter sind die Zilpzalps nicht hier, und dann plötzlich, an einem Frühlingstag, wimmelt es von ihnen. Die mit Abstand intuitivste Erklärung ist, dass sie sich wie die Pflanzen in der Herbstkälte in den Erdboden zurückgezogen haben und jetzt von der Sonne herausgelockt werden.[42] Dass ich noch nie einen aus dem Boden habe schlüpfen sehen, wundert mich nicht. Wie oft erlebt man schon genau den Augenblick, in dem sich eine Narzisse ans Licht schiebt?

Deshalb war der Boden unter den Füßen der Jäger und Sammler voller lebender, wenngleich schlafender Wesen. Hatte man Ohren und Füße, die empfindlich genug waren, dann konnte man spüren, wie die Wintererde schnarchte und bebte. Und obwohl Erdbestattungen im Jungpaläolithikum offenbar nicht sehr verbreitet waren, gab es doch einige (und offenkundig sehr viel mehr, als wir bisher gefunden haben). Einen Körper in der Erde zu begraben muss also in etwa gewesen sein, als würde man ihn zur Hauptverkehrszeit mitten auf dem Piccadilly Circus ablegen. Überall ringsum herrschte reges Treiben – aufstehen, niedersinken, sich rekeln, schnauben, im Halbschlaf die Position wechseln, Flügel spreizen, Beine strecken. In vielen Überlieferungen ist die Erde – und der Boden – eine Art Batterie. In den Auferstehungserzählungen kehren wir zur Erde zurück, um neu aufgeladen, neu erschaffen oder neu geboren zu werden. Bei Homer kommt der feinstoffliche Körper eines erschlagenen Kriegers aus seinen Nasenlöchern heraus und kehrt zur Erde zurück. Viele Meditierende beharren darauf, dass ihr individueller Geist leichter mit dem universellen Geist verschmilzt, wenn sie direkt auf dem Boden anstatt auf einer Matte in einer Meditationshalle sitzen. Vielleicht stören Matten den Fluss des Qi. In der industriellen Landwirtschaft wird Mehl aus Knochen und Blut auf die Felder gekippt, damit das Getreide aus toten Körpern sprießt, um den lebenden Körpern Kraft zu geben. Wenn wir sagen, dass jemand »zugrunde geht«, meinen wir damit zwar etwas anderes, als wenn er »in den Untergrund geht«, doch in beiden Fällen bedeutet es, dass der Betreffende an einem sicheren Ort verweilt, bis der richtige Zeitpunkt gekommen ist, um wieder aufzutauchen.

Auch X und sein Sohn tauchten hier über den Winter ab, aßen geräuchertes Rentier, getrockneten Lachs und die eine oder andere Handvoll Haselnüsse und vertrieben die Dunkelheit mit Feuer und Willenskraft. Dabei betrachteten sie das Feuer als ein Fragment der verschwundenen Sonne. Sie verneigten sich vor der Seele eines großen toten Schamanen, die in einem Kristall eingeschlossen war, der um X' Hals hing; sie spürten das Fieber einer alten Frau in der Heimat und stiegen in die Unterwelt hinab, um ihre umherschweifende Seele zu suchen, sie zu reinigen und zurückzubringen. Sie trommelten mit den Fingerspitzen auf einem Eichhörnchenfell, das über einen Rahmen aus Gänseknochen gespannt war, bis ihre Lider in Trance flatterten und ihnen die Zungen aus dem Mund hingen, um schlangengleich den Geruch der Geisterscharen zu schmecken, die die Trommel herbeigerufen hatte. Wenn vom Anführer eines Schwarms Graugänse eine Feder auf die Steppe fiel, flocht X sie in sein Haar. Denn die Gans kannte drei Reiche – Himmel, Erde und Wasser – und reiste behände zwischen ihnen hin und her; also konnte sie X helfen, die Wege zwischen der unteren, der mittleren und der oberen Erde zu passieren.

Die Teerseife ist wieder da.

Um uns herum regt es sich. Die Grashalme schwanken, auch wenn kein Wind weht. Und die Elster, die keine Angst vor uns hat, schaut furchtsam zitternd von einem Schlehdorn zu uns herab.

Es ist schwer, Tom zum Reden zu bringen. Er grunzt zustimmend oder ablehnend oder gibt reflexhaft Floskeln von sich, aber nicht viel mehr. Doch wenn er nicht weiß, dass ich ihn hören kann, singt und pfeift er. Eine der gepfiffenen Melodien ist ein seltsam volltönendes »*La li-li-li, li-li*«, das ich noch nie gehört habe. Wir orientieren uns nun viel stärker an der Körpersprache des anderen als früher – oder zumindest sind wir durch die nahezu völlige Abwesenheit der gesprochenen Sprache sehr viel mehr auf sie angewiesen.

Und so hat mich Tom wieder einmal auf die richtige Spur gebracht. Es ist nicht so, dass die Jäger und Sammler des Jungpaläolithikums keine Sprache gehabt hätten – die hatten sie durchaus. Aber ich bezweifle, dass ihre Sprache die Form und Farbe ihrer Welt in ein Raster gepresst hat, so wie meine Sprache es mit meiner Welt tut.

Die Suche der Archäologen nach modernem Verhalten war eine Suche nach Symbolik. Wörter sind die ultimativen Symbole: »Elster« steht für diesen schwarz-weißen Vogel, obwohl das Wort weder geschrieben noch nach einer Abfolge komplexer Kehlkopfmanöver in irgendeiner Form diesem Vogel ähnelt. Das Wort fungiert als Stellvertreter für mehrere Dinge, die es selbst schlechthin nicht ist: für Elstern im Allgemeinen; für die spezielle Elster, auf die Bezug genommen wird; für die Eigenschaft des Elster-Seins; und so weiter. Ein Wort zu verwenden erfordert, dass sich die Gedankenwelt des Wortbenutzers und des Worthörers überlappen. Beide müssen sich darüber im Klaren sein, dass der andere eine Gedankenwelt hat und dass sich Gedankenwelten begegnen können und das auch tun. Allerdings ist das eine sehr komplizierte Angelegenheit. Selbst wenn man das einfachste Wort auf die einfachste Weise benutzt, gehen dem eine Menge höchst komplexer psychologischer und philosophischer Annahmen voraus. Dafür braucht man viel Hardware und eine gut abgestimmte Software. X hat beides. Er und seine Vorfahren hatten beides schon seit langer Zeit.

Um zu verstehen, wie er diesen Wald in Derbyshire wahrnimmt, müssen wir nach Afrika und uns mit etwas elementarer Evolutionsbiologie befassen.

Natürliche Selektion findet nicht telepathisch statt. Sie muss etwas erkennen, um daran zu arbeiten. Sie kann die Leistungsfähigkeit von Beinen und die Stärke von Klauen beurteilen; und sie erkennt die Veränderungen in Gehirnen, sofern diese Veränderungen etwas bewirken; ganz besonders achtet sie auf Verhalten.

Gehirne können offensichtlich einen erheblichen Einfluss auf das Verhalten haben, aber der Platz im Inneren des Schädels ist ungemein kostspielig. Obwohl das Gehirn nur etwa zwei Prozent des Körpergewichts ausmacht, verbraucht es etwa zwanzig Prozent der Körperenergie. Hirngewebe benötigt etwa zwanzigmal mehr Energie pro Gramm als Muskeln, und es muss hart arbeiten, um diese Diskrepanz zu rechtfertigen. Was es ja auch tut. Woran und wofür große Primatengehirne besonders hart arbeiten, sind *Beziehungen*. Einem Einzelgänger kann ein kleines Gehirn genügen. Aber wenn man viele Freunde haben will, braucht man ein großes Gehirn. Und je tiefer und vielschichtiger die Beziehungen sind, umso größer muss das Gehirn sein. Monogame Tiere haben größere Gehirne als promiskuitive.

Bei Primaten besteht eine klare lineare Korrelation zwischen der Größe der Frontallappen und der Größe der Gruppe, in der sich diese Primaten typischerweise aufhalten. Die Größe unserer Frontallappen legt nahe, dass wir in Gruppen von 150 Artgenossen leben sollten.[43] Diese Zahl ist als »Dunbar-Zahl« bekannt geworden, benannt nach dem Oxforder Evolutionspsychologen Robin Dunbar, der auf diesem Gebiet sehr viel geleistet und auch die Theorie von der Evolution der Sprache entwickelt hat, auf die ich noch näher eingehen werde.[44]

Sobald Sie die Dunbar-Zahl kennen, wird sie Ihnen überall begegnen. Ihre Größe entspricht etwa der der Kompanien beim Militär, und zwar quer durch die Geschichte und überall auf der Welt – aber auch der von neolithischen Dörfern um 6500 v.u.Z., englischen Dörfern, die im Domesday Book verzeichnet sind, englischen Dörfern und Amish-Gemeinden im 18. Jahrhundert, größeren regionalen Zusammenschlüssen von Jägern und Sammlern oder Facebook-Freunden sowie wirklich funktionsfähigen kommerziellen Betrieben (wie Gore-Tex, wo die Anzahl der Mitarbeiter in jeder Fabrik auf 200 begrenzt ist). Und warum? Weil menschliche Gemeinschaften am besten funktionieren, wenn jeder jeden hinlänglich kennt und ihm daher vertrauen kann. Vertrauen und das Prinzip der Gegenseitigkeit sind für das reibungslose Funktionieren der Gesellschaft und der Wirtschaft weitaus wichtiger als Status oder finanzielle Belohnung.

Primaten sind etwas Besonderes, und ganz besonders sind menschliche Primaten. Bei einem durchschnittlichen Säugetier nimmt der Neocortex (der moderne, auf einem höheren Niveau verarbeitende Hirnteil) vierzig Prozent des gesamten Gehirnvolumens ein. Dieser Anteil sinkt bei Spitzmäusen und ähnlichen Tieren auf etwa zehn Prozent, bei nicht-menschlichen Primaten steigt er auf fünfzig Prozent an und schnellt bei Menschen auf achtzig Prozent hoch. Wir denken viel intensiver als Spitzmäuse und setzen uns auch stärker in Beziehung. Oder zumindest *können* wir das.

In der afrikanischen Savanne, der Geburtsstätte des modernen Menschen, ist es für Primaten evolutionär sinnvoll, in größeren Gruppen zu leben. Mehr Augen bedeuten eine größere Chance, Raubtiere zu entdecken; und mit mehr Verteidigungskraft ist es aussichtsreicher, sie zu vertreiben. Doch eine große Gruppe hat auch ihren Preis. Sie ist stressig, und Stress hat erhebliche biologische Auswirkungen – insbesondere auf die Weibchen. Er verhindert ihren Eisprung. In Primatengruppen sind die zehntrangigen Weibchen, die stärkerem Stress ausgesetzt sind als die Tiere mit höherem Status, normalerweise unfruchtbar. Für Menschen wie auch für Paviane liegt die Alternative zu einer großen, stressigen Gruppe darin, echte Freunde um sich zu scharen: Freunde, die man kennt und die einen kennen.[45] Allerdings zeigt Dunbars Zahl, dass man nicht unendlich viele zuverlässige Freunde haben kann. Freundschaften müssen neurologisch verarbeitet werden können (somit beschränkt die Größe unseres Gehirns die Anzahl echter Freundschaften); sie brauchen außerdem Zeit und Pflege.

In nicht-menschlichen Primatengemeinschaften werden Freundschaften hauptsächlich durch eine Körperpflege erhalten und gefestigt, die weit zeitaufwendiger ist, als es für die Hygiene notwendig wäre. Es geht dabei um viel mehr als um die Läuse. Die Evolution ist ziemlich schlau gewesen. Sie hat dafür gesorgt, dass wir es als sehr angenehm empfinden, in dieser Form gepflegt zu werden. Denn bei diesem sozialen Kraulen werden bestimmte Nervenzellen (die langsam leitenden sensorischen C-Fasern) stimuliert, die nur auf langsames Streicheln behaarter Haut reagieren und eine Ausschüttung natürlich vorkommender Opioide (Endorphine) bewirken. Wir erleben einen Opiatrausch, in dem wir uns entspannt, glücklich und den Menschen in unserer Nähe verbunden fühlen. Es ist schon eine Weile her, dass ich reichlich Haare hatte, aber ich kann verstehen, warum Schimpansen es mögen, wenn andere Schimpansen an ihren Haaren herumspielen. Im palästinensischen Arabisch gibt es ein Wort, *na'iman*, mit dem häufig das spezielle Wohlgefühl beschrieben wird, das beim Haareschneiden erzeugt wird. Dass es ein solches Wort gibt, zeigt die Bedeutung der Endorphinausschüttung durch die Fellpflege. Freunde, die Ihnen nahe genug stehen, um Sie zu streicheln, haben Einfluss auf Ihre Stimmung und Ihre Biologie. Und ein ostafrikanisches Pavianweibchen hat sehr wahrscheinlich mehr überlebende Nachkommen, wenn es viele fellpflegende Freunde hat.

Die Macht der Opiate beweist sich auch auf unseligere Weise. Wenn Ihre Rezeptoren mit Opiaten überflutet sind, wollen Sie in Ruhe gelassen werden: Denken Sie an die selbst gewählte soziale

Isolation von Heroinabhängigen nach einem Schuss. Und wenn Ihre Opiatrezeptoren chemisch blockiert sind, werden Sie sich verzweifelt wünschen, gestreichelt zu werden.

Man könnte vermuten, dass die Zeit, die Primaten mit der Fellpflege verbringen, abhängig von ihrer Gruppengröße ist: je größer die Gruppe, desto mehr Zeit für die Pflege. Und bis zu einem gewissen Grad stimmt das auch. Aber man kann nicht den ganzen Tag mit Fellpflege verbringen. Es muss Nahrung beschafft werden, man darf die Leoparden nicht aus den Augen lassen, Geschlechtszellen müssen sich vereinigen, und man muss schlafen. Da ist es einfach nicht machbar, mehr als ein Fünftel des Tages mit sozialem Kraulen zu verbringen. Also, was tun?

Hier fängt es an, wirklich interessant zu werden. Erinnern Sie sich an die Dunbar-Zahl von 150 für Menschen? Um eine so große Gruppe allein durch Streicheln zusammenzuhalten, müssten wir etwa 43 Prozent unserer Zeit damit zubringen – was fatal wäre. Das Defizit muss durch etwas anderes ausgeglichen werden. Und das gibt es. Wir haben eine ganze Reihe von Möglichkeiten gefunden, Endorphine auszuschütten und Bindungen zu entwickeln und zu stärken, ohne uns dabei berühren zu müssen. Dies gelingt uns, so Robin Dunbar, durch Lachen, wortloses Singen/Tanzen, Sprache und Rituale/Religion/Geschichten.[46]

Wir sind bessere und eifrigere Lacher als andere Primaten, zweifellos strömen sogar die Endorphine eines lachenden Polizisten üppiger als die eines lachenden Bonobos.[47] Die Evolution scheint anzunehmen, dass Lachen sehr wichtig ist. Es ist tief in unserer Physiologie verankert und muss nicht erst erlernt werden. Wenn man ein Kind kitzelt, das taub und blind geboren wurde – das also noch nie ein Lachen gehört oder gesehen hat –, wird es lachen und kichern. Ein herzhaftes Lachen ist eine sehr effiziente Form, soziale Beziehungen zu pflegen. Denn während die Körperpflege nur demjenigen zugutekommt, der gestreichelt wird (obwohl gegenseitiger Altruismus dazu führen dürfte, dass der Pflegende letztlich ebenfalls gestreichelt wird), profitieren vom Lachen sowohl der Witzeerzähler als auch seine Zuhörer.

Lachen kann aus plausiblem Grund als die erste signifikante Kraft angesehen werden, die das menschliche Sozialverhalten (und damit die Gruppengröße) ein Stück weit vom Sozialverhalten unserer nahen Vettern, den Primaten, weggerückt hat. Lachend gingen wir unseren Weg aus der Schimpansenwelt in die Proto-Menschheit. (Noch heute betrachten wir das Lachen als fundamental für das Wohlergehen unserer Art. In mehr als der Hälfte aller Kontaktanzeigen steht »viel Sinn für Humor«.) Und nachdem wir uns einmal auf den Weg gemacht hatten, kamen auch die anderen von Dunbar benannten Faktoren ins Spiel.

Um den Ursprüngen des Tanzens auf die Spur zu kommen, müssen wir wohl bis zu den Ursprüngen der Zweibeinigkeit zurückgehen (die das effiziente Pflücken von Früchten ermöglichte und den Homininen half, im afrikanischen Busch nicht zu überhitzen, weil dadurch die der Sonne ausgesetzte Körperoberfläche verringert war). Doch damit Zweibeinigkeit funktioniert, braucht man einen guten Gleichgewichtssinn und Koordinationsfähigkeit: Dinge, die für einen guten Tänzer unverzichtbar sind. Menschliches Tanzen ist eigentlich nichts anderes als ein ausgeschmücktes Laufen, während selbst der eleganteste Vierbeiner keinen richtigen Tanz hinbekommt. Gleichwohl, so eine Überlegung des Archäologen Steven Mithen, könnten die Menschen auf die Idee gekommen sein, sich auf eine andere Art zu bewegen als in ihrer normalen Gangart, indem sie die Bewegungen von Tieren nachahmten, so wie es die heutigen Jäger und Sammler in der Kalahari tun.[48] Wenn ein Zweibeiner wie ein Zebra geht, dann tanzt er.

Beim rhythmischen Tanzen – vor allem zusammen mit anderen – werden nicht nur massenhaft Endorphine ausgeschüttet, es können dadurch auch (vielleicht zumindest teilweise durch die Opiate) veränderte Bewusstseinszustände entstehen, wie wir sie bereits kennengelernt haben: dissoziative Zustände, in denen sich das »Ich« vom Körper löst. Wenn diese veränderten Bewusstseinszustände tatsächlich für die Entstehung von Subjektivität relevant sind, könnte auch die Verbindung von Selbstempfinden mit Rhythmus und Musik bedeutsam sein: Es könnte heißen, dass uns Musik besonders beredt unser Selbst aufzeigt. Das entspricht jedenfalls meiner Erfahrung.

Einen Unterschied zwischen den Bewegungen eines Tanzes und den Klängen auszumachen, die diese Bewegungen normalerweise begleiten und stimulieren, mag schwierig und konstruiert sein. Aber es ist der Erwähnung wert, dass akustische Impulse (wie das Trommeln, das die Tänze der Jäger und Sammler oft begleitet; oder eines Schamanen, wenn er einen Initiierten in die Unterwelt einführt; aber auch der Lärm in einem Club; oder Mönchsgesang) veränderte Bewusstseinszustände hervorrufen können, wenn sie synchron zum Thetawellen-Rhythmus in unserem Gehirn ablaufen. Diese veränderten Bewusstseinszustände sind angenehm und können ein endorphinähnliches Verlangen nach mehr erzeugen. Auch enthalten die in der uralten schamanischen Welt bekannten Halluzinogene (wie Bilsenkraut, Alraune, psilocybinhaltige Pilze und Tollkirsche) offenbar Stoffe, die den natürlich vorkommenden Neurotransmittern ähnlich sind, welche bei der Thetawellen-Synchronisation freigesetzt werden.

Die Thetawellen-Synchronisation hat Auswirkungen auf die Funktionen des entwicklungsgeschichtlich uralten vegetativen Hirnstamms tief im Fischgehirn, weit unterhalb der forschen jungen Hirnrinde – nämlich auf Funktionen wie Atmung und Herzschlag. Es gibt Mutmaßungen, denen zufolge die Thetawellen-Synchronisation den Zugang zu alten, sehr grundlegenden Informationen im Hirnstamm ermöglichen könnte: Informationen, die normalerweise im Unbewussten verborgen liegen.[49] Vielleicht könnten wir durch Trommeln, Tanzen, Singen oder den Genuss von Bilsenkraut lernen – nein, sinnlich erfahren –, wie es war, als unsere Urahnen nach Trilobiten schnappten. Da das meiste von dem, was wir sind, weit unterhalb unseres Bewusstseins angesiedelt ist (unser bewusstes Leben ist wirklich sehr langweilig und trivial[50]), könnte eine solche Offenbarung heutzutage lebensverändernd sein. Wenn Sie wissen – tatsächlich wissen –, dass die Hälfte von Ihnen ein Anomalocaris aus dem Kambrium ist, wird das Ihr Online-Shopping-Profil und Ihren täglichen Fernsehkonsum verändern. Und es besteht kein Grund zu der Annahme, dass dies ein weniger dramatisches Erlebnis war, als dies zum ersten Mal im ostafrikanischen Busch geschah.

Wird irgendeine Aktivität mit anderen geteilt, werden deutlich mehr Endorphine freigesetzt, was evolutionär gesehen ausgesprochen sinnvoll ist. Wenn Dunbars Modell stimmt, hat sich die natürliche Selektion das Prinzip der Pflege (ob durch das Entfernen von Läusen, das Erzählen eines Witzes oder das Stampfen mit den Füßen im Takt einer Trommel) zunutze gemacht, um auf diese Weise Bindungen zu stärken. Und aus ökonomischer Sicht ist es eine schlaue Methode, um die Zahl möglicher Bindungspartner zu maximieren. Aber vielleicht passiert dabei noch etwas anderes: Eventuell wird damit auch bestimmt, wer *aktiv* an der menschlichen Gemeinschaft teilnehmen darf: Mitspieler werden belohnt; reine Zuschauer werden erst von der Biologie und dann von der Gemeinschaft ausgesondert.

Mit anderen zu musizieren ist der beste Stimmungsaufheller, den ich kenne: wirksamer als Johanniskraut oder Bergsteigen oder Sprinten, bis das Serotonin fließt und der Schmerz seinen eigenen Endorphinrausch erzeugt. Ich spiele Tin Whistle, Flöte und eine kleine keltische Harfe bei Folk-Sessions im Pub und Trompete in einer College-Jazzband. Das hält den schwarzen Hund in Schach, der frustriert an meiner Tür knurrt, gelingt allerdings nicht, wenn ich zu Hause allein auf meinen Instrumenten spiele. Der Leader der Jazzband, ein hoch angesehener Chirurg, tippt sich verschwörerisch an die Nase: »Weißt du, Charles«, sagt er, »das ist wirklich der größte Spaß, den man außerhalb des Schlafzimmers haben kann.« Er kennt sich mit Endorphinen aus.

Vieles, was ich über Gemeinschaft (und mehr noch über Politik) weiß, habe ich beim Spielen alter Songs in Pubs gelernt. Die Grenzen zwischen den Musikern lösen sich auf, und mit ihnen die Animositäten. Niemand, der die Lieder längst verstorbener Bauern gespielt hat, klammert sich an das atomistische Billardkugelmodell des Ichs oder glaubt, dass unsere Entscheidungen ausschließlich autonom gefällt werden sollten. Hat jemals jemand einen autonomen Menschen kennengelernt? Falls ja, werden Sie sicher nicht mit ihm zu Abend essen wollen. Würde jemand an einem Wettbewerb teilnehmen wollen, bei dem ein Abend mit Immanuel Kant zu gewinnen wäre?

Zeit und Raum verhalten sich bei diesen Sessions anders, und das nicht nur wegen des Biers. Ein Reel, der viel zu schnell ist, wenn man ihn in der Küche übt, wird unendlich langsam, und es dauert schier eine Ewigkeit, vom Fis zum G zu wechseln. Und zwischen den Tönen kann man sich dabei ertappen, wie man auf einem Feld in Dorset Heu auf einen Karren lädt.

Unter den Zeugnissen für das frühe moderne Verhalten in Europa befinden sich auch Musikinstrumente. Die ältesten, die wir kennen, sind 36 000 Jahre alt – Flöten aus den Flügelknochen von Schwänen, die im Geißenklösterle am Südrand der Schwäbischen Alb gefunden wurden. Außerdem hat man in den Ausläufern der Pyrenäen eine größere Anzahl an Flöten aus Geierknochen entdeckt, die ungefähr 35 000 Jahre alt sind. Gut möglich, dass X eine in seinem Rucksack hat.

Diese sehr unterschiedlichen Arten der Beziehungspflege bringen Menschen zusammen. Und bevor es Telefone gab, sprachen die Menschen miteinander, wenn sie zusammenkamen. Einige Menschen tun das noch immer, obwohl diese Fähigkeit rapide schwindet.

Und so kommen wir zur Sprache – dem ultimativen Mittel der Beziehungspflege, des Werbens und des Verbindungen-Knüpfens, aber damit auch zur ultimativen Geißel und zum ultimativen Spalter.

Wir wissen nicht, wie alt Sprache ist. Ich habe mich durch die Debatte gekämpft, die sich mit der Semantik (also mit den Bedeutungen sprachlicher Zeichen und Zeichenfolgen), aber auch der Frage befasst, in welchem Verhältnis Sprache zu den in archäologischen Funden nachgewiesenen Symbolen steht. Einige behaupten, dass Sprache zwei Millionen Jahre alt sei, andere sprechen von etwa 50 000 Jahren. Sehr wahrscheinlich ist jedenfalls, dass die frühen Prototypen wenig zur Selbst- oder zur Weltwahrnehmung beigetragen haben. So etwas kann nur eine einigermaßen entwickelte Sprache leisten.

Sprache erfordert einen Vokaltrakt, der eine exakte Atemkontrolle ermöglicht, zudem ein Gehirn, das die Aufgabe bewältigen kann (wozu auch die Beherrschung der Syntax gehört), und etwas, worüber es sich zu sprechen lohnt, was also den Aufwand für die Umgestaltung des Gehirns und des Vokaltrakts rechtfertigt.

Die notwendigen Veränderungen des Vokaltrakts fanden bereits vor einiger Zeit statt. In Folge der Zweibeinigkeit rutschte die Kehle nach unten, was den Kehlkopf länger und beweglicher werden ließ. Und auch die Gehirne der Hominien scheinen schon seit Langem auf Sprachfähigkeit hin ausgelegt zu sein. Ein nützlicher Marker für die notwendige Gehirnfunktion ist das *FOXP2*-Gen, das an der Kontrolle anderer Gene beteiligt ist, die für die Sprachschaltkreise im Gehirn entscheidend sind. Viele nicht-menschliche Arten besitzen dieses Gen, und bereits die Neandertaler besaßen dessen moderne menschliche Version (die sich nur durch zwei Aminosäuren von der der Affen unterscheidet); folglich geht es wohl auf den vor über 400 000 Jahren lebenden gemeinsamen Vorfahren des Homo sapiens und des Neandertalers zurück.

Neurologisch und anatomisch konnten die Neandertaler also sprechen. Und ich habe keinen Zweifel daran, dass sie das auch taten. Denn selbst eine rudimentäre Sprache ist nützlich, wenn man jagt, Nüsse sammelt, Feuer macht (was sie bereits vor mindestens 200 000 Jahren beherrschten) und einen Familienverband zu organisieren hat. Aber ihre Gespräche zu belauschen wäre nicht sonderlich interessant gewesen – ungefähr wie heutzutage im Zug, wenn man Telefonate über Tabellenkalkulationen aufschnappt. Denn der Gesamteindruck, den wir von den Neandertalern haben, ist der einer kognitiven Unbeweglichkeit. Sie waren in ihren Gewohnheiten ziemlich festgefahren, was für sie lange Zeit gut funktionierte (ich bezweifle, dass es uns moderne Menschen auch nur annähernd so lange geben wird wie die Neandertaler), aber letztlich ist eine konservative Haltung immer tödlich – vor allem in einer Zeit des Klimawandels, wie ihn die Neandertaler erlebten.

Die Neandertaler waren ungeheuer beeindruckend, und das mussten sie auch sein, um in der feindlichen Umwelt Europas so lange erfolgreich zu überleben. Sie waren großartige Naturforscher, gute Eltern, mitfühlende und geschickte Altenpfleger, exzellente Werkzeugmacher (vielen modernen Flintknappern gelingt es nicht, Feuerstein in der Levalloistechnik zu bearbeiten, so wie sie es taten, also Späne in der Weise abzuschlagen, dass ihre scharfen Kanten spitz zulaufen und sofort in einen Griff eingesetzt werden können), und fähige, wenngleich in ihren Möglichkeiten begrenzte Jäger.

Und auch in vielen anderen Bereichen leisteten sie Beachtliches. Insgesamt gesehen war in ihrem Kopf alles Nötige vorhanden, um sowohl über das Eis als auch über den Mangel an Eis zu triumphieren. Aber der Punkt ist: Man kann nicht alles, was in ihren Köpfen war, einfach addieren. Ihr Verstand scheint streng unterteilt gewesen zu sein.[51] Der Naturforscher sprach nicht mit der Krankenschwester, die Eltern nicht mit der Nusssammlerin. Was eine Population genetisch gesund erhält, ist promiskuitive Kreuzbefruchtung. Und was Gehirne leistungsfähig macht und ihre Besitzer in schwierigen Zeiten überleben lässt, ist eine promiskuitive intellektuelle Kreuzbefruchtung, sowohl zwischen den verschiedenen Bereichen des eigenen Gehirns als auch zwischen dem eigenen Gehirn und einem fremden.

Bei den Neandertalern fand weder das eine noch das andere statt, und so starben sie aus – wahrscheinlich fielen sie nicht dem gemeingefährlichen *Homo sapiens* zum Opfer, sondern einer kognitiven Sklerose.

Der Zerfall in immer kleinere neurologische Einheiten tötet.

Bei den Gesprächen der Neandertaler ging es darum, was es zum Abendessen geben würde – nämlich das, was es seit Tausenden von Jahren zum Abendessen gab.

Aber es wäre unfair, die Neandertaler oder andere vormoderne Homininen nur nach den Wörtern zu beurteilen, von denen wir annehmen, dass sie sie benutzt haben. Das Leben besteht aus sehr viel mehr als Sprache. In der Tat habe ich ja selbst gerade die Fähigkeit der Sprache bestritten, über irgendetwas die Wahrheit zu sagen.

Der Archäologe Steven Mithen fasst alles zusammen, was wir über die Kommunikation der Neandertaler zu wissen glauben, und kommt zu dem Schluss, dass sie keine Sprache in unserem Sinne hatten, sondern eine Kommunikationsform, die er »Hmmmm« nennt – ein Akronym für »Holistisch, manipulativ, multimodal, musikalisch und mimetisch«[52]. Sie sprachen mit dem ganzen Körper, waren geschickte Nachahmer und Pantomimen, ahnten hellsichtig Hinweise und Absichten voraus; ihr Vokabular und ihre Grammatik waren musikalisch.

Nicht überall fand diese These Zustimmung. Aber selbst wenn sich Mithen in Bezug auf die Neandertaler irren sollte, lohnt sich eine gewisse Nachsicht. Denn er geht im Weiteren davon aus, dass die früheren Formen der Kommunikation in uns fortbestehen und wiederbelebt werden können, obwohl unsere menschliche Sprache dem, was die Neandertaler hatten, scheinbar überlegen war. Tatsächlich könnten diese alten Kommunikationsformen in mancher Hinsicht sogar besser gewesen sein, daher sollten wir auch versuchen, sie wiederzubeleben.

Was hätten die Neandertaler in den feuchten Wäldern Europas gehört? Nun, sagt Mithen, da die Natur eher ein musikalischer als ein Ort der Sprache ist, könnte ein Gehirn, das entsprechend verdrahtet ist und mit Hmmmm arbeitet, sie genauer und gründlicher wahrnehmen als das unsere. Wenn für ein Gehirn Ganzheitlichkeit eher Vorzug als Nachteil ist, kann es wahrscheinlich weit zufriedenstellendere Antworten darauf geben, was die Welt als Ganzes ist. Mithen zufolge haben die Neandertaler also wohl ein »Klangpanorama« gehört: »Melodien und Rhythmen der Natur, die das Ohr des *Homo sapiens* durch die Evolution der Sprache nur noch gedämpft wahrnimmt.«[53]

Mithen glaubt, dass es die Explosion von *Wörtern* war, die im Verstand der vormodernen Homininen die Mauern zwischen den separierten Bereichen einriss und es ihren eindrucksvollen Gehirnen ermöglichte, als ein vernetztes Ganzes zu arbeiten. Nun konnten Begriffe frei umherschweifen und neue Begriffe hervorbringen.

Ich weiß nicht, ob das stimmt. Niemand weiß es. Haben Wörter modernes Verhalten – also die Möglichkeit zu ungebremster Symbolisierung – geschaffen, oder sind sie durch modernes Verhalten entstanden? Vielleicht ist das gar nicht so wichtig. Denn durch welches Mittel auch immer, die Sprache ist angekommen. Und niemand bezweifelt ihre Macht, Bündnisse zu schmieden und zu pflegen, Szenarien zu entwickeln und zu testen, die sabbernde, haarige Welt in verdaubare Stücke zu schneiden, Eis zum Schmelzen zu bringen, Wölfe zu zähmen, Feuer zu kontrollieren, Menschen zu beherrschen und letztlich sogar die Nutzer der Sprache selbst zu unterjochen. Mag die Sprache auch einen schrecklichen Preis gefordert haben, sie hat uns möglicherweise unser Ich geschenkt, und weil wir unser Ich verschenken können, sofern wir es besitzen, wurde dadurch vielleicht auch eine neue Form von Beziehung möglich.

Die Sprache könnte uns außerdem befähigt haben, uns in die Lage anderer hineinzuversetzen, oder dieses Potenzial zumindest vergrößert haben. So sehen es immerhin mehrere Mainstream-Archäologen und -Anthropologen, allen voran Robin Dunbar und Clive Gamble.[54]

Je höher die Ordnung der Intentionalität, desto größer das Vorstellungsvermögen und umso fesselnder die Geschichten, die erzählt werden können. Die meisten modernen Menschen verfügen über eine Intentionalität fünfter Ordnung[55], die man braucht, um imaginäre Welten mit Charakteren zu bevölkern; soweit wir wissen, hatten und haben eine solche nur Menschen der Verhaltensmoderne. Um ein Shakespeare zu sein, braucht man allerdings eine Intentionalität sechster Ordnung[56], und das trifft nur auf wenige von uns zu. Man ist wahrscheinlicher ein Shakespeare, wenn man weiblich ist[57]; doch braucht man keine Intentionalität sechster Ordnung, um ein auf der sechsten Ordnung angesiedeltes Werk genießen zu können.

Wer zu sprachlichen Schöpfungen sechster Ordnung in der Lage war, hatte garantiert eine erstklassige Pflege. Denn die meisten Gespräche in der Welt des Jungpaläolithikums fanden, wie auch bei uns, am Abend statt, wenn man mit dem Essen weitgehend fertig war und sich um das Feuer versammelte. Dann war es dunkel und die Körpersprache im flackernden Schein des Feuers nicht sehr hilfreich. Gesprochene Sprache funktionierte viel besser.[58] Infolgedessen zogen im Jungpaläolithikum die Shakespeares, also diejenigen mit der Intentionalität sechster Ordnung, ihre Zuhörer in ihren Bann und wurden, so Dunbar und Gamble, von der natürlichen Selektion sehr bald belohnt – mit Prestige, Fleisch, Sex und Nachkommen.

Die Theory of Mind/Intentionalität führte zu einem ausgeprägteren Selbstempfinden: Personalpronomen wurden gewissermaßen in hervorspringende Kursivschrift gesetzt. Die Jäger betrachteten sich, sagten zu einem Tier: »*Ich töte dich*«, gingen nach Hause, um darüber nachzudenken, was das bedeutete, und schnitzten währenddessen aus Mammutstoßzähnen Skulpturen von beleibten Frauen mit riesigen Brüsten und prachtvollen Vulven. Abends am Feuer begannen die Mythenspinner sechster Ordnung dann, Geschichten zu erzählen, in denen Fragen gestellt und beantwortet wurden wie »Woher komme ich?« und »Wo ist mein toter Vater?«.

Doch ich bin mit diesem Modell nicht glücklich. Warum sollte es mit Hmmmm nicht eine Intentionalität hundertster Ordnung geben? Tatsächlich hätte ich gedacht, dass die Art der Intentionalität, die ein wesentliches Element von Hmmmm ist, eher Einblicke in das Denken anderer gestattet als die labyrinthischen Formulierungen eines linguistisch basierten Modells der Intentionalität.

Dunbars Schilderung einer Intentionalität sechster Ordnung lautet: Shakespeare muss *beabsichtigen,* dass das Publikum *glaubt,* dass Jago *beabsichtigt,* dass Othello *annimmt,* dass Desdemona Cassio *liebt,* der in Wirklichkeit Bianca *liebt.* So ausgedrückt, klingt das ziemlich komplex.[59] Es ist leicht nachzuvollziehen, weshalb man ein Genie sein muss, um auf dieser Grundlage eine schlüssige Geschichte aufzubauen. Alles, was über die sechste Ordnung hinausgeht, ist schlichtweg unvorstellbar. Aber die meisten von uns werden an die Geschichte, wenn sie auf einer Bühne aufgeführt wird, nicht dieselben strengen Maßstäbe anlegen wie an Geschriebenes. Wir werden nicht einmal ihre Kernaussage so analytisch zerlegen, wie es uns unsere Intentionalität fünfter Ordnung erlaubt. Im Gegenteil, wir machen einen großen Bogen um die Analyse und nutzen unsere unvollkommenen Sinne und unser Verständnis von der menschlichen Lebenswelt, um in groben Zügen das Werk als *Ganzes* zu verstehen und zu bewerten. Hmmmm ist sehr lebendig und aktiv und erledigt den größten Teil der Arbeit, durch die uns ein Verständnis von der Welt vermittelt wird.

Ja, die Sprache ist das vorherrschende Medium für den Austausch von Fakten, aber Fakten sind, verglichen mit der Äußerung von Gefühlen und der Herausbildung und dem Ausdruck von Identität, von eher untergeordneter Bedeutung. Sprache funktioniert auf der Bewusstseinsebene, und wie ich schon angemerkt habe, wird beinahe nichts von dem, was wir sind, von unserem Bewusstsein oder dem, was ihm innewohnt, bestimmt. Was uns ausmacht, ist fast alles unter der Oberfläche. Das meiste von dem, was ich bin und was meine Handlungen auf der Bewusstseinsebene bestimmt, entspringt meinem Unbewussten. Hmmmm ist die Sprache des Unbewussten und eine viel ältere und elementarere Sprache als unsere Wortaneinanderreihungen. Sie wurde von vormodernen Menschen gesprochen, und Elemente von ihr finden sich auch in der Sprache heutiger Nicht-Menschen. Zweifellos ist es zudem die Hauptsprache der ganz jungen modernen Menschen; wenn wir mit ihnen sprechen, entdecken wir, dass auch wir sie fließend beherrschen.

Babysprache (fachsprachlich: »Infant-Directed Speech« oder IDS) ist eine universelle Sprache. Wir alle können sie; wir alle sprechen sie, wenn wir mit Babys kommunizieren; und erfahrene Mütter beherrschen sie nicht viel besser als ein völlig unbedarfter Neuling im Babysitten. Wir sind entsprechend verdrahtet. Unsere durchschnittliche Stimmlage wird höher, wir verwenden ein breiteres Spektrum an Tonhöhen, wir machen mehr Pausen, wir ziehen die Vokale in die Länge und sprechen sie deutlicher aus, unsere Sätze sind kürzer, und wir wiederholen Wörter öfter. Kurz gesagt, IDS ist melodischer als unsere übliche Sprache, und diese Musikalität fesselt die Aufmerksamkeit des Babys viel stärker als reine Sprache.

Singen funktioniert sogar noch besser. Schlaflieder (die in Melodie, Rhythmus und Tempo in allen Kulturen sehr ähnlich sind) verbessern die Stimmung der Babys und ermuntern Frühgeborene zum Saugen – was sich positiv auf ihre Gewichtszunahme auswirkt. (Im Vergleich zu nicht-menschlichen Babys werden ja alle menschlichen Babys zu früh geboren. Das liegt an ihren riesigen Köpfen mit den enormen Gehirnen: Sie würden niemals durch den Geburtskanal passen, wenn man sie so lange austragen würde, wie es ihre körperliche Entwicklung eigentlich verlangt.) Dies gab Mithen Anlass zu der Vermutung, die melodische Seite der IDS sei eigens deshalb ausgebildet worden, damit wir uns gut um die so lange und so ungewöhnlich hilflosen menschlichen Babys kümmern können.

Musik erreicht uns eher als Wörter, und sie berührt uns tiefer als sie. Wobei ich diese Tiefe nicht nur metaphorisch meine. Man kann mir panische Angst nicht ausreden, aber man kann mich durch Gesang beschwichtigen. Und das geht nicht nur mir so. Musik hat eine nachweisliche Wirkung auf unsere Atmung, unseren Puls und unseren Blutdruck. Sie wirkt tief im Hirnstamm und beeinflusst uralte Hirnregionen, die schon existierten, lange bevor sich der Neocortex über die oberste Schicht unseres Gehirns gelegt hat. In vielen Kulturen wird Musik zur körperlichen Heilung eingesetzt, sie reduziert die notwendigen Dosen von Narkose- und Schmerzmitteln; und viele der bei Autismus, Zwangsstörungen und ADHS auftretenden Symptome können durch Musiktherapie abgemildert werden.[60]

Wir alle kennen den starken Einfluss von Musik auf unsere Emotionen, und wir *sind* unsere Emotionen, auf eine ganz andere Art und Weise als unsere wohlüberlegten Gedanken. Emotionen sind elementar. Das kognitive Denken verhält sich dazu parasitär.[61] Wenn ich glücklich bin, kann ich zwar besser denken. Aber einen Großteil der lebensweltlichen Aufgaben erledigen die emotionalen Reaktionen, und sie werden keineswegs immer durch Kognition ausgelöst.

Die meisten meiner Entscheidungen treffe ich intuitiv, auch wenn ich vielleicht *ex post facto* eine Rationalisierung meiner Überlegungen vorbringe, an die ich in meinen weniger ichbewussten Momenten sogar tatsächlich glaube. All die provisorischen Lösungen, die meiner Erfahrung nach in den meisten Situationen funktionieren, fallen bei mir in den Zuständigkeitsbereich der Emotionen.[62] Wenn ich mit einem Problem konfrontiert werde, greife ich also fast immer in diesen Bereich, schnappe mir eine der vorgefertigten heuristischen Lösungen und versuche mein Glück. Normalerweise klappt das. Nur sehr selten benutze ich meinen Neocortex, um eine maßgeschneiderte Lösung für ein Problem zu finden. Und am Ende stelle ich dann sehr oft fest, dass ich besser auf mein Bauchgefühl gehört hätte.

Mithen schlussfolgert aus all dem, dass »Musik in der Individualentwicklung, wenn nicht sogar evolutionsbiologisch, Vorrang vor der Sprache hat«[63] und dass »die neuronalen Netzwerke für Sprache auf denen der Musik aufbauen oder ihnen nachgebildet sind«[64]. Homininen haben gesungen, bevor sie gesprochen haben. Sie kommunizierten mittels Hmmmm. Und dann marschierte die Sprache, im Bündnis mit der Evolution, als Kolonisator in unsere Köpfe ein und pflanzte ihre Fahne auf.

Das bringt perfekt auf den Punkt, wie ich selbst die Beziehungen zwischen Sprache/Wahrnehmung und Musik/Emotionen in meinem eigenen Kopf sehe. Sprache ist arrogant und imperialistisch. Sie gibt vor zu herrschen und hat die Macht, die Art und Weise, wie ich lebe und die Welt wahrnehme, maßgeblich zu beeinflussen. Doch sie stimmt nicht in der Weise mit der Realität überein, die sie für sich beansprucht. Schamlos begünstigt sie das kognitive Denken, das doch mehr oder weniger irrelevant ist für das, was ich bin, was ich fühle oder was ich tue.

Sprache war nicht unsere erste Sprache, weder für uns als Spezies noch als Individuen. Und sie ist es auch heute nicht – falls Sie jemanden kennenlernen würden, für den Sprache seine erste Sprache ist, würden Sie ihn für gefühllos und langweilig halten und nicht im Traum daran denken, ihn zum Essen einzuladen. Am fließendsten verständigen wir uns immer noch, ob als Babys oder als Kinder, mittels Hmmmm und Musik.[65] Musik ist ein sehr akkurates Medium, um Gefühle auszudrücken – also das, was wirklich zählt. Es besteht eine erhebliche Übereinstimmung zwischen den Emotionen, die ein Komponist vermitteln will, und den bei den Zuhörern geweckten Emotionen. Übrigens wird diese Übereinstimmung nicht größer, wenn die Zuhörer professionelle Musiker sind: Wir sind alle Naturtalente.[66]

Natürlich gibt es keine starre Grenze zwischen Sprache und Musik. Das zeigt die IDS. Sie ist sowohl Sprache als auch Musik. Ich höre jedem respektvoll zu, der argumentiert, dass diejenige Musik, in der dieselben mathematischen Regeln gelten, wie sie auch einer Sprache zu eigen sind, die machtvollste Musik überhaupt ist – weil sich in ihr eine orgasmische Synergie zwischen Apollo und Dionysos oder auch zwischen der rechten und linken Gehirnhälfte ausdrückt. Aber ich akzeptiere dies nicht als Argument zugunsten der Sprache. Meiner Überzeugung nach ist Sprache am mächtigsten und am wenigsten missbräuchlich, wenn sie sich explizit der Musik unterordnet. Das wiederum bedeutet, dass sie sich explizit der Natur unterordnen muss, denn dort gibt es keine Sprache im landläufigen Sinn. Der mathematische Bach hat gerade deshalb eine so starke Wirkung, weil es seine mathematischen Ordnungsprinzipien sind, die das Brausen der himmlischen Sphären, die zart-zackige Struktur der Schneeflocken und jene Kräfte steuern, die uns die Bürde unserer Schuld schultern lassen.

Zweifellos ahmten wir in der Frühzeit unserer Spezies die Laute der Tiere nach, die für uns besonders wichtig waren. Und mit Sicherheit ging dem ersten für »Löwe« bestimmten Wort das nachgeahmte Brüllen eines Löwen voraus und formte es mit. Alle nachfolgenden Versuche, den Bedeutungsinhalt »Löwe« in Worte zu fassen, waren weniger zufriedenstellend, weil eher selbstreferenziell. Es war besser, als wir einfach nur nachgeahmt haben. Damit brachten wir eine angemessene Demut zum Ausdruck, und genauer war es auch.

Es gibt eine *reale* (nicht willkürliche und nicht kulturell hergestellte) Entsprechung zwischen den besten Wörtern und den Dingen, die sie bezeichnen. Mithen merkt an, dass bei den Huambisa im peruanischen Regenwald ein Drittel der ihnen bekannten 206 Vogelarten lautmalerische Namen hat.[67] Und er zitiert die Arbeit von Edward Sapir, der in den 1920er-Jahren zwei Nonsenswörter erfunden hat, *mil* und *mal*. Sapir sagte seinen Versuchspersonen, dass dies die Namen von Tischen seien, dann wurde jede Versuchsperson gefragt, welcher Tisch größer sei. Fast alle antworteten, es sei *mal*.[68] Vokale verhalten sich selbst in sehr unterschiedlichen Kulturen ähnlich. Sie sind nicht willkürlich, sondern stehen in einem geheimnisvollen, aber konsistenten und elementaren Zusammenhang mit Eigenschaften in der realen Welt.[69]

Mit all dem hier erkläre ich nur sehr weitschweifig, warum ich Tom und dem Wald mehr zuhören werde. Und ich werde versuchen, Wörter zu verwenden, die mir der Wald selbst diktiert.

Die Beine des Zilpzalps (den Huambisa hätte dieser Name gefallen) ähneln Grashalmen. Und sein Schnabel erinnert an diese Pinzetten, mit denen man nach den dünnsten Nerven oder Blutgefäßen greifen kann. Doch seine Kehle ist gewaltig. Es klingt, als wäre sie so groß wie eine Höhle, in der eine ganze Bärenfamilie leben könnte.

Dieser Vogel wehte letzte Nacht auf einer Böe heran, getragen vom Wind spreizte er mal den einen, dann den anderen Flügel, wie ein Jahrmarktsangestellter, der über eine laufende Walzerbahn geht und dabei mal das eine, mal das andere Bein in der hautengen Jeans anwinkeln und durchstrecken muss. Vor zehn Tagen kauerte der Vogel noch auf dem Sendemast eines Schiffs im Hafen von Algier und machte sich bereit, sich zwischen die heißen Luftschichten zu schieben, die ihn nach Frankreich bringen würden. Der Sand in der Luft kratzte in seinen Augen, also stülpte er die Membran darüber, er sirrte und stammelte, und schließlich stieß er sich ab, fiel fast ins Rettungsboot, wurde vom Koch aufgehoben und in die Luft geworfen, und dieses Mal erwischte er die richtige, schmale Lücke, Rücken und Brust zwischen Luftschichten zusammengedrückt flog er los, wobei er kaum mehr zu tun brauchte, als sich im Gleichgewicht und oberhalb des Meeres zu halten. Einmal langte eine Welle nach ihm und hätte ihn fast erwischt, aber sie war nicht schnell genug, und plötzlich waren da Oliven und Orangen und Raupen von der Größe eines Zimmermannsdaumens.

Doch er konnte nicht bleiben. In seiner Brust fühlte es sich falsch an, an einem Ort zu sein, an dem es Oliven gab, und sein Kopf zuckte in Richtung Norden. Er schoss die Westhänge der Alpen hoch und glitt über die Kreidefelder von Burgund, entwischte im Garten eines Buchhalters in einem Pariser Vorort nur knapp einer Katze, fuhr eine Weile als blinder Passagier auf einem Bummelzug übers flache Land, schreckte vor der grauen Kälte des Ärmelkanals zurück und schlief mit Staren in einem verdreckten Baum, bevor er dann zusammen mit einer spärlichen, gebeutelten Schar kleiner brauner Vögel irgendwo aus Afrika die Meerenge in Angriff nahm. Die Zugkraft wurde stärker, zog ihm fast die Wachshaut vom Schnabel. Und kurz darauf plumpste er in die Baumkrone über meinem Kopf.

Na ja, möglicherweise. Immerhin haben wir hier eine Geschichte für Sie. Und das ist es, was Sprache zuwege bringt. Wahrscheinlich sind es lauter Lügen. Sie mögen ein Gefühl für den

Vogel bekommen haben, als ich die Geschichte erzählt habe, aber Sie hätten ein akkurateres Gefühl, und zwar ohne die Lügen, wenn ich stattdessen eine Vogelzug-Symphonie komponiert hätte.

Doch es gibt ein paar wahre Geschichten in diesem Land und ein paar wahre Geschichten über mich und Tom und über X und seinen Sohn, und über den Fuchsgeist, die Vögel, die Steine, das Gras, meinen Dad und die Teerseife, und einige davon können mit Wörtern erzählt werden. Vielleicht brauchen die wirklich großen Geschichten Wörter – oder sie brauchen Wörter, wenn sie groß und zudem besonders sein sollen.

Auf jeden Fall entschieden sich die Menschen schließlich dafür, als sie Mythos und Religion entdeckten. Und das geschah bereits sehr früh.

Der Hintergrund war allerdings, dass X die Tundra und die Mammuts besang, und sie besangen ihn. Die Welt, so heißt es, sehnt sich nach unserer Wertschätzung und erwidert sie großzügig. Ein Teil dieser Wertschätzung zeigt sich in der Form einer Arie: X und die Natur sangen füreinander und voneinander, und aus ihren Liedern wurde Religion.

Wir können diese Lieder lernen, wenn wir lernen zuzuhören.

Genau das werde ich heute Abend versuchen.

Überall um mich herum sind Geräusche. Einige sind dezent, ich höre es leise wimmern, hecheln, knacken. Und bin mir ziemlich sicher, dass sie da draußen sind. Aber da ist auch ein ständiges Surren, und ich kann nicht sagen, ob es in meinem Kopf ist oder von außerhalb kommt. Es ist die Art von Surren, die von einem weißen Ding ausgeht.

Tom und ich haben uns gestritten, ob das wirklich alles ohne Worte geht – und natürlich geht es. Wir liegen Rücken an Rücken. Er ist wach. Ich spüre, wie sein Blick hin und her schweift. Er glaubt, dass da etwas ist, aber weil wir uns gestritten haben, will er mir nicht erzählen, was. Es kann aber nichts allzu Schlimmes sein – vielleicht einfach ein Igel oder ein römischer Soldat.

Ich stehe auf, um zu pinkeln. Dann habe ich wenigstens etwas zu tun. Draußen liegt viel Tau, der meine nackten Füße aufweicht, sodass mir die Kanten der Grashalme ein feines Netz in die Sohlen geschnitten haben, bis ich zurückkomme.

Ich finde keine Ruhe. Das Surren ist immer noch da, und jetzt auch etwas anderes. Es gibt viele verlassene Minenschächte unter diesem Berg. Das Surren könnte von einem weißen Ding tief unter uns kommen, auch wenn dieses normalerweise nicht an die Oberfläche dringt.

Tom ist immer noch wach: Seine Augäpfel bewegen sich. Erneut ist Wind aufgekommen, und es gibt ein neues Geräusch – das aber nicht vom Wind stammt. Eher klingt es, als würde jemand sehr systematisch und sehr langsam mit einem großen Pinsel einen Baum anstreichen und manchmal einen Tropfen Farbe auf heruntergefallene Blätter fallen lassen. In der Scheune auf der anderen Seite des Tals, wo niemand wohnt, brennt Licht. Es ist ziemlich dumm, dort eine Kerze brennen zu lassen, denn die Scheune ist voller Heuballen.

Doch was auch immer gerade geschieht, es geschieht größtenteils unter uns. Wir liegen auf einem Fell. Ein Knochen bohrt sich in mich. Unten arbeitet ein Darm. Vielleicht benutzt er das Tunnelsystem, das die Bergleute angelegt haben.

Tom hat Angst. Ich lege den Arm um ihn, und er schiebt ihn nicht weg. Sein Atem beruhigt sich, und seine Schultern entspannen sich. Bald atmet er im Gleichklang mit dem Auf und Ab des Pinsels.

Ich kann weder den Knochen noch das Fell, noch das Ächzen des Zwerchfells im Berg ertragen, also stehe ich auf und gehe zu der Lichtung, auf der Tom seine Essenshäppchen darbringt. Auf dem Weg dorthin erstarrt alles rings um mich. Bäume und Brennnesseln stehen stramm. Ein Kaninchen bleibt stocksteif stehen, sein Nacken verkrampft sich, und es zittert. Es ist schrecklich, wenn man einen ganzen *Ort* zu so etwas bringt. Es gibt nur ein einziges bewegliches Wesen, es steht mitten auf der Lichtung und starrt mich an. Dann senkt es den Kopf und knabbert an den

Blumen, bevor es wieder zu mir sieht. Es ist ein Reh, das im Mondschein schimmert. Da ich fett und langsam und unbewaffnet bin, widmet es sich wieder den Blumen.

Ich spüre, wie die Grashalme meine Beine streifen. Als ich hinunterschaue, sehe ich, dass ich zittere. Es ist Zeit umzukehren und weiter zu lauschen. Ich nicke dem Reh zu, das wieder den Kopf hebt, den Gruß aber nicht erwidert. Dann gehe ich den glänzenden Pfad zurück und kuschele mich in den Schlafsack.

Das Surren ist ein Gespräch. Ich bezweifle, dass es menschliche Stimmen sind. Zwar werden keine Worte gewechselt, aber irgendetwas versucht, etwas Wichtiges zu sagen, und erntet von vielen anderen Widerspruch. Das klingt nicht, als würde es gut enden.

Schlafen wäre jetzt verkehrt. Worum es in der Sache auch gehen mag, dass viele gegen einen sind, ist nicht richtig. Ich sollte wenigstens in der Nähe sein, falls dieser Disput aus dem Ruder läuft. Wobei ich nicht vorhatte, Schiedsrichter zu spielen, als ich beschlossen hatte zuzuhören. Das ist nicht meine Aufgabe. Falls ich an diesem Ort als Schiedsrichter hätte agieren sollen, hätte ich von diesem blöden Reh mehr Respekt erwarten können.

Auch mit einem weniger störenden Pflichtbewusstsein könnte ich jetzt nicht mehr schlafen. Es ist einfach zu interessant. Ich versuche, mir anhand der Form und des Tempos der Sätze ihren Sinn zu erschließen, und tatsächlich glaube ich, dass mir das ein bisschen gelingt. Es geht um so etwas wie das Fenster- und Lichtrecht bei Bauvorhaben – eine Art Nachbarschaftsstreit, wie er vor Landgerichten ausgetragen wird, wenn etwa jemand seinen Anbau zu hoch gemauert hat. Etwas wächst zu hoch, lehnt sich zu weit über, breitet sich zu stark aus.

Tom rüttelt mich wach. Ich setze mich auf und schaue mich um. Noch dämmert es nicht, aber der Mond scheint strahlend hell. Aus dem Boden steigt eine Wolke auf. Sie pulsiert wie ein Herz. Und reicht Tom bis zu den Schultern. Das Surr-Gespräch ist jetzt viel lauter. Die Dornensträucher knistern. Zwischen ihren Stacheln springen blaue Funken hin und her. Nichts wurde beschlossen. Der Wald will, jetzt noch dringlicher, dass ich irgendetwas tue.

»Das geht mich nichts an«, sage ich gedämpft.

»Brauchst nicht zu schreien«, sagt Tom.

Und nun packt er, er stopft die Klamotten in seinen Rucksack, dessen Öffnung er nicht sehen kann. Die Wolke reicht ihm jetzt bis zum Kinn, sie steigt immer höher wie das Meer, wenn es in eine Grotte läuft. Er zieht die Stiefel an, bindet blind die Schnürsenkel, dann reißt er die Plane herunter und stopft sie zu den Klamotten. Er zieht die Gurte seines Rucksacks stramm, und mir wird bewusst, dass ich dasselbe tue.

Der Wald will uns entweder draußen oder drinnen haben, doch egal, was er will, er will es dringend.

Wenn wir einfach bergab gehen, stoßen wir auf einen Weg. Wir können ihn nicht verfehlen. Verglichen mit dem, was wir gewohnt sind, ist er eine Autobahn. Wenn wir uns dort rechts halten, kommen wir zu der Scheune, die wir die Kapelle nennen, weiter auf die vergiftete Kuhweide, und ab dann ist alles klar.

Jetzt hängt die Wolke über Toms Kopf, aber nicht über meinem. Ich kann die Bäume sehen, und ich glaube, ich sehe ein Hirschgeweih. Oben ist die Wolke ganz flach, wie ein Tisch. Ich fasse Tom an der Hand. Ohne etwas zu sagen, rennen wir los. Zwar kann ich den Bäumen ausweichen, aber ich sehe meine Füße nicht, und so trete ich in ein Kaninchenloch, falle vornüber und reiße Tom mit. Ich kann von Glück sagen, dass ich mir nicht den Knöchel gebrochen habe oder Schlimmeres.

Wir rappeln uns hoch und bewegen uns vorsichtiger. Jetzt gehen wir auf der Autobahn. Wir spüren den von den Wanderern aufgewühlten Matsch unter den Füßen. Fast sind wir da. Hier ist die Zaunsperre. Aber sie ist abgeschlossen. Das kann nicht sein. Sie hat doch gar kein Schloss. Wir klettern drüber. Da ist die Kapelle. Nein, das ist sie nicht. Die Kapelle ist verschwunden. In diesem Wald lauert irgendeine Absicht, sämig und säuerlich steigt sie mir in Mund und Nase. Die Kapelle muss doch hier sein.

Nein, mein Junge, hier gibt es kein »muss«. Nebel bildet keinen Schaum. Wisch ihn dir lieber nicht aus dem Gesicht.

Ich will hier raus. Ah, haucht der Berg: Warum hast du das nicht gleich gesagt?

Und die Bäume und die Wolke halten inne. Wir sind draußen. Am äußersten Rand des Waldes steht, exakt senkrecht und exakt waagrecht, so plan wie eine Tischplatte, eine Wolkenwand. Und wir rennen und rennen und rennen durch die Stille – nur unsere Schritte sind zu hören und das in den Halsadern rauschende Blut – zur Bushaltestelle. Es ist uns egal, dass das Bushäuschen nach Erbrochenem riecht. In einer Stunde sind wir in Matlock.

»*La li-li-li, li-li*«, pfeift Tom.

»Eine für Trauer, zwei für Freude, drei für ein Mädchen und vier für einen Buben«, heißt es in dem alten Reim über Elstern.

Einem englischen Aberglauben nach bringt es Pech, wenn man eine einzelne Elster sieht. Ich war oft mit Leuten unterwegs, die sofort wegschauten, sich bekreuzigten oder ausspuckten, wenn sie eine Elster sahen.

Doch sie liegen falsch. Denn wenn man genau genug hinschaut, entdeckt man immer mindestens eine weitere Elster. Es ist nun einmal so. Sie sind nie allein. Wenn man also genau genug hinsieht, wird man immer zumindest Freude haben, wenn nicht gar Nachwuchs und eine immerwährende Dynastie.

Der Reim sagt die Wahrheit: Wenn Sie nicht genau hinschauen, nehmen Sie sich besser in Acht.

Wir sind Richtung Westen gegangen, wohin meine Familie immer gegangen ist, wenn wir Angst hatten oder traurig waren oder beschlossen hatten zu sterben.

Nun sitzen wir an einer Bergflanke in einer Kalksteinhöhle und schauen hinunter auf den Bristolkanal. Von X oder seinem Sohn ist bisher nichts zu sehen, aber wir können ja nicht von ihnen erwarten, immer dann aufzutauchen, wann es uns gerade passt.

Der Fuchsgeist wollte nicht mit in den Bus. Ich glaube nicht an ihn, und das hat ihn zweifellos gekränkt. Die Sache bei Polly war zu einfach. Da hat nichts wehgetan, und im Grunde wollte ich auch gar nichts.

Ein echter Abstieg in die Unterwelt hätte bedeutet, in eine der vielen anderen Dimensionen zu wechseln, von denen die Mathematiker wissen, dass es sie gibt. Unsere Gehirne sind Ventile, die uns daran hindern, in andere als in die uns bekannten Dimensionen vorzudringen. Wenn das Ventil undicht wird, bewohnen wir vielleicht mehr von der Realität, die es gibt. Vielleicht werden dann auch wir realer. Vielleicht rieche ich dann den Kohlenteer. Der Teerseifengeruch in dieser Höhle ist erstickend.

Im Pleistozän war hier eine Menge los. Man hat in der Höhle Knochen von Mammuts, Wollnashörnern, Wölfen, Braunbären, Höhlenbären, Füchsen, Polarfüchsen, Rentieren, Pferden, Wildkatzen, Höhlenlöwen und vielen, vielen Hyänen ausgegraben.

Es ist keine abwegige Vorstellung, dass X und sein Sohn diesen Ort gekannt haben könnten. Gerade eben sind Tom und ich zum Berggrat hinaufgeklettert, und an einem klaren Tag hätten wir von dort die Halbinsel Gower erahnen können, wo William Buckland, der Geologieprofessor aus Oxford, 1823 die »Red Lady of Paviland« entdeckt hat – eines der ältesten bestatteten menschlichen Skelette mit Grabbeigaben. Wobei die »Red Lady« keine Lady ist. Buckland nahm an, es müsse sich um eine Frau gehandelt haben, weil neben den mit rotem Ocker behandelten Knochen (in Wirklichkeit die eines jungen Mannes) gebogene Elfenbeinstäbe und durchlöcherte Große Strandschnecken (die wohl als Perlen an die Kleidung genäht waren) lagen, dazu ein Anhänger, der aus einer krankhaften Wucherung in einem Mammut-Stoßzahn gefertigt war. Kein englischer (oder auch walisischer) Gentleman, so seine Überlegung, hätte auch nur im Traum daran gedacht, sich mit so etwas zu schmücken. Außerdem irrte sich Buckland gewaltig bei der Datierung. Er schlussfolgerte, dass die Bestattung in der Römerzeit stattgefunden haben musste. In Wirklichkeit ist das Grab 33 000 – 34 000 Jahre alt.

Das war, lange nachdem X und sein Sohn an der Eisgrenze in Derbyshire lebten. Die Red Lady durfte sich eines milderen Klimas erfreuen als X, auch war das moderne Verhalten zu ihren Lebzeiten bereits tief in den europäischen Menschen verankert. Dennoch war die Gower-Halbinsel vor 34 000 Jahren immer noch ein wilder, gefährlicher und ungewöhnlicher Ort, der nicht für jeden taugte und eher wagemutige Pioniere angezogen haben dürfte, die vor Grenzen nicht haltmachten. Solcher Wagemut liegt einem häufig im Blut beziehungsweise in den Genen. Damals gab es in ganz Europa gar nicht so viele Familien, und ich wette, dass in den Knochen der Red Lady, die heute im Naturkundemuseum der Universität Oxford liegen, auch etwas vom Erbgut von X zu finden wäre. Ich besuche die Red Lady etwa alle zwei Wochen, starre dann eine Stunde lang in ihre Glasvitrine und versuche, sie zum Reden zu bringen, obwohl sie keinen Kopf hat. Man hält mich dort bestimmt für ziemlich schräg.

Doch selbst wenn X und die Red Lady nicht eng miteinander verwandt sind: An den Lagerfeuern wurden mündlich geografische Lexika weitergereicht und Orte aufgelistet, die sich zum Übernachten, zum Jagen oder als Anbetungsstätten eigneten. Gut möglich, dass auch diese Höhle auf der Liste stand – entweder als ein zu meidender Ort voller blutrünstiger Kreaturen oder als Ort göttlicher Offenbarungen.

Es wird dunkel. Draußen auf dem Meer schippert ein Containerfrachter Autos zu den Avonmouth Docks. Wales schaltet die Lichter ein. Unter uns auf der Straße steht alles still: Jemand hat sich auf dem Mittelstreifen zweiteilen lassen und liegt in einer Lache aus blauem Blinklicht. Hier oben ist es etwa eine Stunde vor Dachszeit. Die Eule löst sich aus ihrer Erstarrung und beginnt zu blinzeln. Der Specht schleudert seine innen um den Schädel gelegte Zunge heraus, bohrt sie in ein Loch, macht für heute Schluss und flattert davon ins ferne Tal, denn auch Vögel haben ein Zuhause.

Ein paar Meter weiter im Höhleninneren hat das Licht keine Chance mehr. Nur wenige Menschen werden heutzutage jemals mit solch einer Dunkelheit konfrontiert, mit so einer satten Finsternis. Meine Hände sind mir fremd. Sie kommen aus dem Dunkel auf mich zu wie Fledermäuse. Weder gehören sie ganz mir noch gänzlich der Dunkelheit. Wir gehen tiefer hinein. Jetzt können wir den Eingang nicht mehr sehen.

Tom ist damit zufrieden, im Dunkeln zu sitzen. Meine Nerven liegen immer noch blank wegen dem, was im Wald von Derbyshire passiert ist, und ich glaube, dass mich die Dunkelheit ängstigen wird. Aber das ist nicht der Fall. Derbyshire ist weit weg. Wir haben uns in eine lokale Angelegenheit verwickeln lassen und sind ins Kreuzfeuer geraten. Es ging nicht gegen uns persönlich. Doch selbst wenn sich der Berg in Derbyshire die Mühe machen sollte, den ganzen Weg hierher herunterzurumpeln, in dieser dicklich geronnenen Dunkelheit würde er uns niemals finden.

Tibetanische Mönche meditieren wochenlang in völliger Dunkelheit. Oft wird behauptet, dass die Herausforderung dabei eine psychologische sei: die sensorische Deprivation. Doch einen solchen Entzug sensorischer Reize erlebe ich nicht. Nicht nur, dass sämtliche nicht visuellen Sinne erwachen (einschließlich vieler, von denen ich nie vermutet hätte, dass ich sie besitze), auch das Sehvermögen versucht zu beweisen, dass es immer noch der König der Sinne ist, indem es eine psychedelische Show abzieht: sprühende Funken, ein Kaleidoskop ständig wechselnder, ineinandergreifender farbiger Sechsecke, dann lang gezogene grünliche Gesichter, und als es schließlich ermattet, blättert es in seiner Sammlung alter Bilder – es gibt alles, um das Gehirn davon abzuhalten, die Zuständigkeit an das Gehör oder den Geruchssinn abzutreten.

Da sitze ich also an einem Strand in Dorset und esse Eis mit meinen Eltern, gleichzeitig liege ich zusammengerollt in einem Loch unterhalb eines schottischen Berggipfels, ich hocke mit dem Kopf in Händen in einer Wüste und renne mit nacktem Oberkörper über ein Moor in Yorkshire, wo ich die Moorhühner zu meinen Füßen aufscheuche, verkoste auf einer Farm in Somerset Cider, während Schwalben so tief über meinem Kopf dahinflitzen, dass ich den Luftzug ihrer Flügel spüre, und trinke auf einer griechischen Insel Rotwein mit einem Dichter, der alle seine Fingernägel an die Obristen verloren hat, finde mein zahmes Kaninchen tot und steif vor, beobachte einen Winter lang das Meer und frage mich, warum es keine Möwen gibt.

Jedes Geräusch, das hier gemacht wird, hallt lange nach. Es ist eine Erinnerung daran, dass Geräusche tatsächlich nie verklingen und nur unser schlechtes Gehör den falschen Eindruck erweckt, dass Geräusche etwas Flüchtiges seien. Nichts, was je seinen Anfang nahm, sei es ein Geräusch oder sonst irgendetwas, ist wirklich jemals vorbei.

Vor allem höre ich tropfendes Wasser und schwirrende Fledermäuse, aber wenn ich die Ohren spitze, nehme ich noch etwas anderes wahr. Während das Wasser durch das Gestein sickert, scheuert es daran. Jeder Tropfen, der nach unten fließt, führt abgeriebenes Gestein mit sich. Das ganze Wasser ist flüssiger Stein. Und das Scheuern hat seinen eigenen Klang – obwohl es kein Geräusch ist, das auf dem Monitor eines Rekorders einen sichtbaren Ausschlag erzeugen würde. Es ist das leise Knirschen erodierenden Gesteins, das in den erodierenden Zellen meines Körpers seinen Resonanzboden findet, was mir irgendwie einen makabren Trost spendet. Es ist ein echtes Erlebnis, sich mit einer Kalksteinklippe zu solidarisieren, auch wenn diese Solidarität darauf gründet, dass wir uns beide auflösen.

Zweifellos ist es nicht wirklich ein Geräusch, vielmehr nur ein Gedanke oder eine normalerweise unbeachtete Empfindung. Wobei ich nicht weiß, ob sich Gedanken von Empfindungen unterscheiden.

Meine Finger häuten sich. Und normalerweise würde ich sagen, dass mein nasses Hinterteil gefühllos wird, aber das, was tatsächlich passiert, ist viel interessanter. Diese Gefühllosigkeit ist eigentlich nicht die Abwesenheit von Gefühl, sondern ein Raum, in dem neue Empfindungskategorien demonstrieren können, was noch alles möglich ist.

Wir sitzen seit ein paar Stunden schweigend da. Es ist zu interessant. Ich bin all diesen Reizen gar nicht gewachsen und will zurück in die geordnete visuelle Alltagswelt. Als ich in meine Tasche greife, um ein Feuerzeug herauszuholen, fühlt sich der Druck meiner Hand auf meinem Oberschenkel grob, fast schmerzhaft an. Das Schaben meiner Haut an der Baumwolle klingt wie ein Autounfall.

»Was machst du da?«, flüstert Tom, seine Stimme und sein Atem sind ein Hurrikan.

»Nichts«, erwidere ich und ziehe die Hand zurück.

Wir sitzen noch mal eine Stunde da. Dann wieder der Autounfall, der Hurrikan, ich mache das Feuerzeug an, und der Himmel reißt auf, und der Heilige Michael und all seine Engel brechen durch das Höhlengewölbe, und wir kreischen.

Als wir dann die Flamme ansehen können, ist sie etwas Grausames, Krasses, Kompromissloses. Aber sie verrät uns, dass wir in einem großen, runden Bauch sitzen, der beinahe hoch genug ist, dass ich aufrecht stehen kann, und sich am hinteren Ende zu einem Darm verengt, durch den ich zwar eine Weile kriechen, mich aber niemals darin umdrehen könnte. Oder falls Sie eine andere Metapher bevorzugen: Wir befinden uns in einer geräumigen Gebärmutter, in der viele dicke Föten Platz haben; mit einem Eileiter, der tief aus dem Inneren des Berges kommt; und einem Geburtskanal, der hinaus auf den mit Bingelkraut und schmalblättrigen Weidenröschen bewachsenen Bergrücken führt.

Wir zünden Kerzen an und platzieren sie rundum in dem Bauch, dann setzen wir uns wieder und sehen uns um.

Das auf der Wand uns gegenüber könnte ein Baum sein, vielleicht aber auch ein Fisch oder ein Vogelflügel.

»So stimmt's nicht«, sagt Tom, verrückt drei Kerzen, und da steht sie direkt vor uns: die vordere Hälfte einer riesigen Kuh mit geblähten Nüstern, deren Hörnerspitzen sich in die Decke bohren.

Wir bewegen uns langsam auf sie zu und streicheln mit ausgestreckten Händen über ihre Nase. Nachdem uns das gelungen ist, ohne aufgespießt zu werden, fahren wir ihr über den kräftigen, zotteligen Hals bis hinunter zum Vorderbein, das vor Spannung und Kraft bebt.

Der Drang, sie zu berühren, verwirrt mich. Doch das sollte er nicht. Wir fassen instinktiv über ein Gatter, um ein Pferd zu streicheln, oder beim Candle-Light-Dinner über den Tisch, weil wir das Gesicht des geliebten Menschen befühlen wollen. Kinder strecken sich, um etwas zu fassen zu kriegen, und patschen ihre Hände mit gespreizten Fingern in den Schlamm. Dennoch machen wir uns heutzutage vor, dass wir durch Sehen erkennen. Aber: »Sehen heißt glauben.« Wir halten diesen ganzen kreativen Prozess für visuell und nennen ihn sogar Imagination – also bildhaftes Denken. Doch wenn wir das sind, was wir im Kern unseres Wesens sind – wenn wir Kinder sind, mit Tieren zu tun haben, verliebt sind oder in den Mendip Hills in einer Höhle zittern –, dann überwinden wir unsere Voreingenommenheit, wir misstrauen unseren Augen und wollen uns vergewissern, wie fest die Verbindung unseres materiellen Körpers mit der materiellen Welt ist, und das gelingt uns nur durch Berührung.

Eines der gängigsten Motive in der Höhlenmalerei des Jungpaläolithikums ist die mit rotem Ocker gezeichnete menschliche Hand. Auch wir haben sie an unsere Küchenwand gemalt, indem wir Farbe durch Strohhalme und hohle Vogelknochen geblasen haben. Sie wird unterschiedlich gedeutet: Manche sagen, es handle sich um die Hände von Mädchen, die gerade ihre erste Regelblutung bekommen haben und in die Höhle gekommen sind, um in die Frauenwelt aufgenommen zu werden; der rote Ocker symbolisiere das Menstruationsblut. Andere halten diese Hände für einen Hinweis darauf, dass die Höhlenwand als Membran angesehen wurde, die diese Welt von einer anderen trennt – von jener Welt, in die der Schamane in Trance ging; die Handabdrücke stünden für einen forcierten Druck auf die Membran, vielleicht als Akt der Ehrerbietung gegenüber den Bewohnern der Welt auf der anderen Seite. Weitgehende Einigkeit besteht jedoch darin, dass die Handabdrücke früher – manchmal sehr viel früher – als die komplexen Tiermalereien entstanden sind, die man oft in denselben Höhlen vorgefunden hat, und dass sie gehäuft an den Stellen des Felsens auftreten, die später in die Malereien integriert wurden (zum Beispiel rings um einen knubbeligen Fuß oder ein Auge)[70]. Das Abtasten scheint der visuellen Darstellung vorausgegangen zu sein und könnte sie bestimmt haben. So hat man vielleicht zuerst den Fuß des Auerochsen entdeckt und den restlichen Körper danach ertastet.

Ich fahre mit der Hand über die Höhlenwand, frage mich, was dort sonst noch sein mag, und stelle fest, dass Symbolik weitere Symbolik erzeugt: eine Nase kann auch eine Hüfte sein; in einer Hüfte ist ein Huf enthalten. Wenn man einmal in dieser Synergie gefangen ist, kann man sie kaum noch davon abhalten, eine ganze Welt entstehen zu lassen.

Wieder verrückt Tom die Kerzen. Ein Storch. Und noch einmal. Ein alter Mann mit Adlernase. Und wieder. Ein Schwein. Dann noch einmal. Ein Fuchs. Noch einmal. Ein anderer Fuchs. Und wieder. Noch ein Fuchs. Irgendwo am Anfang des Darms hustet mein Vater, und Kohlenteer überdeckt den Geruch von Tiefe und Guano.

Durchbohrte Auerochsen würde man an einem solchen Ort nur malen, wenn es wichtig, dringlich und religiös motiviert war.

Wichtig und dringlich muss es gewesen sein, denn es war eine Reaktion auf den menschlichen Tod – der zusammen mit der Geburt die alles überragende Tatsache war. Der Tod teilte die Welt. In Michelle Pavers großer Saga über das Mesolithikum, *Chronik der dunklen Wälder*[71], unterscheidet der Wolf zwischen »Ohn-Hauch« und dem Rest, der lebenden Schöpfung. Das tun wir auch. Wir sind besessen vom Tod. Schon in grauer Vorzeit waren die Menschen so besessen von ihm, dass sie ihn bei allem mitdachten. Und weil wir so von ihm besessen sind, verbannen wir ihn mit aller Kraft aus jedem Gespräch.

Das ist keine rein menschliche Obsession. Wir wissen, dass trauernde Schimpansenmütter ihre toten, verwesenden Babys beinahe zehn Wochen lang mit sich herumtragen. Stellen Sie sich den Geruch in der zentralafrikanischen Hitze vor, und Sie bekommen einen Eindruck von ihrer Hingabe. Auch untersuchen Schimpansen die Leichen anderer Schimpansen und bemühen sich, das »Nicht-Atmen« zu verstehen. Sie schnuppern an den Körpern, untersuchen Wunden, ziehen an den Armen, streicheln über die Hände und halten sie, kraulen die Toten, starren in ihre Gesichter, versuchen, ihnen den Mund zu öffnen, schleppen sie über kurze Strecken mit und geben Töne von sich, die man bei anderen Gelegenheiten kaum jemals von ihnen hört. Der Tod scheint für sie etwas Besonderes zu sein, und die Toten haben einen ungewöhnlichen Status – wie die Ahnen in fast jeder Kultur außer der unseren. Nicht jedes Mitglied der Gruppe darf ihnen die letzte Ehre erweisen. Das Privileg, Zwiesprache mit den Toten zu halten, muss man sich verdienen. Dominante Gruppenmitglieder wachen über den Leichnam und verjagen die rangniedrigeren. Hingegen gibt es bei den modernen Menschen selten Faustkämpfe darum, wer zu einer Beerdigung gehen darf.[72]

Auch bei den Neandertalern hatten die Toten einen besonderen Status. Unabhängig von ihrem Glauben an ein Leben nach dem Tod (es gibt einige höchst fragwürdige Hinweise auf Blumen in Neandertalergräbern, die auf einen noch unentwickelten Glauben hindeuten könnten: Ich für meinen Teil bin davon nicht überzeugt) wurden die Toten der Neandertaler dauerhaft mit bestimmten Orten in Verbindung gebracht, wie der Archäologe Paul Pettitt feststellte.[73] Sie brauchten ihren eigenen Ort. Sie waren anders. Die Nicht-Atmenden waren nicht wie die Atmenden.

Sobald man bestimmte Orte (vielleicht Grab- oder explizite Gedenkstätten) mit den Toten assoziiert, ist es nur noch ein kleiner Schritt zu der Überzeugung, dass die Toten weiterexistieren. Das gilt umso mehr, wenn man bereits die Erfahrung gemacht hat, dass Geist und Gehirn nicht dasselbe sind, etwa durch außerkörperliche Erfahrungen (AKE) und Nahtoderfahrungen (NTE).[74] Auch viele moderne Menschen hatten solche Erlebnisse, und es gibt guten Grund zu der Annahme, dass dies in Jäger-Sammler-Gemeinschaften sogar noch häufiger der Fall war.

Denn dort gab es nicht nur eine Schamanenkultur, die sich darauf spezialisiert hatte, AKEs durch strapaziöse Prüfungen oder die Einnahme pflanzlicher Halluzinogene herbeizuführen – AKEs müssen auch ein häufiger Nebeneffekt von Tänzen am Lagerfeuer, anstrengenden Rentierjagden und Fasten gewesen sein. Wenn man Luft entsprechend einsetzt, ist es ein psychedelisches Gas.

Als ich in der Notaufnahme des Krankenhauses über meinem eigenen Körper schwebte und eher desinteressiert auf den Scheitel des Krankenpflegers hinunterblickte, sah ich auch meinen eigenen Kopf, und zwar alles davon: nicht nur die Haut über dem Schädel, sondern ebenso sein Inneres mit dem gesamten Gehirn. Nichts davon quoll in den Schlauch, der zur Lachgasflasche führte, oder zu den Ohren hinaus. Alles war ordentlich an seinem Platz, ich konnte mein Gehirn deutlich *im* Schädel sehen. Dennoch betrachtete es mein »Ich« von oben. Mein Geist und mein Gehirn waren nicht dasselbe.

Nach allgemeiner Auffassung neigten schon die sehr frühen Homininen zu dem Glauben, der Geist könne den Tod des Körpers überleben.[75] Das ist wenig überraschend, wenn man bedenkt, was sich an den Lagerfeuern und auf der Jagd abspielte. Homininen wussten, dass das Gehirn nicht alles ist, und vermuteten daher, dass nach einem zerschmetterten Gehirn nicht alles vorbei war. Für sie wirkte der individuelle Mensch nun lediglich an einem anderen Ort und vielleicht auch in einem veränderten Erscheinungsbild fort. Durch den Tod wurde das Individuum jedenfalls nicht beeinträchtigt, im Gegenteil. War man nicht in seinen Körper eingepfercht, konnte man mehr tun als zuvor. Man konnte viel wahrhaftiger man selbst sein. Paul Pettitt stellt fest:

Für die meisten Menschen bedeutet der Tod kein abruptes Ende des Individuums, sondern den Übergang von einem Zustand in einen anderen, der in der Regel zu einer größeren Handlungsfähigkeit führt, weil man über die biologische Welt »hinausschreitet«, sie »überschreitet«.[76]

Hat sich ein solcher Glaube erst einmal verfestigt, folgt ganz selbstverständlich die *Theologie.* Pettit erläutert weiter, dass die natürliche Neigung der Homininen, in natürliche Strukturen einen Sinn hineinzudeuten, kombiniert mit ihrer Überzeugung, dass der Tod nicht das Ende sei, verständlicherweise zu einem Glauben an Götter, Geister und eine übernatürliche Erklärung für das Universum führte.[77] Götter wurden nicht in der Ära des Getreides, des Ackerbaus und der neolithischen Hierarchie erschaffen: Sie waren in Höhlen zu finden – als Oberhäupter der Länder des Großen Geistes, wohin sich die geliebten Toten, mit Grabbeigaben beladen, aufgemacht hatten, sobald sie ihren Schädeln entwichen waren.

Die religiöse Revolution (oder, wenn Sie Wert darauf legen, die Revolution des Numen) war sowohl Ergebnis der Symbolisierung als auch eine Ursache dafür. »Was sind die Toten denn anderes«, schrieb Paul Pettitt, »als Symbole? Symbole für einst gelebte Leben, für ehemalige Bindungen und die ultimative Loslösung, für angesammelten sozialen Ballast und eine Wirkmächtigkeit, die in der materiellen Kunst, in der Erinnerung der Gruppe und im Gedenken erhalten bleibt?«[78] Nun ja. Das ist bestimmt alles richtig. Aber der Geruch von Kohlenteer wird immer stärker. Falls das Symbolik ist, sticht sie mir in die Nase. Ja, ich weiß, dass Hysterie physische Schwäche erzeugt.

Für die Beziehung zwischen Geist und Gehirn wird gern die abgedroschene Metapher des Radios bemüht. Das Gehirn, so die Metapher, stellt sich auf den »Sender« des universellen Geistes ein.

Einer der bekanntesten US-amerikanischen Skeptiker ist Michael Shermer, Herausgeber des *Skeptic Magazine,* der sich der Entlarvung betrügerischer, naiver und ungeprüfter Behauptungen über übernatürliche Ereignisse verschrieben hat. Er ist ein grundehrlicher Mann, und so sah er sich verpflichtet zu berichten, wie an seinem Hochzeitstag ein seit Langem kaputtes Radio zum Leben erwachte.[79] Es erklang eine Melodie, die seine Braut Jennifer (die nicht weniger skeptisch sei als er, so Shermer) davon überzeugte, dass ihr Großvater versuchte, mit ihr zu kommunizieren. »Wir saßen minutenlang in fassungslosem Schweigen da«, schreibt Shermer. »›Mein Großvater ist hier bei uns‹, schluchzte Jennifer tränenüberströmt. ›Ich bin nicht allein.‹« Ihrer Meinung nach gab ihr Großvater ihnen mit dieser Musik »seinen Segen«.

Shermer gibt zu, dass diese Erfahrung »mir einen Schock versetzt und meine Skepsis bis ins Mark erschüttert hat«.

Als meine Schwester und ich einige Monate nach dem Tod meines Vaters zusammen in das Zimmer gingen, in dem er gestorben war, schaltete sich ein batterieloses Radio ein. Für uns tat er damit seine Anwesenheit kund: »Hier bin ich.« Vielleicht war es aber auch nur ein komisches Radio.

Es ist deprimierend, dass die modernen Toten echte Radios benutzen müssen. Hätten wir jungpaläolithische Gehirne, wäre das nicht nötig. Damals waren die Gehirne der Lebenden eher wie Radios: Jeder, der einmal ein Wollnashorn erlegt hatte, war ein Radio, das die Toten empfing und an sie sendete.

Wir zogen noch weiter westwärts, zu einer anderen Höhle. Dort wurden keine Votivgaben dargebracht – außer in dem Sinn, dass alles, was Menschen tun, zwangsläufig Votivgaben sind.[80]

Diese Höhle ist selbst bei Ebbe nur wenige Meter vom Meer entfernt. Bei Flut müssten wir aus der Höhle herausschwimmen, und bevor ich die Kinder dorthin mitnehmen durfte, musste ich für meine umsichtige Frau einige komplizierte Berechnungen anstellen, um nachzuweisen, dass unsere Nasen selbst bei der höchsten Springflut noch über die Wasserlinie ragen würden.

Die Höhle liegt am Fuß eines langen, steilen Abhangs, der vom Moor abfällt. Oben auf der Anhöhe schlagen Zwergfalken Wiesenpieper, Feldlerchen steigen wie von der Schnur eines Marionettenspieler-Gottes gezogen fast senkrecht empor und geben dabei unentwegt silberhelle Töne von sich.

Gerade eben sind die Kuckucke dort gelandet. Sie sitzen am Rand der Talmulden auf den hohen Bäumen, erkundigen sich lauthals, wer in diesem Jahr noch alles die Reise über die Sahara und das Mittelmeer geschafft hat, und markieren die Nistplätze der Wiesenpieper.

Im Wald unterhalb des Moors – dem Wald, der wie Saumfransen über unsere Höhle lappt – miauen Bussarde, krackracken Raben, schreien Füchse und ebenso Pflanzen, die aber auch knarren, schnalzen und lispeln können, wenn sie sich mit Bienen oder miteinander verständigen.

In dem Pfad, der von der Straße hinunterführt, sammelt sich Wasser in den Hufabdrücken von Rothirschen, die hierher geflüchtet sind, um den Hunden zu entkommen, die sie von August bis Ostern übers Moor hetzen.

Als ich unsere Ausrüstung den Hügel hinunterschleppe, spüre ich, wie ihre Augen auf mir ruhen: große braune Augen, wie Karikaturisten sie zeichnen, aber mit warzenartigen Trauben von Fliegen in den Winkeln.

Auf unsere Höhle würden Sie nie zufällig stoßen, nicht einmal wenn Sie sich aufraffen könnten, im Zickzack durch den Wald zu laufen, wo man sich leicht die Knöchel brechen kann, und über den garstigen Strand mit den Steinen, die im Laufe der Jahrtausende auf die für menschliche Füße wirklich scheußlichste Größe zurechtgeschliffen wurden. Es ist viel weiter, als Sie je gedacht hätten. Aber falls Sie doch dorthin kämen, würden Sie ein Froschmaul entdecken, das einen Flunsch in Richtung Wales zieht, und drinnen eine erhöhte Fläche, auf der wir immer Feuer machen, sowie weiter hinten ein Nest aus Seegras, wo wir alle aneinander gekuschelt schlafen, uns nach Napfschnecken und Miesmuscheln gegenseitig anrülpsen und dem Kriechen und Schmatzen des braunen Salzwassers lauschen.

Das erste Licht der Morgendämmerung erfasst einen Schweinswal an unserer Höhlendecke, vielleicht ist es auch ein Delfin. Er streckt schwungvoll den Schwanz in die Höhe, als wollte er vor der Sonne wegtauchen, und ich glaube, in seinem Maul einen Fisch zu sehen. Der Fisch ist innerhalb einer Stunde verschlungen, und im Lauf des Vormittags verschwindet auch der Schweinswal selbst vom Felsen.

Unser Zeitplan entspricht dem der Austernfischer. Bei Flut sitzen wir auf einem Findling und warten, schauen auf die Wellen und fragen uns, wo jede Welle ihren Ursprung hat: War es der Schwanzflossenschlag eines Buckelwals irgendwo vor Brasilien? Ein Eisbrocken, der in die Baffin Bay gestürzt ist und von dem die Robben ins Wasser rutschen? Die Schraube eines Frachters, der Palmöl aus Panama geladen hat? Sobald wir uns entschieden haben, welche Route die Welle genommen hat, spinnen wir Seemannsgarn, was sie unterwegs alles gesehen und gehört hat. Einen Streit unter Liebenden zwischen dem Maat und dem Ingenieur des Frachters, mit einer theatralischen Messerstecherei neben dem Rettungsboot. Oder den Schuss eines Inuit-Jägers im Grönland-Kajak auf eine der Robben in der Baffin Bay, die sich beim Herunterrutschen verletzt hat. Einen großen weißen Vogel, der den Buckelwal seit zwanzig Jahren durch den Atlantik begleitet, ohne bestimmten Grund, wie er sagen würde, wenn er sprechen könnte.

Als die Ebbe einsetzt, verlassen wir unseren Felsen, nehmen unsere Rucksäcke und gehen über den Meeresboden, reißen Muscheln von ihren Bänken, hebeln Napfschnecken los, rupfen vorsichtig schleimigen Darmtang, der in den Fäusten leicht zu Mulch wird, heben Steine hoch und schnappen uns die kleinen grünen Strandkrabben, die hastig nach Deckung suchen. Wir hacken mit einem Feuersteinmesser Zuckertang-Stränge ab und harken den sandigen Grund mit einem sehr unpaläolithischen Netz aus Marys Strumpfhosen, um Strandgarnelen einzufangen. Dann treibt uns das Meer wieder an den Strand zurück, und es wird Zeit, sich nach Meerfenchel, Meersenf (grauenhaft), Pferdeeppich (nicht so übel) und See-Mangold (ausgezeichnet) umzusehen.

Danach geht's zurück zur Höhle. Inzwischen ist der Schweinswal weggetaucht. Mit hektischem Fächeln und Pusten erwecken wir das Feuer wieder zum Leben. Es liebt trockenes Seegras und eine alte Kellertür und lodert mit sämtlichen Salzen und Metallen des Ozeans in aggressivem Violett und Erdkern-Orange.

Wir öffnen die Schalentiere, indem wir sie auf einen heißen Stein legen, töten die Krabben mit einem Splitter aus Feuerstein, betäuben die Garnelen mit einem Kiesel, löffeln die Muscheln mit einer Muschelschale heraus und kippen alles in einen Topf mit Meerwasser. Das ist natürlich verkehrt. Im Jungpaläolithikum gab es keine Töpfe. Wir haben bereits in einer Hirschhaut gekocht, die an einem Dreibein aus Buchenästen befestigt war. Das klappte gut, aber jetzt sind wir zu faul.

Bald haben wir einen maritimen Matsch mit Beinen, Scheren und Fühlern, grün, glitschig, gummiartig, faserig, haarig und schlammig. Es zu essen ist ein bisschen so, als würde man einem Rugbyspieler in der zweiten Halbzeit in die Pobacke beißen.

Dann dösen wir, halten Ausschau, schwimmen, imitieren die Vögel, beobachten die Schiffe, schaben Felle, flechten Angelleinen aus Nesselfasern, schnitzen Haken aus Kaninchenknochen, verfluchen die Flugzeuge, kartieren die Bewegungen der Steine, die wir markiert haben, um zu sehen, wie sich die Wasserlinie verändert. Und dann hat sich das Meer wieder im Kanal gesammelt, und es ist erneut Zeit, die Gezeitentümpel zu durchforsten.

Manchmal lockt das Feuer nachts einen Vogel aus der Wand: einen grausamen Vogel mit Hakenschnabel und gegabeltem Schwanz, der die Flügel ausbreitet, wenn die Flammen hoch genug lodern. Aber normalerweise sind es nur unspektakuläre kleine, kriechende, amorphe Wesen oder Teile von ihnen: auf einer Seite eines Spalts ein Bein, ein spindeldürrer Rattenschwanz, der in einer Steinknolle verschwindet, eine zitternde Nase hinter einem Flechtenparavent.

Ich habe ein Fässchen Cider hierher mitgenommen. Auch das ist nicht authentisch. Äpfel haben die Römer eingeführt, und das erste systematische Bierbrauen fand vermutlich im Neolithikum statt. Aber verglichen mit den Menschen des Jungpaläolithikums bin ich ein Anfänger, was die Manipulation meiner Bewusstseinszustände betrifft, und da scheint es nicht verkehrt zu sein, mit so einem Fässchen von dieser Farm mit den Schwalben in den Mendip Hills ein bisschen nachzuhelfen. Die andere Rechtfertigung lautet *in vino veritas.* Cider lässt die Falschheit schwinden und verringert die Distanz zwischen mir und den Anderen, von denen ich weiß, dass sie ein Teil von mir sind.

Also sitze ich jetzt mit einer Blechtasse in der Hand an der Küste, während Tom vorwurfsvoll Wasser trinkt und Karten in einen Kalksteinbrocken kratzt. Es ist so dunkel, wie es hier nur werden kann. Ich schaue suchend hinaus aufs Meer, lausche dem Stampfen der Schiffsmotoren, frage mich, ob Möwen jemals schlafen, und versuche mir eine Faser Napfschneckenfuß aus den Zähnen zu pulen, während mich das Flattern der Fledermäuse ablenkt.

Im Wald hinter uns ein Geräusch: ein herabfallender Ast. Blitzschnell drehe ich mich um, und da ist, einen kurzen Moment nur, aber lange genug, um mir kameradschaftlich zuzunicken, X, und neben ihm sein Sohn. Sie stehen unter einem Baum (sitzen oder liegen sie jemals?), in dicker Fellkleidung und Stiefeln, die ihnen fast bis an die Knie reichen. Auf dem Rücken tragen sie irgendetwas Großes. Leise stehe ich auf, um zu ihnen zu gehen und sie zu begrüßen. Dabei muss ich mich ganz kurz wegdrehen. Als ich wieder zu ihnen hinsehe, sind sie verschwunden. Sie haben eine Art Kondensstreifen hinterlassen, der nach Teerseife riecht und den Hang hinauf in Richtung Straße führt. Dazu erklingt ein leises Pfeifen – ich könnte schwören, dass es von den aufgesprungenen Lippen des Jungen kommt: »*La li-li-li, li-li.*«

Die Wochen vergehen, sie rollen hintereinander an und türmen sich auf wie die Wellen, wenn ein kräftiger Südwest den Kanal heraufbläst. Die meisten meiner Gedanken sind Schaum. Das Tempo meines Lebens und mein Pulsschlag verlaufen synchron zum Rhythmus der Wellen, und sie geben den Takt für all die Musik in meinen Träumen vor. Wir sind völlig eingebettet in die Klangwelt und in das Pulsieren dieses Ortes, wie wir es im Wald von Derbyshire nie waren. »Das Kreischen der Möwen«, schreibe ich in ein fleckiges Notizbuch, »ist der Klang destillierter Einsamkeit.« Prätentiöser Unsinn. Hier gibt es keine Einsamkeit.

Unsere Gesichter sind verbrannt vom Wind und der Grelle, unsere Augen haben sich verengt, und die Haut ist spröde vom Salz und von der Erde, die aus Herefordshire hierher geschwemmt wurde.

Ich habe Angst, den Ort zu verlassen. Schreckliche Angst. Oben fährt ein Bus, der uns die Küstenstraße entlang von hier fortbringen wird, aber mir kommt es vor, als müsste ich sterben. Hier an der Küste, mit den geistesverwandten Toten, die uns auf der Suche nach Hummern begleitet haben, und der Höhlenwand, die zu einer ausgelassenen Menagerie geworden ist, sind wir glücklich. Und wir benutzen Wörter wie »ich« und »du« mit mehr Zuversicht und Sanftheit als je zuvor. Es gibt hier keinen Fuchsgeist. Ich scheine ihn nicht zu brauchen.

Die Glockenblumen sind verblüht und verblichen. Es ist sechs Wochen her, seit der Weißdorn den Geruch von Sex (der chemisch, wenn nicht sogar metaphysisch, auch der Geruch von verwesendem Tierfleisch ist) auf die von Mauern und Hecken gesäumten Landsträßchen von Devon gepumpt hat. Als wir den Hang in Richtung Bushaltestelle erklimmen, hallt das Brechen der Wellen noch eine ganze Weile in meinem Kopf nach, auch nachdem meine Ohren es längst nicht mehr wahrnehmen können. Bis wir an der Haltebucht ankommen, ist es verklungen, ich höre nichts als das Brummen und Vorbeizischen der Autos und das Piepen der Wiesenpieper, die sich abmühen, die Kuckucksküken zu füttern.

Sommer

»*Richard Lee errechnete, dass ein Buschmann-Kind über eine Distanz von 4900 Meilen getragen wird, ehe es selbst zu laufen beginnt. Da es im Verlauf dieser rhythmischen Phase unaufhörlich den Inhalt seines Territoriums benennt, ist es unmöglich, dass es nicht zum Dichter wird.*«
Bruce Chatwin, *Traumpfade*[81]

Dafür, denke ich mir, war der Winter da. *Dafür* hat es sich gelohnt, im Dunkeln auszuharren. Jetzt besteht die Pflicht, die Geschichten zu leben, die im Feuer geschmiedet und in der Kälte gehärtet wurden.

Wie ich bereits eingeräumt habe, liegt mein Problem darin, dass ich keine Geschichten zu erzählen weiß, oder zumindest keine, die der Herrlichkeit des Hochmoors, des tiefen, engen Kars oder einer einzelnen Welle am Strand, dem Schnarren aus der Kehle einer Lumme oder dem Geschmack von Sauerampfer gerecht werden – ganz zu schweigen vom Lachen eines Kindes.

Im Jungpaläolithikum löste man dieses Problem anscheinend, indem man einen Weg fand, selbst zur Lumme zu werden oder in der Welle zu sein. Ich hingegen bleibe außen vor, auch wenn ich auf sonniges Heideland blicke, wenn jede Welle voller Sand ist, die beim Hineintauchen meine Verkrustungen abrubbeln sollte, und die Kinder laut lachen und mit Stöcken aufeinander einschlagen.

Ich bin wieder nach Westen gereist – diesmal noch weiter westlich, dorthin, wo die Buchenhecken höher als Häuser sind, die

Raben von Schafinnereien fettig glänzen und sich Lachse durch schwarze Tümpel schlängeln; wo man in der Abenddämmerung ein großes, raffiniert tanzendes Insektenballett verschluckt, wenn man durch den Mund atmet; wo Otter durch Wiesenkerbel schleichen und zwischen den verschiedenen Schichten des Flusses hin und her gleiten; wo schwirrende Scharen von Krabbentauchern, die Schnäbel voller zappelnder Sandaale, von den Wellenkämmen auffliegen; wo Kuckucksjunge fünfmal so schwer werden wie ihre Pflegeeltern; wo die Möwen Eiscreme und ihre eigenen Jungen fressen und mit ihren kalten blauen Augen doch immer so unverdorben wirken; wo Rothirsche die Köpfe senken, damit sich ihre Geweihe nicht in Bäumen verfangen, die vor sechshundert Jahren gefällt wurden, und vor Wölfen davonlaufen, die man vor fünfhundert Jahren bis zur Ausrottung bejagt hat.

Allerdings bereitet es mir Sorgen, dass ich mit meiner Entscheidung hierherzukommen womöglich wieder einmal den Norden verraten habe. Deshalb habe ich ihn mitgebracht, in einer Tupperwarebox ganz unten in meinem Rucksack sind die Blätter und Nadelbaumzapfen, die mir mein Dad vor all den Jahren geschickt hat.

Der Auftakt unseres Sommers war ein weiterer Aufenthalt im Wald in Derbyshire. Diesmal gab es keine Nebelwände und keine pochenden Hügel. Nur spitze Dornen, träge Schafe und eine hübsche Sammlung gebrauchter Injektionsspritzen in unserem früheren Unterschlupf. Mir war klar, warum hier Spritzen herumlagen. Es war ein guter Platz für opiatbasierte Bewusstseinsveränderungen – zu diesem Schluss waren ja auch wir gekommen, wenngleich aus ganz anderen Gründen.

Der Geschichtenmangel im Winter und Frühling in Derbyshire hatte mich desillusioniert. Klar, im Wald und im Moor spukten Menschen, und Menschen bedeuteten Geschichten, und Geschichten sprossen aus dem Boden wie Pilze,[82] aber die Menschen und der Boden – und daher auch die Geschichten – waren für mich unhörbar, solange ich kein Ohr dafür hatte. Das würde sich erst ändern, wenn ich eine eigene Geschichte hatte, was wiederum davon abhing, dass ich ein »Ich« hatte, von dem zu erzählen sich lohnte.

Mein Vater und ebenso X und sein Sohn blieben stumm. Das waren sie zu Lebzeiten nie. Doch jetzt vernahm ich bestenfalls mal einen erstickten, frustrierten Versuch meines Vaters, etwas zu sagen, üblicherweise um die Mittagszeit. Es wäre wirklich sehr hilfreich gewesen, wenn ich seinen Kehlkopf in der Sonne getrocknet und als Medizinbehälter verwendet hätte, wie es X bestimmt bei seinem Dad gemacht hatte.

Wir waren also zu unserer Frühlingshöhle am Meer zurückgekehrt und standen stolz auf dem Muschelhaufen, den wir hinterlassen hatten. Zukünftige Archäologen würden folgern, dass wir überaus rührig und erfolgreich gewesen waren.

Einige Tage brachten wir damit zu, Äste zu einem primitiven Floß zusammenzubinden, als Paddel dienten uns Treibholzplanken. Natürlich sank es schon bei der Jungfernfahrt; genau genommen verwandelte es sich in eine Art U-Boot, das zunächst ein, zwei Meter unter der Oberfläche dahintrieb, bis es sich mit Wasser vollgesogen hatte und endgültig abtauchte.

Die ersten Seefahrer der Geschichte stellten sich geschickter an. Schon vor 850 000 Jahren gelangte der *Homo erectus* irgendwie auf dem Seeweg von Lombok nach Bali, und in der Mittleren Altsteinzeit vor rund 60 000 Jahren überquerten Menschen vermutlich auf Flößen die Timorsee und besiedelten Australien.

»Das kann man nicht vergleichen«, meinte Tom. »Die hatten Bambus.«

Außerdem besaßen sie viele individuelle Fertigkeiten, die wir nicht hatten: beispielsweise vermochten sie Segel aus Binsen herzustellen; Stangen mit Schnüren aus Pflanzenfasern so zusammenzubinden, dass eine Fläche, eben wie ein Billardtisch, entstand; und Land schon aus tausend Kilometern Entfernung zu riechen. Doch sie verfügten noch über eine weitere, überaus wichtige Fähigkeit – viel wichtiger als Knoten knüpfen oder mit Bitumen abdichten zu können –, nämlich zu spüren, wann ein Ort einen sachte loszuwerden versuchte.

Genau das machte die Höhle am Meeresstrand jetzt, aber es dauerte lange, bis ich es wahrnahm. Unser Floß versank nicht nur, weil wir jämmerlich schlechte Bootsbauer waren, sondern auch, weil wir anderswo sein sollten. Wir hätten nicht hierher zurückkommen sollen – oder frühestens in einem Jahr wieder. Denn wir waren hier im Frühling allzu glücklich gewesen. Das war unser Schicksal. Jedem Menschen des Paläolithikums hätte das völlig eingeleuchtet, und ihm oder ihr wäre auch aufgefallen, dass hier nicht einmal eine Spur von Teerseife in der Luft lag.

Indem wir uns einbildeten, das hier könnte unser Zuhause werden, und uns entsprechend einzurichten versuchten, hätten wir diesen Ort verderben können. Menschen sind immer Nestbeschmutzer. Das weiß jeder, der nicht völlig abgestumpft ist, und zieht daher immer weiter. Ein wohlgesonnenes Stück Land weiß das ebenfalls und gibt einem stets in freundlichem oder notfalls auch strengerem Ton zu verstehen: »Es ist Zeit weiterzuziehen. Zeit für den nächsten Ort.«

Wir kehren ein ums andere Mal, Tag für Tag und Jahr für Jahr, zu exakt denselben Plätzen zurück. Unsere Füße treten auf genau dieselben Stellen auf der U-Bahn-Treppe wie im Jahr davor. Wir lassen uns auf denselben Sitzen nieder, urinieren in dieselben Keramikschüsseln, drücken dieselben Computertasten und dieselben Türklinken, sprechen das immer Gleiche in die immer gleichen Telefone. Im Großen und Ganzen rühren Veränderungen meist nur von Dingen her, die wir bedauern: schleichende Krankheiten und Geburtstage; das Heranwachsen unserer Kinder, die stärker und rüpelhafter werden. Im Umgang mit Nichtereignissen haben wir es zu einer fatalen Kompetenz gebracht. Nach solchen Nichtereignissen suchen wir mit all unserem Herzblut, mit Verstand und Seele, und bauen komplizierte finanzielle und psychologische Strukturen auf, mit denen wir versuchen, etwas zu bewirken, das nichts bewirkt.

Kein Jäger und Sammler betritt denselben Ort jemals zweimal. Ja, es gibt wichtige jahreszeitliche Zyklen. Ja, die Sippe versammelt sich im Herbst zur gemeinsamen Rentierjagd und zur Paarung und im Winter zum Geschichtenerzählen; man geht im Frühjahr grüppchenweise zum Fluss, um von den Steinen aus, auf denen man auch schon letztes Jahr gestanden hat, Lachse mit dem Speer zu erjagen, und im Herbst zu den Büschen, die einem immer körbeweise Beeren bescheren. Aber das ist nicht vergleichbar damit, dass man jahrzehntelang ein und denselben U-Bahn-Aufgang benutzt. Kein Busch ist heute derselbe wie gestern. Ein Sammler hätte ihn schon gestern abgeerntet, heute noch einmal hinzugehen wäre sinnlos. Die Bisons mögen jedes Jahr durch das gleiche Tal ziehen, und die Felsen vom letzten Jahr sind vielleicht auch diesmal ein guter Standort, um einen Speer zu werfen, aber in jedem Augenblick müssen Windrichtung und -stärke neu eingeschätzt werden, und kein Bison in der ganzen Welthistorie hat je genau denselben Weg genommen oder wird je wieder denselben Weg nehmen wie der eine, den man gerade erlegen will, so wie die Ausrichtung der Blätter über meinem Kopf nie dieselbe ist wie gerade eben und wie im nächsten Moment. Deshalb ist es so viel anstrengender, sich mit wachen Sinnen im Freien aufzuhalten, als in seinen vier Wänden zu hocken. Alles, auch wir selbst (denn die Zellen, aus denen wir bestehen, sind nicht mehr dieselben wie vor einem Augenblick, ganz zu schweigen von unseren Gedanken), verändert sich jede Millisekunde. Diese Veränderungen im vollen Umfang wahrzunehmen ist unmöglich; es zu versuchen ist anregend und kräftezehrend.

Orte sind nichts Statisches. Ein Feld ist kein Feld ist kein Feld. Früher wussten wir das. Der Begriff der Stagnation – in der allgemeinen Bedeutung von Stillstand – fand erst spät Eingang ins menschliche Denken. Ein Feld, ein Stein, ein Kaninchen und alles, worauf man seinen Fuß setzen kann, sind *Prozesse.* Wie Iain McGilchrist es ausdrückt: Dinge *sind* nicht.[83] Das können wir durch eine von Wanderschaft geprägte Lebensweise lernen.

Damit ist jedoch keine asketische Geringschätzung des Materiellen verbunden. Noch weniger bedeutet es, dass es sinnlos wäre, über das Ich zu sprechen oder über dessen Fortbestehen über den Tod hinaus. Im Folgenden führe ich zwei Beispiele von schlechter Anthropologie an, beide aus dem ansonsten hervorragenden Buch *Traumpfade* von Bruce Chatwin, bei denen er nach einer zunächst korrekten Darstellung mit Verve die falschen Schlüsse zieht:

> Den Buschmännern, die riesige Entfernungen in der Kalahari-Wüste zurücklegen, ist der Gedanke an das Überleben der Seele in einer anderen Welt fremd. »Wenn wir sterben, sterben wir«, sagen sie. »Der Wind verweht unsere Fußspuren, und das ist unser Ende.«
>
> Träge, sesshafte Völker wie die alten Ägypter – mit ihrer Vorstellung von einer Reise durch das Schilfgras nach dem Tod – projizieren die Reisen in die nächste Welt, die sie in der hiesigen Welt nicht gemacht haben.[84]

Selbst wenn die Aussage über die San in der Kalahari deren Vorstellungen vom Leben nach dem Tod korrekt zusammenfassen würde (was nicht der Fall ist) und wenn die Behauptung bezüglich der Farbigkeit und der Komplexität der altägyptischen Religion zutreffend wäre (was möglicherweise der Fall ist), so ist doch zweifellos die Annahme falsch, die Jäger und Sammler hätten grundsätzlich keine Jenseitsvorstellung. Ganz im Gegenteil. Jeder Schritt und jeder Atemzug, den sie tun, sind von dieser Vorstellung durchdrungen. Das Jenseits überlappt sich mit dem Diesseits. Die Toten sind nie ganz gestorben. Wie wir bereits festgestellt haben, nimmt ihre Wirkmächtigkeit durch den Tod sogar zu. Ihre Macht im Umgang mit Materie ist größer als die der inkarnierten Menschen, wenn auch von ganz anderer Art.

Wenn man ein »Ich« hat – ein Bewusstsein, einen Geist, ein Selbst –, das über den Tod hinaus existiert, kann dieses Ich in den Wäldern von Derbyshire oder Devon herumstreifen und nach Bären suchen oder auch darüber reflektieren, was für eine Art von Wesen man ist.

Man bekommt, was das Ich sucht.

Ich frage mich, ob das Selbstempfinden und das Gefühl der persönlichen Unsterblichkeit gleichzeitig entstanden sind. Wenn man stark genug an ein Ich glaubt, dessen Existenz sich durch die Beziehung zu anderen beweist, dann ist dessen Auslöschung geradezu lächerlich unwahrscheinlich. Es ist, vorsichtig formuliert, naheliegend, dass Anzeichen für einen Glauben an persönliche Unsterblichkeit zu exakt derselben Zeit auftreten wie andere Anzeichen symbolhaften Denkens – andere überschwängliche Hinweise auf die Existenz eines Ichs. Zumindest fällt Verhaltensmodernität mit der Geburt eines Jenseitskonzepts zusammen, selbst wenn zwischen beiden nicht unbedingt ein Kausalzusammenhang besteht. Erinnern wir uns auch daran, was Robin Dunbar und Clive Gamble als das entscheidende Merkmal des modernen Verhaltens postulieren: einen höheren Grad an Intentionalität/ Theory of Mind, der Beziehungen ermöglicht und fördert. Ohne eine lebendige, vorausschauende Relationalität sind wir keine modernen Menschen. Eine der Beziehungen, die uns definieren – und die unsere Intentionalität besonders hart auf die Probe stellt –, scheint die zu den Toten zu sein. Im Neolithikum wird das gewiss noch deutlicher, ist aber auch bereits im Paläolithikum erkennbar. Also lautet das Manifest: Mensch zu sein heißt, in Beziehungen zu treten – und zwar nicht nur zu lebenden Menschen, sondern auch zu toten und zu Nicht-Menschen. Mensch zu sein heißt, daran zu glauben, dass man überdauern wird. Mensch zu sein heißt zu wandern.

Die Höhle am Meer half uns bei allen drei Kriterien. Still und leise kamen Tom und ich einander näher, mehr denn je. Die Worte fielen von uns ab, und andere, ältere und beredtere Modi traten an ihre Stelle. Manchmal verschmolzen unsere Gedanken. Und natürlich roch es nach Teerseife, und auch X und sein Sohn erschienen. Doch dann zeigte uns der Strand auf dezente Weise die kalte Schulter und drängte uns weiterzuziehen, denn Stagnation bedeutet Tod.

Also sind wir jetzt alle hier. Ich streife durchs Moor, schlafe in einem Lager aus Buchenästen in einem dreieckigen Waldstück neben einem Teich und ernähre mich von Kaninchen, Blaubeeren und Forellen, die ich durch Kitzeln ihres Bauches gefangen habe. Gelegentlich, wenn mich das schlechte Gewissen wegen meiner vernachlässigten väterlichen Pflichten plagt oder ich jemanden brauche, der meinen Rücken nach Zecken absucht und mir Lasagne auftischt, kehre ich zu unserem Häuschen zurück, in dem die Anderen wohnen.

Unsere sechsköpfige Familie verwandelt sich oft in einen umherstreifenden Trupp, wie so viele der modernen Jäger- und Sammlergrüppchen, die neben den Picknicktischen parken. Manchmal sind wir auf etwas Spezielles aus: Spießblättrige Melde, Gänsefingerkraut oder Hagebuttenblüten für den Salat; Eulengewölle, anhand dessen wir feststellen können, was hier nachts herumhuscht; Felle überfahrener Tiere für einen Mantel; oder eine Rabenfeder, weil sie uns gerade notwendig erscheint. Doch jeder und jede von uns ist natürlich Experte darin, eine bestimmte ökologische Nische zu erkunden, und dort unternehmen wir normalerweise unsere Wanderungen.

Trotz unserer schmerzhaften Political Correctness sind unsere Rollen – unzeitgemäß, unverrückbar und wie von selbst – gemäß der traditionellen Geschlechtertrennung aufgeteilt. Die zehnjährige Rachel ist eine erfolgreiche Sammlerin, eine gewissenhafte Früchtepflückerin und Blattrupferin. Der achtjährige Jonny erkundet Löcher und sammelt Knochen. Der dreizehnjährige Jamie vermag mit dem Instinkt eines Geiers Aas aufzuspüren. Und Tom, der unermüdliche Generalist, hält sich weit abseits der Hauptgruppe auf, geht für gewöhnlich gebückt, oft auch auf allen vieren, betrachtet winzige Dinge oder den Horizont, stellt Waffen her und erprobt sie, krächzt und pfeift. Sein »*La li-li-li, li-li*« ertönt häufig in diesen Tagen. Meine Frau Mary ist Gott sei Dank ganz fokussiert – auf Beeren und Salat, so wie Rachel. Und ich? Ich trödle nutzlos in der Heidelandschaft herum und bin nie wirklich anwesend.

Das Meer ist ein Jagdrevier, und hier sind wir alle Mörder, wenn wir Makrelen aus einer Welt in eine andere und dann in die nächste befördern, ohne Mitleid, denn sie haben keine Augenlider, mit denen sie uns etwas signalisieren könnten. Weil die Küste ein augenlidloses Gebiet ist, stellen wir hier furchtbare Dinge an. Wir stochern mit Hakenstöcken in Felsspalten, erschlagen, durchbohren und zermalmen. Die sonst übliche instinktive Hinterfragung des Tötens bleibt aus. Auch wenn wir wissen, dass entleibte Seelen besänftigt werden müssen, gehen wir anscheinend davon aus, dass Wesen ohne Augenlider keine Seele haben.[85]

Was nicht heißen soll, dass wir grausam wären. Das sind wir wirklich nicht. Doch ein kreischendes Neuron ist ein kreischendes Neuron, mag das Gehirn, das dieses Kreischen erzeugt und in eine Erfahrung umwandelt, auch noch so schlicht gebaut sein. Alle unsere Empfindungen, unsere Verderbtheit und unsere philosophischen Überzeugungen kapitulieren vor dem Hunger – oder, genauer gesagt, vor dem Lagerfeuer am Strand. Dieser Fisch und diese Krabbe waren eindeutig für dieses Feuer bestimmt, und so schwindet jedes moralische Unwohlsein bei der Frage, wie sie denn dorthin gelangt sind. An der Feuerstelle werden Menschen und gegensätzliche Ansichten miteinander versöhnt. Wer an einem Feuer sitzt, blickt nur in die Flammen und schaut auf nichts anderes.

Die Nächte sind bedeutungsschwer, die Vergangenheit ist nah. Die Täler halten alles fest, was je in ihnen geschehen ist. Oft sind jetzt auch X und sein Sohn da. Sie tauen allmählich auf, und mir wird nun ein bisschen klarer, was sie und mich trennt.

Es gibt zwei Gründe. Der erste ist ihre Verwundbarkeit, also das Gefühl, von der Welt abhängig und auf sich selbst gestellt zu sein. Trotz all meines Geredes im Winter über Unvorhersehbarkeit und über unsere ständige Gratwanderung zwischen Verzweiflung, Unfähigkeit und Ewigkeit kann ich X' permanente Verwundbarkeit nicht wirklich nachempfinden. Zwar gibt es in meinem Leben ebenfalls Wölfe, allerdings nicht so viele wie in X' Leben. Und ja, auch für mich liegt vieles im Ungewissen, aber nicht, ob ich verhungern werde. X hat sich entschieden, verwundbar zu sein. Zu Hause in Frankreich wäre er das nicht gewesen – hier auf dem Eis ist er es. Mag seine Verwundbarkeit selbst gewählt sein oder nicht, sie ist real. Ich kann hungern und Ihnen davon erzählen, wie es sich anfühlt, aber das wird Ihnen nichts darüber verraten, was für ein Gefühl es ist, wenn man keine andere Wahl hat, als zu hungern. Ich geriere mich als Schauspieler, doch auch mit noch so viel schriftstellerischem Method Acting werde ich X' Rolle nie richtig spielen können. Das ist enttäuschend, weil so vieles auf Verwundbarkeit beruht. Bei all unseren Beziehungen, ob zu geliebten Menschen oder Bergen oder Feuersteinstücken, geht es darum, die eigene Verwundbarkeit anzuerkennen.

Daher ist es vielleicht unmöglich, den zweiten wesentlichen Unterschied zwischen X und mir wirklich zu erforschen: die Natur unseres Ichs. In diesem fortgeschrittenen Stadium des Buches ist diese Erkenntnis ein bisschen beunruhigend, denn es soll ja ein Reisebuch sein, und zwar über genau diese Forschungsreise. Vielleicht sollte ich das Ganze also gleich sein lassen.

Aber ich bin noch nicht willens aufzugeben. Rekapitulieren wir: X lebt während einer Phase der menschlichen Evolution, als – nach längerer oder kürzerer Reifezeit – ein neuer Typus von Selbstwahrnehmung und Selbstverständnis geboren wurde. Dieser manifestierte sich in einem neuen Sinn für Symbole und Symbolik. Möglicherweise hat dieser neue Sinn die Entwicklung des neuen Typus sogar initiiert, zweifellos hat er sie jedoch befeuert. Bewusstsein gab es auch schon vorher, keine Frage. Aber dieses neue Bewusstsein könnte sich *von seinem Wesen her* völlig von dem unterschieden haben, das es bis dahin gegeben hatte. Oder es unterschied sich *graduell* so sehr von allem bisher Dagewesenen, dass es uns als eine neue Art von Bewusstsein erscheint. Oder (die von mir bevorzugte Variante) es verstand sich so viel besser darauf, sich zu artikulieren, dass es sich vom Wesen her oder in seinem Ausmaß von allem unterschied, was die Welt bis dahin gesehen hatte.

Dennoch scheint es vernünftig anzunehmen, dass im Zuge dieser Revolution nicht sämtliche alten Methoden, mit der Welt und sich selbst in Beziehung zu treten, von einem Tag auf den anderen ausgelöscht wurden. Sogar heute, rund 40 000 Jahre später, haben wir uns von diesen alten Methoden nicht weit entfernt. Sie sind immer noch zum Greifen nah, auch wenn es dafür notwendig ist, sich auf einer Visionssuche oder einer Psychotherapeutencouch tief zu versenken oder zu versuchen, mit einem Hund telepathisch zu kommunizieren, Tier und Mensch zu verzaubern oder die unbewussten Gedanken von schlafenden Kindern, dementen Eltern oder Komapatienten zu lesen.

Diesen Sommer versuche ich, mir die alten Methoden anzueignen, indem ich auf Symbole faste. Die Idee ist, dass ich, wenn ich alles Symbolische beiseiteschieben kann, in einen direkten, unvermittelten Kontakt zu den Dingen trete, die außerhalb meines Ichs liegen.

So hat es vermutlich vor der Revolution der Symbolik funktioniert und oft auch noch lange danach.

Wie auch beim physischen Fasten empfiehlt es sich, die Sache langsam angehen zu lassen. Ein Tag ohne Texte. Eine Woche ohne menschengemachte Kunst. Ein Vormittag ohne Sprechen. Dann allmählich längerer Verzicht auf Lesen und nicht natürliche Bilder; längere Schweigephasen und ausgedehntere Meditationsübungen als sonst, bei denen ich meinen ein- und ausströmenden Atem beobachte und fühle und mit zunehmendem Gleichmut die Gedanken vorbeiziehen lasse. Weil der Gleichmut nicht so schnell wächst, wie es mir lieb wäre, nehme ich jeden Gedanken zwischen Daumen und Zeigefinger, so wie man eine Tüte mit Hundekacke aufhebt, und befördere ihn aus meinem Kopf hinaus. Anfangs sehen die Gedanken diese Räumung als Herausforderung an und verdoppeln ihre Bemühungen, in meinen Kopf einzudringen und ihn zu vereinnahmen, aber nach einer Weile werden sie es müde.

Sollte mich jemand beobachten, würde er oder sie einen Mann mittleren Alters sehen, der einen Bart wie einen Dachshintern hat, einen alten Seemannspullover, fleckige Jeans und eine Wollmütze trägt und im Schneidersitz mit geschlossenen Augen auf einem mit Rabengewöllen übersäten Felsen sitzt, als wollte er sie ausbrüten.

Aber dass mich jemand beobachtet, ist unwahrscheinlich. Der Felsen ist fast vollständig hinter einem Wall aus frischem Farn verborgen. Wenn ich die Augen öffne, kann ich das Meer sehen. Es ist nah genug, um bei Wind die weißen Schaumkronen zu erkennen, aber zu weit weg, um es zu hören. Oft tauchen nach Futter suchende Rothirschkühe am Rand des Waldes auf, der neben dem Fluss aus dem Boden sprießt wie Brokkoli. Der Farn lockt die Hirsche nicht an, aber mich würden sie hier drin ohnehin nicht riechen. Hinter mir, unterhalb der Hügelkuppe, ragt eine kleine Gruppe von Menhiren auf. Mit der Zeit empfinde ich sie als frech und ordinär und als Ärgernis. Es ist, als würde man hier oben auf ein Einkaufszentrum stoßen.

Was ich hier oben vorhabe, ist keine Spur originell. Es ist die uralte Suche nach einem Kontakt zur Realität, der nicht durch Sprache, Priester, Denksysteme, Schemata, Bilder, Mutmaßungen, Eitelkeiten, Regeln oder Institutionen gefiltert wird. Und es ist buchstäblich kinderleicht. Man muss einfach tun, was alle kleinen Kinder unentwegt tun, bis wir sie verderben. Das Ausmaß, in dem wir unsere Kinder verformen, ist das Haupthindernis, wenn sie später als Erwachsene diese direkte Erfahrung auf irgendeine Weise, und sei es nur für einen Sekundenbruchteil, wiederholen wollen.

Die bekannteste Literatur über diese Suche sind die religiösen Schriften, die sich von der Religion distanzieren und dem Wert von Literatur skeptisch gegenüberstehen: die mystische Literatur sämtlicher Kulturen, die es je gab, und die Werke der westlichen Romantiker, die zunächst als Reaktion auf das Monopol der etablierten Religionen entstanden sind und dann als Reaktion auf das Monopol des Materialismus eine neue Blüte erlebten. Oft wird dabei der Nutzen von nicht auf Erfahrung basierender Erkenntnis hinterfragt – insbesondere solcher, die durch Sprache vermittelt wird. »Der SINN, der sich aussprechen lässt«, sagt Laotse, »ist nicht der ewige SINN.«[86] Das Erahnen, nicht das

Begreifen, macht die einzig wahre Erkenntnislehre aus. Wir können etwas nur wissen, wenn unser Blick darauf durch die Wolke des Nichtwissens getrübt ist. Der heilige Paulus konvertierte nicht, weil ihn eine Reihe von Thesen überzeugt hatte, sondern weil ihn seine Gotteserfahrung zu Boden schleuderte.[87] Die meisten Religionen sind im Grunde (also dort, wo man die Mystiker findet) ein Appell für eine neue Art von Erkenntnislehre und ein Weckruf.

Die nicht westliche Welt hat sich nicht ganz so strikt von der direkten Erfahrung losgesagt und sie nie so systematisch verteufelt wie der Westen, der vor Angst davor geradezu schlotterte. Will man erfahren, wie sich sehr frühe jungpaläolithische Jäger und Sammler fühlten, sitzt man besser in einem Shiva Ashram in Südindien als in einer Calvinistenkirche in Kentucky oder – das kognitive Äquivalent – in einem Büro an der Wall Street.

Für Erwachsene ist es zwar möglich, aber sehr schwer, sich durch eigene Anstrengung echtes empirisches Wissen anzueignen.[88] Normalerweise muss man dafür jahrelang in einem Meditationssaal sitzen und lernen, den eigenen Atem zu beobachten und zu spüren und dadurch in seinem eigenen Brustraum zu wohnen. Die meisten von uns sterben, ohne auch nur jemals irgendetwas erfahren zu haben. Denjenigen in der westlichen Welt, die tatsächlich eine Erfahrung machen, wird sie für gewöhnlich in einer schmerzlichen, aber barmherzigen Epiphanie in den Rachen gerammt, woraufhin sie schreiend und um sich schlagend aus der Bibliothek, von ihrer Arbeitsstätte oder aus ihrer Welt ordentlicher Reihen tröstlicher Algorithmen hinausbefördert werden.

Wie so etwas geschehen kann, schildert Andrew Harvey:[89]

Ich hörte gut zu und studierte eifrig, verstand aber wenig – zu gründlich war mein Verstand auf Oxfordsche Skepsis und Ironie gedrillt. Ich füllte etliche schwarze Kladden mit akademischen Aufzeichnungen in winziger Schrift, als befände ich mich immer noch in der Bodleian Library in Oxford und schriebe an einer Doktorarbeit im Fach Religion. Heute muss ich lachen, wenn ich diese Aufzeichnungen lese, die in ihrer Selbstgefälligkeit etwas so Beklommenes haben. Doch dann, dem Himmel sei Dank, wurde mein ganzes Selbstverständnis durch eine Reihe mystischer Erfahrungen aufgebrochen, die meine Sicht der Welt ein für alle Mal änderten und mich ein Suchender zu werden zwangen.

Zu diesen Erfahrungen gehörte das Nachempfinden des Augenblicks der eigenen Inkarnation, eine Begegnung an einem Strand mit einem wunderschönen androgynen Wesen, das sich als er selbst entpuppte, und ein Ereignis bei einem Spaziergang am Meer, als etwas in ihm aufbrach »wie eine an die Wand geschlagene Kokosnuss« und er »die auf den Strand gezogenen Boote und den Strand selbst in blendend weißem Licht liegen« sah, während »die unaufhörlich sich brechenden Wellen OM« sangen.

»*La li-li-li, li-li*«, trällert Tom.

Vielleicht ist etwas in dieser Art vonnöten, um das Jungpaläolithikum zu verstehen. Eine gewisse Grundausbildung habe ich bereits bekommen, auf glutheißen Schotterebenen, in Gräben, in Baumhäusern, auf Booten, die zwischen schwül-tropischen Inseln hin und her schaukelten, in innerstädtischen besetzten Häusern, in Dschungel-Ashrams, wo die Zikaden in den Mantra-Chor einstimmten, und an Berghängen, wo mir die Einsamkeit wie ein Messer die Schädeldecke aufschnitt, so wie man ein Frühstücksei köpft, und die Verzweiflung aus meinem Kopf herausgelöffelt und im kilometerweiten Umkreis auf dem Felsgeröll verkleckert wurde.

Damit will ich nicht behaupten, die Menschen des Jungpaläolithikums seien mit verzücktem Lächeln und trunken von göttlichen Erscheinungen durch die Tundra gewandert. Auch in der Steinzeit waren die Leute nicht ständig zugedröhnt. Aber es ist eine keineswegs abwegige Vorstellung, dass es im Jungpaläolithikum zwar ein Bewusstsein für das »Ich« und das »Du« gab, die Identitäten sich jedoch weniger scharf voneinander abgrenzten:

trotz der Personengebundenheit des Geistes war er weniger auf die Person selbst zentriert; Grenzen existierten zwar real, erlaubten aber mehr Durchdringung; Personalität wurde als Verknüpfung verstanden, nicht als etwas Alleinstehendes und Unverrückbares. Auch waren die Jungpaläolithiker instinktiv Darwinisten, die um die Verwandtschaft zur nicht-menschlichen Welt und die ökologische, zyklische Natur des Menschen wussten, samt all der sich daraus ergebenden Verantwortung, die der Mensch trug. Menschen aßen Tiere, Tiere aßen Menschen, Menschen aßen Tiere – und so ging es weiter bis in alle Ewigkeit, wobei Pflanzen gelegentlich in den Kreislauf einbezogen wurden. Wir alle sind ein Teil davon. Man kann nur schwer sagen, wo die Menschen aufhören und die Auerochsen beginnen – oder wo das Ich aufhört und das Du beginnt. Diese Erkenntnis springt uns bei allem, was wir über das jungpaläolithische Denken und Fühlen wissen, förmlich entgegen, und obwohl Vorsicht angeraten ist, wenn wir zwischen den Jungpaläolithikern und den neuzeitlicheren Jägern und Sammlern Parallelen ziehen (Anthropologie ist keine Archäologie), spiegelt sic sich doch in der Ontologie mancher moderner indigener Gemeinschaften wider.[90]

Der Schamanismus – eines der herausragendsten Merkmale der jungpaläolithischen Gesellschaft – verknüpfte soziale Rollen mit Kompetenzbereichen. Zweifellos war nicht jeder ein Schamane, und bestimmt pflegte der eine oder andere von ihnen ein hochpriesterliches Gehabe, doch von den schamanischen Techniken und Reisen profitierten alle. Wenn die Schamanen die Fenster zu anderen Welten öffneten, konnten alle die Luft aus dem Jenseits atmen.

Während ich auf meinem Felsen sitze, kann ich vielen Stimmen lauschen. Vielen klugen Lehrern. Jemand hat einmal 2070 Spezies in einem 90 Meter langen Heckenabschnitt in Devon gezählt.[91] Dabei sind Bakterien, Urtierchen und andere Mikroorganismen vermutlich noch gar nicht eingerechnet. Das ergibt 2070 verschiedene Dialekte. Denn ja, Pflanzen besitzen fraglos ein akustisches Wahrnehmungsvermögen.[92] Manche lassen sich durch die von Bestäubern erzeugten Geräusche zur Produktion von süßerem Nektar anregen, wobei die Blüten als »Ohren« dienen, über die die Geräusche zu den anderen Pflanzenteilen weitergeleitet werden; Wurzeln orientieren sich an den akustischen Vibrationen, die durch Wasser entstehen; Blasen im Holzgewebe knallen; und von Pflanzen ausgesandte Ultraschallsignale können von Tieren und anderen Pflanzen wahrgenommen werden. Anhand dieser Ultraschallsignale kann man feststellen, ob eine Pflanze Stress hat oder nicht – Computer können darauf programmiert werden, den Unterschied zu erkennen.

Uns ist nicht bewusst, dass wir diese Geräusche wahrnehmen, wie wir auch die meisten anderen auf uns wirkenden Einflüsse nur unbewusst wahrnehmen. Lediglich ein winziger Bruchteil der zwischen Menschen ausgetauschten Informationen dringt in unser Bewusstsein. Der Großteil erreicht uns unterhalb unseres Bewusstseinsradars in Form von Körpersprache, Pheromonen und anderem und wird meist geringschätzig in die Schublade »Telepathie« oder »Bauchgefühl« gesteckt. Dabei ist beispielsweise erwiesen – denn jeder hat schon selbst die Erfahrung gemacht, und es wurde auch mehrfach wissenschaftlich erforscht –, dass ein Aufenthalt in grüner Natur unsere Stimmung beeinflusst.[93] »Waldbaden« tut uns gut. Ist es dann so abwegig anzunehmen, dass zu den stimmungsaufhellenden Kräften auch das lindernde, möglicherweise sogar poetische Geflüster der Pflanzen gehört? Und falls das zutrifft, ist es dann so töricht zu glauben, ein unverdorbenes Menschengehirn, das sich von der mächtigen PR der Erkenntnismaschinerie nicht allzu sehr vereinnahmen lässt, könnte für diese und andere Stimmen noch empfänglicher sein? Natürlich weiß ich das nicht mit letzter Gewissheit, und gedankenlose Öko-Schwärmerei bringt uns hier nicht weiter, aber was spricht denn dagegen?

Ich kann nicht behaupten, dass ich Pflanzen fröhlich vor sich hin plappern höre. Was ich aber durchaus höre, sind die unterschiedlichen Stimmungen der Fitislaubsänger, der Raben, der Hunde, der Landarbeiter und des Meeres. Denn obwohl ich das

Meer von meinem Felsen aus bisher akustisch nicht wahrnehmen konnte, gelingt es mir inzwischen doch. Vielleicht gibt es da einen Muskel in meinem Innenohr, der mich sonst durch seine Anspannung vor der Füsillade an künstlichen Geräuschen im täglichen Leben schützt und der sich nun entspannt hat und subtilere Geräusche hereinlässt. Wie auch immer, ich vernehme jetzt ein leises Wispern, etwa einen Halbton tiefer als die nächtliche Brise in der Buche über meinem Biwak; das Wispern von rollenden Steinen und rutschendem Sand.

Es soll allerdings nicht der Eindruck entstehen, hier draußen wäre alles kontemplativ. Tatsächlich ist hier furchtbar viel los und verlangt einiges an kognitiven Fähigkeiten. Unentwegt muss ich Lösungen für Probleme finden, von denen mein Leben abhängen würde, wenn ich mich nicht jederzeit in unser Häuschen flüchten könnte. Wie kann ich dieses grüne Wasser sauber bekommen? Lassen sich diese Kaninchenfleischstreifen dörren, oder werden sie einfach vergammeln? Zieht da von Ilfracombe her ein Unwetter auf? Sollte ich eine Seitenwand an unseren Unterschlupf bauen? Ist es Zeit, ins nächste Tal weiterzuziehen? Sind diese Wurzeln giftig? Sind *alle* Geister freundlich? Wenn ich die Feuersteinknolle da oben aufschlage, zersplittert mir dann das ganze Ding? Rührt es von den Flechten auf der Baumrinde her, die ich verbrannt habe, dass ich letzte Nacht von Schlangen geträumt habe? Kann man von dem Bauernhof dort unten aus das Feuer sehen? Kann ich mich in dem Fluss bis zum Meer treiben lassen, ohne gesehen zu werden? Wie viele von diesen kleinen Bachsaiblingen brauche ich?

Durch unseren instinktiven Rassismus neigen wir dazu, Jäger und Sammler als einfältige Leute zu betrachten. Doch weit gefehlt. Als Jäger und Sammler zu leben erfordert ein sehr viel breiteres Spektrum an Fähigkeiten, als wir es besitzen. Eine typische moderne orthopädische Chirurgin verbringt vielleicht 75 Prozent ihrer Zeit mit Hüftgelenksoperationen, dazu kommen medizinische Befunde, Patientenberatungen, ein bisschen Unternehmensführung und die Fahrten zum Arbeitsplatz und zurück. Für einen

Jäger und Sammler wäre das ein Dasein von erstickender Eintönigkeit. Ein hoch spezialisierter Fachmann hat ein einfaches und langweiliges Leben. Schwierig und interessant ist es hingegen, ein Generalist zu sein.

Das ist keine Verklärung des edlen Wilden, sondern eine Entzauberung der orthopädischen Chirurgie.

Das Fasten auf Symbole funktioniert bis zu einem gewissen Grad. Denn was die sagenhafte Formbarkeit von uns Menschen ausmacht, ist auch, dass wir ebenso schnell vergessen wie lernen können.

Wenn ich bei meiner Familie bin, schaffe ich es nicht, das Fasten durchzuhalten. Ich habe es versucht. Es klappt höchstens zwanzig Minuten. Und das liegt nicht daran, dass ich gedrängt werde, Gutenachtgeschichten vorzulesen (was durchaus vorkommt und mir auch Spaß macht), oder mich das Bücherregal lockt (das tut es), oder ich in Versuchung gerate, Befehle zu brüllen (was nicht der Fall ist) – sondern daran, dass hier, in unserem Zuhause, die einzigen Probleme und Dilemmata auftreten, die wirklich von Belang sind, und ich nur eine einzige Art und Weise kenne, damit umzugehen, die ich wirklich beherrsche und der ich vertraue: *Planung*. Ich konstruiere hypothetische Welten und spiele darin hypothetische Lösungen durch, bis ich auf eine stoße, die funktioniert. Vor einer Stunde habe ich in einem realen Wald gelebt. Jetzt befinde ich mich in einer künstlichen Welt, einer, die zum jetzigen Zeitpunkt garantiert nicht existiert und wahrscheinlich niemals existieren wird. »Unser tägliches Brot gib uns heute«? Das reicht mir nicht. Jedenfalls bin ich nicht gläubig genug, um so zu leben. Wobei dieser Mangel an Glauben auf einem lächerlich übertriebenen Vertrauen in die Abstraktion beruht.

Wenn ich allein hinausgehe, ist X normalerweise immer da. Ich habe ihn nie näher in Augenschein nehmen können, doch ich weiß, dass er dunkelhäutig ist. Was mich eigentlich nicht überraschen sollte, es aber dennoch tut. Tatsache ist, dass die dunkelhäutigen Menschen, die vor 45 000 Jahren von Afrika nach Europa wanderten, auch in Westeuropa dunkelhäutig blieben, und zwar bis vor etwa 8500 Jahren, wie uns DNA-Analysen verraten.[94] Ich frage mich, ob sein Körper bei unserem blässlichen Licht genügend Vitamin D bilden kann, bis mir einfällt, dass er ja tot ist und ich mir also keine Gedanken zu machen brauche.

Das wiederum lässt mich über die Frage nachgrübeln, was für eine Art von Entität er ist. Da gibt es vermutlich viele Möglichkeiten. Die Mystiker haben über die Jahrtausende hinweg oftmals darüber diskutiert. Erwartungsgemäß gibt es im Sanskrit eine besonders ausgefeilte Taxonomie. Neben dem Nahrungsleib, der aus Fleisch besteht und Nahrung zu sich nimmt, tauchen hier Energiekörper, Astralkörper und unbegrenzte Körper auf. Die nicht fleischlichen Körper sind multidimensional – vielleicht in dem Sinn, wie es die Mathematiker verstehen –, man könnte also davon ausgehen, dass sie nicht an unsere herkömmlichen Dimensionen von Raum und Zeit gebunden sind.[95]

Die Auflösung von X' physischem Gehirn und die Zeitreise über 40 000 Jahre bedeuten nur, dass ich verrückt sein muss, wenn ich ihm im 21. Jahrhundert in Devon begegne, zumindest falls es einen zwingenden Grund gibt anzunehmen, dass Quantenphänomene lediglich auf der Ebene der Elementarteilchen auftreten und nicht etwa auf der Ebene der Körper, die aus solchen Teilchen bestehen.[96]

Wir können nicht wissen, ob sich in den eisigen Weiten des Jungpaläolithikums Menschen mit nicht fleischlichen Körpern getummelt haben. Aber klar ist, dass die Schamanen andere Arten von Körpern brauchten, um in den Welten, die an die unsere angrenzen, effektiv agieren zu können. Üblicherweise waren es Körper von nicht-menschlichen Tieren, und es deutet einiges darauf hin (die die Höhlenwände teilweise durchdringenden Körper, wie sie auf manchen Höhlenmalereien dargestellt sind, und das Fehlen eines Bodens, auf dem diese Tiere liefen, was sie schwebend erscheinen lässt), dass sich die Körper in jenen Welten etwas anders verhielten als in der unseren. Von Lascaux zu den Veden ist es nur ein Katzensprung. Das wahre Kleid des Jungpaläolithikums ist nicht ein Pferdeledermantel, sondern ein safrangelbes Gewand.

Tom weigert sich rundheraus, an einem der Initiations-Retreats teilzunehmen, die ich ihm nachdrücklich ans Herz gelegt habe.
 Dass mir das so viel bedeutet, hat nichts mit meinen experimentellen Exkursionen in die Welt der Jäger und Sammler zu tun – obwohl Rituale zur Visionssuche in deren Gemeinschaften weitverbreitet sind. Vielmehr rührt es von meiner seit Langem gehegten Überzeugung her, dass feste Orientierungspunkte wichtig sind: Ohne Riten gelingen Übergange nicht gut.
 Was mir vorschwebt, ist ein viertägiges Fasten im Dartmoor, aus der Ferne überwacht von einem guten und weisen Freund. Sonst nichts. Und dann würden wir sehen, was passiert.
 Was er wahrscheinlich erleben würde, wären drei zunehmend schmerzliche Tage der Reinigung, wenn Einsamkeit, Angst und Orientierungsverlust die Dreckschicht aus Anmaßung und Illusion abtragen, worauf – wenn er Glück hat – ein noch weit schmerzhafterer Tag des Fastenbrechens folgen würde und anschließend ein Leben voller Ausgeglichenheit, Selbstvertrauen und Demut.
 Oft gehört es zu traditionellen Visionssuchen, dass man mit einem Geisttier bekannt gemacht wird. Das könnte auch im Dartmoor geschehen. Mein Freund würde das eher für ausgeschlossen halten – und ganz bestimmt nicht für erstrebenswert. Wahrscheinlicher wäre, dass ein schleichender Animismus einsetzt: das Bewusstsein dafür, dass alles um einen herum lebendig ist – einschließlich, und am wichtigsten, Tom selbst.
 Übergangsriten sind unverzichtbar. Und ich hätte gern, dass Tom einen bedeutsamen Ritus vollzieht. Heutzutage besteht der Initiationsritus ja bestenfalls darin, dass das in die Jahre gekommene iPhone des Kindes durch ein neues ersetzt wird. Der Dart-

moor-Retreat wäre viel besser. Für evangelikale Christen ist die Ehe ein »Verlassen« (von Vater und Mutter) und ein »Anhangen« (an den Ehepartner). Die moderne Technik schafft das sehr effektiv, sie nimmt die Aufmerksamkeit des Kindes aus dem Elternhaus heraus und bindet sie unzertrennlich an sich.

Mein eigener Trennungsritus bestand darin, dass ich mich vom Sinai losriss und in dieses krasse Internat ging. Das war zweifellos ein »Verlassen«, doch es gab kein »Anhangen« an das Ding oder den Ort oder das Ethos, zu dem ich aufgebrochen war. Anderenfalls wäre ich zerbrochen, was bis zu einem gewissen Grad den meisten Kindern widerfährt, die durch englische Internatsschulen geschleust werden. Bei dem faustischen Pakt, der seit zwei Jahrhunderten die treibende Kraft hinter dem britischen Institutionensystem ist, hätte ich meine Seele für jene Pseudo-Autorität und dreiste Selbstsicherheit eingetauscht, die die britischen Wähler so lieben.

Da wäre es besser, für vier Tage das Elternhaus zu verlassen, an sich selbst und an der beseelten Welt eines Moors in Devon zu hangen und dann entweder zurückzukehren oder weiterzuziehen – in jedem Fall jedoch ontologisch geadelt und mit einer lebenslangen Abscheu gegen Krawatten.

Während ich derlei Gedanken nachhänge, allein am Lagerfeuer liege und an einem Kaninchenbein sauge, fällt mir auf, dass X in letzter Zeit auch immer allein aufgetaucht ist. Sein Sohn war nicht bei ihm.

Panik überfällt mich, als hätte ich mein eigenes Kind verloren. Was ich vielleicht habe. Ich zermartere mir das Gehirn: Wann habe ich X' Sohn zuletzt gesehen? Es war, als Tom das letzte Mal bei mir war. Habe ich den Sohn je gesehen, wenn Tom nicht dabei war? Nein.

Ich weiß nicht, was ich davon halten soll.

»*La li-li-li, li-li.*«

Eines Morgens wache ich auf, die Sonne strahlt mir ins Gesicht, ringsum dampft der Wald, und ich sage laut und mit tiefer Bestürzung: »Töpfe!« Ich brauche immer lange, um etwas zu lernen, und gerade eben ist der Groschen gefallen.

Die Jungpaläolithiker hatten keine Töpfe. Nicht, dass sie nicht dazu in der Lage gewesen wären, Töpfe zu fertigen. Die nötige Technik kannten sie. In der Tschechischen Republik beispielsweise hat man Brennöfen gefunden, aber sie wurden nicht für die Topfherstellung verwendet, sondern zum Brennen von kleinen Figuren und Tonklümpchen.[97]

Ja, natürlich hatten sie keine Töpfe. Töpfe sind schwer. Wenn die Größe der Familie unter anderem dadurch begrenzt ist, wie viele kleine Kinder man über den Permafrostboden schleppen kann, bürdet man sich nicht auch noch ein Tafelservice auf. Reumütig denke ich daran, wie viele Sachen ich zu Hause habe: Tausende von Büchern, Hunderte von Kladden, Hunderte von Artefakten, die mit Erinnerungen oder Assoziationen aufgeladen sind.

Es beunruhigt mich, wie wichtig mir all diese Dinge sind. Nicht weil mir so viele Besitztümer in einer Welt voller Armut als politisch unkorrekt erscheinen (was allerdings der Fall ist), sondern weil es die Frage aufwirft, was ich ohne sie wäre. Vielleicht ist so viel von mir auf Datenbanken und Speichermodulen aller Art ausgelagert, dass ich bei deren Verlust auch selbst verloren wäre.

Das ist ein entscheidender Punkt für meine Forschungen über das Jungpaläolithikum. Wie kann ich mir einbilden, ich würde in jungpaläolithischer Manier über ein Moor spazieren, wenn der größte Teil von mir in Oxford in Bücherregalen steht und an Wänden hängt? Und reicht das Problem nicht noch viel weiter? Berührt es nicht die elementaren Fragen von Bewusstsein, von Subjektivität, auf die ich in diesem Buch bisher immer so fixiert war? Denn vieles von dem, was ich als *meine* Aussagen deklariere, existiert in Wirklichkeit schon lange außerhalb meines Kopfes. Ich gründe *meine* Behauptungen auf die Autorität von Büchern, von denen ich weiß, dass ich sie gelesen habe – und dass ich mich auf einen Schemel stellen müsste, um an sie heranzukommen –, doch habe ich keinerlei bewusste Erinnerung an deren konkreten Inhalt. Meine behauptete Autorität ist ein Schwindel. Ich besitze nicht einmal die arglistige Autorität eines Plagiators, denn dieser weiß immerhin, was er stiehlt, er tut es bewusst.

Wie muss es sich anfühlen, von diesem Wald zum Meer zu gehen mit nichts außer dem, was man wirklich im Kopf hat, was man wirklich unter den Füßen hat, was wirklich im Blickfeld liegt, was man wirklich riecht und hört und so weiter? Das ist Autorität: Es ist Abhängigkeit und daher Anmut und unerschütterliche Ruhe.

Ich schaffe es nicht, es mir vorzustellen.

Aber ich kann es versuchen. Eine Möglichkeit wäre, nomadischer zu leben. Ich habe mir eingeredet, die Jungpaläolithiker seien nicht ständig unterwegs gewesen, sie seien auch längere Zeit an einem Ort geblieben, wenn es keinen zwingenden Grund gab weiterzuziehen und man in der Nähe genügend Rentiere jagen und Haselnüsse sammeln konnte. Das stimmt zwar, aber ich habe es als Ausrede benutzt, um neolithisch zu sein. Die Wahrheit ist, dass ich meine kleine Buchenlaube lieb gewonnen habe. Ich mag die Marmorierung meiner Tasche, wenn die frühe Morgensonne darauf scheint, den würgenden Laut des Kuckucks, kurz bevor sein *kuckuck* ertönt, den flachen Stein, den ich zum Braten von Taubenfleisch benutze, den Winkel der Hauptstrebe unseres Unterschlupfs (weil er so *beständig* wirkt, wie mir jetzt klar wird), das keuchende Geräusch des fernen Meers, die einladende Lücke in den Brennnesseln am Waldrand, wo mein Trampelpfad beginnt, das Moos, das wie ein dreiköpfiger Gecko aussieht, die kreisenden Bussarde, die im Tal nebenan nisten, und das tröstliche Gewicht meines Rucksacks.

All diese Bindungen gefährden das ganze Unternehmen, und in einem Anfall von bilderstürmerischem Eifer springe ich auf, reiße den Unterschlupf ein, werfe den flachen Stein ins Brombeergestrüpp, stopfe alles andere in meinen Rucksack, schnüre meine Stiefel, als wollte ich in ihnen gehen und nicht nur schlafen, hieve mir den Rucksack auf den Rücken, entscheide, dass er zu schwer ist, setze ihn noch mal ab, zerre eine alte Militärdecke heraus, die ich »für alle Fälle« mitgenommen habe, und breche schließlich in eine Richtung auf, die ich nie zuvor eingeschlagen habe.

Es ging nur auf diese Weise, ganz impulsiv. Wenn ich es nicht so gemacht hätte, dann nie.

Ich bin allein und gehe, gehe, gehe. Wann immer ich kann, tauche ich ab in die Täler, den dunklen, kühlen Schambereich des Landes, denn ich misstraue dem Hochmoor mit dem weiten Blick, weil man von dort oben zwangsläufig Autos sieht, die sich auf den Straßen hintereinanderreihen, Schiffe, die sich vorwärtsschieben, Flugzeuge, die das Himmelsblau verunzieren. Meine Stiefel habe ich ausgezogen und unten im Rucksack verstaut, damit ich nicht so leicht in Versuchung komme, sie wieder anzuziehen. Tatsächlich ist die Versuchung aber gar nicht so groß. Ich frage mich, warum ich mir normalerweise die Erkenntnisse versage, die mir meine Füße jetzt vermitteln – Erkenntnisse, die (wie jede wertvolle Erkenntnis) mit einem Gefühlsschauer einhergehen, der nie nachlässt.

Die Luft im Tal ist schwer von Rotwildmoschus und spiralig schwirrenden Schwärmen kleiner Mücken. Das Blätterdach verwandelt Sonnenlicht in Zucker und pumpt ihn durch dünne, starre Äderchen. Hier würde ich gerne schlafen, aber die Mücken würden mich auffressen, also verbringe ich die Nächte immer auf dem Moor.

Ich schlafe, wenn mir die Beine zu schwer werden, daher werden meine Tage umso länger, je fitter ich werde. Ich esse beim Gehen. Momentan gibt es viel, denn die Blaubeeren und Brombeeren sind früh dran, und ich finde auch eine Menge wilden Salat. Ich vermute, dass Wanderer unterwegs sind, um mich zu jagen und zu töten.

Die Landkarte in meinem Kopf stammt von früheren Ausflügen und Wanderungen, fürchte ich. Ich hätte nach Sibirien gehen sollen, oder sonst wohin, wo ich mich nicht so gut auskenne. Denn Karten haben – im Gegensatz zu wahrem Wissen über das Land – etwas mit Herrschaft und Unterwerfung zu tun. Sie sind buchstäblich reduktionistisch: Kilometer werden auf Zentimeter reduziert, mitteilsame und unbeschreibliche Wälder auf grüne Flecken. Zudem suggerieren sie uns, wir könnten eine Landschaft zusammenfalten und in die Tasche stecken. So bekommt das Land durch uns seine Gestalt. Landkarten sind das schlimmste Beispiel für das, was Symbolisierung anrichten kann.[98]

Doch trotz der mentalen Landkarte triumphiert das Moor über meine Vorstellung davon. Dieser Bach dort ist auf meiner mentalen Landkarte nicht eingezeichnet; und auch nicht der Dornenzweig, der sich zwischen zwei meiner Zehen gebohrt hat und sich nur mit einem erklecklichen Klumpen meines Fleisches zusammen herausziehen lässt. Und nachts, oder wann immer mein Kopf sich unterhalb der Höhe der Grashalme oder des Heidekrauts befindet, löst sich die Karte auf. Für das Moor hier unten – das Moor der Mäuse und Füchse – gilt ein völlig anderes Koordinatensystem als für das Moor, wie es Himmelsgötter, Kartografen und Reduktionisten sehen.

Ich bewege mich spiralförmig, in ungefähren Kreisen mit zunehmend größerem Radius, vom Unterschlupf fort und lege am Ende etwa dreißig Kilometer pro Tag in gemächlicher, lockerer Gangart zurück. Die Sonne scheint unermüdlich und meint es gut mit mir. Am Nachthimmel gibt es nichts als Verfolgungsjagden und Tänze: kein Sternbild schreitet allein durchs All. Für gewöhnlich kampiert X ein paar Hundert Meter entfernt von mir. Ich kann den Rauch seines Feuers riechen, und manchmal auch gebratenes Fleisch. Er versteht etwas vom Jagen.

Ab und zu muss ich eine Straße überqueren, was mir Angst macht, und ich beobachte sie immer erst eine Weile, um keinen Autos zu begegnen. Das Brüllen der Motoren ängstigt mich – es ist so viel lauter als alles andere in meiner Welt, abgesehen von Donner –, aber mehr noch das Plärren von Autoradios oder Gesprächsfetzen. Hier oben gibt es keine Lügen, alles ist von einer tiefgreifenden und zeitlosen Bedeutung. Alles ist eine Frage von

Leben und Tod – was natürlich ebenfalls für die Insassen der Autos gilt –, aber hier oben ist das allem und jedem bewusst.

Für die Menschen in den Autos wäre ich wohl ein Furcht einflößender Anblick, zerzaust und zottelig und mit wildem, irrem Blick. Ich stelle mir vor, wie Leute, die so aussahen wie ich, nach dem Ersten Weltkrieg durch Devon streiften, weil sie wegen all dem, was sie gesehen und verloren hatten, nicht mehr schlafen konnten und sich fragten, wie in ein und derselben Welt Platz für Nachtschwalben und für die Schlacht von Passendale sein konnte. Aus dieser Wurzel entspringt auch meine Desorientiertheit. Denn nach einigen Wochen allein im Moor habe ich, all meinen Bedenken zum Trotz, bei diesem jungpaläolithischen Projekt Fortschritte gemacht, und es hat sich ein widerhallender Abgrund zwischen der Welt des Moors und der Welt der Straße aufgetan – jener Straße, von der ich weiß, dass ich zu ihr zurückkehren muss.

Der indische Herrscher Akbar der Große ließ auf dem Tor der Moschee neben seinem Palast in Fatehpur Sikri in Uttar Pradesh folgende Inschrift anbringen: »Jesus, Sohn von Maria, (Friede sei mit ihm) sagte: Die Welt ist eine Brücke, überquere sie, doch baue keine Häuser darauf.«

»Die ganze Welt ist eine schmale Brücke«, sagte Rabbi Nachman von Brazlaw, »das Wichtigste ist, sich nicht zu fürchten.«

Wie ich gelernt habe, sind es Häuser, die uns Angst machen.

Was problematisch ist, denn meine Familie wohnt in einem solchen.

Allmählich fühlt es sich herbstlich an. Nicht immer. Man sieht es noch nicht: keine sich verfärbenden oder fallenden Blätter. Und kalt ist es eigentlich auch nicht. Es ist vielmehr eine Abwesenheit von Hitze, als wäre ein Feuer erloschen und die Welt würde nur noch von alter Aschenglut zehren.

Und dann, urplötzlich und zuerst oben im Moor, kommt der Herbst. Es ist allerdings keine Ankunft, vielmehr ein Rückzug. Herbst und Winter sind nicht *etwas an sich*. Sie definieren sich nur durch die Abwesenheit des Sommers.

»Na«, meinte meine Freundin Kate, eine Psychiaterin, »wenn das nicht ein klares Indiz für eine depressive Persönlichkeit ist!«

Nicht wirklich, Kate. Man ist nicht depressiv, nur weil man sich mit Thermodynamik auskennt.

Ich hasse diese verlogene Anbiederung des Herbstes. Wie er versucht, das Werk von Frühling und Sommer als das seine auszugeben. Mal ehrlich, Herbst: All die Äpfel, Pflaumen und Beeren haben doch nicht das Geringste mit dir zu tun! Was du zur Ernte beiträgst, sind unbeständiges Wetter und matschige Wege. Keats schwärmte von deiner »reifen Fruchtbarkeit«. Da mag etwas dran sein, aber das ist nicht dein Verdienst.

Die Familie ist zurückgekehrt zu dem, was wir Zuhause nennen. Fügsam und ohne groß darüber nachzudenken, schicken wir unsere Kinder zur Schule, die demnächst wieder anfängt.

Ich bleibe noch im Moor, doch jetzt saugt es parasitengleich die Wärme aus mir heraus, wenn ich auf dem Boden sitze oder liege. Feuchtigkeit kriecht nachts aus den Tälern hervor, aber sie kriecht tagsüber nicht wieder zurück. Von all den vielen Wildpflaumen habe ich heftigen Durchfall bekommen, und wenn ich mich in einen Bach hocke, um mich zu waschen, ist das Wasser so kalt, dass es wehtut.

Ich *beschließe* nicht zu gehen: Es geschieht einfach, wie die meisten Dinge. Nachdem ich eine Nacht damit zugebracht habe, Füchse zu beobachten, wie sie um die vom Mond gemalten Lichtflecken herumschleichen, dem schleppenden Tonfall des Meeres zu lauschen und feuchtes Heidekraut und Teerseife zu erschnuppern, deren Geruch der Wind herangetragen hat, finde ich mich irgendwie in einem Bus Richtung Taunton wieder. Der Regen rinnt an den Fensterscheiben hinunter, und im Radio beklagt sich jemand zu zwei E-Gitarren-Akkorden über ein Mädchen, das er gerade kennengelernt hat, als ob das von Belang wäre.

Herbst

Im Sanskrit, das die große geistige Sprache der Welt ist, gibt es drei Ausdrücke, die das Ufer, den Absprungspunkt in den Ozean der Transzendenz bezeichnen: sat, tschit, ananda. Das Wort sat heißt »Sein«. Tschit heißt »Bewusstsein«. Ananda heißt »Freude, Wonne, Verzückung«. Ich dachte: »Ich weiß nicht, ob mein Bewusstsein richtig ist oder nicht; ich weiß nicht, ob das, was ich unter meinem Sein verstehe, richtig ist oder nicht; aber ich weiß, wo ich in Verzückung gerate. Ich will mich also an meine Verzückung halten, und die wird mir sowohl mein Bewusstsein als auch mein Sein bringen.«
Joseph Campbell, *Kraft der Mythen*[99]

»Achilles kann in Altjira wandeln. Das muss er auch: Er muss sich an so vieles erinnern. Nicht zuletzt daran, dass das Leben als menschliches Wesen an sich schon ein religiöser Akt ist.«
Alan Garner, *»Achilles in Altjira«*

Hat man erst einmal angefangen zu gehen, fällt es schwer, wieder stehen zu bleiben.

Ich komme nicht zur Ruhe, und nach ein paar elenden Wochen, in denen ich versucht habe, mich wie ein Jäger- und Sammler-Nomade zu fühlen, indem ich lange Spaziergänge von unserem Haus am Stadtrand aus machte, fastete, das Fasten brach, indem ich Obst aß und im Garten unangenehm kühle Grillabende veranstaltete, besteige ich das Schiff nach Bilbao. Es steckt Methode dahinter, dass ich mir diese Verrücktheit gönne.

Denn ich suche nach den Ursprüngen der Symbolik. Die stärksten Symbole sind Wörter, und man nimmt an, dass das Baskische eine der wenigen überlebenden proto-indoeuropäischen Sprachen (PIE) ist. Wahrscheinlich liegt der Ursprung des Baskischen in Anatolien und hat sich von dort aus verbreitet und dabei weiterentwickelt. Es könnte also ein lebendes Fossil aus dem Jungpaläolithikum mit türkischem Blut sein.[100] Um Höhlenmenschen sprechen zu hören, muss man vielleicht einfach nur ins Baskenland fahren, sich mit geschlossenen Augen in eine Bar setzen und der Fantasie freien Lauf lassen.

Genau das tue ich jetzt. Ich sitze seit etwa vier Stunden in einer alten, düsteren Kneipe in der Nähe der Docks. Es riecht nach Schweiß und Seetang. Mein Tisch in der hintersten Ecke – einer kleinen Nische aus Fischkisten und arabesken Fliesen – wurde vor dem Krieg lackiert und kurz danach zum letzten Mal abgewischt. Der schwermütige Kellner füllt mir unaufgefordert den Rotweinkrug auf, bringt mir Tintenfisch und Kalbsfuß-Sülze und zupft an seinem Schnurrbart, wenn er sich unter Bücklingen zurückzieht.

Als ich in die Kneipe kam, war sie leer. Doch jetzt drängen sich hier Zuhälter und Hafenarbeiter, die gerade nichts zu tun haben. Durch den Zigarrenrauch dringt kaum Licht in meine Ecke. Manchmal tauchen aus dem Rauch schemenhaft Gesichter auf, sehen, dass ich Ausländer bin, grunzen und ziehen sich zurück.

Alle sprechen Baskisch. Es wäre gefährlich, etwas anderes zu sprechen. Ich habe so etwas noch nie gehört: guttural, zischend, fauchend und rollend – wie Arabisch, wenn es ein tunesischer Legionär sprechen würde, dessen Muttersprache Latein war. Es klingt extravagant und hyper-expressiv: die Sprache eines Volkes, das sich an Worten und ihrer Macht berauscht. Dass man die Wirkung von Wörtern auf diese Weise empfindet, wenn man ihnen zum ersten Mal begegnet, kann ich mir durchaus vorstellen. Sprache ist etwas wirklich Magisches: Sie vermag Dinge unsichtbar und mit atemberaubender Präzision von einem Kopf in einen anderen zu übertragen. Und mit einer einzigen Äußerung etwas (zum Beispiel einen Elefanten) heraufzubeschwören. Wer sich davon nicht begeistern lässt, mit dem stimmt etwas nicht. Und es ist auch nicht überraschend, dass die allerersten Sprachen Grenzen sprengen wollten; sie wollten ihre Macht in jedem Tonfall und mit jeder Lautfolge feiern.

Die Begründung, weshalb das Baskische ein Überbleibsel aus der PIE-Sprachfamilie ist, ist komplex, aber überzeugend. Einige der auf den ersten Blick einleuchtendsten Argumente sind allerdings umstritten – beispielsweise dass die baskischen Wörter für »Axt« *(aizkora),* »Hacke« *(aitzur)* und »Messer« *(aizto)* ihre Wurzel im Wort *haitz* für »Stein« haben und somit auf eine Zeit zurückgehen, als Äxte, Hacken und Messer aus Stein gefertigt wurden. Mir würde gefallen, wenn das stimmt, aber die Theorie vom Baskischen als PIE-Sprache hat auch so Bestand.

Tatsächlich ist die Struktur der Sprache sehr eigenartig: Die zentralen Substantive stechen ungewöhnlich heraus. So werden die bestimmten und unbestimmten Artikel, die die Substantive, auf die sie sich beziehen, sonst oft beiseitedrängen, auf den ihnen gemäßen Platz verwiesen. Das suggeriert eine gewisse Freude an der konkreten Welt – eine Verzückung angesichts der außergewöhnlichen Tatsache, dass Wörter alles wirklichkeitsgetreu darstellen können. Verben werden, wie im Deutschen, ans Satzende verschoben: die Handlung hängt von den Akteuren ab. (Ich frage mich, ob im Grunde das dahintersteht, wenn im Deutschen alle Substantive groß geschrieben werden.) Die Akteure sind das Ursächliche und Ursprüngliche.[101]

Folglich lautet die Wortfolge im Baskischen nicht: »Der Mann fällt vor den Bären«, sondern: »Mann-der Bär-der davor gefallen ist«. »Die Frau hat dem Kind die Beeren gegeben« wird zu: »Frau-die Kind-dem Beeren-die gegeben hat.« Und: »Der Jäger hat den Wolf gesehen« heißt: »Jäger-der Wolf-den gesehen hat.« Dieses Sprachmuster betont die unveräußerliche persönliche Verantwortung für das Handeln. Man kann sich nicht hinter dem bestimmten Artikel verstecken.[102]

Ich fuhr zurück, wobei ich im Golf von Biskaya unfreiwillig die Fische fütterte, glaubte, ich hätte etwas gelernt, und dachte, ich sollte in den Wald von Derbyshire zurückkehren, um die Probe aufs Exempel zu machen. Doch dann setzte Regen ein, und er blieb, also tat ich das erst einmal auch.

Jetzt sitze ich in Oxford in einer Bibliothek aus dem Mittelalter. Vor mir auf dem Tisch liegt ein dicker Bildband über prähistorische Kunst. Zwei Bildtafeln haben es mir besonders angetan, ich betrachte sie schon seit Stunden.

Die eine zeigt den Löwenmenschen – eine aufrecht stehende Figur mit dem Körper und den Gliedmaßen eines Menschen und dem Kopf eines Löwen –, geschnitzt aus einem Stück Mammutstoßzahn. Er wurde im Hohlenstein-Stadel im süddeutschen Lonetal (Schwäbische Alb) entdeckt und ist zwischen 30 000 und 32 000 Jahre alt.

Ich finde, der Löwe lächelt ein bisschen verschmitzt, was mich an das archaische Lächeln – nur mit den Lippen – der griechischen *kouroi* erinnert. Sein breiter Brustkorb lässt auf eine große Lunge schließen, dazu hat er die kräftigen Schultern eines Speerwerfers. Manche empfinden seine Haltung als starr, aber ich sehe darin die Körperspannung eines Balletttänzers mitten in einem Schritt. In dieser sehr frühen Epoche der Kunst trugen die männlichen Körper immer Tierköpfe. Frauen hingegen waren von Kopf bis Fuß menschlich – obwohl ihre Brüste oft riesig, ihre Vulven spektakulär, ihre Bäuche üppig, ihre Becken ausladend und ihre Oberschenkel wie Eichenstämme waren.

Wie bereits erwähnt, lautet die gängigste Interpretation der Tier-Mensch-Mischwesen, dass sie einen Aspekt der schamanischen Welt verkörpern – vielleicht Schamanen, die sich gerade in Geist-Tiere verwandeln oder umgekehrt: dass die Grenzen zwischen den Welten und Arten fließend sind; dass diese Welt nicht alles ist, was es gibt; und dass die Dinge nicht so sind, wie sie scheinen.

Nach dieser Lesart sind die weiblichen Figuren Lobpreisungen der Lebenskraft. Sie können Muttergöttinnen oder Fruchtbarkeitssymbole oder beides sein und drücken aus, dass der Mensch Teil eines *gebenden* Universums ist und sich also nicht selbst erschaffen und seine Geschichte auch nicht selbst geschrieben hat. Von daher sollte er sich in Dankbarkeit üben.

Auf der anderen Bildtafel sieht man die Löwengrotte von Chauvet. Dort jagt ein Rudel Höhlenlöwen ohne Mähnen eine Bisonherde. Es ist das schönste, meisterlichste und zugleich Furcht einflößendste Kunstwerk, das ich kenne, und ebenfalls zwischen 30 000 und 32 000 Jahre alt.

Die Löwen haben keine Hinterläufe, die nur von der erschreckend direkten Ausrichtung ihrer Vorderpfoten und Köpfe auf einen Bison ablenken würden. Und so scheint es, als würde ein großer kosmischer Finger auf die Beute zeigen. In diesem Bild geht es darum, zum Sterben auserkoren zu sein. Die Fokussierung der Löwen lässt mich schaudern. Das Auge des am vollständigsten dargestellten Löwen ist unsichtbar, wird aber schemenhaft angedeutet. Wir wissen, wie es aussieht, weil wir es in Albträumen gesehen haben. Die Bisons sind eher angedeutet als gezeichnet: ein Wirrwarr mit nach hinten geworfenen Köpfen. Auf dieser Höhlenwand ist mehr in Bewegung als bei einem Taifun.

Dieses Werk wurde von jemandem geschaffen, der die Natur aus eigener Erfahrung kannte und sich keine Illusionen über sie machte. Aber er (man tendiert zu der Annahme, dass es ein Er gewesen ist) befand sich nicht nur innerhalb, sondern auch außerhalb der Natur. Wie Elektronen hatte er eine Nichtlokalität. Und er verstand es nicht nur zu beobachten und Ereignisse festzuhalten, sondern auch eine Geschichte zu erzählen. Diese Löwen kamen von irgendwoher, sie hatten eine Vergangenheit, und nach dem unmittelbar bevorstehenden Akt des Tötens würde sich etwas verändert haben. Dieses Geschehnis war, wie an dem nicht sichtbaren Auge zu erkennen ist, Teil einer größeren Geschichte – in der der Maler eine Rolle spielte. Hier ging es nicht nur um den Tod eines Bisons, es ging um den Tod an sich.

Dennoch ist die Malerei ungeheuer schön. Wobei die Schönheit nicht im Schrecken und die Poesie nicht im Mitleid liegt.

Der Künstler bewundert die Löwen nicht ausschließlich als Killermaschinen; er bewundert sie, weil sie, ungeachtet ihrer Funktion, an sich schön sind. Für diesen Künstler besteht die Natur nicht nur aus einer Speisekammer.

Doch Symbolik allein genügt nicht als Beleg für modernes Verhalten, sagen Archäologen gern; es muss sich alles um die Symbolik drehen. Dafür sind der Löwenmensch und die Löwengrotte frühe und überragende Beispiele. Doch als ich über sie und über meine Erfahrungen in Wäldern, auf dem Meer, mit Freundschaften, im afrikanischen Buschland und auf Bergen, in Mooren, an Stränden und auf Schamanensofas nachdachte, überkam mich ein ketzerischer Gedanke: Was, wenn die Symbolik wirklich alle in sie gesetzten Erwartungen erfüllte? Mehr noch: War die Verwendung von Symbolen tatsächlich die große Scheide, die uns von allem trennte, was vorher war? Die große Wende stellte ja, so die allgemeine Annahme, der anatomisch, aber noch nicht verhaltensmäßig moderne Mensch dar (fossilen Funden zufolge lebte er etwa 150 000 Jahre lang, bevor *wir* – angekündigt durch aufwendige Symbolisierung – unseren großen Auftritt in der Weltgeschichte hatten).

Vor ein paar Jahren folgte ich in Namibia einem Großkudu-Bullen. (Ich hatte versucht, über aggressive männliche Einzelgänger zu schreiben, und war aufgrund schwacher Indizien und einer romantischen Neigung auf den Gedanken verfallen, dass dieses Exemplar dazuzählte). Begleitet wurde ich von einem namibischen Fährtenleser, Tjipaha, einem bereits ergrauten Mann etwa Mitte vierzig. Wir waren dem Bullen seit dem Morgengrauen auf der Spur. Jetzt war es spät am Nachmittag. Bald würde sich die Nacht über uns senken wie ein fallender Vorhang, uns blieb nicht mehr viel Zeit.

Es war Trockenzeit, und ich konnte nur sehr wenige Spuren ausmachen, sodass ich davon ausging, wir müssten uns an abgebrochenen Grashalmen und leicht zerfledderten Blättern orientieren. Doch dann kamen wir an eine feuchte Stelle, und die Abdrücke dort im Schlamm konnte selbst ich nicht übersehen.

Sie stammten jedoch nicht nur von unserem Kudu, sondern auch von anderen Kudus, Warzenschweinen, Blessböcken, Kuhantilopen, Gnus, Dikdiks und Impalas, allesamt eingebettet in ein Geflecht aus Spuren von Kleinsäugern und Vögeln. Tjipaha betrachtete sie eingehend mehrere Minuten lang, umrundete sie, ging in die Hocke, um sie noch genauer betrachten zu können, und schnupperte daran, dann drehte er sich um und musterte das umliegende Akaziengestrüpp. Unvermittelt lief er davon, kam zurück und kauerte erneut vor den Fährten. Dann stand er auf, klopfte sich den Staub ab und begann langsam, aber ohne zu zögern und voller Selbstvertrauen zu sprechen.

»Dieser Kudu«, sagte er, »war vor drei Nächten an dieser Wasserstelle, zum ersten Mal seit einer ganzen Weile. Denn er kam von den Bergen im Osten. In jener Nacht ist er gestrauchelt, als er die Uferböschung hinaufrannte, nachdem ihn eine verängstigte Kuhantilope aufgeschreckt hatte. Dabei fiel er auf sein rechtes Knie und konnte nur mit Mühe wieder aufstehen. Nach einer unruhigen Nacht unter einem Dornbaum, weil er sich nicht hinlegen konnte und Angst hatte, sich mit dem schmerzenden Bein zu weit wegzubewegen, ist er am Morgen zur Wasserstelle zurückgekehrt, hat ein paar Flughühner verscheucht und dann den größten Teil des Tages etwa einen Kilometer entfernt in einem Gehölz geäst. Als er zurückkam, war er immer noch schreckhaft und wurde von einem lahmen Schakal in die Flucht geschlagen. Er rannte den Weg, den er gekommen war, zurück – in unsere Richtung, aber erst einmal zum Trinken an den Bach – und kam erst am nächsten Tag auf demselben Weg wieder in das Gehölz. Dann erneut zur Tränke, eine weitere Nacht, in der er neben einer Kobra Wasser schlürfte; noch eine Nacht unter dem Dornbaum, ehe er wieder in unsere Richtung lief. Seinem Bein ging es besser, trotzdem belastete er den linken Vorderlauf immer noch etwas zu stark – was ihm nicht leichtfiel, weil ihm ein anderer Kudu vor etwa einem Monat einen Tritt gegen den rechten Hinterlauf verpasst hatte. Hier haben wir seine Fährte aufgenommen.«

Ich glaubte ihm kein Wort. Das war doch Spiegelfechterei. Auch jetzt schwanke ich noch. Aber er hat es mir, beleidigt wegen meiner Skepsis, in allen Einzelheiten erklärt; wenn das alles nur Schauspielerei gewesen sein sollte, dann war es eine überzeugende, detaillierte und perfekt durchdachte Vorstellung.

Doch selbst wenn er mich auf den Arm genommen hat – es gibt zweifellos Menschen mit solchen Fähigkeiten. Bevor Supermärkte und Gewehre die Intuition und die dafür notwendigen Sinne verkümmern ließen, gab es sogar noch viel mehr von ihnen. Und eben auch vor der Verhaltensmoderne. Denn damals waren die Menschen geschickte und äußerst effektive Jäger. Sie mussten in der Lage sein, Fährten ebenso gut oder sogar noch besser zu lesen als Tjipaha.

Hier kommen wir nun zum Punkt: Die Kunst, etwas so zu lesen, erfordert ein Verständnis für Symbolik von genau derselben Art, wenn auch nicht im gleichen Ausmaß, wie sie uns in der Symbolik des Löwenmenschen und der Löwengrotte begegnet. Die Fährtenleser mussten wissen, dass etwas für etwas anderes steht als nur für sich selbst. Das gilt offenkundig bereits auf einer sehr einfachen Ebene: Ein Fußabdruck ist nicht dasselbe wie der Fuß, der ihn hinterlassen hat. Er ist ein Symbol für diesen Fuß. Gute Fährtenleser heben diese mentale Verarbeitung von Symbolen dann auf ein höheres Niveau: Sie wissen, dass ein Fußabdruck, wenn er Blütenstaub enthält, älter als Dienstagnachmittag sein muss, weil der Wind erst Dienstagnachmittag stark genug von Nordwest her wehte, um Blütenstaub zu verteilen. Somit wird der Blütenstaub – der eigentlich das Ejakulat der Blumen ist – zum Symbol eines Zeitfensters. Die Kunst des scharfsinnigen Spurenlesens erschöpft sich keineswegs darin, die Architektur von Kausalketten zu erkennen. Und diese Fähigkeit unterscheidet sich nicht grundsätzlich von der Einsicht, dass Kohlestriche auf einem Stein zum Rachen eines Löwen werden können. Belege für Symbolisierung sehen wir mehr oder weniger immer dann, wenn wir Zeugnisse für eine erfolgreiche Jagd auf Tiere vor uns haben, denen man über einen langen Zeitraum nachstellen musste. Bei jeder Jagdszene begegnen wir Symbolisierung. Jedes prähistorische Grillfest war verhaltensmäßig *modern*.

Schließlich ließ der Regen nach, sodass ich mich an einem düsteren Abend Ende September das Tal hinaufwandern sah, vorbei an den Häuschen, die man für die in der Bleimine arbeitenden Bergleute gebaut hatte, und dem exzellenten Pub (an dem vorbeizugehen mir sehr schwerfällt) sowie an einer Kapelle, die in der Annahme erbaut wurde, dass es einen grollenden Gott gibt, und die nun verlassen dasteht, weil Gott sich beruhigt hat oder dort oben auf dem bleivergifteten Feld mit den umhergaloppierenden Jungochsen gestorben ist.

Der Wald ist schwarz wie Trauerflor, mit kratziger Rückseite. Als ich das Eisentor aufstoße, das hineinführt, hört der Wald auf zu atmen und beginnt zu beobachten. Starr hält er eine Vorderpranke in die Luft.

Tom wollte partout nicht mitkommen. »Ich muss an einem Projekt arbeiten. Und habe Gitarrenstunde.«

»Du kannst dich an dein Projekt setzen, wenn wir zurück sind. Wir müssen dort nicht lange bleiben. Und nimm doch deine Gitarre mit, dann kannst du Tag und Nacht üben.«

»Nein, ich muss hierbleiben.«

Sehr klug. Auch wenn ich mir eingeredet habe, dass es nicht gegen uns ging, habe ich keine Ahnung, was sich damals in unserer letzten Nacht im Wald eigentlich abgespielt hat. Und nichts, was seither passiert ist, gibt mir Grund zu der Annahme, dass der Wald jetzt sicherer ist.

Ich steige den Berg hinauf wie auf ein Schafott. Jedenfalls werde ich nicht zu unserem ursprünglichen Unterschlupf zurückkehren.

Vielleicht war das, was da geschehen ist, etwas lokal sehr Begrenztes. Auch könnte es besser sein, wenn ich mich nicht unter Bäumen aufhalte. Unter freiem Himmel bietet sich der beruhigende Anblick von Flugzeugen und Satelliten.

Sarahs Haus steht leer. Sie ist in London.

Ich lege meinen wasserdichten Biwaksack auf eine ebene Grasfläche und schiebe einen Schlafsack hinein, in den ich dann schlüpfe, esse noch eine Dose Sardinen und lege mich hin.

Es gibt nicht viel zu hören. Noch hat der Wald nicht wieder geatmet. Manchmal knattert in der Ferne ein Auto mit kaputtem Auspuff. Auch zu sehen gibt es nicht viel, nur die krummen Bäume am Fuß des Berges und ein paar Kilometer weiter die Lichter einer Farm. Keine jungpaläolithischen Jäger in Umhängen aus Rentierfell an der Scheune. Und nirgends Teerseife.

Ich warte. Der Wald wartet. Als ginge es um irgendeine Mutprobe. Wer atmet oder blinzelt zuerst? Was passiert, wenn einer von uns es tut? Ich werde es nie wissen. Der Wald kann abwarten, er hat die Willenskraft dazu. Mir wiederum fehlte der Mumm zu atmen, zu blinzeln und zu fragen: »Gut: Und was jetzt?« Seither grüble ich, was passiert wäre, wenn ich es getan hätte.

Ich starre in die Nacht, bis die Sonne aufgeht. Und jetzt bemerke ich etwas sehr Unerwartetes. Ich hatte damit gerechnet, dass mich der Wald auf die Probe stellen würde. Was auch der Fall war. Und dass ich versagt hätte und mit eingezogenem Schwanz zurück ins Tal schleichen und den Zug nach Oxford nehmen müsste – und wahrscheinlich sogar noch pünktlich zu Toms Gitarrenstunde zurück sein würde. Aber allem Anschein nach ist es keine Prüfung gewesen, bei der es um Bestehen oder Durchfallen geht. Ich habe in der Kategorie »offenbarende Vereinigung mit dem Berg« vielleicht nicht gerade mit Auszeichnung bestanden, aber ich werde auch nicht mit leeren Händen nach Hause geschickt.

Der Berg ist so großzügig, wie es der Sinai und mein Freund Chris vor all den Jahren gewesen sind. Er nimmt es mir nicht übel, dass ich auf und davon bin und ihn mit dem Exmoor betrogen habe, weshalb ich mich in meinem elterlichen Zuhause nicht mehr blicken lassen solle. Stattdessen schickt er mir die kopfwackelnde Elster vorbei, und da ist tatsächlich wieder ein einäugiges Rotkehlchen – auch wenn ich nicht sicher bin, ob es unseres ist: Dieses wirkt eher verschüchtert, aber vielleicht hat ihm ja das

Leben gerade böse mitgespielt. Und dann, *am helllichten Tag!* – als höchstes Zeichen von Gnade und Vergebung – die Häsin. Ich sitze am Rand der Wiese, und sie hoppelt fast bis zu meinen Füßen und sieht mich an, ich erwidere den Blick, und der Schaltkreis zwischen uns schließt sich und setzt etwas in Gang, was nie enden wird.

Also bleibe ich. Ich schlafe tagsüber und bin nachts unterwegs, denn in der Nacht kommt das Land hervor, sodass man ihm begegnen kann. Ich wandere weite Strecken, halte mich oft fern vom Wald, schlafe in Gräben, im Schatten von Bruchsteinmauern, in Felshöhlen an den Gritstone Edges, unter trockenen Laubhaufen, auf Kiefernnadelmatratzen und im Moorland, mit den Lichtern von Sheffield auf der einen und dem hellen Schein von Manchester auf der anderen Seite. Mit desinteressierten, fetten Moorhühnern und ach so weich gefiederten Eulen und hartgesottenen Füchsen, denen die aufsteigende Kälte nichts anhaben kann.

Die letzten Schwalben sind fort, allmählich kehren die Gänse zurück. In den letzten Sommerwochen war ich hektisch damit beschäftigt, die letzten Sonnenstrahlen zu tanken und den letzten Nektar des Sommers zu sammeln, denn ich wusste, dass ich eine Weile davon zehren musste. Doch nun macht mir die Kälte keine Sorgen. Und das liegt nicht daran, dass ich eine dicke Fettschicht um meine Seele habe. Ich fühle, was ich vorher lediglich wusste: dass das Land überdauern und wiederkommen wird und dass auch ich, wenn ich ihm so nahe bleiben kann wie jetzt, überdauern werde.

Ich ziehe nun Kreise, ziehe sie immer enger und enger um Sheffield, schlafe auf alten Abraumhalden und im Unterholz, wo sich die Stadt geschlagen gibt und die Wildnis beginnt. Manchmal bin ich nahe genug an einer Straße, um die Busse vorbeifahren zu sehen, und ich frage mich, ob in dem Bus jemand sitzt, mit dem ich zur Schule gegangen bin, und falls ja, wie sein und mein Leben aussehen würde, wenn wir in Kontakt geblieben wären. Hier sollten sich eigentlich meine alten Selbstvorwürfe wieder zu

Wort melden: »*Du* hast sie verlassen. *Du* bist weggegangen. *Du* bist ein Hochstapler. Überleg nur mal, was du hättest werden können, wenn du deine Wurzeln nicht gekappt hättest, die tief in diesen Boden reichen, der dich genährt hat. Vielleicht wärst du inzwischen ein ansehnlicher Baum.« Aber es bleibt alles still.

X ist jetzt immer da. Oft ganz in der Nähe. Manchmal hat er mir das Gesicht halb zugewandt. Manchmal erschnuppere ich seinen Geruch – Schweiß, Harnstoff und Holzrauch –, wenn der Wind sich dreht. Normalerweise ist er allerdings nur ein großer grauer Schemen am Horizont meines inneren Auges.

Tagelang bin ich davon ausgegangen, dass mich mein Weg zum Sinai zurückführen würde. Manchmal kann ich ihn sehen – über den Baumkronen, über den Dächern der Vorstadt, über dem braunen Moorwasser eines Flusses. Doch als ich eines Abends in der Astgabel aufwache, in der ich tagsüber geschlafen habe, weiß ich, dass ich nicht dorthin gehen muss, um Vergebung oder Erfüllung oder überhaupt irgendetwas zu finden.[103]

Noch immer umfängt ein Geist von Bedauern und Reue und Teerseifengeruch diesen Ort. Aber solange ich draußen in meinem Biwaksack schlafe, verhöhnt mich dieser Geist nicht und quält mich auch nicht mit zerreißender Sehnsucht.

»Erzähl mir eine Geschichte, Dad«, bittet Tom.

Wir sind wieder in Oxford, sitzen in unserem Stadtwald in der Nähe des Kindergartens auf Baumstümpfen. Wir haben ein Feuer entfacht und grillen Würstchen und Pilze, wobei wir hoffen, dass keiner der hiesigen Paragrafenreiter auftaucht und wegen Gesundheits- und Sicherheitsbedenken herumlamentiert.

Gut, Tom, ich werde es versuchen.

Es war einmal, die Welt war schon sehr alt, da lebten hier – gleich neben dieser Eiche – ein Mann und eine Frau. Sie hatten mehrere Kinder, und sie liebten sie sehr. Jemanden sehr zu lieben ist immer ein Problem, aber dieser Mann und diese Frau hatten ein besonderes Problem. Denn diese Kinder mussten, wie alle Kinder, gefüt-

tert werden, und das bedeutete, man musste das töten, was der Mann und die Frau ebenfalls liebten: Tiere und Pflanzen. Jedes Mal, wenn der Mann oder die Frau die Hand erhob, um ein Tier zu töten oder eine Pflanze aus dem Boden zu reißen oder eine Beere abzuzupfen, hörten sie ein Flehen: »Töte mich nicht«, jammerte es schrill. »Bitte töte mich nicht. Tust du es doch, werden meine Kinder es dir heimzahlen, und wir werden auf ewig deine Plagegeister sein. Du wirst schon sehen!«

Was sollten der Mann und die Frau also tun? Sie konnten doch ihre Kinder nicht verhungern lassen. Aber sie brachten es auch nicht fertig zu töten.

Ihre Kinder wurden dünner und dünner. Man konnte ihre Rippen sehen, und ihre Wangenknochen traten deutlich hervor.

Da humpelte eines Tages eine alte Frau in den Wald.

»Was stimmt nicht mit deinem Bein?«, fragte der Mann. Daraufhin hob die alte Frau ihren Fellmantel an, und der Mann sah, dass ein langer Stachel in ihrem Bein steckte. Die Wunde hatte sich entzündet, und Fliegen summten darum herum.

»Setz dich«, sagte der Mann. Und er zog zusammen mit seiner Frau den Stachel heraus, wusch die Wunde mit Wasser aus dem Fluss aus und verband sie mit Flechten.

»Ihr seid sehr freundlich«, sagte die alte Frau. »Danke. Aber jetzt bin ich hungrig. Habt ihr etwas zu essen für mich?«

Der Mann und seine Frau sahen einander an. Es war ihnen sehr peinlich, dass sie nichts hatten, was sie der alten Frau hätten anbieten können.

»Es tut mir sehr leid«, erwiderte die Frau, »aber wir haben nichts. Deshalb sind wir auch alle so dünn.« Und sie erzählte ihr die Geschichte.

»Ach du liebe Güte«, meinte die alte Frau. »So geht das nicht. Ich will mal sehen, ob ich euch helfen kann.« Sie schloss die Augen, zählte langsam bis drei – und kaum hatte sie die letzte Zahl ausgesprochen, rauschte sie durchs Dach der Hütte davon.

Der Mann und seine Frau waren verblüfft. Wo konnte sie nur sein? Nun, sie mussten nicht lange warten. Ein paar Minuten spä-

ter war die alte Frau schon wieder da und setzte sich in der Mitte der Hütte auf den Boden.

»Es wird sich alles richten«, sagte sie. »Ich habe mit den Tiergöttern und den Pflanzengöttern gesprochen, und es stört sie nicht, wenn ihr ihre Tiere und Pflanzen esst, solange ihr freundlich seid.«

»Mir fällt ein Stein vom Herzen«, sagte der Mann. »Danke. Aber wo warst du denn?«

»Einfach dort, woher die Pflanzen und die Tiere kommen und wohin sie irgendwann wieder gehen. Und wo ihre Götter leben.«

»Könnten wir auch dorthin gehen?«, fragte die Frau. »Wir würden uns gern bedanken. Oder?« Dabei sah sie ihren Mann an, und er nickte.

»Nun ja, das könntet ihr.« Zweifel lag in der Stimme der alten Frau. »Und eines Tages werdet ihr das auch. Aber seid ihr wirklich sicher, dass ihr jetzt dorthin wollt?«

Der Mann und die Frau erschraken, dennoch sagten sie Ja, und so führte die alte Frau sie durch den Wald zu einer Stelle, an der sich eine Höhle im Felsen auftat. Schon immer hatten der Mann und die Frau sich vor diesem Platz gefürchtet, denn sie wussten, dass dort Bären lebten. Aber die alte Frau sagte etwas zu ihrem Stock, woraufhin er aufleuchtete, und dann führte sie die beiden hinein, immer weiter und immer tiefer.

Ich weiß nicht, was der Mann und die Frau dort unten gesehen haben. Sie wollten es mir nie erzählen. Aber ich weiß, dass ihre Kinder von diesem Tage an wohlgenährt und stark waren und dass der Mann und die Frau und auch ihre Kinder, als sie älter waren, oft nachts zu dieser Felsenhöhle gegangen sind. Und wenn sie zurückkamen, wirkten sie irgendwie verändert.

Die Familie wurde hier in der Gegend berühmt. Das hatte zwei Gründe. Zum einen gingen der Mann und die Frau, kaum dass die alte Frau sie verlassen hatte, zu der Stelle im Wald, an der sie vor Jahren ihre Eltern begraben hatten. Sie gruben und scharrten, bis sie auf ihre Gebeine stießen. Diese säuberten sie sorgfältig und brachten sie in ihre Hütte. Und wenn sie dann zu einer längeren

Jagd aufbrachen, wie sie es manchmal taten, trugen sie beide ein Armband aus Handknochen. Die übrigen Knochen verwahrten sie derweil sicher unter einem Stein.
Der andere Grund war, dass sie hervorragende Geschichtenerzähler wurden. Im Winter errichteten sie große Lagerfeuer, sie mussten richtig groß sein, weil alle Leute aus nah und fern kamen und sich ans Feuer setzten, um die Geschichten zu hören. Natürlich hatte es auch zuvor schon Geschichten gegeben, aber das waren eher Berichte aus dem Alltag gewesen: wie die Hirschjagd verlaufen war; welche Beeren einen krank gemacht hatten. Doch die Geschichten, die der Mann und die Frau erzählten, waren anders. Sie erzählten von Reisen, allerdings von Reisen zu eigenartigen Orten, auf denen sie eigenartigen Wesen begegneten; und von Geschenken, die sie mitgebracht hatten; und wie man, wenn man eine Blume oder auch irgendetwas anderes ganz genau betrachtete, erkannte, dass die Dinge nicht immer so waren, wie sie schienen. Und sie erzählten die Geschichten so, als ob sie wichtig wären und als ob es ebenso wichtig wäre, dass jeder seine eigenen Geschichten entdeckte und erzählte, denn wenn auch nicht die Menschen, so würden doch diese Geschichten ewig überdauern. Manchmal wurden diese Geschichten ganz wundersam, weshalb Worte dafür nicht mehr ausreichten, und dann fingen sie an zu singen, oft mitten in ihrer Erzählung, wenn ihnen ein Wort oder ein Satz unzureichend erschien. Oder sie standen auf und tanzten um das Feuer, um zu zeigen, wie diese Wesen gelaufen, geschlichen oder herumstolziert waren.
Der Mann und die Frau wurden alt, aber das schien sie nicht zu bekümmern. Als die Zeit zu sterben für sie gekommen war, sagten sie zu ihren Kindern, die nunmehr die größten und stämmigsten der ganzen Sippe waren, sie sollten ihre Knochen, nachdem die Vögel sie abgenagt hatten, auf einen hohen Felsvorsprung in der Höhle legen, die ihnen die alte Frau vor all den Jahren gezeigt hatte, zusammen mit den Knochen ihrer Mütter und Väter. Und so geschah es.

»Sehr interessant«, sagte Tom. »Jetzt muss ich aber wirklich Gitarre üben.«

»Oh, du strolchst also gar nicht mehr mit den Archetypen herum«, begrüßte mich die stark parfümierte Frau.
Ach nein? Ehrlich gesagt bin ich mir da nicht so sicher.

Teil 2: Neolithikum

Winter

*Ich verurteile nicht den Beruf des Buchhalters, lediglich,
dass er sich Kompetenzen in sämtlichen Bereichen aneignet.
Wenn wir – was sich abzeichnet – in eine Phase eintreten,
die einem Materialismus auf Kosten des Fortschritts zugeneigt ist,
dann sind wir in der Hand des Buchhalters, in einer spirituellen
Eiszeit, in der alles gefrieren wird und es kein Wagnis gibt, und
ohne Wagnis keine Bewegung, ohne Bewegung keine Suche, ohne
Suche keine Zukunft. Finsternis wird über der Urflut liegen.*
Alan Garner, »Aback of Beyond«[104]

Wenn man aufhört zu gehen, geschehen Dinge.

Ich befinde mich im Norden Kenias, im Hochland unweit des Mount Kenya, und wohne bei einem befreundeten Zoologen, der hier eine Farm hat. Es ist jetzt Mittag. Ich war schon lange vor der Morgendämmerung auf den Beinen, nachdem mich ein Klopfen an meiner Zimmertür geweckt hatte.

»Bitte, bitte aufstehen. Feuer. Feuer.«

Kaum hatte ich mich aus dem Bett gehievt, roch ich es: Rauch, der zu süß war, um Angst einzuflößen.

Zur Panik gab es keinen Grund. Es war ein Buschfeuer, etliche Kilometer entfernt, doch es wehte eine sachte Brise in unsere Richtung. Wir setzten uns auf die Terrasse, aßen Papayas, betrachteten die Giraffe an dem Wasserloch unterhalb des Hauses und griffen von Zeit zu Zeit zum Fernglas, um das Feuer zu beobachten. Man sah nur die dünne Linie einer blauen Wolke, nichts Bedrohliches, nichts, was sich sichtbar auf uns zubewegte. Doch gelegentlich hob die Giraffe den Kopf, drehte sich um und blickte zu dieser Linie, bevor sie weitertrank. Ich widmete mich wieder den Papayas und meinem Buch.

Aber jetzt fahren wir in Richtung des Feuers und stellen den Land Rover auf einem Hügel ab, einige Hundert Meter von der Feuerfront entfernt. Im Busch unter uns wimmelt es von Wildtieren: Elenantilopen, Ducker, Thomson-Gazellen, Warzenschweine, Büffel, Oryxantilopen und Vögel, die lieber zu Fuß gehen. Sie alle halten auf das Haus zu, bleiben öfter stehen und schauen nach hinten, während wir noch etwas näher auf den brennenden Busch zufahren. Inzwischen hören wir auch das Prasseln. Direkt hinter dem Rauch jagen Schwalben im Sturzflug den Insekten hinterher, die das Feuer aufgescheucht hat.

Die Flammen an sich sind nicht beeindruckend. Nur gelegentlich sieht man irgendwo ein Gestrüpp pfeifend auflodern. Ja, die Pfeifakazienbüsche geben tatsächlich Pfeifgeräusche von sich, wenn die heiße Luft in ihren hohlen Stachelverdickungen herumwirbelt, und ein merkwürdiges Ächzen ertönt, wenn ein Ast vom Stamm gerissen wird. Meistens kriecht der Buschbrand aber nur mit der Intensität einer Zigarettenglut durchs braune Gras.

Wir sind nicht besorgt. Dass ein solches Feuer die unbefestigte Straße zwischen diesem Buschgebiet und der Farm überspringt, ist unwahrscheinlich, außerdem beginnt sich der Wind zu drehen. Wir fahren zurück zum Haus und gönnen uns die dritte Kanne Kaffee.

In der Nacht dreht der Wind und treibt das Feuer zurück, wo es keine neue Nahrung mehr findet und bald erlischt.

Am nächsten Morgen spazieren wir durch das schwarze Ödland. Unter unseren Füßen ist es immer noch sehr warm. Die Schakale, Hyänen, Geier und Krähen haben nicht viel übrig gelassen, aber es liegt immer noch ein sonntagmittäglicher Bratengeruch in der Luft. Manchmal kann man die Reste der Kadaver noch erkennen. Wir sehen viele Afrikanische Igel, oft zusammengerollt, als hätten sie gehofft, ihre Stacheln könnten die Flammen abwehren. Von den Aasfressern wurden sie verschmäht, weil es momentan noch leichtere Beute gibt. Ein Quastenstachler, der nicht schnell genug davonschlurfen konnte, liegt auf dem Rücken, die Beine flehentlich erhoben, die Lippen zu einem letzten Fletschen verzogen. Doch die meisten Tierkörper sind nicht mehr zu identifizieren: verkohlte Rümpfe, die zu Lebzeiten wohl Stachelmäuse, Kusuratten und Erdhörnchen waren. Oft stoßen wir auch auf Schlangen, die mitunter in anatomisch unmöglicher Weise verkrümmt oder verknotet sind, manchmal aber auch lang und starr wie ebenholzschwarze Besenstiele daliegen. Ganz kleine Säugetiere könnten überlebt haben, falls sie sich in Löchern zwischen den Wurzeln des Grases verkrochen haben, das da und dort schon wieder an die Oberfläche drängt.

Zurück im Haus frage ich mich, wie ich mich fühlen würde, wenn ich das Feuer gelegt hätte.

Das Neolithikum, auch Jungsteinzeit genannt, war eine Epoche der Domestizierung – von Getreidearten, Schafen, Ziegen, Kühen, Schweinen und uns Menschen. All dem ging jedoch die Domestizierung des Feuers voraus.[105] Der *Homo erectus* und der *Homo neanderthalensis* hatten das Feuer gezähmt. Es war in Form von Blitzen vom Himmel herabgeschleudert worden, drang als brennendes Sumpfgas aus dem Wasser, entsprang aneinandergeschlagenen Steinen als Funken, die sich mit Moos oder Schwammpilzen einfangen ließen, oder ruhte still und unsichtbar im Feuerstein, bis es durch einen Schlag geweckt wurde.

Das Feuer hat uns einst große Dienste erwiesen. Es hatte Löwen vertrieben, den Menschen ansonsten unzugängliche Kalorienquellen in der Nahrung erschlossen und ihnen die Entwicklung größerer Gehirne und Körper ermöglicht. Es gewann den Wettkampf gegen das Sonnenlicht und verlängerte den Tag, und wenn sich die Jäger und Sammler darum versammelten, schuf es den Rahmen, den eine Gemeinschaft braucht. Es könnte fruchtbare Metaphern hervorgebracht haben, die sich, sobald sie einmal in der Welt waren, immer weiter fortpflanzten. All dies waren indes Vorzeichen einer hochmütigeren Form von Herrschaft.

Denn das Feuer wurde wahllos als Waffe gegen die Natur eingesetzt – als Massenvernichtungswaffe. Und diese trieb einen Keil zwischen die Menschen und ihre natürliche Umgebung.

Zweifellos hatten die prähistorischen Menschen miterlebt, was ein Feuer bewirken konnte, wenn es größer als eine normale Feuerstelle war. Sie beobachteten Buschfeuer, so wie ich, und stellten fest, dass nach dem Brand Wildtiere auf die Lichtungen kamen, angelockt von frisch hervorsprießendem Gras. Sicherlich folgerten sie, dass ein Feuer ihnen Fleisch in greifbarere Nähe bringen konnte, und setzten vor dem Neolithikum wohl auch Feuer dafür ein. Doch im Großen und Ganzen war das Jagen im Jungpaläolithikum und im Mesolithikum eine heikle, religiöse Angelegenheit mit zahlreichen Tabus. Ein Leben zu nehmen war eine ernsthafte und riskante Sache. Um fürchterliche Konsequenzen für den Tötenden und seine Gemeinschaft zu vermeiden, musste das Töten wohlüberlegt und zielgerichtet sein und von Gebeten und Liturgien begleitet werden. Ja, es gab Massenabschlachtungen. Die jungpaläolithischen Jäger schlugen wahre Schneisen in die Herden großer Tiere und trugen damit (zusammen mit dem Klimawandel) beträchtlich zur Auslöschung der charakteristischen Megafauna des Pleistozäns bei. Doch solche Überjagungen lassen sich wahrscheinlich eher auf eine ökologische Fehleinschätzung zurückführen als auf jene psychopathische Distanziertheit, die später folgte.

Im Neolithikum benutzte man Feuer, um alles zu vernichten, was dem Menschen hinderlich erschien. Vormals war eine Bitte und wahrscheinlich eine Art beschwerlicher Buße erforderlich, wenn man den Ast eines Baumes abbrechen wollte. Jetzt gingen ganze Bäume, ganze Landstriche samt allen dort lebenden Gemeinschaften in Rauch auf. Die alten Gesetze wurden missachtet, und zwar in solchem Umfang, dass die alten Methoden der Sühne und Wiedergutmachung nicht mehr funktionierten. Wer einen ganzen Wald vernichtet hatte, konnte nicht auf eine schamanische Reise gehen, um seine angesengte Seele zu heilen: Er wäre von all den erzürnten Tiergeistern gelyncht worden.

Daher behaupte ich, dass bereits der Einsatz von Feuer zur Brandrodung eine enorme theologische Verschiebung bedingte. Die einzelnen Seelen der vernichteten Lebewesen konnten unmöglich besänftigt werden. Also wurde es notwendig, sich selbst einem transzendenten Wesen untertan zu machen, einem Lehensherr der verwüsteten Gebiete, der einzig und allein solche Zerstörungen legitimieren konnte. Diese Verschiebung brauchte Zeit. Der Ahnenkult war ein Schritt in diese Richtung.

Hat man einmal angefangen, wahllos zu töten, tut man es immer wieder. Unser Verhalten verändert unsere Identität. Und so haben sich die Menschen durch den Akt, mit einer Fackel Buschwald in Brand zu setzen, neu erfunden. Ontologisch waren sie den Wildtieren und den Bäumen gleichgestellt gewesen: Aber jetzt hatten sie sich (letztendlich vielleicht durch die von einem feudalen Gott übertragene Macht) zu deren Herren aufgeschwungen. Ein Großteil des üppigen Waldlands, das das mesolithische Europa bedeckte, fiel Feuer und Abholzungen zum Opfer. Doch die Auswirkungen auf die Menschen waren weitaus größer. Für gewöhnlich schaden Gewalttaten dem Täter mehr als dem Opfer. Es mag eine gewisse Zeit dauern, aber das Universum schlägt stets zurück.[106]

Wenn man einen Landstrich niederbrennt, tut man es nur, weil man es satthat, herumziehen zu müssen, um Nahrung zu besorgen, und sie sich lieber aus dem Wald oder vom Feld oder vom Laden nebenan holt oder durch die Arbeitskraft anderer bringen lässt. Dieses Verlangen nach Bequemlichkeit ist fatal. Dadurch verstößt man gegen das unveränderliche Gesetz, welches besagt, dass bei uns und bei allem, was wir anfassen, alles schiefgehen wird, sobald wir aufhören zu wandern.

Es ist wieder früher Morgen. Der Wecker klingelt um 3:30 Uhr. Ich spritze mir Wasser ins Gesicht, ziehe mich an, schwinge mich aufs Fahrrad und radle los.

Es ist bitter-beißend kalt. Bis ich den Minibus erreiche, habe ich keine Menschenseele gesehen. Die meisten von den anderen sitzen schon drin. Auf das Schlachthaus haben sie ebenso wenig Lust wie ich. Ich nicke ihnen grimmig zu. Die Wachen von ihnen erwidern den Gruß.

»Heute ist Spaß und Spiel angesagt.«

Die Fahrt – vorbei an gefrorenen Rübenäckern – dauert etwa eine Stunde. Kurz vor fünf sind wir da. Das Gebäude steht allein in der Landschaft, ist etliche Kilometer vom nächsten Ort entfernt. Schon jetzt herrscht viel Betrieb. Es brummt und scheppert, und sogar im Freien und mit triefender Nase riecht man Schweinekacke. Mehrere Lastwagenladungen Schweine sind angekommen. Nach den Aufschriften auf den Lkws zu schließen, hat der Tag für diese Schweine noch früher begonnen als für mich. Manche von ihnen stammen aus hundertfünfzig Kilometer weiter nördlich gelegenen Schweinemastbetrieben – riesige Kunststoffhallen ohne natürliches Licht. Diese Tiere haben noch nie einen Fuß auf Erde gesetzt; ihre neugierigen feuchten Nasen haben noch nie etwas Interessanteres als das biochemisch aufbereitete Konzentrat erschnuppert, das ein Roboter in ihre Tröge spritzt.

Der Betriebsleiter kommt heraus, um uns zu begrüßen. Er trägt Anzug und Krawatte und kurze weiße Gummistiefel. Dank einer Haube aus Polyäthylen landen nicht alle seiner Schuppen auf seinen Schultern. Er reicht uns seine feuchte Hand. Die Finger sind wurstartig, die Nägel makellos.

»Willkommen! Willkommen, Herrschaften. Wir freuen uns sehr, dass Sie gekommen sind, um sich selbst ein Bild davon zu machen, wie vorschriftsmäßig hier gearbeitet wird. Ist jemand von Ihnen Vegetarier?« Mit nachsichtigem Lächeln blickt er in die Runde.

»Nein? Gut. Nicht, dass das ein Problem wäre. Wir haben hier nichts zu verbergen, überhaupt nichts. Ich werde Sie jetzt der fürsorglichen Obhut von Ron übergeben. Ron ist unser leitender Vorarbeiter, und jeder von Ihnen wird einen Pie bekommen, gefüllt mit seiner Hände Werk. Stimmt's, Ron?«

»Klar, Chef, sowieso.«

Ron ist Ende fünfzig, mit einem weißen martialischen Schnauzer, Drachen, die sich um seine enormen Unterarme winden, anderen selbst fabrizierten Tätowierungen auf den Fingerknöcheln und einer völligen Leere im Blick. In Schlachthäusern arbeitet er – mit Unterbrechungen – schon, seit er von der Schule weiter unten an der Straße abgegangen ist.

»Sie können Ihr Marschgepäck hier drin lassen«, erklärt er, als er die Tür zum »Mitarbeiterraum« öffnet. Offensichtlich bemüht er sich um einen militärischen Ton, aber ich bin mir ziemlich sicher, dass er niemals Königin und Vaterland gedient hat.

Der Aufenthaltsraum riecht nach schlechtem Atem und Fürzen. Der Mülleimer ist voller Cola-Dosen und Fritten. Auf dem Tisch in der Mitte stapeln sich Pornohefte. Eines ist auf der Seite »Leserfrauen« aufgeschlagen. »Entschuldigung«, sagt Ron beflissen, schlägt das Heft zu und legt es auf den Stapel. »Die Jungs brauchen was zur Entspannung. Kann ganz schön stressig sein, unser Job.«

Ringsum sind Spinde, in denen die Arbeiter ihre Sachen verstauen. Darauf stehen ihre Namen, die Namen von Weißen: Barry, Gary, Len, Steve. Jemand hat »Steve« durchgestrichen und in Großbuchstaben »PÄDO« drübergeschrieben.

Wir stellen unsere Rucksäcke ab, schlüpfen wortlos in die Overalls und Stiefel, die Ron uns aushändigt, und durchqueren im Gänsemarsch den Verwaltungstrakt des Schlachthauses. Es ist kalt und still. Nur gelegentlich hört man metallisches Klirren, das Prasseln von Schläuchen, das Sirren von Wetzsteinen beim Messerschleifen. Am anderen Ende regt sich etwas unter Dampfwölkchen.

Was sich da regt, sind die Schweine. Sie sind jetzt in Sammelboxen gesperrt, in denen sie sich wegen der Kälte aneinanderpressen. Etwa eine Stunde lang bleiben sie hier, um sich nach der Anreise zu beruhigen. Sie wirken weder bekümmert noch desorientiert. Vergnügungen jeglicher Art sind ihnen fremd. Sie erwarten gar nicht erst, dass man sie frei herumlaufen lässt, und bislang ist weder Blut zu riechen noch Kreischen zu hören. Wenn da vorne, wo es ernst wird, alles vorbereitet ist, werden die Tiere von Steve, dem Pädo, der mit einem Brett bewaffnet ist, in einen Gang zwischen hohen Mauern getrieben.

Wir dürfen die Sammelboxen betreten, um uns selbst davon zu überzeugen, wie glücklich hier alle sind, und kraulen dem einen oder anderen Schwein den Rücken. Dabei schauen sie mit ihren kleinen Augen zu uns auf, die, gemessen pro Quadratzentimeter sichtbarer Augenoberfläche, die ausdrucksvollsten der Welt sind – selbst im Vergleich mit den schönsten der Royal Shakespeare Company. Kein Mensch hat diesen Schweinen je zuvor den Rücken gekrault, und es wird auch nie wieder einer tun.

Mittlerweile haben sie sich einigermaßen beruhigt, vorne ist alles bereit, und Steve scheucht sie jetzt weiter. Diejenigen ganz hinten rappeln sich widerwillig auf und machen sich auf den Weg durch den Gang. Neugierig, wie alle Schweine sind, versuchen sie ihre Schnauzen unter die nicht vorhandenen Wurzeln und Steine unter dem rutschhemmenden Betonboden zu stecken. Die Schweine in der Mitte schieben sich vorwärts, weil das auch ihre Artgenossen weiter vorne tun und weil das ihre Freunde sind, deren Gesellschaft sie an diesem seltsamen Ort tröstlich finden.

Vorne nähern sich die ersten der Betäubungsbox; für Schweine, die an Zinkstahlgitter gewöhnt sind, hat diese Box nichts Unheimliches an sich. Nachdem das erste Schwein hineingetrottet ist, legt sich eine stumpfe Halteklammer um das Tier, damit es nicht zurückweichen kann. Barry beugt sich vor, legt dem Schwein die Betäubungszange um den Kopf und drückt auf einen Knopf. Ein Stromstoß jagt durch den Kopf des Tiers, sein Körper wird steif, und seine Augen schließen sich, als lauschte es gerade einer Gutenachtgeschichte. Dann öffnet sich eine Falltür, und das Schwein gleitet auf einer Rutsche hinunter zur nächsten Station.

Für die Schweine dahinter ist das eher interessant als erschreckend. Was der Betriebsleiter gesagt hat, hat sich bisher bestätigt. Ich hätte eigentlich reflexartige Schreie erwartet, wie man sie kennt, wenn ein Schwein hart an den Flanken gepackt wird, oder Todesangst und Massenpanik. Aber nichts davon geschieht. Die Schweine und die Menschen zeigen sich von ihrer besten Seite.

Glücklich mit seiner bisherigen Vorstellung, die er schnell zu Ende bringen will, solange alles so gut läuft, scheucht uns Ron den betäubten Schweinen hinterher.

Dass das alles so unzeremoniell und ohne Protest abläuft, bedrückt mich. Diese Schweine rebellieren nicht dagegen, dass ihnen das Lebenslicht ausgeblasen wird. Das Schlachten ist ein Geschäft, und empörenderweise verhalten sich auch die Schweine geschäftsmäßig. Durch ihre Komplizenschaft, so scheint es mir, machen sie sich mitschuldig. Der Tod sollte ein besonderes Ereignis sein – hier ist er das nicht. Wenn sich das Sterben derart routinemäßig vollziehen kann, wie sollen wir uns dann jemals sicher fühlen? Und was ist mit dem Zeremoniell? Tja, diese Männer hier stehen auf, frühstücken, gehen kacken, fahren zum Schlachthof, während sie im Radio Fake News und Musik aus der Konserve hören, ziehen sich um, blättern gelangweilt die »Leserfrauen« durch, spritzen sich mit dem Schlauch ab, schleifen ihre Messer, ziehen sich gegenseitig auf und warten dann Kaugummi kauend auf die 700 Tiere, die sie an diesem Tag töten werden, so wie am Tag davor und am Tag danach und bis ans Ende aller Tage oder bis sie von zu vielen Schinkenbrötchen einen Herzinfarkt bekommen – welches Ereignis auch immer zuerst eintreten mag. Was erwarte ich also von diesen Männern? Ein Vaterunser vor jedem abgestochenen Schwein? Eine Verhaltenstherapie für die Schweine vor der Betäubungskammer? Trauerhilfe für die Tiere weiter hinten in der Schlange?

Unten an der Rutsche liegt ein zuckender Haufen. Gary legt einem Schwein eine Kette ums Hinterbein, und es wird hochgezogen, so wie anschließend jedes Schwein, und mittels einer Laufschiene langsam zu Len, dem Killer, transportiert. Len rammt den Schweinen ein Messer in die Kehle. Wenn er es herauszieht, beginnt das Blut zu strömen und spritzt auf seine Schürze und Stiefel.

Immerhin waren meine Sorgen wegen eines fehlenden Zeremoniells unbegründet. Len hat eine schöne Baritonstimme und singt ganz famos im Takt zu den Messerstichen in die Schweinekehlen: »Alle Dinge dieser Welt«.

Alle [Stich] Dinge dieser Welt,
in ihrer **ganzen** [Stich] Pracht,
alle [Stich] Wesen groß und klein,
der **Herr** [Stich] hat sie gemacht.

Ron ist stolz auf seinen geistreichen Kollegen, grinst, klatscht mit und schaut uns Beifall heischend an.

Als Nächstes landen die abgestochenen Schweine in der Abbrühanlage. Hier kann einiges schiefgehen. Wenn Len bei seiner Arbeit geschlampt hat, kann das Schwein das Bewusstsein wiedererlangen, und falls das passiert, wäre sogar Dante um Worte verlegen: Das Tier kreischt, taucht auf und unter, verdreht die Augen, schluckt literweise kochendes Wasser samt Blut und Kacke. Aber zumindest heute hat Len aufgepasst, die Schweine wandern geräuschlos und zuckend weiter zur Enthaarung, Entweidung und Zerlegung. Ron kann aufatmen. Er liefert uns wieder beim Betriebsleiter ab. Job erledigt.

»So, meine Damen und Herren, es gibt hier also nichts, wovor man Angst haben muss, habe ich recht? Wenn Sie Ihre Würstchen mit Kartoffelbrei essen, wissen Sie, dass das Schwein nicht mehr gelitten hat als die Kartoffeln, stimmt's?« Diese Floskel bemüht er nicht zum ersten Mal, er ist sichtlich stolz darauf.

Auf der Heimfahrt im Minibus sagt niemand ein Wort. Zur Mittagszeit sind wir zurück. Um 13:30 Uhr finden die nächsten Schlachtungen statt.

Ich habe X damals nicht gesehen, aber wenn er da gewesen wäre, hätte ich tunlichst vermieden, ihm in die Augen zu schauen.

Vom Jungpaläolithikum zum Schlachthaus ist es ein sehr weiter Weg, aber es ist verblüffend, wie weit man kommen kann, wenn man aufhört zu wandern.

Es wäre unfair und dumm, einen Prozess nur nach seinem Resultat zu beurteilen, zumal wenn sich dieser Prozess über Tausende von Jahren hinzieht und überall auf der Welt und in vielen verschiedenen kulturellen Umgebungen stattfindet. Wir sollten die (langsame) neolithische Revolution nicht vorschnell in einen Zusammenhang mit den Übeln der Schlachthäuser stellen, oder mit Staaten, Fast Food, Hedgefonds, sozialer Entfremdung, Verbrennungsmotoren, der Unterdrückung der Frauen, dem Klassensystem, der Speichelleckerei in Vorstandsetagen und der Ausrottung der Amazonenpapageien.[107] Also will ich es langsam angehen. So, ich habe mehrmals tief durchgeatmet, jetzt kann ich weitermachen. Langsam und mit Bedacht habe ich den Entwurf der Anklageschrift gelesen und die Beweislage studiert, nun bringe ich oben erwähnte Anschuldigungen vor.

Die Kausalität stellt sich folgendermaßen dar. Die Menschen (nein, seien wir ehrlich: *wir*) verlangten nach Bequemlichkeit und nach dem, was wir für Sicherheit hielten. Unvorhersehbare Ereignisse wollten wir verringern oder ganz ausschließen können. Wir strebten danach, die Natur zu beherrschen, und begannen, uns als von ihr losgelöst zu betrachten, nicht mehr als ein Teil von ihr. Unsere frühen Bemühungen, die Oberhand zu gewinnen, waren sehr erfolgreich, wenngleich nur in einer Hinsicht: Es gelang uns, an einem festen Ort eine Menge Kalorien zu produzieren. Infolgedessen kam es zu einer Bevölkerungsexplosion. Nachdem das Bevölkerungswachstum erst einmal begonnen hatte, gab es kein Zurück mehr. Wir mussten noch mehr Kalorien produzieren und daher die Flächen vergrößern, auf denen wir sie produzieren konnten. Der Ortsgebundenheit – und der strengen Dialektik der Dunbar-Zahl[108] – konnten wir nicht entrinnen. Dazu kamen gesellschaftlicher Status, Überangebot, Märkte, Leute mit viel Reichtum und Macht und daher auch solche mit weniger Reichtum und Macht, allerlei Arten von Gefolgsleuten und Mitläufern und schließlich Überbevölkerung, Vereinsamung, durch Beruf oder sesshafte Lebensweise bedingte Krankheiten und Infektionskrankheiten von epidemischen Ausmaßen.

Denkt man das Ganze etwa 12 000 Jahre weiter, landet man bei uns.

In der Tundra hatten X und sein Sohn nach Elfenbein gejagt, mit Wolfsgeistern getanzt, die Gedanken ihrer Hunderte von Kilometer entfernten Familie in Frankreich beobachtet und gespürt, wie ihre Ichs anschwollen wie die Bäuche schwangerer Frauen. Da setzte eine Klimaveränderung ein. Das Eis zog sich nach Norden zurück, der Permafrostboden taute auf, und in der Tundra sprossen Wälder, genährt vom Dung der Mammuts und Wollnashörner aus vielen Jahrtausenden. Die Natur wurde fortan noch freigiebiger.

Es ist eiskalt, der Himmel blau, als wir an die Küste von Norfolk fahren, um nach Kegelrobben Ausschau zu halten, schwimmen zu gehen und im Schuppen eines Freundes Pastinakenwein zu trinken. Wir schlendern einen leeren Sandstrand entlang. Die Kinder streiten miteinander, mit wechselnden Allianzen wie im Beirut der 1970er-Jahre. Beim gegenwärtigen Disput geht es um die Frage, wem ein Kormoranschädel gehört. Ich schaue nach Osten und beobachte Tölpel beim Tauchen. Sie fressen Fische, die sich wiederum von Organismen ernähren, die ihre Existenz dem Meeresboden verdanken – dem untergegangenen Königreich Doggerland. Es ist das Atlantis des Mesolithikums, ein üppiges Paradies mit Eichen, Erlen und Haselbäumen und voller essbarem Getier, das vor rund 8500 Jahren vom Meer erobert wurde. Ich habe mal eine Vorlesung im *Natuurhistorisch Museum Rotterdam* gehalten, wo viele Artefakte aus Doggerland aufbewahrt werden, aus der Tiefe geholt von Schleppnetzfischern vor der niederländischen Küste. Zum Dank für die Vorlesung bekam ich eine hübsche Geschenkschachtel mit einem Koprolithen darin, den eine mesolithische Hyäne in Doggerland aus ihrem Darm gepresst hatte. Ich empfand es als nette Geste.

Vor uns am Strand liegt eine große schwarze Masse. Die Kinder legen ihre Differenzen vorübergehend bei und laufen hin. Es handelt sich um einen großen Klumpen sehr alten Torfs, der im Begriff ist, zu Kohle zu werden: ein Stück Doggerland, vielleicht 10 000 Jahre alt. Einzelne Zweige sind noch vorhanden. Auf diesem Stück einer Erle könnte ein mesolithisches Eichhörnchen herumgehüpft sein.

Die Kinder ziehen die Zweige heraus und bestaunen sie wie die Gebeine von Heiligen. Und sie stecken ihre Nasen hinein, bis ihre Gesichter schwarz sind, weil sie die Luft einatmen wollen, die zuletzt ein Säbelzahntiger ausgeatmet hat. Dann ziehen sie trotz des schneidend kalten Windes ihre Jacken aus, um sie als Tragetücher zu verwenden, und laden so viel Torf darauf wie nur möglich.

»Bestimmt hat keiner in meiner Klasse einen prähistorischen Wald zu Hause«, meint Rachel.

Doch, denn hier in der Gegend wird viel mit Kohle geheizt, was illegal ist, aber ich bringe es nicht übers Herz, ihr das zu sagen.

Zu Hause nehmen sie den Koprolithen aus der Schachtel und legen ihn auf den Torf. Sie finden das sehr lustig.

»Vielleicht war er ja all die Jahre genau dort«, sagt Jamie. »Man kann nie wissen.«

Da hat er wohl recht.

Die mesolithischen Jäger, die noch den Wind in den Zweigen hörten, die jetzt in unserer Küche liegen, besaßen Gehirne, die hinsichtlich ihrer sozialen und sonstigen kognitiven Fähigkeiten genauso funktionierten wie die menschlichen Gehirne im Jungpaläolithikum, im Neolithikum, in der Bronze- und Eisenzeit, in der Epoche der Griechen und Römer und im Mittelalter. Auf die Frage, ob sie auch genauso funktionierten wie die unseren heute, kommen wir noch zu sprechen.

Viele teilen diese Ansicht nicht, sie argumentieren, dass erst die Sesshaftigkeit die notwendigen und hinreichenden Bedingungen schuf, um die Verwendung von Symbolen mit Riesenschritten voranzubringen, was dann große Veränderungen in unserer kognitiven Architektur angestoßen habe. Das ist eine Form kognitiver Herablassung, die den jungpaläolithischen Menschen eine intellektuelle und spirituelle Unterentwicklung unterstellt. Der Grund, warum diese Sichtweise abzulehnen ist, liegt nicht in deren politischer Unkorrektheit, sondern weil sie im Widerspruch zur Beweislage steht.

Um die Beweislage zu verstehen, müssen wir uns mit der Geschichte der Menschen in der Levante vor etwa 14 000 Jahren befassen. Dort lebten in dichten Eichen- und Terebinthenwäldern am Rand des Mittelmeers die Natufier, ein weiteres Beispiel (von vielen) für ein Volk, das sich den gängigen anthropologischen Kategorien entzieht. Waren sie Jäger und Sammler? Ja. Eine wichtige Zeit in ihrem Jahresablauf war die Ankunft durchziehender Gazellenherden, so wie die Migration der Rentiere für die jungpaläolithischen Menschen in Nordeuropa. Auch Wildesel und Wildschweine spielten, zusammen mit Nüssen, Beeren und Wurzeln, eine bedeutende Rolle. Wanderten diese Menschen ständig umher? Nein. Lebten sie in Dörfern? Ja. Kannten sie Getreide? O ja: Schon seit Jahrtausenden ernteten sie mit Feuersteinsicheln Wildgetreide, bauten dieses aber nie (oder nur selten) selbst an. Wozu auch? Die Pflanzen säten sich selbst aus, sodass es auch im nächsten Jahr genug davon gab, ohne dass man die Mühen des Anbaus in Kauf nehmen musste. Es waren ziemlich paradiesische Zustände. So konnten die Natufier Brot essen, brauchten es aber nicht im Schweiße ihres Angesichts zu tun.

Eine klimatische Veränderung vertrieb die Natufier aus dem Garten Eden: die schnelle Erdabkühlung der sogenannten Jüngeren Dryaszeit, die vor etwa 12 900 Jahren begann und mehr als eintausend Jahre dauerte. Wasser gefror zu Gletschern, was im Nahen Osten eine Dürre auslöste, sodass Eichen, Terebinthen und Gräser (insbesondere Wildgetreide) verdorrten und die Wildtierherden dezimiert und ihre bisherigen zyklischen Wanderungen unterbrochen wurden. Die Natufier standen vor einer ernsthaften Herausforderung. Was sollten sie tun? Ihre Welt hatte sich in (maximal) wenigen Jahrzehnten bis zur Unkenntlichkeit verändert.

Sie verfolgten zwei Strategien: umziehen und die traditionellen Lebensweisen wieder aufnehmen. Also wanderten sie wie ihre Beutetiere von den Hügeln in die wärmeren Täler, wo es auch noch Baumbestände gab. Dort gründeten sie erneut Dörfer, doch sie konnten nicht mehr so sesshaft leben wie zuvor. Zumindest bis zu einem gewissen Grad mussten sie zu ihrem früheren Nomadendasein zurückkehren: dorthin ziehen, wo das Universum entschieden hatte, dass es Nahrung gab. Für manche Natufier – vor allem für die auf der Sinai-Halbinsel und im Negev – bedeutete es, die Uhr komplett zurückzudrehen und sich wieder aufs Jagen und Sammeln zu verlegen wie einst im Mesolithikum und im Jungpaläolithikum.

Landbau war unter diesen Bedingungen schwierig und mühselig, aber aus der Not heraus gab es sicherlich Überlegungen, ob und wie man in den Tälern Getreide anbauen konnte, und vielleicht wurden auch erste Versuche unternommen.

Die Jüngere Dryaszeit endete noch schneller, als sie begonnen hatte. Vor ungefähr 11 500 Jahren stiegen die globalen Temperaturen binnen eines Jahrzehnts um 7 Grad. Und damit war die Bühne frei für das Neolithikum. Die alten Dörfer wurden wieder bevölkert, und von den Küsten der Levante bis hin zu den Schwemmlandebenen des südlichen Mesopotamien entstanden neue Dörfer. Hier entwickelte sich schließlich die dauerhafte Sesshaftigkeit, die, wie man uns gelehrt hat, der Katalysator für Domestizierung war, welche wiederum (so die Lehrmeinung) das ausgelöst hat, was wir »Zivilisation« nennen.

Diese Periode in der Menschheitsgeschichte wird für gewöhnlich so dargestellt: Die Sesshaftigkeit brachte gezüchtete Getreideformen hervor (vielleicht wurde aber auch Getreide, das ein früher Landwirtschaftsunternehmer in der Jüngeren Dryaszeit gezüchtet hatte, breiter verfügbar und ermöglichte dadurch eine sesshafte Lebensweise). Sesshaftigkeit und Getreideanbau sorgten für eine Bevölkerungszunahme. Unter dem Druck der Dunbar-Zahl musste die anwachsende Bevölkerung ein besonders leistungsfähiges soziales Gehirn entwickeln. Was auch geschah, und zwar indem man sich der Symbolik bediente, sie ausweitete und vervielfachte.

Die hier dargestellte Rekonstruktion hat zwei Fehler. Der erste liegt in der Annahme, wir hätten infolge unserer Sesshaftigkeit tatsächlich bessere soziale Gehirne – dazu später mehr. Der zweite ist die Unterstellung, eine anspruchsvolle Symbolik und ein komplexes Sozialleben seien nur auf der Grundlage einer vom Ackerbau geprägten Sesshaftigkeit möglich gewesen. Dem widersprechen nicht nur die großartigen Kunstwerke aus dem Jungpaläolithikum, sondern auch und vor allem die Funde im nordmesopotamischen Göbekli Tepe.[109]

Man kann dorthin gelangen, indem man sich auf eine endlos lange Fahrt mit einem der Busse einlässt, die vom hupenden Chaos des Istanbuler Busbahnhofs abgehen – und das sollte man auch wirklich tun und nicht bequem über Sanliurfas kleinen Flughafen einfliegen. Man sollte eine Menge kleiner ramponierter, schlecht bereifter Busse nehmen, die nach Qualm und Ziegen riechen, anstatt die modernen klimatisierten mit den ruckelnden Videos, und unterwegs in vielen kleinen Käffern eine Pause einlegen, um Kebab zu essen und sich anstarren zu lassen, denn es ist gut, daran erinnert zu werden, dass wir Westler ziemlich schräg sind.

Sanliurfa oder Urfa ist eine reizlose, optimistische Stadt mit Vodafone-Läden und Hühnchen am Spieß, mit Inseln von würzig duftender Dunkelheit und der Wüste vor der Tür. Vor vielen Jahren habe ich hier in der Nähe erstmals einen Vorgeschmack auf das Altertum und die Politik bekommen, mich an den Gestaden des jungen Euphrat ausgeschlafen und sonnengewärmten Rotwein aus meiner Wasserflasche getrunken.

Göbekli Tepe erreicht man von Sanliurfa aus nach einer kurzen, gemächlichen Minibusfahrt. Dass an diesem Ort alle vermeintlichen anthropologischen Gewissheiten über den Haufen geworfen werden, sieht man ihm nicht an. Es gibt keine charismatischen Sphinxe, die einem verschwörerisch zublinzeln, während sie erzählen, wie sie die akademische Welt zum Narren gehalten haben. Den Mittelpunkt der Anlage bildet ein Komplex aus T-förmigen Pfeilern, bis zu fünfeinhalb Meter hoch und 16 Tonnen schwer, die an den Seiten menschenartige Arme und Hände aufweisen – also vermutlich Menschen darstellen sollten. Manche von ihnen tragen Gürtel und Lendenschurze. Über die Körper dieser Figuren kriechen, gehen oder fliegen nicht-menschliche Tiere: Füchse, Löwen, Skorpione, Wildschweine, Schlangen, Enten und Kraniche. Die Anlage ist riesig, obwohl man bisher noch nicht viel davon freigelegt hat. Es wurden beträchtliche Mengen an Knochen gefunden (vor allem von Gazellen, aber auch von Auerochsen und Wildeseln). An diesem Ort müssen üppige Festmähler stattgefunden haben. Möglicherweise gab es sogar eine große Bierbrauerei.

Aber anscheinend lebte hier niemand auf Dauer. Wie Isotopenanalysen der Gazellenknochen zeigten, hielten sich an diesem Ort nur zeitweise Menschen auf. Vermutlich handelte es sich also um eine gewaltige Tempelanlage.

So weit, so interessant. Doch Göbekli Tepe hält zwei Paradigmen erschütternde Überraschungen bereit: Erstens wurde weder hier noch im näheren Umkreis Landwirtschaft betrieben. Die Anlage muss also von Jägern und Sammlern erbaut worden sein. Die zweite Überraschung ist die Datierung: Göbekli Tepe ist 11000 oder 12000 Jahre alt – 6000 oder 7000 Jahre älter als Stonehenge (und um ein Vielfaches größer).

Eigentlich dürfte es Göbekli Tepe gar nicht geben. Wir haben hier einen riesigen, monumentalen Megalithenkomplex vor uns, voll von kunstvoller Symbolik. Um so etwas zu bauen, muss man eine enorme Anzahl an Arbeitskräften für das Vorhaben gewinnen und sie zudem koordinieren. Man braucht die technische und soziologische Infrastruktur dafür. Dass Göbekli überhaupt existiert, setzt im Grunde voraus, dass es eine bereits stabile, strukturierte Gesellschaft gibt, die durch gemeinsame theologische Vorstellungen und eine straffe Führung zusammengehalten wird (wie auch umgekehrt Göbekli ein Indiz für eine solche Gesellschaft sein müsste). Jäger und Sammler hingegen sollten weder den Wunsch noch das Bedürfnis, noch die technischen, organisatorischen und kognitiven Fähigkeiten haben, so etwas wie Göbekli zu errichten. Aber sie haben es getan.

Vieles, was wir Zivilisation oder Kultur nennen, basiert nicht auf Sesshaftigkeit.

Steven Mithen (dem wir schon bei der Diskussion über Musik als Proto-Sprache begegnet sind) mutmaßt, die Domestizierung könnte ein Nebenprodukt solcher Anlagen wie Göbekli gewesen sein. All diese Arbeiter und Zecher und Anbeter brauchten eine Menge Nahrung und eine Menge Bier. Derlei Bedürfnisse dürften dem Organisationskomitee einiges Kopfzerbrechen bereitet haben, und möglicherweise fragten sich auch die Proto-Bauern selbst, wie sich der Ertrag an Wildgetreide vergrößern ließe. Vielleicht, so Mithens Überlegung, nahmen einige der feiernden Anbeter, verkatert vom Einkornbier oder sonstigen im Säulenwald von Göbekli feilgebotenen Rauschmitteln, ein paar dieser beeindruckenden neuen Körner mit, als sie nach Hause gingen.[110]

Woher sie auch stammen mochten, die neuen Supergräser (mit kräftigem Fruchtstand und weicher Samenhülle, mit regelmäßiger jährlicher Keimung und ohne lange Ruhephasen, und ohne die langen Grannen zum Schutz vor Vögeln) gelangten irgendwann ins Jordantal.

In Natufien hatte man nur darauf gewartet. Und hier (am augenfälligsten in Jericho) stoßen wir zum ersten Mal auf echte, eindeutige bäuerliche Gemeinschaften und ein aufblühendes Stadtleben. Es heißt oft, Jericho sei die erste Stadt gewesen. Das mag zutreffend sein oder auch nicht. Aber wenn es nicht die erste Siedlung war, der diese zweifelhafte Ehre zuteilwurde, war es zumindest nicht weit davon entfernt.

Der Bus nach Jericho geht von der arabischen Busstation in der Nähe des Damaskustors in Ostjerusalem ab, gleich unterhalb eines grinsenden Felsens, den evangelikale Christen für den Sterbeort und die Grabstätte Jesu halten. Wenig später fahren wir auf einer abfallenden Straße durch die judäische Wüste, vorbei an Hügelsiedlungen (strategisch bedeutsame Festungen, in denen es auch Kindergärten, Burger-Buden, Blumenrabatten und pendelnde IT-Spezialisten aus New Jersey gibt) und an gelegentlichen Beduinenlagern mit Kamelen, Ziegen und internetfähigen Handys. Wenn ich über die Kufiya tragenden Köpfe vor mir hinwegschaue, kann ich durch den wabernden Dunst über dem Toten Meer die roten Berge Jordaniens ausmachen.

Nördlich des Meeres verläuft die Straße durch ebeneres Gelände, und wir haben jetzt den niedrigsten an Land befindlichen Punkt der Erde erreicht. Die meisten Fahrzeuge biegen nach Süden ab, zur Westküste des Meeres, sie passieren Dattelpalmenhaine und die Berge, in denen die Schriftrollen der Qumran-Gemeinde gefunden wurden, und gelangen schließlich zu den Baderesorts des Toten Meeres, wo sich alle fotografieren lassen, wie sie im Wasser treiben und dabei Zeitung lesen.

Für mich geht es Richtung Norden weiter, parallel zum letzten Abschnitt des Jordanflusses, bevor er ins Tote Meer mündet. An einem Checkpoint der israelischen Armee müssen wir anhalten. Zur Demonstration ihrer Macht lassen die Soldaten die Businsassen manchmal in Reih und Glied in der Sonne stehen, während sie die kleinen Körbe mit Gemüse durchwühlen, das die alten Frauen auf dem Markt am Damaskustor nicht losgeworden sind, denn unter den Zucchini werden ja von jeher gern Atomsprengköpfe und russische Panzer versteckt. Doch heute sind die jugendlichen Soldaten zu träge, um sich eine solche Mühe zu machen. Sie gehen nur mürrisch durch den Bus, mustern uns unverhohlen von Kopf bis Fuß, fragen mich schroff nach meinem Pass, blättern ihn beiläufig durch und bedeuten uns weiterzufahren.

Am Checkpoint der Palästinenserbehörde vor Jericho begegnet uns eine andere, altmodischere Art von Militär: stramme Männer mit Zwirbelbart und Schulterklappen. Aber sie interessieren sich noch weniger für uns als die Israelis, und ein paar Minuten später steige ich in Jericho aus.

Ich war hier bereits Dutzende Male, oft auf der Flucht vor den bitterkalten Wintern in Jerusalem. Dies war schon immer eine Stadt der Flüchtlinge und der Besitzlosen – zuerst kamen diejenigen, die vor der trockenen Kälte der Jüngeren Dryaszeit flohen, und heute palästinensische Flüchtlinge, die den immer wieder aufflammenden arabisch-israelischen Konflikt hinter sich lassen wollen. Historisch gesehen lagen Jerichos Vorzüge darin, dass es hier warm war und Wasser gab. Doch jetzt tapsen Busladungen amerikanischer Fundamentalisten in Stretchhosen durch die Souvenirläden, wenn sie zum vermeintlichen Ort der Taufe Jesu am Jordanfluss gehen oder von dort zurückkehren, und stopfen ihre Nylonrucksäcke mit Olivenholzkamelen voll, weil Krippenfiguren aus Olivenholz zu Hause in Alabama so gefährlich katholisch aussehen. Ich besuchte die Stadt vor Jahrzehnten zum ersten Mal, saß in einem Restaurant, aß Hummus, trank türkischen Kaffee, kritzelte in ein Notizbuch, beobachtete die Unruhen und hoffte, dass das niederländische Mädchen, das ich mal hier gesehen hatte, wieder auftauchen würde.

Das alte Jericho – Tel es-Sultan – ist ein karger Hügel gleich außerhalb der modernen Stadt, neben der Quelle Ain es-Sultan, die die Hauptlebensader der Natufier – und vielleicht sogar des Neolithikums – war. In der ersten Phase dauerhafter Besiedlung (vor etwa 11 500 Jahren) war Jericho eine unscheinbare Ansammlung kleiner Rundhäuser, gebaut mit Ziegeln aus Lehm und Stroh.

Ich stehe oben auf dem Tel, dem alten Siedlungshügel. Ein heißer, von Arabien herüberwehender Wind trägt den Geruch von Orangen, brennenden Reifen und Kardamom heran. In der Plantage unter mir wogt ein Meer aus Bananenstauden, eine Glocke läutet im Kloster der Versuchung, das man in den Steilhang des Berges gebaut hat, und die Minarette der Stadt drängen mich, ich solle mich geschlagen geben und zu dem Einen Gott beten, dessen Prophet Mohammed ist. Außer mir sind nur ein paar dürre

Hunde hier oben, die genau wissen, wie weit ein Stein treffsicher geworfen werden kann, und sich lieber fernhalten, obwohl ich um ihre Gesellschaft froh wäre. Raben kundschaften die Felswände aus, auf der Suche nach einem nahrhaften Propheten.

Ich kann hier nie allzu lange bleiben, denn die Gedanken rollen erbarmungslos heran wie eine mächtige Brandung. Kann es wirklich sein, dass hier alles angefangen hat? Ist das nicht zu mickrig, um für Massentierhaltung, Pelzmäntel, Chicken Nuggets, GPS-gesteuerte Mähdrescher und Fracking verantwortlich gemacht zu werden? Wurde auf dem Feld da unten neben der Tankstelle das erste Getreide angebaut? Wenn die natufischen Jäger mit ihren langen Stöcken, an die sie die erlegten Gazellen gebunden hatten, aus den Pistazienwäldern heimkehrten, stiegen sie dann denselben Pfad hoch, den ich vorhin genommen habe?

Niemand weiß, wann und wo die Domestizierung von Tieren begann, aber Schafe und Ziegen waren als Erste dran, bald gefolgt von Rindern und Schweinen. Doch wann und wo es auch gewesen sein mag, hier in Jericho hat man sehr früh domestizierte Tiere entdeckt. Ich stelle mir vor, wie ein fußlahmer Jäger zu seinem kleinen Rundhaus zurückkommt, gleich neben der Stelle, an der ich stehe, und seiner Frau erzählt, er müsste nur einen Geschlechtspartner für dieses verwaiste wilde Zicklein finden, das sie so liebevoll aufgezogen hat, dann hätten sie immer Fleisch zur Verfügung. So könnte es angefangen haben.

Und so hat es hier vielleicht auch angefangen, dass wir einen weniger kräftigen Körper bekamen als X und dass unser Gehirn schrumpfte. (Domestizierte Tiere – Schafe, Menschen und erstaunlicherweise sogar Fische – entwickeln kleinere Gehirne als ihre wild lebenden Artgenossen. Die Reduktion betrifft vor allem das limbische System, das Achtsamkeit und allgemein die *Lebendigkeit* steuert.[III] Wer in der Wildnis lebt – egal ob Mensch oder sonstiges Wesen – hat eine intensivere Wahrnehmung und bekommt mehr Informationen über die Welt als jemand, der in einem Kasten haust.) Vielleicht geschah es hier, dass sich der Geschlechtsdimorphismus allmählich verringerte, zumindest bei

Schafen und Ziegen: Die Männchen mussten nicht mehr mit den Hörnern aufeinander losgehen oder sich sonst wie in Szene setzen, um den Weibchen attraktiv zu erscheinen, weil diese ihnen jetzt gewissermaßen auf dem Silbertablett serviert wurden. Vielleicht geschah es hier, dass die Fruchtbarkeit der Frauen, Geißen und Auen zunahm, die Weibchen lüsterner wurden, früher die Geschlechtsreife erreichten und dennoch infantilisiert waren, denn auch als ausgewachsene Tiere blieben bei ihnen verhaltensmäßige und anatomische Merkmale von Jungtieren erhalten, die bei wild lebenden Artgenossen verschwinden, sobald sie ins fortpflanzungsfähige Alter kommen.[112]

Hier sprangen vielleicht erstmals Infektionskrankheiten von Haustieren auf Menschen über (man vermutet, dass die meisten menschlichen Infektionskrankheiten auf solche Übertragungen zurückgehen) und wurden zu einer der häufigsten Todesursachen, denn größere Gemeinschaften bergen ein höheres Ansteckungsrisiko. Hier könnten erstmals Berufskrankheiten aufgetreten sein, die im Zusammenhang mit anstrengenden, sich ständig wiederholenden Tätigkeiten und einer anatomisch ungünstigen Haltung stehen: Frauen, die einen Großteil des Tages damit zubringen, mit untergeschlagenen Beinen Mehl zu mahlen, leiden oft an einer typischen Form von Arthritis in den Zehen, und auch viele andere Arten von Arthritis werden mit Ackerbau in Verbindung gebracht. Hier wurde vielleicht auch Mangelernährung zum ersten Mal ein echtes Problem. Der Speiseplan der Jäger und Sammler war in der Regel recht abwechslungsreich, eine monokulturelle Ernährung hingegen macht gesundheitlich anfällig. Eisenmangel zeigte sich erstmals bei frühen bäuerlichen Gemeinschaften. Ebenso könnten hier erstmals Zahnabszesse (wegen grobkörniger Rückstände im Mehl) und Zahnfleischentzündungen gehäuft aufgetreten sein.

Vielleicht wurde hier auch die Langeweile geboren. Jäger und Sammler mussten eine Vielzahl jahreszeitlich wechselnder Probleme bewältigen, sie brauchten dafür eine Menge verschiedener materieller und kognitiver Werkzeuge und ein enzyklopädisches

Faktenwissen in vielen Bereichen. In der neuen Welt gab es weniger kognitive Herausforderungen: Die Schwierigkeiten waren quantitativer, kommerzieller und letztlich politischer Art – und solche Probleme sind öde und banal für jemanden, der sein Überleben und Wohlergehen der Wildnis abtrotzt. Stattdessen fragte man sich jetzt: »Können wir auf diesen Feldern in dieser Saison genügend Nahrung produzieren, um unsere Leute zu ernähren?« Oder: »Haben wir genug Lagerplatz für den Ernteüberschuss?« Oder: »Mit wem können wir ein besseres Geschäft aushandeln, mit diesem oder mit jenem Dorf?« Das war langweilig und stumpfsinnig, wenn man es damit verglich, dass man Mammuts jagen und Seelen aus der Unterwelt zurückholen konnte, wusste, wo es in achtzig Kilometern Entfernung einen Berghang mit Beeren gab, zur Entspannung in einem aus Pilzen gemachten Vehikel zu fernen Sternen fliegen und alle paar Tage ein neues Zuhause entwerfen und bauen konnte.

Vielleicht kam uns hier allmählich die Muße abhanden und wurde durch die Idee von zwei Wochen Sommerurlaub ersetzt. Dass Jäger und Sammler mehr als die halbe Zeit ihres Wachzustands mit der Suche nach Kalorien verbrachten, war eher die Ausnahme. Der Agrarwissenschaftler Jack Harlan erbrachte den berühmten Nachweis, dass man mithilfe einer Feuersteinsichel in der Türkei innerhalb von drei Wochen genug wildes Einkorn ernten konnte, um eine Familie ein ganzes Jahr mit Getreide zu versorgen.[113]

Möglicherweise fing hier die berufliche Spezialisierung an: Einer wurde ein Fachmann für Ackerbau, ein anderer verstand sich auf die Ziegenzucht – vielleicht lag es dem einen mehr, immer am selben Ort zu wohnen, während ein anderer in relativ nomadischer Weise zusammen mit seiner Herde über die nach Thymian duftenden Hügel wanderte, neben seinen Tieren im Freien schlief und die alte Verbindung der Jäger und Sammler zu den kreisenden Himmelsgestirnen aufrechterhielt. Vielleicht wurde also hier der Keil zwischen den Ackerbauern Kain und den Hirten Abel getrieben.

Denkbar wäre auch, dass hier ein Keil zwischen Mann und Frau getrieben wurde. Laut Untersuchungen über heutige Jäger und Sammler ist davon auszugehen, dass Männer und Frauen von jeher unterschiedliche Rollen hatten: Frauen waren tendenziell Sammlerinnen, Männer eher Jäger. Doch fast überall war Sammeln wichtiger für das Überleben als Jagen, wodurch das Ego der Männer in Schach gehalten wurde. In der nun herrschenden Agrarstruktur hingegen blieben die Frauen zu Hause und mahlten Mehl, und die Männer konnten leichter damit prahlen, dass sie, die Männer, doch die eigentlichen Nahrungsbeschaffer seien, während die Frauen die Nahrung nur weiterverarbeiteten. Auch wenn die Gleichheit in den Jäger-und-Sammler-Gemeinschaften gern übertrieben dargestellt wird, trifft es sicherlich zu, dass sie ein ganzes Stück weniger hierarchisch strukturiert waren als sesshafte Gesellschaften.

Hier könnte der Begriff des Überschusses und somit die Idee des Gewinns geboren worden sein. Vielleicht wurde zum ersten Mal eine Bevölkerung so groß, dass Scham und gesellschaftliches Ansehen als Ordnungshüter nicht mehr ausreichten und die ersten Tyrannen auf den Plan traten. Es wäre auch möglich, dass hier die Tiere erstmals als Objekte anstatt als Mitreisende betrachtet wurden und der Prozess der Entseelung der nicht-menschlichen Welt begann. Und es könnte hier das Konzept des Besitzes entstanden sein, samt den damit verbundenen Rechten und Ansprüchen. Nach der teilweisen Entseelung der nicht-menschlichen Welt hat man womöglich hier angefangen, anderen Menschen eine Seele abzusprechen.

Und vielleicht blickten von hier oben auf dem Berg, wo jetzt das Kloster steht, die Jäger und Sammler mitleidig hinab auf die Bauern, durchdrungen von jenem Gefühl der Überlegenheit, das jeder bärbeißige Anarchist empfindet, wenn er einen Investmentbanker sieht.

Der amerikanische Anthropologe James C. Scott hat die Einstellung von Jägern und Sammlern gegenüber Landwirten dokumentiert.[114] Die Kurzversion lautet, dass Ackerbau ein anstrengendes und langweiliges Geschäft ist – eine für einen Jäger unangemessene Tätigkeit, die man besser meidet, wenn es irgend geht. Besonders verpönt ist der Ackerbau mittels Pflügen. Als die Europäer Nordamerika kolonialisierten, mussten sie die amerikanischen Ureinwohner in Konzentrationslager sperren, damit sie einen Pflug benutzten, so wie auch die Getreideproduktion in den frühen Staaten Mesopotamiens auf Zwangs- und Sklavenarbeit angewiesen war. Als die Pest Europas Bevölkerung dezimierte und viel Land unbestellt blieb, gab man den Pflugackerbau sehr schnell auf und kehrte zum alten Brandrodungsfeldbau zurück.

Heute sind wir alle Bauern: Wir züchten nicht nur Schweine und Hühner, sondern halten uns Menschen (man braucht sie nur anzuschauen, wie sie da in ihren Großraumbüros in Hochhäusern sitzen und Gewinn abwerfen müssen) und beuten deren Ressourcen aus. Zu Recht fürchten wir den hochmütigen Blick der Jäger und Sammler; uns ist irgendwie bewusst, dass wir ihre Verachtung verdienen. Wir haben unser Bestes getan, die Geschichte so umzuschreiben, als hätten sich die Jäger und Sammler den Landbau dankbar zu eigen gemacht, sobald sie es konnten. Aber das ist falsch. Scott hat darauf hingewiesen, dass der erste Beleg für sesshafte Gemeinschaften etwa 11 000 Jahre alt ist. Auf ungefähr dieselbe Zeit werden die ersten Nachweise domestizierter Pflanzen und Tiere datiert. Doch es vergingen noch weitere *7000 Jahre,* ehe dauerhafte Siedlungen entstanden, die auf Zuchtpflanzen und feste Anbauflächen angewiesen waren. Das heißt, 7000 Jahre lang wurde unser Lebensmodell, von dem wir so gerne glauben, es sei für die armen zurückgebliebenen Höhlenmenschen unwiderstehlich attraktiv gewesen, verschmäht oder ignoriert, genau wie von den neuzeitlichen Jägern und Sammlern. Dass die Jäger und Sammler so wurden wie wir, geschah einzig durch Druck und Zwang. *Für die Geschöpfe, die wir eigentlich sind, ist dieses unser Leben nur eine letzte Option.*

Landwirtschaft ist wie Heroin: Man wird leichter davon abhängig, als man davon loskommt. Mehrerträge kurbeln das Bevölkerungswachstum an, und große Populationen töten alle Tiere und vertilgen alle Nüsse und Beeren im kilometerweiten Umkreis, sodass eine Umkehr unmöglich wird. Sobald man in die Falle der Monokultur getappt ist, war's das: Man muss fortan immer mehr produzieren. Und wenn man anfängt, Handel zu treiben, erhöht das Gesetz von Angebot und Nachfrage den Druck noch weiter und zwingt einen noch unerbittlicher in die Tretmühle.

Wir haben den Getreidekörnern die harten Samenhüllen und dem Vieh die Instinkte weggezüchtet. In freier Wildbahn können sie ebenso wenig überleben wie wir. Wir müssen in ihrer Nähe bleiben, um sie zu beschützen. Ein Jahr lang nach Elfenbein jagen oder sich in der Tundra von Derbyshire eine Auszeit zwecks Seelensuche gönnen? Das können wir vergessen. Wir müssen auf unserem Bauernhof präsent sein, um die Felder und das Vieh vor den Gefahren zu bewahren, denen wir sie selbst ausgesetzt haben. Und wenn die neidischen Leute aus dem Nachbardorf beschließen, ihre Pflugscharen zu Schwertern zu schmieden, können wir nirgendwohin fliehen (wie die Jäger und Sammler, für die die ganze Welt ein Zufluchtsort war) und haben keine Ressourcen – weder materielle noch geistige –, die uns ein Überleben fernab von Heim und Hof ermöglichen würden. Und all die kleinen Kinder, die uns die üppigen Getreideernten beschert haben, könnten wir sowieso nicht mitnehmen. Vielleicht war Jericho der Ort, an dem uns sämtliche anderen Optionen abhandenkamen.

Was für massive Anschuldigungen gegenüber einem so warmen, beschaulichen Ort mit Souvenirshops und Orangenhainen.

Die Sonne senkt sich über die Wildnis im Westen herab, in der Stadt gehen die Lichter an, und es wird Zeit, den Bus zu nehmen, der ruckelnd die Anhöhe hinauf nach Jerusalem fährt, wo ich in einem Kreuzfahrer-Keller wohne.

Auch jetzt kommen wir wieder an den Beduinen vorbei. Sie versorgen ihre Kamele, treiben ihre Ziegen zusammen und wechseln ein Rad an ihrem Toyota-Pick-up. Sie sind vielleicht nicht die unverfälschtesten Vertreter ihrer Art, aber zweifellos gibt der Gott der jüdisch-christlichen Tradition ihnen den Vorzug vor den Ackerbauern Jerichos. Jahwe romantisiert die wandernden Hirten weitaus mehr, als Rousseau es je tat. Diese Beduinen sind die Nachfahren von Abel, dessen Name so etwas wie »vergänglicher Hauch« bedeutet; eben noch hier und im nächsten Moment fort, versengt von der Sonne, die über den Bergen Judäas aufgeht. Wenn man »vergänglicher Hauch« heißt, gibt man sich keinen Illusionen über die eigene Größe hin. Man wird nie Vorsitzender eines börsennotierten Unternehmens sein, hat keine Eigentumswohnung mit Blick auf den Central Park und keinen gut bestückten Humidor. Aber man sieht die Frühlingsblumen, an denen der Bruder Kain (dessen Name sich von Erwerb und Besitz herleitet) vorbeirast, wenn er zu einer Vorstandssitzung oder zum Immobilienmakler unterwegs ist, und man kennt die Namen der Vögel, ohne sie zu Geld machen zu wollen.

Die Geschichte dieser beiden Brüder ist eine Codierung und eine Erläuterung des uralten Motivs vom Siedler und vom Wanderer, vom Ackerbauern und vom Hirten. Auch wenn die wandernden Hirten des Nahen Ostens keine jungpaläolithischen Jäger und Sammler sind – dieser Teil der Bibel spielt zu einer Zeit, als sich das Neolithikum längst etabliert hatte –, ist Abel den Jägern und Sammlern doch viel näher als sein Bruder. Kain ist ein »Ackerbauer« wie die, die ich in Jericho gesehen habe, Abel hingegen ein »Schafhirt«, wenngleich ohne Pick-up.[115] Jeder der beiden bringt Gott ein Opfer dar: Abel fette Stücke von den Erstlingen seiner Herde, Kain »Früchte des Feldes«. Doch die Gaben kommen nicht gleich gut an: »Der Herr schaute auf Abel und sein Opfer, aber auf Kain und sein Opfer schaute er nicht.«

Warum bevorzugt Gott das Opfer Abels? Das ist unklar. Es gibt viele umfassende Erklärungsversuche, aber keiner vermag wirklich zu überzeugen. Mir scheint, es handelt sich einfach um eine persönliche Vorliebe für Abels Charakter und Lebensweise.

Kain ist gereizt und verärgert, weil Abels Opfer mehr Anklang findet. Die beiden gehen »aufs Feld«, wo Kain, ganz im Stil seiner neoliberalen Nachkommen, den Konkurrenten ausschaltet: Er bringt Abel um. So ereignet sich die erste zwischenmenschliche

Gewalttat auf dem Terrain, das die Quintessenz des Neolithikums ausmacht: dem Feld.

Daraufhin verhängt Gott die Strafe, die Kain am meisten fürchtet. Er muss seine Eigentumswohnung und seine Aktienoptionen verkaufen und auf ewig über die Erde wandern wie der Bruder, den er getötet hat. Er wird zu einem der Obdachlosen, die unter ihren Decken kauern und an denen er auf dem Weg zum Büro immer so selbstgefällig vorbeistolziert ist. Seine Wurzeln sind gekappt.

Doch am seltsamsten an der Geschichte ist, dass es bei näherer Betrachtung so aussieht, als wäre die Strafe nie verhängt worden. Kain geht ins Land Nod – was wörtlich »Land des Wanderns« bedeutet. Aber er wandert dort nicht, sondern »ließ sich [dort] nieder«. Kain kehrte also schnurstracks zu der schlechten alten Gewohnheit zurück, die letztlich zu seiner Bestrafung führte. Mehr noch: Er gründete eine Stadt namens Enoch, benannt nach seinem ältesten Sohn. Hier haben wir ein klassisches Beispiel dafür, wie sehr die Neolithiker auf Verwandtschaft und Abstammung fixiert waren: ein Versuch, der Sterblichkeit ein Schnippchen zu schlagen, indem man sich bei der Nachwelt einschmeichelte. Kains Stadt florierte, soweit man das von Städten behaupten kann: die Bevölkerung wuchs rasant, die Industrie brummte (Kains Nachfahre Tubal-Kain war »Meister in allerlei Erz- und Eisenwerk«), gewiss wurde mit ihren Produkten Handel getrieben, und es entwickelte sich eine lebendige weltstädtische Kultur (Jubal, ein weiterer Nachkomme Kains, »wurde der Stammvater aller Leier- und Flötenspieler«, behauptet die Bibel und vergisst dabei all die jungpaläolithischen Knochenflötenspieler).

Hatte Gott die Bestrafung vergessen? War Kain ungeschoren davongekommen? Nein. Letztendlich sind wir alle dazu verurteilt, das zu bekommen, was wir wollen. Kain wollte das Statische der Stadt, das Trugbild der Sicherheit: Rentenversicherungspolicen, clevere Investitionen, ein großes Haus mit elektrischer Garagentorsteuerung und das breite Sortiment der Einkaufszentren.

Er hat all das bekommen, der arme Tropf, und das war seine Strafe. Dabei hätte er den Flug des Adlers, die Sonne auf dem Gesicht, das Lachen seiner zu Hause erzogenen Kinder haben können. Er hätte eine Woche fasten, um ein Akazienholzfeuer herumwirbeln, sich in eine Gazelle verwandeln, ins Quellwasser von En Gedi eintauchen und sich von Raben in den Bergen von Moab füttern lassen können.

So unwahrscheinlich es klingt, doch Abel-Vergänglicher-Hauch hat trotz – oder besser: wegen – seines vergänglichen Hauches gewonnen.

Aber ein Teil fehlt noch in diesem jüdisch-christlichen (und heute auch muslimischen) Puzzle.

Der Bus müht sich jetzt durch das arabische Ostjerusalem. Vor uns breitet sich das strahlende Jerusalem aus, die Heilige Stadt der Juden, Christen und Muslime, mit dem goldenen Felsendom als spirituellem Mittelpunkt. »Nächstes Jahr in Jerusalem«, wünschen die Juden einander alljährlich, die christlichen Pilger keuchen die mittelalterliche Via Dolorosa hinauf, weil sie glauben, dass das der Weg zum Hügel Golgota war, und Mohammed kam auf seinem geflügelten Pferd al-Buraq zum Tempelberg und begründete die lange Tradition muslimischer Verehrung für Jerusalem. Aber letztlich handelt es sich um eine *Stadt*. Und zwar unverkennbar, mit Fünfsternehotels, Abwasserkanälen, Geldautomaten. Wenn Gott konsequent ist, also weiterhin Abel vorzieht, müsste der traditionelle Wunsch anlässlich des Pessach-Festes dann nicht eher lauten: »Nächstes Jahr in einer einsamen Wildnis, wo man mit der Natur im Einklang ist und ein wahres Gespür dafür bekommt, welchen Platz man in der natürlichen Ordnung einnimmt«? Und ist es nicht verwirrend, dass nach dem christlichen Glauben das neue Jerusalem, das am Ende der Zeit entsteht, ebenfalls eine Stadt ist: eine strahlende, glitzernde, zutiefst unnatürliche Stadt, nichts als Glas und Spiegel?[116]

Ganz im Gegenteil. Pessach und die Offenbarung des Johannes sind Erlösungserzählungen. Wenn sogar *Städte* errettet werden können, so ihre Botschaft, dann gibt es Hoffnung für uns alle, selbst wenn wir bis ans Ende unserer Tage oder bis zum Ende der Welt darauf warten müssen. Dass Gott eine Vorliebe für die Wanderer hat, stand schon immer fest, und daran hat sich nichts geändert. Die Identität der Hebräer wurde in jenen vierzig Jahren, mit viel Staub und Blasen an den Füßen, im Sinai geschmiedet. Und als sie sich endlich in Jerusalem niederließen, was stellten sie dort auf, genau in der Mitte des heiligsten Platzes dieser heiligen Stadt? Die Bundeslade, in der sie Gott von einem Lagerplatz zum nächsten getragen hatten. Mithilfe der stets daran befestigten Stangen ließ sich der Beduinengott transportieren, denn die Bundeslade war von jeher ein tragbarer Schrein für ein wanderndes Volk. Zelte aus schwarzer Ziegenhaut sind das ursprüngliche Habitat des Islam, und die Institution des Hadsch gemahnt die Muslime daran, dass es verdienstvoll ist umherzuziehen. Und schließlich bemerkte Jesus von Nazareth, jener typische Jude, den die Christen als Idealbild des Menschen verehren, dass die Füchse Höhlen haben und die Vögel des Himmels Nester, der Menschensohn aber keinen Ort hat, an dem er sein Haupt hinlegen kann.[117]

Kurz gesagt: Jede Religion, die hier entstanden ist, wo die Landwirtschaft ihren Ursprung hat, weist darauf hin, dass man ein höchst riskantes Spiel mit seiner Seele treibt, wenn man sich im konkreten oder im übertragenen Sinn auf Landwirtschaft einlässt.

Ich verallgemeinere zu sehr. Wenn ich ein Urteil fälle, ziehe ich nur die negativsten Aspekte in Betracht. Dazu neige ich grundsätzlich.

Mir fallen viele Orte ein, die mir eine bessere Perspektive ermöglichen würden, aber einer der besten ist der Platz, wo Fran und Kevin leben, in einer abgelegenen Ecke in Mittelwales. Sie reden nicht nur vom Neolithikum, sie leben es. Sie züchten die kapriziösen kleinen Mufflons, die Vorfahren der heutigen Schafe; sie haben Menhire errichtet, töpfern und brennen ihr eigenes Tongeschirr, flechten selbst Körbe, trinken Selbstgebrautes aus Hornbechern. Aus Fuchspelzen stellen sie Mützen her, gerben Rohhäute mit Hirn, damit sie weicher werden, oder mit Eichenrindensud, wenn es nicht so sehr auf die Geschmeidigkeit ankommt. Irgendwann wollen sie in Gräbern auf einem Hügel beigesetzt werden, den man aus kilometerweiter Entfernung sieht – »damit wir alles im Blick behalten können«. Und wenngleich sie selbst in einem mittelalterlichen Bauernhaus wohnen, haben sie eine kleine Siedlung im Stil des britannischen Neolithikums gebaut: Rundhütten mit Wänden aus Holzgitterwerk und einer Lehmschicht darüber, mit Heidekrautdach, einem einzigen, niedrigen Eingang und Lehmboden.

Das ist nicht nur eine Pose. Die beiden meinen es todernst. Sie leben so, weil sie ganz bewusst und nach sehr gründlicher Erwägung entschieden haben, dass dies der beste Weg für ein lebendiges menschliches Dasein ist. Und wohlgemerkt: Die beiden sind wirklich großartige und ausgesprochen lebendige Menschen.

Trotz Frans ausführlicher Beschreibung verirren Tom und ich uns hoffnungslos, und die Mittwintersonne hat schon fast den Bergkamm erreicht, als wir endlich über den Waldweg zum Bauernhof gelangen. Ein zahmer Wolf kläfft unsere Räder an, und kaum haben wir das Haus betreten, reicht uns Fran eine Schüssel mit Fleisch vom domestizierten Auerochsen, das neben einem Topf mit Bienenwachs, Holzkohle und Kiefernharzleim – zur Befestigung von Axtköpfen an Holzstielen – geköchelt hat.

»Diese Kuh zu essen fällt mir schwer«, erzählt Fran. »Es ist immer hart, etwas zu töten, was man lieb hat. Vor der Schlachtung war ich tagelang gestresst. Ich verstehe, warum die Menschen im Neolithikum ein Fest gebraucht haben, auf das sie sich freuen konnten und das ihren Schmerz betäubt hat. Tiere zu töten war für sie noch schwerer als für uns. Denn die Tiere standen ihnen viel näher und waren viel schwerer aufzuziehen. Außerdem waren sie ihre Lebensversicherung: die eiserne Reserve, die den Unterschied zwischen Leben und Tod ausmachen konnte. Von einer solchen Versicherung trennt man sich nicht leichten Herzens.«

Für Fran und Kevin ist das Schlachten und Zerlegen ein Gemeinschaftsprojekt. Das Steak, das Gekröse und die Schuld müssen geteilt werden. Ihr Festmahl ist keine todesverachtende Fressorgie, sondern die Anerkennung der Tatsache, dass mit dem Töten eines Tiers eine moralisch gravierende Tat begangen wird, die mit viel Aufwand gerechtfertigt werden muss, was leichter ist, wenn man dadurch vielen Menschen eine Freude bereitet. Dem kann ich nur beipflichten. Bei uns gibt es Fleisch lediglich an Fest- und Feiertagen, wenn mein gequältes utilitaristisches Denken zu dem Schluss gelangt, dass sich die Nettosumme an Glück in der Welt durch Leben, Tod und Verzehr eines Tiers vergrößert. Fran und Kevin sehen es pragmatischer. »Wir erlegen Kaninchen, um die Schafe möglichst lang zu verschonen.« Und natürlich ist es, wie auch Tom und ich es empfunden haben, moralisch unabdingbar, dass man absolut alles von dem Tier verwertet – nicht nur das Fleisch und die Innereien, sondern auch die Knochen, um Werkzeuge daraus zu machen, das Fell für die Herstellung von Kleidung und die Sehnen als Fäden.

Tom und ich verbringen die Nacht in einer der Rundhütten. Innerhalb von Minuten haben wir Dinge in den erdigen Boden getreten, deretwegen die Menschheitsgeschichte neu geschrieben werden wird und akademische Karrieren ruiniert werden, wenn man sie in 10 000 Jahren ausgräbt.

Die Nacht ist klar und beißend kalt (»wie ein Wolfsbiss«, meint Tom). Am Himmel ist heute viel los, die Sternbilder jagen einander hinterher.

Wir entfachen ein Feuer aus Heidekraut, legen Birkenholz nach und backen Stockbrot in der Glut.

X und sein Sohn sind zurück, sie hocken näher bei uns als je zuvor, werfen begehrliche Blicke auf unsere interessanten Daunenjacken und dicken Fäustlinge und wundern sich über die Schlangen aus verbranntem Teig, die wir in unsere Münder gleiten lassen. Wahrscheinlich haben sie ihr Lager in dem Wald gleich unterhalb unserer Siedlung aufgeschlagen: Das hier oben ist nicht ihr Platz.

Zum ersten Mal kann ich den Jungen näher in Augenschein nehmen. Er ist hoch aufgeschossen und wirkt fahrig, keine Spur von der unerschütterlichen Ruhe seines Vaters. Langes schwarzes Haar fällt ihm ins Gesicht. Nur das Feuer und Tom können seine Aufmerksamkeit länger fesseln. Immer wieder wandert sein Blick zurück zum Feuer, als wäre dort sein Zuhause, und zu Tom, als wäre er eine Aufgabe, die er lösen müsse. Wenn der Junge von Tom oder dem Feuer wegschaut, blickt er unstet umher und presst dabei die Lippen fest zusammen. Sein Vater fasst ihn manchmal lang und eindringlich ins Auge, doch der Junge reagiert nicht darauf.

Irgendwo in der Ferne bleibt ein Kalb bei der Geburt halb im Mutterleib stecken, und dem Brüllen nach zu schließen verlassen die Kuh allmählich die Kräfte. Auf einer Farm hinter uns auf dem Berg zerrt ein Hund an der Kette, der so gerne einem Fuchs nachjagen würde. Ein Dachs zwängt sich durchs Farngestrüpp, mit gesenktem Kopf schiebt er die Stängel beiseite wie ein Schneepflug. Ein Satellit rutscht an Orions Bein hinunter.

Tom wünscht mir schläfrig eine gute Nacht und geht mit einem brennenden Ast, um sich zurechtzufinden, in die Hütte. Ich höre, wie er in seinen Schlafsack kriecht, dann wirft er den Ast zur Tür heraus. Wenige Minuten später schnarcht er leise. Bestimmt bettet er den Kopf entschlossen in das Heidekraut, das er unbedingt als Kissen verwenden will, und wechselt später die Lage, woraufhin sich seine Schultern, die er tagsüber in Halbwüchsigenmanier hochzieht, entspannen werden.

Es ist schwierig, wenn ein Kind schlafen geht. Dann fühlt man sich so erwachsen, und das ist nicht gut. X und seinen Sohn auf der anderen Seite des Feuers anzuschauen fällt mir schwer. Ich bin verwirrt. Wenn das Neolithikum vor 6000 Jahren in Britannien Einzug gehalten und X vor 40 000 Jahren in Derbyshire sein Ich entdeckt hat, liegen 34 000 Jahre dazwischen – fast sechsmal so viel wie zwischen dem Beginn des Neolithikums und mir. Irgendwann in diesen 34 000 Jahren hat sich der Herrschaftstrieb des Menschen herausgebildet, und ein neues Zeitalter brach an.

Jetzt tue ich es schon wieder: Ich erhebe Vorwürfe gegen eine ganze, umfangreiche Epoche. Vielleicht hat sich der Herrschaftstrieb hier gar nicht entwickelt. Das neolithische Wales war ebenso wie das jungpaläolithische Derbyshire ein Grenzgebiet. Hier war das Leben beschwerlich, und das ist es noch heute. Um zu überleben, musste man mit seiner natürlichen Umgebung kooperieren, anstatt vergeblich danach zu streben, sie zu unterjochen. Man musste ein Tausendsassa sein, so wie die alten Jäger und Sammler. Monokultur bedeutete Tod. Meiner Vermutung nach haben die alten Methoden, mit dem Himmel, der Erde und den Toten in Beziehung zu treten, hier noch lange überdauert. Die Geografie des Landes taugt nicht für Glaubensbekenntnisse und Priesterdynastien.

Auch für mich wäre es Zeit zu schlafen, aber wenn es kalt ist, habe ich immer Schwierigkeiten damit – nicht wegen der Kälte an sich, sondern weil man sich wie eine Mumie einwickeln und die Decke über den Kopf ziehen muss, und dann fühle ich mich wie tot. Ein richtiges Feuer können wir in der Hütte nicht machen, denn sie hat kein Loch für den Rauchabzug. Irgendwann zieht der Rauch zwar durch das Strohdach ab, doch bis dahin hat man ihn erst einmal in den Augen und in der Lunge. Dass es hier kein Rauchloch gibt, gefällt mir nicht. Zwar kann ich die Sterne durch die offene Tür sehen, wenn ich den Kopf unter der Decke hervorstrecke, aber es ist nicht dasselbe. Ich sehne mich danach, auf dem Rücken zu liegen und dabei den Himmelsjäger und seine Meute zu betrachten, wie sie randalierend durch die Nacht ziehen. Bei den sibirischen Nomaden heißt es, wenn man jemandem das Rauchloch an der Jurte verschließt, käme das einem Bann gleich; der Betreffende werde von jeglicher göttlichen Präsenz abgeschnitten und, eingesperrt in seiner Zelle, von der eigenen Psyche geschändet.

Es ist schätzungsweise drei Uhr morgens. (Eine Armbanduhr oder ein Handy benutze ich seit Jahren nicht mehr.) Toms Schnarchen macht mich nicht nur sentimental, es geht mir auch auf die Nerven. Da kann ich ebenso gut hinausgehen und bei der

Gelegenheit auch entspannt kacken, während mir nur die Eulen zusehen.

Die Mühe aufzustehen, die Stiefel anzuziehen und in die kalte Dunkelheit zu schlurfen ist mit keinem anderen Willensakt vergleichbar. Ich bin ein schwacher Mensch und brauche eine halbe Stunde, um meinen inneren Schweinehund zu überwinden.

Aber als ich es endlich nach draußen geschafft habe, frage ich mich, warum ich überhaupt schlafen gegangen bin. Es ist immer das Gleiche. Ich lerne nie dazu und vergesse alles immer wieder. »Was der Mensch doch alles im Leben verpasst, wenn er im Bett liegt«, schrieb der große Naturbeobachter und Autor »BB«. Ich habe eine Jagd und vielleicht auch jemandes Tod in der Nähe der Plejaden verpasst, außerdem eine Jagd und ziemlich sicher jemandes Tod unten am Stacheldrahtzaun, wo das Blut im Mondlicht noch schwarz glänzt. Ich habe nicht mitbekommen, wie die Schafe vom Feld nebenan herübermarschiert sind und sich wie Wachposten in Reih und Glied ums Feuer aufgestellt haben, und mir sind auch die kleinen Atemzüge der Birken entgangen, die gemeinsam eine Wolke bildeten, welche die Dachse zum Husten brachte und die Eulen in den tieferen Lagen vom Fliegen abhielt.

Wenn die neolithischen Bauern und Jäger zur Darmentleerung ihre Hütten verließen, müssen sie ihre Situation und ihren Körper kurzzeitig anders wahrgenommen haben. Denn dies war im Grunde die einzige Tätigkeit, die sie allein verrichteten. Alles andere – Geburt, Nahrungsaufnahme, Geschlechtsverkehr, Tod – fand gemeinschaftlich statt. Und Schafe wurden noch als so weit dem Menschen ebenbürtig empfunden, dass auch ein einsames Hirtendasein als etwas Gemeinschaftliches erlebt wurde. Nur die defäkierend Hockenden waren wirklich allein, und nur wenn sie in ihrer kauernden Position zu den Hütten blickten, konnten sie sich so sehen, wie sie wirklich waren, und anfangen, sich gesellschaftliche Zusammenhänge zusammenzureimen.

Trotz Frans und Kevins überschwänglicher Gastfreundschaft verbringen wir hier nur ein paar Tage. Wir können keine Touristen im Neolithikum sein – anderer Leute Projekte besichtigen, uns eine Zeit lang darauf einlassen, einen ersten Geschmack davon bekommen und dann heimfahren, um uns Notizen zu machen. Denn in dieser ganzen Ära ging es um nichts anderes als um *Verantwortung* – Verantwortung für einen Ort, für Getreide, für Tiere, für Menschen. Diese Verpflichtungen, die wir damals eingegangen sind, sind dieselben, deretwegen wir heute noch in der Tretmühle stecken, egal ob wir sie als belastend empfinden oder nicht: Mieten, Steuern, Ehen, Gutenachtgeschichten. Aber wenn es ums Eintreiben von Steuern geht, ist das Land weitaus gnadenloser als der Staat. Es verlangt nicht nur Schweiß, Dung, Geld und Zeit, sondern auch mentale Loyalität und moralische Reinheit. Denn nach dem Verständnis des Neolithikers – wie auch der meisten Bauern in allen Zeitaltern – wird derjenige belohnt, der rechtschaffen lebt und denkt, während finstere Taten und verdorbene Gedanken bestraft werden. Ein Ehebruch oder ein unrechtmäßiges Töten mit einem Steinmesser hat eine schlechte Ernte zur Folge.

Wollen Sie ein authentischer Neolithiker sein? Wenn Sie ein anständiger Bürger sind, dann sind Sie es wahrscheinlich schon. Wenn nicht, reparieren Sie Ihren Gartenzaun, essen Sie Koteletts von in Gefangenschaft gehaltenen Schweinen, überprüfen Sie, ob mit den Unterlagen Ihres Immobilienbesitzes alles seine Ordnung hat, blättern Sie sentimental durch Ihre Familienfotoalben, und haben Sie Angst zu sterben.

Frühling

*»Tod, sei nicht stolz; wenn man dich immer wieder
Mächtig und furchtbar nennt, du bist es nicht.
Und dem du auszulöschen glaubst das Licht,
Der stirbt nicht. Narr, auch mich wirfst du nicht nieder.«*
John Donne, »Tod, sei nicht stolz«[118]

Es war ein Winter ohne Geschichten, vor allem weil ich dachte, ich hätte die Geschichte des Neolithikums verstanden, und die Erzählung über das Neolithikum, die ich für mich übernommen hatte, war eine politische. Große, falsche Geschichten ersticken stets sämtliche anderen, und da alle politischen Geschichten falsch sind, beraubt die Politik die Welt ihrer Farben, ihrer Komplexität und auch schlicht ihres Unterhaltungswerts. Keine politische Geschichte kann irgendetwas über irgendeinen Menschen erzählen, das wirklich wahr wäre. Über Politik zu debattieren fühlt sich für mich immer schmuddelig an. Politik jeder Couleur diffamiert alle Menschen.

In meinem neolithischen Winter war mein toter Vater nie anwesend. Natürlich blieb er eine beständige Erinnerung und schaute mir stets über die Schulter, existierte aber eher in Form von Prinzipien oder körperlos blickenden Augen, die letztendlich Rechenschaft von mir fordern würden, und nicht als etwas Leibhaftiges, das in einem Sessel saß und nach Teerseife und Pfeifentabak roch.

Seine Abwesenheit hätte mir eine Warnung sein müssen, wie unzulänglich meine Erforschung des Neolithikums war, denn die moderne Psychiatrie würde bei der gesamten Epoche, von Anfang bis Ende, eine anhaltende komplexe Trauerstörung[119] diagnostizieren. Falls Sie übrigens den ständigen Verweis auf meinen Vater für rührselig und ungesund halten, haben Sie sich weit von Ihren prähistorischen Wurzeln entfernt. Die Schriftstellerin Julia Blackburn verzehrte die Asche ihres toten Mannes mit Joghurt. So machen das normale Menschen.[120]

Ich habe in diesem Buch viel über meinen Vater geschrieben, meine Mutter hingegen kaum erwähnt. Auch sie ist verstorben, so ist der Lauf der Dinge, aber bereits vor meinem (älteren) Vater, was nicht der übliche Lauf der Dinge ist, und zwar an einem herrlichen Frühlingsmorgen, als im Garten ihre geliebten Narzissen blühten. Das wiederum ist ein typischer Lauf der Dinge, dass nämlich dieses spöttische, quälende Universum genau dann von Auferstehung spricht, wenn es das Licht ausknipst.

Sie war Lehrerin, eine glänzende Musikerin und Sprachwissenschaftlerin und ein echter Freigeist. Also machten meine Schwester und ich uns nach ihrem Tod daran, mithilfe eines biederen Bestatters und eines windigen Anwalts ihre Beisetzungswünsche zu erfüllen. Nachdem der Arzt gekommen war, ein paar freundliche Plattitüden gemurmelt und die Sterbeurkunde ausgefüllt hatte, zogen wir sie nackt aus, trugen ihren inzwischen steifen Leichnam in den Garten und legten ihn auf einen Tapeziertisch, dann schärfte ich das nagelneue Set Tranchiermesser, das ich auf dem Markt gekauft hatte.

»Müssen wir das wirklich tun?«, fragte ich meine Schwester.

»Es ist das, was sie wollte«, antwortete meine Schwester. Sie war schon immer die mit Rückgrat. »Du fängst an, du bist der Tierarzt.«

Der erste Schnitt war der schwerste. Ich beschloss, lieber mit einem Oberschenkel zu beginnen statt mit einem Arm (damit hatte sie uns umarmt) oder einer Körperöffnung. Als das Messer ins Fleisch fuhr und ich dabei die Schichten spürte (Haut, subkutanes Fett – nicht viel davon –, Faszien, Muskeln), konnte ich von dem abstrahieren, was ich da tat. Es handelte sich nicht speziell um *ihren* Schenkel: Es war einfach nur ein Schenkel. Tatsächlich war es auch gar nicht sie. Sie war nicht mehr da, und wir konnten später darüber reden, wohin sie gegangen war. Danach wurde es auch nicht lustiger, aber meine Schwester war mit Feuereifer bei der Sache, und nach einer Stunde harter Arbeit hatten wir die Haut vom Körper abgezogen, die Gliedmaßen vom Fleisch befreit und die Eingeweide entfernt. Wir schichteten die Muskeln und die verschiedenen Organe auf den Komposthaufen, entzündeten mithilfe von viel Paraffin ein Feuer, und schon bald roch es in unserer Sackgasse nach der größten Grillparty aller Zeiten.

Wie sich dann herausstellte, was das der leichtere Teil gewesen. Das Skelett zu zerlegen war ein Albtraum. Obwohl sie ungern zu Fuß gegangen war (außer wenn sie durch eine Kunstgalerie schlenderte), hatte sie Ligamente wie aus Stahl, und bis wir sie in Einzelteilen in Müllsäcken verstauen konnten, um sie zur Familiengruft zu bringen, waren wir schweißgebadet.

All das ist natürlich reine Fiktion. Als Sie es gelesen haben, waren Sie angewidert und haben mich für einen Psychopathen gehalten, den man wegsperren sollte. Aber warum?

Das Neolithikum war die Ära der Ahnen *par excellence*.

In der ersten Phase der dauerhaften Besiedlung von Jericho wurden zumindest einige der Toten unter den Häusern begraben. Man ging, kochte, zankte, unterrichtete und hatte Sex über seinen Eltern. In unserer Küche in Oxford hängen Fotos unserer verstorbenen Mütter und Väter. Selbst solche blutleeren Gedenkbilder verhindern etliche unserer grausamsten Grobheiten und inspirieren uns gelegentlich – selten – zu Edelmut. Wie ungemein hilfreich wäre es doch, man könnte die Kinder bei ihren heftigen Auseinandersetzungen im Namen der nur ein paar Zentimeter unter ihren bestrumpften Füßen liegenden Großeltern zur Ordnung rufen.

In Jericho entstand ein Schädelkult, bei dem die Gesichtszüge verstorbener Angehöriger auf den Schädelknochen nachgebildet wurden; die Augen wurden durch Muscheln ersetzt, und den fertig modellierten Kopf stellte man dann zweifellos in seinem Heim zur Schau. Das würde die Hausaufgaben bei uns zu Hause unendlich voranbringen.

Im frühen Neolithikum gab es in Britannien Gemeinschaftsgräber, in denen mehrere Generationen bestattet waren. Man hat sie oft auf den Häusern der Lebenden errichtet oder deren Grundriss dafür übernommen sowie sogenannte Grubenwerke aus konzentrischen Wällen und Gräben angelegt, in denen oft große Mengen menschlicher und manchmal auch tierischer Knochen zu finden sind. Wenn man starb, wurde man buchstäblich, wie es in der Bibel steht, mit seinen Vorfahren vereint; die eigenen Knochen vermischten sich mit den ihren. Irgendwann.

Häufig wurden die frisch Verstorbenen in den Gräbern auf den schon länger lagernden Leichnamen abgelegt, um dort zu verwesen,[121] oder an einem Ende der Kammer gestapelt, sodass der Übergang vom Reich der Lebenden ins Reich der Toten schrittweise vor sich ging, begleitet von Maden, Ratten und Käfern. Die Gruft war ein Tunnel, eine Art steinerne Vagina, die die Toten auf dem Weg zur Wiedergeburt durchquerten. Ihre Selbsttransformation endete nicht mit dem biologischen Tod.

Manche Grabstätten – insbesondere die megalithischen Kammergräber im Westen Britanniens – waren zeitweise recht gefragte soziale Treffpunkte, mit Vorhöfen und anderen Räumlichkeiten für die lebenden Besucher, wo man beispielsweise picknicken konnte. Denn es waren Orte der Begegnung – nicht nur, um einander Trost zu spenden oder sich in gemeinsamer Trauer solidarisch zu zeigen, sondern auch, um den Ahnen Respekt zu erweisen und sie auf seiner Seite zu haben. Man bat sie um Instruktionen und lud sie ein, weiterhin am Alltagsleben teilzunehmen. Zweifellos wurden die Gebeine gestreichelt, geküsst und den kleinen Kindern in die Hand gegeben, die ihren toten Großvater nie kennengelernt hatten.[122] Jetzt trafen sie ihn.

Bestimmt erscheint einem der Tod viel weniger endgültig, dramatisch und beängstigend, wenn man weiß, dass man auf immer und ewig besucht und geschätzt werden wird und für die

Familie sogar an Bedeutung *gewinnt*, sobald man zu atmen aufhört.

Bisweilen glichen die Grabstätten Großmetzgereien, in denen das Fleisch der Leichen mit Feuersteinmessern von den Knochen gelöst wurde (Spuren davon sind auf einigen Knochen bis heute zu erkennen). Manchmal wurden die Leichen andernorts entsprechend behandelt (vielleicht in den Grubenwerken) und nur noch die entfleischten Gebeine in ein Grab gelegt. Dabei wurden die Knochen oft neu angeordnet. Hin und wieder hat man Schädel entlang der Gänge und Kammern platziert, und in der Megalithanlage Lanhill in Wiltshire waren lange Knochen zwischen zwei Schädelreihen gestapelt, wobei ein vollständiges Skelett, dessen Gelenke noch miteinander verbunden waren, den Weg zur Tür versperrte, vermutlich in Erwartung einer Prozedur, die nie stattfand. Offensichtlich wurden die Knochen auch von einem Ort zu einem anderen umgebettet, wobei manchmal welche zurückblieben oder verloren gingen. So fehlen im Hünenbett von West Kennet in der Nähe von Avebury etliche Schädel, Oberschenkelknochen und Schienbeine. Auch die kleineren Hand- und Fußknochen wurden wohl übersehen, als man die übrigen Gebeine fortbrachte.

Damals muss die Landschaft Britanniens geradezu mit menschlichen Knochen übersät gewesen sein. »Es lässt sich ohne Übertreibung feststellen«, so der Archäologe Julian Thomas, »dass die Überreste der Verstorbenen im frühneolithischen Britannien allgegenwärtig waren.« Und zwar nicht nur in Gräbern, Grubenwerken, Gräben neben Hünenbetten, abgelegenen Höhlen und Flüssen, sondern auch in Säcken, Häusern und, falls es sie gab, in Kleidertaschen. Ich habe immer ein griechisches *komboloi* dabei, mit dessen Sorgenperlen ich ständig spiele, ob ich spazieren gehe oder in einem Café sitze. Ich nehme es heraus, lasse es hin- und herpendeln oder die Perlen gegeneinander klackern. Im Neolithikum hätte ich das mit menschlichen Fingerknöchelchen gemacht.

Wobei menschliche Knochen nicht nur Spielzeug waren. »Man könnte«, sagt Julian Thomas, »von einer allgemeinen Ökonomie menschlicher sterblicher Überreste sprechen«, und vergleicht also die Zirkulation von Knochen im Neolithikum mit dem Geben und Nehmen von Objekten in einer Geschenkökonomie. Durch den Austausch von Knochen wurden Beziehungen nicht nur zwischen den Gebenden und den Empfängern geknüpft und gefestigt, sondern vielleicht auch zwischen den Lebenden und den Toten. So konnten die Verstorbenen immer noch am Kopfende der Tafel sitzen, weiterhin Verträge aushandeln, Ehen stiften und bei Rechtsstreitigkeiten urteilen.

Die kleinen Hand- und Fußknochen sind hart und lassen sich nicht leicht einäschern. Nachdem mein Vater verbrannt worden war (ich hoffe, aber bezweifle, dass die vielen Kalorien infolge eines lebenslangen Steak- und Nierenpastetenverzehrs recycelt wurden, indem sie die örtliche Grundschule beheizten), wurde uns seine Asche in einer messingbeschlagenen Urne ausgehändigt, und wir entdeckten darin mehrere nur angekohlte Fingerknöchelchen.

Mein Vater war seinem Freund Burt, einem Farmer in den walisischen Black Mountains, und seiner Frau Meg, die eine Hexe ist, immer sehr zugetan. Also schenkte ich ihnen ein paar der Knöchelchen, als wir sie das nächste Mal besuchten.

»Ihr passt auf sie auf, ja?«, bat ich sie. Und Burt versprach es mir mit einer Ernsthaftigkeit, die ich noch nie bei ihm erlebt hatte. Dann umarmte er mich, und ebenso Meg, bevor sie die Knöchelchen hoch oben neben eine ausgestopfte Möwe in ein Regal legten, wo die Kinder sie nicht entdecken würden. Und dort befinden sie sich noch heute.

Seither stehen uns Burt und Meg mit ihrer Familie näher als je zuvor, näher als Blutsbrüder und -schwestern (eine weitere Beziehung, die auf dem Austausch biologischer Stoffe beruht), und wenn ihre Eltern sterben, bekommen wir einige ihrer Knöchelchen für unseren Kaminsims.

»Es ist schon merkwürdig«, sagt Meg. »Wenn wir uns streiten, schauen wir manchmal zu dem Regal hinüber, und dann scheint dein Dad zu schlichten.«

Von all dem stimmt wieder einmal von vorne bis hinten nichts, tut mir leid. Aber so hätte es sich wohl im Neolithikum zugetragen. Es erscheint mir überaus logisch, wenn schon nicht die mumifizierten Körper, so doch wenigstens die Knochen der Ahnen bei sich zu haben, wenn man seinem Tagwerk nachgeht – was in der frühen Jungsteinzeit wahrscheinlich bedeutete, dass man seinen Haustieren kilometerweit hinterherwanderte. Tat ich denn nicht etwas ganz Ähnliches, als ich die Blätter, Baumzapfen und -nadeln mitnahm, die mein Vater für mich gesammelt hatte? Die Toten wollen weiterhin sprechen, wahrgenommen werden, Einfluss nehmen. Wenn sich ihre Knochen nicht in deinen Nacken drücken, bevor du einschläfst, nutzen sie eventuell andere Kanäle. Vielleicht ist der in der Luft hängende Teerseifengeruch ein Ersatz für die verkohlten Mittelhandknochen, die wir unterwürfig auf einem Friedhof in Somerset vergraben haben. Die Verstorbenen helfen uns dabei, wir selbst zu sein, so wie unsere Eltern uns, als sie noch lebten, durch ihre DNA und ihr Vorbild zu dem gemacht haben, was wir sind. Wenn man durch seine Vorfahren und seine Reisen zu dem geworden ist, was man ist, kann man unterwegs nicht wirklich man selbst sein, wenn man die Vorfahren zu Hause gelassen hat. Abgesehen von allem anderen wäre es grob unhöflich und ausgesprochen unfreundlich gewesen, seine Eltern in einem feuchten Loch zurückzulassen. Es hätte gegen die Anstandsregeln der prähistorischen Welt verstoßen, wie das meiste unseres heutigen Verhaltens. Und obwohl X nicht auf dieselbe Weise wie diese neolithischen Hirten an seine Vorfahren denkt, wäre er angesichts eines städtischen Friedhofs auf der anderen Seite der Umgehungsstraße bestimmt noch empörter gewesen als beim Anblick, dem Geruch und den Geräuschen des Schlachthofs von Steve, dem Pädo. Wobei weder das eine noch das andere dem entspricht, wie man Leben und Tod (falls es da einen Unterschied gibt) gestalten sollte.

Allerdings sollte man sich unbedingt vor einer anachronistischen Denkweise hüten, was den Begriff der Persönlichkeit angeht. Julian Thomas ist klug genug, vor der Gefahr einer einfachen Gleichsetzung zwischen neolithischen Körpern und »Individuen« im heutigen Sinn zu warnen.

> Es ist eine seltsam moderne westliche Vorstellung, dass in einer rundum von Haut umschlossenen Person eine Seele oder ein Geist enthalten sein soll [...] Wie es in unserer modernen Zeit üblich ist, materialisiert die Archäologie die alten Körper durch medizinisch-wissenschaftliche Untersuchungen. Wir müssen uns jedoch darüber im Klaren sein, dass dies ziemlich weit davon entfernt ist, wie in diesen Körpern gelebt wurde [...] [M]oderne westliche Vorstellungen hinsichtlich persönlicher Identität und körperlicher Unversehrtheit galten damals wahrscheinlich noch nicht.[123]

In der Tat. Im Jungpaläolithikum gab es zwar ein hoch entwickeltes Ich-Empfinden, aber die Haut dieses Ichs war für die ganze Welt – die menschliche und die nicht-menschliche – durchlässig. Um genau zu bestimmen, wo sich das Ich befand, hätte man unendlich viele Kreuzpeilungen zwischen Felsen, Blumen, Wölfen, Sternen und Frauen als Landmarken durchführen müssen. Im frühen Neolithikum reduzierte sich die Zahl der als notwendig erachteten Kreuzpeilungen dann massiv, nämlich auf die Mitglieder der menschlichen Gemeinschaft und die domestizierten Tiere, um die sich das Leben dieser menschlichen Gemeinschaft drehte. (In mehreren Hünenbetten wurden sowohl Rinderschädel als auch menschliche Knochen gefunden, was laut Julian Thomas auf eine »gewisse Gleichwertigkeit der Überreste von Menschen und Nutztieren« schließen lässt.[124]) Und je weiter das Neolithikum voranschritt, desto stärker dezimierten sich Zahl und Vielfalt der sich selbst definierenden und selbst verortenden Beziehungen.[125]

In Britannien ist der offensichtlichste archäologische Beleg dafür der Wechsel von den Gemeinschafts-Hünenbetten zu Einzelgräbern (von denen einige durch Rundhügel gekennzeichnet sind), ein ganz allmählicher Prozess, der laut Julian Thomas Ende des vierten Jahrtausends v. u. Z. begann. Rundhügel sind charakteristisch für die frühe Bronzezeit (etwa ab Beginn des zweiten Jahrtausends v. u. Z.), aber es gibt auch neolithische Rundhügel, und unter einigen der späteren Hünenbetten befinden sich Grubengräber mit vollständig erhalten gebliebenen Skeletten.[126]

Die Toten des *späteren* Neolithikums waren definitiver und individueller tot als die Verstorbenen früherer Zeiten, und eine Beisetzung in einem Grabhügel hatte etwas Endgültigeres, als wenn man in einem Hünenbett gestapelt und immer weiter nach hinten geschoben wurde. Es waren nicht nur die frisch Verstorbenen des späteren Neolithikums, denen man den Zugang zu Licht und den Lebenden verbarrikadierte, sondern es betraf auch die längst verstorbenen Urahnen in den alten Kammern. Im Westen, wo die Kammern so angelegt waren, dass ein Gespräch zwischen den Lebenden und den Toten leicht möglich war, wurde der Eingang zu den Kammern oft mit Erde und Steinen blockiert, wodurch man jede Zwiesprache zum Verstummen brachte; manchmal wurden diese Maßnahmen von Versuchen begleitet, die verstreuten einzelnen Knochen erneut zusammenzusetzen. Die Toten hatten nun ihren Platz. Ebenso wie die Lebenden. Doch jetzt an verschiedenen Orten.

Indem man die einzelnen Knochen wieder zusammenfügte, wies man den Toten einen sehr viel eindeutigeren Platz zu. Fragte man im frühen Neolithikum nach dem Verbleib des Großvaters, bekam man ungefähr Folgendes zur Antwort: »Nun, einige seiner Rippen liegen oben im Grubenwerk, seinen rechten Oberschenkelknochen hat deine Tante und den linken dein Onkel, sein Becken ist bei mir, und ein paar seiner Fußknöchelchen klackern unten im Beutel, der neben dem wilden Eber hängt; ein Hund bekam seine Milz, eine seiner Ellen liegt im Fluss und ein Oberarmknochen bei der verdorrten Ulme; in einem Loch neben der alten Eiche ist einer seiner Fersenknochen, und der Rest von ihm befindet sich in der Grabkammer, zu der wir immer sonntagnachmittags gehen.« Im späteren Neolithikum wäre die Antwort auf die gleiche Frage wohl ziemlich einsilbig ausgefallen: »Dort.« Und ein Finger hätte auf einen Hügel gedeutet.

Im frühen Neolithikum waren die Toten generell in der Landschaft zu Hause. Im späteren Neolithikum besetzten bestimmte Tote bestimmte Plätze.

Das klingt politisch, und das war es auch. Es betrifft die Wurzel der Selbstwahrnehmung. Wenn ein Skelett als Ganzes erhalten bleibt, gibt es ein eindeutiges totes »Du«, was nicht der Fall ist, wenn die Knochen über die südenglischen Kreidehügel verstreut sind.[127] Und wenn man nach dem Tod abgesondert liegt, neigt man dazu, sich auch zu Lebzeiten als Individuum zu betrachten. Kann man zudem auf einen Ort verweisen, an dem sich die Vorfahren befinden, wird man eher dazu neigen, seinen Anspruch auf diesen Ort und die umliegende Gegend geltend zu machen und dies mit den dort bestatteten Vorfahren zu rechtfertigen.[128]. Was Rupert Brooke in seinem berühmten gefühlsbetonten Gedicht »The Soldier« in folgende Worte fasst: »Dass es eine Ecke eines fremden Feldes gibt, das für immer England ist.«

In den Rundhügeln des späten Neolithikums und der frühen Bronzezeit war man nicht unbedingt einsam. Andere Leichen konnten sich zu einem gesellen, eingeäscherte sterbliche Überreste den Hügel durchsetzen, und auf dem ursprünglichen Hügel konnte ein neuer Friedhof wachsen. Doch all das hing von der ursprünglichen Bestattung ab, bezog sich darauf und wurde dadurch gerechtfertigt. Ebenso wie die Legitimität eines Anspruchs von der Legitimität des ursprünglichen Besitzes abhing.[129] Die Geografie eines Friedhofs aus dem späten Neolithikum ähnelt stark einem modernen Familienstammbaum. Die Selbstdefinition wurde zu einer Frage der Genealogie. Erinnern Sie sich an die endlosen Chronologien im Alten Testament? A zeugte B, und B zeugte C, und C zeugte D. Das ist das Mantra des späten Neolithikums. Da man sich seiner Abstammung sicher sein konnte (»Schau, du kannst meine Vorfahren *sehen:* Das sind diese Hügel dort drüben«), konnte man sich auch seiner Landrechte sicher sein. Allüberall in Britannien entstand nun Grundbesitz und wurde in einer Flurauteilung besiegelt, die mindestens bis zur Ankunft der Römer fortbestand.

Im früheren Neolithikum war die Beziehung der Menschen zum Land weniger fest umrissen. Zwar gab es Siedlungen, doch die meiste Zeit des Jahres zogen die Menschen mit ihrem Vieh umher, und ihre Toten befanden sich überall. Auch wenn es sicherlich Gebietsansprüche gab, lag ein Großteil des Landes die meiste Zeit des Jahres brach, und so gab es wenig Grund, die für die Herden interessanten Plätze aggressiv zu schützen. Da die meisten Landstriche stark bewaldet waren, konnte ein Hirte oft einfach Wald roden und sich damit nehmen, was er brauchte, um für sein Vieh bessere Weidemöglichkeiten zu schaffen: An Feuerstein-Äxten und Steinen zum Funkenschlagen herrschte kein Mangel.

Wieder zeigt sich, dass Migration und Sesshaftigkeit von großer politischer Tragweite sind.

Gern möchte ich glauben, dass die Idee von Grundbesitz mit einer intimen, liebevollen Beziehung zur umsichtig bestellten »eigenen« Scholle einherging – dass diese Beziehung also enger und zugewandter war als jene zwischen den Nomaden und dem Land, über das sie zogen. Aber so sieht es für mich nicht aus. Wer sich an etwas klammert, will meist mehr davon, und klammernde Leute sind eher unangenehme Zeitgenossen.

»Das ist aber nett«, sagt Meg. »Vielen Dank.«

Meg und Burt (die, wie sich ja herausgestellt hat, keine Mittelhandknochen von meinem Vater oben auf ihrem Küchenregal haben) widmen sich in den walisischen Black Mountains der Aufzucht von Schafen, Rindern, Bäumen, Urkorn und Kindern. Schweine halten sie allerdings keine mehr, weil sie die Tiere zu sehr mochten. Außerdem erzeugen sie ihren eigenen Strom, und auch ihre Socken sind aus eigener Wolle handgestrickt. Sie leben von Gemüse, überfahrenen Tieren und Chorizo aus knochentrockenen Beamten des Landwirtschaftsministeriums. Nun sitzen wir vor ihrem Farmhaus, trinken selbst gebrautes Bier, essen Radieschen und schauen über den Fluss zu einer eisenzeitlichen Wallburg auf dem Hügel, zu der Meg jeden Morgen hochläuft. Die beiden sind erschöpft. Gerade lammen die Schafe, weshalb Meg und Burt die ganze Nacht und den ganzen Tag auf den Beinen waren und nach Fruchtwasser und Gleitgel riechen.

Wir haben schon ein paar Bier intus, und ich habe mich über Gewinnsucht und den Zusammenhang zwischen dem Entstehen von Landwirtschaft und dem gleichzeitigen Aufkommen von Habgier echauffiert. Sie nehmen es viel zu nachsichtig hin, doch als ich anfange zu dozieren, wie die Idee der Herrschaft mit der Landwirtschaft zusammenhängt, kommt ihnen ihr Gleichmut abhanden. Allerdings auf sehr freundliche Art. Sie prusten laut heraus.

»Du machst Witze, oder?«, gluckst Burt.

»Nein«, sagt Meg, und wieder können sie nicht an sich halten. Ich schwadroniere weiter, dass die ersten Bauern die ersten Nietzscheaner waren, die rücksichtslos Gebiete annektierten, deren Sprachen sie schon längst nicht mehr kannten; dass aus diesem selbst ernannten Landadel bald selbst ernannte Götter wurden, die unbarmherzig, habgierig und willkürlich agierten; und dass nicht einmal die Reflexion über ihre Vergänglichkeit sie innehalten ließ, weil sie an ihre eigene Unsterblichkeit oder zumindest an die Unsterblichkeit ihrer Dynastien glaubten.

»Jetzt hör mal zu«, sagt Meg plötzlich ernst und stellt ihr Glas hin, was immer Ärger bedeutet.

»Wir haben Angst, okay? Wie alle Bauern, und das seit jeher. Herrschaft? Mach dich nicht lächerlich. Wenn das Wetter umschlägt, ist all unsere Gerste futsch. Falls uns die Maul- und Klauenseuche heimsucht, müssen wir mit ansehen, wie man Generationen von Tieren, die Burts Familie seit sechs Generationen gezüchtet hat, abknallt und in einer Grube verbrennt. Jeden Augenblick kann dieser verdammte Berg« – sie deutet auf die Wallburg – »uns unter sich begraben. Und du erzählst mir, wir würden glauben, dass wir hier alles unter unserer Fuchtel hätten? Dass wir wirklich meinen, wir würden dieses Land beherrschen und nicht das Land uns?«

Burt schaut auf seine Stiefelspitzen.

»Du bist ein Faschist, weißt du das? Denn du denkst, dass jeder – außer deinen geliebten Jägern und Sammlern in deinem verdammten Goldenen Zeitalter, die ja die ganz großen Durchblicker waren und in perfekter Harmonie mit allem und jedem lebten – zu der großen Herde von *Untermenschen* zählt, die sich selbst entfremdet sind und immer tiefer in den moralischen Sumpf rutschen.«

Sie hat nicht ganz unrecht. Wie immer.

Die Debatte über die Bedeutung des Neolithikums polarisiert, wie die meisten Debatten, auf gefährliche Weise. Polarisierung ist immer ein Zeichen intellektueller Trägheit, und ich trage daran mehr Schuld als die meisten anderen. Im kleinen Maßstab Landwirtschaft zu betreiben ist eine Möglichkeit, das Ethos der Jäger und Sammler zu leben, ohne dagegen zu verstoßen. Doch in großem Maßstab ist Landwirtschaft fast immer zerstörerisch, wie man es auch drehen und wenden mag. Ein Großteil der ökologischen, politischen und psychologischen Nöte Englands lässt sich darauf zurückführen, dass gemeinschaftlich genutztes Land der Allgemeinheit entrissen und in private landwirtschaftliche Großbetriebe eingegliedert und umzäunt wurde. Damit hat man die Nabelschnur zu dem Land gekappt, das die einfache Landbevölkerung ernährte und die englische Psyche mit ihrer Wildheit durchdrang.[130] Ich bin bereit und willens, all das zuzugeben, aber Meg ist noch nicht fertig.

»Was denkst du, warum wir hier sind? Wegen des Geldes? Da kann ich bloß lachen. Mit Zeitungen-Austragen würden wir mehr verdienen. Weil uns die Aussicht gefällt? Für dich mag das eine schöne Aussicht sein, für uns ist es wie ein Fabrikgelände. Ich sage dir, warum wir hier sind.«

Sie nimmt einen großen Schluck von ihrem Bier und gießt sich ein Gläschen Schlehenschnaps ein.

»Auch wenn es mir ein bisschen peinlich ist, es so auszudrücken, aber wir sind hier, weil wir diesen Flecken Land *lieben*. Obwohl oder wahrscheinlich gerade weil er uns ständig zu ruinieren und umzubringen droht (das kannst du psychologisch analysieren, so viel du willst). Vielleicht ist es eine Art Eigenliebe, das gebe ich zu. Auf jeden Fall hat das Land von uns Besitz ergriffen und wir von ihm, wir sind eins geworden, sodass ich nicht mehr weiß, wo ich aufhöre und wo der Berg anfängt.«

Burt schaute von seinen Stiefelspitzen auf.

»Das hätten wir also geklärt«, sagt er. So ist es. Meg ist die Stimme des Jungpaläolithikums, und tatsächlich lehnt dort am Traktor X, der lächelt und nickt und an einer Plazenta schnüffelt, die die Hunde übersehen haben.

Es ist ein warmer Frühlingsmorgen, etwa vier Uhr früh. Ich bin gerade aufgewacht. Halb sitze, halb liege ich, mit einem Strohballen im Rücken, in einem Schuppen für das Ablammen und blicke auf den zerklüfteten Hang eines schottischen Hügels. Ein Mutterschaf, eine Aue, die auf diesem Hügel gezeugt und geschwängert wurde, bläst mir süßen Heu-Atem – kristallisierte Sonne des letzten Sommers – ins Gesicht, doch nicht das hat mich geweckt. Ich bin wach, weil ich einen heiseren Klagelaut höre, der auf ein Problem hinweisen könnte.

Was auch der Fall ist. Die Aue müht sich offenbar bereits seit einer ganzen Weile ab. Ich hätte es schon vorher sehen und hören müssen. Als ich eine Hand hineinschiebe, stöhne ich auf. Das erste Lamm befindet sich in Steißlage, einer der schlimmsten Fehllagen. Alles, was ich fühlen kann, ist die Rückenmitte; Kopf und sämtliche Beine zeigen nach hinten in den Uterus hinein.

Ich weiß, was ich tun sollte, doch solche kniffligen Manöver gelingen mir nicht. Meine Hände sind zu groß, zu plump, und ich habe gefährlich wenig Geduld. Zwar fummle ich eine Weile herum und versuche, die Hinterbeine zu strecken, damit ich das Lamm rückwärts herausziehen kann, doch da drin ist nur sehr wenig Platz, und ich habe Angst, den Uterus, das Lamm oder beides zu verletzen. Höchste Zeit aufzugeben, also hämmere ich verschämt an die Tür des Farmhauses.

Janice, die Bäuerin, kommt herunter und lächelt, als wäre ich der Postbote mit einem sehnsüchtig erwarteten Paket. Keine Silbe in der Art von »Du bist doch der verdammte Tierarzt« oder »Hättest du nicht wenigstens bis nach dem Frühstück warten können?«. Das Lamm ist in zehn Minuten draußen, dann folgt ein weiteres. Es dauert nicht lang, da stupsen sie mit den Köpfen an das Euter und beginnen zu nuckeln, und dann sitzen Janice und ich auf dem Strohballen und schauen ihnen zu.

»Ist das nicht wunderschön?«, fragt sie. »Ich habe es schon tausendmal gesehen, doch es ist jedes Mal wieder etwas Besonderes. Es ist immer ein erstes Mal.« Sie steht auf, klopft sich ab und geht wieder ins Haus, um Porridge zu kochen.

Dies ist ein kommerzieller Betrieb. Bald werden die Lämmer nummeriert und in eine Computerliste eingetragen, bevor sie in einen Schlachthof und dann auf den Teller kommen. Janice wird von dem durch ihre Körper generierten Gewinn Mehrwertsteuer und andere Steuern abführen.

Wenn ich an das Neolithikum denke, sehe ich vielleicht nur das tote Tier und die Einträge im Hauptbuch und vergesse dabei Janice' Staunen.

Mein Verständnis für das Anderssein verdanke ich zu einem großen Teil den Augen von schottischen Schafen und Kühen aus Derbyshire. Das erste Mal (und eines der wenigen Male), dass ich mich nützlich fühlte, mistete ich im Alter von zehn Jahren einen Kuhstall im Peak District aus. Das hatte eine Würde, die den Klavierstunden, Jungpfadfindertreffen, der Mathematik und sogar meiner amateurhaften Tierpräparation fehlte. Und das nicht, weil ich dachte, ich würde dabei helfen, dass man in Sheffield Milch auf die Cornflakes schütten konnte. So etwas kam mir gar nicht in den Sinn. Vielmehr entdeckte ich, dass Beziehungen den Menschen ihre Bedeutung geben, dass Beziehungen zu Nicht-Menschen lebenswichtig sind und dass es eine gute Möglichkeit ist, Beziehungen aufzubauen, wenn man die Ausscheidungen anderer wegschaufelt.

Im Laufe der Jahre habe ich oft auf einem Bauernhof bei den Tieren geschlafen – im Frühjahr bei den Schafen im Ablammschuppen, auf der Weide draußen bei den Kühen oder im Kuhstall auf dem Heu. Allerdings noch nie bei Schweinen, obwohl mir das auch gefallen würde.

Die Unruhe und Wachsamkeit von Kühen ist immer wieder faszinierend. Ich kann mich stundenlang in ihre Aufmerksamkeit versenken, erzähle ich Burt. Kühe kennen die Dunkelheit, das Licht und die Weide so viel besser, als es mir je möglich sein wird. Wie gern würde ich ihre Weide – oder sonst etwas – so gut kennen wie sie. Wenn ich das könnte – und selbst wenn es sich nur um ein Stück Wiese von der Größe des Taschentuchs handeln würde, mit dem ich mir die Hose abtupfe, über die ich gerade mein Bier verschüttet habe –, wüsste ich etwas über die Beschaffenheit der Welt, das ich nicht einmal erahnen, geschweige denn begreifen kann. Aber das ist nicht alles. Je mehr ich von Burts Bier trinke, desto stärker habe ich den Eindruck, dass die Weide diese muhende ständige Aufmerksamkeit braucht, um weiterhin zu existieren.

Unsicher stehe ich auf, proste mit meinen Humpen der Wallburg zu und deklamiere Ronald Knox' parodistische Zusammenfassung von Bischof Berkeleys Philosophie:

Ein junger Mann sagt: »Gott, der Herr,
der wundert sich sicherlich sehr,
dass dort dieses Bäumlein
nicht aufhört zu sein
wo niemand da ist und niemand guckt her.«

Und ich grölte Gottes Antwort, wie Knox sie notiert hatte, laut heraus:

»Mich wundert dein Wundern gar sehr
Denn ich bin stets da und guck her.
Drum wird dieses Bäumlein
Nicht aufhörn zu sein
Denn immer im Auge hat's: Gott, der Herr.«[131]

In dieser Weise sinniere ich also zu jener abendlichen Stunde über Kühe und Weiden.
»Kühe, Burt, sind wie Gott: unverzichtbare Beobachter.«
Das meine ich womöglich sogar ernst – schwer zu sagen.
»Ohne ihre Aufmerksamkeit, Burt, mein lieber guter Freund, würde sich diese Weide verflüchtigen. Die Vorstellung, dass die Welt jemanden braucht, der sie wahrnimmt, ist kein Gedanke des 18. Jahrhunderts, sondern uralt und allgegenwärtig. Was, mein Guter, ja auch nur höflich ist. Oder sagst du deinen Kindern nicht, dass sie die Leute ansehen sollen, mit denen sie reden, und die dann ihrerseits wiederum sie anschauen? Natürlich tust du das. Wie ich auch. Wenn es also in der menschlichen und in der nichtmenschlichen Welt von Geschöpfen wimmelt, die dich anschauen, dann musst du zurückschauen, sonst wenden sie sich ab.«
Alan Garner knüpft an diese Ideenwelt an und schildert in *Boneland*, wie Alderley Edge jederzeit von dem gesalbten Wächter gesehen werden muss: »›Egal, wo ich bin‹, erklärte Colin, ›ich muss Alderley Edge von überall sehen können, um es zu bewahren. Denn wenn etwas nicht angesehen wird, kann es verschwinden, sich verändern oder niemals gewesen sein.‹«[132]
»Sofern es keinen ergebenen Colin gibt«, fahre ich fort, »und nachdem ihr die Bäume niedergebrannt oder gefällt und die Wildtiere gegessen habt, bleiben nur die Kühe als einzig mögliche Betrachter übrig. Würde diese Kuh also den Blick von dieser Weide abwenden, dann wäre sie weg. Und wo wärst dann du, hm?«
Burt schenkt mir noch mal nach.
»Wenn das meine Kühe wären und ich mich dermaßen hingebungsvoll um sie kümmern würde wie du, dann würde ich mich

auch dafür verantwortlich fühlen, dass es diese Weide weiterhin gibt. Ich würde spüren, wie ich die Welt durch die Augen der Kühe betrachte und sie dadurch erhalte. Und so bizarr es auch klingen mag, ich vermute, dass die Bauern im Neolithikum damit etwas krude ihr ›Besitzrecht‹ an einem Stück Land gerechtfertigt haben. Was sagst du dazu?«

»Dass du völlig durchgeknallt bist«, erwidert Burt. »Und viel zu verbissen. Du solltest mehr draußen an der frischen Luft sein. Trink aus, ich schenke uns nach.«

Meg weiß nicht, wo sie aufhört und der Berg und die Schafe beginnen. Das ist eine Art rustikales walisisches *advaita:* die »Nicht-Zweiheit«, wie sie von den spirituellen Suchenden aller Traditionen, insbesondere der östlichen Lehren, angestrebt wird. Doch es gibt Grenzen: Meg ist sehr gut darin, eine solche zwischen sich und ihren Schafen zu ziehen, wenn die Tiere auf den Anhänger geladen und weggekarrt werden, um sich die Kehle durchschneiden zu lassen. Und ebendas ist die große Scheidelinie zwischen Jungpaläolithikum und Neolithikum, wann auch immer sie genau entstanden sein mag.

Die Menschen im Neolithikum lernten, Grenzen zu ziehen. In der Natur, von der die Menschen des Jungpaläolithikums ein Bestandteil waren, gibt es keine klaren Grenzen, nicht einmal zwischen den Arten. Im Jungpaläolithikum betete man zu dem Tier, das man getötet hatte oder töten wollte: »Lass mich dies ausnahmsweise tun, ohne dass ich – wie es sich eigentlich gehört – eine Gegenleistung erbringe. Lass mich dich essen, ohne dass ich gefressen werde – jedenfalls fürs Erste. Ich weiß, dass auch für mich einmal die Zeit kommen wird, denn im Grunde bin ich wie du.« Bauern beten nie auf solche Weise zu ihren Tieren. Das könnten sie gar nicht. Es würde Landwirtschaft psychologisch unerträglich machen. Es muss ein »sie« und ein »wir« geben, und die beiden müssen einen unterschiedlichen moralischen Status haben. Das war die Grundlage des Neolithikums. Falls man von einer neolithischen Revolution sprechen kann, dann besteht sie in der Anerkennung und Durchsetzung eines Wir- und eines Sie-Seins. Die Wahrnehmung des Ichs hatte es schon vorher gegeben, aber diese wurde jetzt radikal umgestaltet und äußerte sich vor allem in Form negativer Abgrenzung. »Wer bin ich?«, fragten die Menschen im Neolithikum. »Keiner von *denen*«, lautete die Antwort und bereitete den Boden für zahllose Grausamkeiten.

Grenzen zwischen Dingen existieren nicht. Ja, nicht einmal Grenzen an sich, außer wenn wir sie setzen. Denn sie sind nur in unseren Köpfen, in unserer mentalen Welt. Doch das reale, historische Neolithikum ist kreuz und quer von Grenzlinien durchzogen: Wir hatten begonnen, die reale Welt in das Abbild der Welt umzugestalten, das wir ersonnen hatten. Wir hatten begonnen, die Welt zu zerstören und sie durch Modelle von uns zu ersetzen.

Mehlschwalben schnappen nach den Fliegenschwärmen, die von einem See aufsteigen. Es gibt so viele Libellen, dass sie die Sicht über das Schilf verschleiern. Hätten wir ordentliche Ohren, wir würden taub vom Knirschen des Chitins in messerscharfen Mundwerkzeugen. Tom und ich sind in den Somerset Levels, nicht weit von Glastonbury entfernt, auf dem Sweet Track unterwegs. Dieser knapp zwei Kilometer lange neolithische Holzsteg zwischen einem Hügel und dem, was zur Zeit seines Baus 3807 v. u. Z. eine Insel war, bestand ursprünglich aus Eichenplanken auf Pfählen aus Eichen-, Eschen- und Lindenholz, die man in den sumpfigen Boden getrieben hatte. Wir allerdings wandern auf einem stabilen modernen Nachbau, der eine Weile dem alten Verlauf folgt.

Der Sweet Track war Teil eines Netzes solcher aufgeständerten Wege, die den Zugang zu Inseln ermöglichten, auf denen es Schilf gab, mit dem man Dächer decken und weben konnte; außerdem fand man dort Tiere, die man mit dem Speer erlegen, sowie Pflanzen, die man herausrupfen konnte. Der Sumpf hatte gesagt: »Hier kein Durchgang«, aber die Menschen erwiderten: »Jetzt machen wir die Regeln.« Wenn man über das Neolithikum schreibt, kommt man nicht um eine Sprache der Vergewaltigung herum, die auch die Sprache des Kolonialismus und tropenbehelmter Forscher ist. Man drang in die Feuchtgebiete ein, rammte Pfähle ins Moor – die Inseln wurden eingenommen, unterworfen, erobert, geschändet.

Eine Vergewaltigung wird mit geradem, erigiertem Penis vollzogen. Und Darstellungen erigierter schamanischer Penisse sind so ziemlich die einzigen geraden Linien in der Kunst des Jungpaläolithikums, die sonst üblicherweise kurvenreich ist wie das Hinterteil eines Bisons oder die Hüften einer Frau. Die einzigen anderen geraden Linien in der Kunst dieser Zeit sind die rätselhaften leiterähnlichen Symbole an Höhlenwänden, die sich allerdings in ihrer Gesamtheit zu nicht linearen Formen verbinden.[133] Bei den Jägern und Sammlern gab es geradlinige Artefakte, doch normalerweise nur als Piercing-artigen Schmuck.

Hier jedenfalls ist der Sweet Track das Einzige, was gerade ist. Doch wir sind so sehr an gerade Wege gewöhnt, dass uns diese Anomalie nicht auffällt. Im Gegensatz zu X und seinem Sohn, die uns folgen; gebannt und mit ernster Miene bestaunen sie den Verlauf des Weges. Denn das ist es, was gerade Linien bewirken, sogar bei uns: Sie lenken den Blick und den Geist unerbittlich in eine Richtung, verengen die Sicht und lassen das Land schrumpfen. Ich beobachte Tom, und genau das geschieht bei ihm. Er schaut stur geradeaus. Drei Dimensionen sind zu einer geschrumpft. Gerade hat ein Sperber links von uns einen Grünfinken getötet. Tom hat es nicht mitbekommen. Eine Schwalbe verschätzt sich und streift mit einer Flügelspitze die Wasseroberfläche. Allerdings nicht direkt vor uns, deshalb hat er sie übersehen. Gerade Linien legen uns Scheuklappen an und verhindern, dass Blicke und Gedanken frei umherschweifen.

Auch in einem anderen Zusammenhang tauchen die einengenden geraden Linien erstmals im Neolithikum auf: Damals begann man Zäune zu errichten, um Tiere einzupferchen, damit sie nicht mehr sie selbst sein und eigene Erfahrungen machen konnten und stets bequem verfügbar waren. Fortan zerschnitten Zäune das Land, hinterließen Wunden und zerstückelten ein Ganzes.

Das ungeteilte Land war namenlos gewesen, es war einfach es selbst. Die Parzellen trugen alle menschliche Namen.

Wieder im Auto, breiten wir eine aktuelle Landkarte mit großem Maßstab aus, um den Verlauf des Sweet Track mit dem Finger nachzuzeichnen. Tom hat eine solche Karte noch nie gesehen.

»Was sind das für Linien?«, fragt er und zeigt auf die Flurstücksgrenzen. »Und warum sind sie so gerade?«

»Weil jemand entschieden hat, dass sie so sein sollen. Du kannst das auf ganz vielen Landkarten sehen. Wenn wir wieder zu Hause sind, schau dir mal die Karte von Nordafrika an. Da hat einer einfach in seinem Kämmerlein gesessen und bestimmt, die Grenzen verlaufen hier und hier und hier.«

»Ich wette, den Mauerseglern ist es egal, wo die Grenzen sind, wenn sie aus Afrika hierherfliegen.«

Stimmt, darum scheren sie sich nicht. Dennoch haben von Menschen gezogene Grenzen das Leben vieler Vögel umgekrempelt.

Wir fahren nach Glastonbury, um unsere Sandwiches zu essen, und setzen uns dazu auf eine Bank, wo wir die Mehlschwalben beobachten. Ihre Ausbeute an Insekten, die sie sich am Vormittag an dem See neben dem Sweet Track einverleibt haben, war üppig. Nun kurven sie durch die Lüfte, ziehen Kreise und malen im Sturzflug Parabeln, wie es Mehlschwalben eben so tun. Doch dann werden ihre Blicke, wie der von Tom, von einer geraden Linie angezogen: der Dachtraufe, unter der sie ihre Nester bauen. Schwalben werden schon seit Tausenden von Jahren von solchen Linien angezogen. Bevor die Menschen anfingen, Häuser zu errichten, nisteten die Mehlschwalben in Höhlen und auf Klippen, aber jetzt sind sie genauso süchtig nach geraden Linien wie wir.

Nicht nur Menschen treffen seltsame Entscheidungen: Dank unserer Vorgaben tun das auch andere Lebewesen. Beispielsweise hätten diese Schwalben sich dafür entscheiden können, ihre Jungen auf einer Klippe in Umbrien anstatt hier in Glastonbury großzuziehen. Sie hätten sich an den ungeheuren Mengen Nahrung laben können, die von den Olivenbäumen aufsteigt, während sie im warmen Wind den Nachtigallen lauschten. Das wäre die klügere Wahl gewesen. Die kleinen Lehmkugeln, die sie als Nester bauen, hätten fester an den Felsen geklebt als an den verputzten Schlackensteinen der Wohnsiedlung in Glastonbury, und dort lässt sich auch eine leckerere Art von Spinnen beim sogenannten »Ballooning« durch die Lüfte tragen. Hier ersticken die Insekten an Dieselabgasen und Pestiziden, und die Nestlinge müssen schmalziges Radiogedudel ertragen.

Menschen errichten seit Langem rechtwinklige Gebäude. Wobei das Auftauchen geradliniger Strukturen nahezu perfekt mit dem Beginn der Landwirtschaft korreliert.[134] Eine Korrelation ist keine Kausalität, doch es spricht vieles dafür, dass die Landwirtschaft samt der von ihr verkörperten und verbreiteten Weltanschauung dem Jungpaläolithikum alles Gekrümmte und Kurvige ausgetrieben hat.

Das Gesamtbild ist eindeutig: In ganz Europa, in Südwestasien, dem Nahen Osten und darüber hinaus wohnten die Jäger und Sammler normalerweise in Rundbauten. Zusammen mit der dauerhaften Besiedlung und der Landwirtschaft entstanden dann geradlinige Strukturen. In Südwestasien kann man den typischen Übergang deutlich sehen: Während des Präkeramischen Neolithikums A (ca. 10000–8800 v. u. Z.) herrschte eine nomadische Lebensweise ohne Ackerbau vor, und es gab nur runde Behausungen. In der nächsten Phase, dem Präkeramischen Neolithikum B (ca. 8800–6500 v. u. Z.), als Landwirtschaft bereits in der uns bekannten Form betrieben wurde, sind die Behausungen im Allgemeinen rechtwinklig. Und von da an sind, zumindest für profane Zwecke, rechtwinklige Gebäude die Norm.

(Wie so oft fallen Britannien und Irland archäologisch aus dem Rahmen. Denn die ersten Bauern in Britannien bewohnten Langhäuser, kehrten den Trend dann aber um und errichteten wie früher runde Gebäude. Das ist aber lediglich die spektakuläre Ausnahme, die die Regel bestätigt.)

Oft legen unsere Häuser, manchmal sogar ziemlich drastisch, offen, welchen Blick wir auf die Welt haben. So wimmelt es in unserem Haus von tobenden Kindern, überall herumliegenden Schädeln, Ikonen, Imkereizubehör, chirurgischen und Musikinstrumenten und mit Formalinlösung gefüllten Flaschen, in denen durch den Bodensatz schemenhaft Wühlmäuse, Augen und Embryos zu erkennen sind – diabolische Karikaturen dieser Schneekugeln zum Schütteln. Dazu kommen die nicht katalogisierten und nicht zu katalogisierenden Bücher, die ausgestopften Alks mit den verkümmerten Schwingen, Steine, in denen ich einmal ein Gesicht sehen konnte, das hoffentlich irgendwann wieder auftaucht, kümmerliche ebenso wie verheißungsvolle Setzlinge und verblichene Gebetsfahnen, die alle mit Cider getränkt sind. Mein Vater blickt, in Cordanzug und mit grauem Bart, liebevoll von einem toskanischen Hügel hinüber zu meiner Mutter, die in voller Mädchenblüte mit einer Partitur von »Rigoletto« in der Hand auf einer Wiese in der Nähe von Bath sitzt; unberechenbar zieht der Geruch von Teerseife von Zimmer zu Zimmer. Sie würden uns ziemlich gut kennenlernen, falls Sie es eine Woche hier mit uns aushielten und Ihr Immunsystem und Ihre Nerven dabei nicht schlappmachten.

Hätten wir jedoch eine echte Wahl hinsichtlich Form und Standort unseres Hauses gehabt, wüssten Sie noch einiges viel Grundlegenderes über uns: Dinge, die wir möglicherweise selbst nicht wissen.

Die eine oder andere unserer Entscheidungen mag zweckmäßig erscheinen. Aber nur bei oberflächlicher Betrachtung. Beispielsweise halten runde Häuser Stürmen weit besser stand als rechteckige; für stürmische Stellen eignen diese sich nur, wenn sie sehr exakt ausgerichtet sind.[135] Anders ausgedrückt: Ein rundes Haus (und damit seine Bewohner) integriert sich in ein System, in dem Winde dazugehören, ein rechteckiges Haus hingegen nicht. Es ragt mit seiner ellbogenartigen Kantigkeit in die Natur und schiebt anderes aus dem Weg, bis es seine Lage gefunden hat. Wer über die grundsätzliche Ausrichtung seines Wohnraums und damit seines Lebens entscheidet, erklärt sich damit als von den Naturgewalten unabhängig.

Auch lässt sich ein rundes Haus schlecht erweitern, während man an ein rechtwinkliges leicht ein Zimmer anbauen kann. Diese schlichte Beobachtung offenbart die zugrunde liegende Vorstellung von Beständigkeit (also Landbesitz) und Fortschritt. Rechtwinklige Häuser sind da, um zu bleiben: Dies ist mein verdammtes Haus auf meinem verdammten Land, und wir gehen nirgendwohin, und das Haus wird sich noch mehr Land einverleiben und immer größer und schöner werden, denn so sind eben Menschen unseres Schlags – wir bringen es zu etwas, auch wenn wir an Ort und Stelle bleiben.

Ein rundes Haus ist von vornherein ein demokratischer Raum. In der Mitte befindet sich keine Person, sondern die Feuerstelle, die ihre Wärme und ihr Licht gleichmäßig an alle abgibt, denn so funktionieren die physikalischen Gesetze der Strahlung. Ein kreisförmiger Raum muss mit den anderen geteilt werden, man kann ungehindert in ihm herumgehen. Es ist schwer, in einem solchen Haus etwas geheim zu halten.

Bei rechtwinkligen Häusern sieht das anders aus. Da gibt es dein Zimmer und mein Zimmer; meins ist größer und besser eingerichtet als deins, und ich mache in meinem Zimmer Dinge, von denen du nichts ahnst. Außerdem horte ich dort meine Schätze und schmiede in der Hitze meiner einsamen Nächte Pläne, wie ich dich arm machen und ausstechen kann.

Häuser können ein Abbild des Kosmos ihrer Besitzer sein. Auf unseres trifft das erschreckenderweise zu. Die Jäger und Sammler hatten einen riesigen, alles umspannenden Himmel über sich, der rundum bis zur Erde reichte, wie eine mongolische Jurte oder ein Rundhaus in Natufien. Ein Bauernhaus hingegen ist zweckgebunden und daher auf sich selbst fokussiert. Es ist so gebaut, dass man die Weide oder den Getreidespeicher überblicken kann, und weist damit konkret wie auch metaphorisch auf die wichtigen Dinge im Leben hin, die der Bauer als seinen Besitz betrachtet und über die er zumindest glaubt, die Kontrolle zu haben. Wie die geraden Linien erzeugen auch Farmen und Bauernhäuser einen Tunnelblick und engen die bewohnte Welt ein.[136]

Allerdings habe ich einen wichtigen Gebäudetyp außer Acht gelassen: die Bauten für die Toten und die Götter. Grundsätzlich galt vom Neolithikum bis zum frühen Mittelalter – auch wenn es einige Ausnahmen gibt, etwa die Ganggräber –, dass die Menschen in rechtwinkligen Häusern aßen, schliefen, sich paarten, Ränke schmiedeten und Kinder aufzogen, aber runde Strukturen (ob Gräber oder Steinkreise) für das Nicht-Alltägliche bevorzugten. Und oft waren rechtwinklige Bauten von kreisförmigen Einfriedungen umgeben, als sollten sie darauf hinweisen, dass das herrschende Meta-Narrativ sich von jenem unterschied, welches das Alltagsleben bestimmte.[137]

Was können wir daraus schlussfolgern? Nicht wenige haben ihr ganzes akademisches Leben damit zugebracht, über die Bedeutung von Steinkreisen und anderen megalithischen Monumenten zu streiten, wobei sich die meisten zumindest einig sind, dass Steinkreise und Tempel in irgendeiner Weise mit den Toten zu tun haben und dass sie Kraftorte sind. Mit jeder weitergehenden Aussage würde man sich nur die Finger verbrennen. Die Steine in einem Steinkreis könnten einzelne Ahnen darstellen, oder aber der Kreis steht für die gesamte Gemeinschaft der Toten.

Der französische Archäologe Jacques Cauvin, ein Fachmann für den prähistorischen Nahen Osten, vertritt die (in meinen Augen glaubhafte) These, dass Kreise generell für das Transzendente und das Ganze stehen und dementsprechend oft Weiblichkeit, Fruchtbarkeit und intuitive Einsicht verkörpern. Gerade und rechtwinklige Formen hingegen repräsentierten die offensichtliche, unmittelbare, konkrete Welt – die Welt des Männlichen. Wenn das stimmt, wären die Steinkreise Orte, an denen man Zugang zu einer unmittelbaren, intuitiven Art von Wissen bekäme: einem Wissen, das sich die Vorfahren angeeignet hatten und das an die Lebenden weitergeleitet werden konnte. Zudem wären sie wichtige vermittelnde Orte, um Fruchtbarkeit zu erbitten. Tod und Fruchtbarkeit waren in den Köpfen der frühen Bauern gewiss untrennbar miteinander verbunden. Sie wussten, dass es nur neues Leben gab, wenn man die Saat vergrub wie die Großeltern. Bestimmt standen Gebete für eine gute Ernte ganz oben auf der Liste der Fürbitten, die man an die mächtigen Vorfahren richtete.

Wie die meisten Versuche, einen Blick in prähistorische Zeiten zu werfen, ist das lediglich Spekulation. Aber vielleicht bringt es uns weiter, wenn wir das im späten Neolithikum errichtete Monument von Stonehenge genauer unter die Lupe nehmen.

Für viele von uns ist Stonehenge der Inbegriff des Neolithikums. Wir glauben es zu kennen: Von Reisebussen belagert oder von weiß gewandeten Druiden umringt ragen elefantengraue Steinblöcke wuchtig aus der Hochebene von Salisbury. Dennoch ist es sehr, sehr seltsam. Nirgendwo sonst gibt es etwas Vergleichbares. Ein normales neolithisches Bauprojekt ist es jedenfalls nicht. Doch wie so oft in der Wissenschaft und im Leben verrät uns die Ausnahme mehr als die Regel.

Es ist ein schlimmer Fehler, wenn man zu stark verallgemeinert, und es wäre geradezu sträflich naiv, dies aufgrund von Zeugnissen aus dem höchst untypischen neolithischen Britannien zu tun. Aber Stonehenge ist vielleicht einfach deshalb so ungewöhnlich, weil es die Beziehung zwischen den Lebenden und den Toten viel expliziter darstellt als andere Monumente.

Das Bauwerk, an das wir denken, wenn wir von Stonehenge sprechen und das seit dem dritten Jahrtausend v. u. Z. als Friedhof genutzt wurde – die riesigen behauenen Sarsen und Decksteine, verzapft mit einer uns aus der heimischen Zimmerei bekannten Technik, und die kleineren blauen Steine, die aus dem etwa hundertachtzig Kilometer entfernten Pembrokeshire hergebracht wurden –, ist nur Teil einer viel größeren Anlage.[138] In der Nähe befindet sich ein hölzernes Gegenstück, das ursprünglich aus Holzpfeilern bestand und wahrscheinlich nicht überdacht war und das man heute eingängig, wenn auch nicht gerade fantasievoll, Woodhenge nennt. Nur wenige Meter von Woodhenge entfernt liegt Durrington Walls, ein neolithisches Dorf mit einem eigenen Holzkreis, in dem die Erbauer von Stonehenge vermutlich wohnten.

Heute wimmelt es in Stonehenge das ganze Jahr über von Touristen, die Eis schlecken und dabei über Mistelzweige und Menschenopfer plaudern. Als es noch seinem ursprünglichen Zweck diente, wurde es jedoch nur gelegentlich aufgesucht – wahrscheinlich vor allem zur Zeit der Winter- und der Sommersonnenwende.

In Stonehenge selbst verweilten nur die Toten. Die Lebenden hingegen reisten nach Durrington Walls, wobei sie weder Kosten noch Mühen scheuten. Dort wurde ausgiebig geschlemmt und zweifellos auch reichlich getrunken und Unzucht getrieben. Man fand vor Ort solche Mengen an Schweineknochen, als hätte sich Falstaff hier regelmäßig den Magen vollgeschlagen. Die Atmosphäre muss vergleichbar mit dem Glastonbury Festival gewesen sein, wobei es durchaus einen Unterschied macht, ob man übers Wochenende mit einem mit Tempomat ausgestatteten Range Rover von Fulham nach Glastonbury fährt oder mit der gesamten Großfamilie, die Babys auf dem Rücken, von Yorkshire nach Wiltshire wandert und dabei seine Schweineherde vor sich hertreibt. Denn Letzteres taten etliche von ihnen.[139]

Wahrscheinlich pilgerten sie dorthin, um die Angst vor dem Tod zu verlieren[140] oder um die Toten als Unterstützer für ihre Anliegen zu gewinnen. Es wurden auch andere mögliche Gründe angeführt, etwa dass man Heilung suchte oder um die Zusammenführung ungleicher Gemeinschaften bat. Das ist alles denkbar. Zweifellos flehten die Lahmen und Blinden ihre mächtigen Vorfahren um Hilfe an, und selbst wenn Vereinigungen nicht beabsichtigt waren, ergaben sie sich unweigerlich als Folge solch großer Versammlungen.[141]

Jedenfalls muss die Woodhenge-Stonehenge-Anlage als ein Ganzes betrachtet werden, und vielleicht sollte man es am besten als einen metaphysischen Themenpark sehen, in dem das Nebeneinander von Leben und Tod dargestellt ist.

Woodhenge stand für Vergänglichkeit. Andere Holzkreise wurden absichtlich niedergebrannt oder ausgegraben und entfernt,[142] um ihre Vergänglichkeit stärker zu verdeutlichen, als es ihr normaler Verfall getan hätte. Denn Woodhenge sollte das gegenwärtige Leben der Feiernden verkörpern, was es zumindest teilweise auch tat, indem es verwitterte. Jetzt stehst du noch aufrecht wie diese Pfeiler, sagte Woodhenge, aber schau mal ein bisschen genauer hin (auf deine Füße, wenn du ein Mann in mittleren Jahren bist, oder auf deine Krampfadern als Frau), dann kannst du die Zeichen des Verfalls erkennen wie bei diesen Pfeilern, denn wenn du sie genauer betrachtest, entdeckst du darin die Löcher der Käferlarven.

Allerdings blieben die feiernden Pilger nicht in Woodhenge, um dort über ihre Sterblichkeit nachzusinnen. Stattdessen machten sie sich wieder auf den Weg. Gleich hinter Woodhenge beginnt am Fluss Avon ein breiter Pfad (die *Avenue)*, der über längere Strecken geradeaus verläuft und bei Stonehenge endet.[143]

Wie sieht der Tod aus? Stonehenge und Woodhenge beantworteten diese Frage im Schulterschluss, und 1300 Jahre später gab der heilige Paulus dieselbe Antwort: Das Verwesliche wird als unverweslich auferweckt.[144]

Leben und Tod waren, wie Woodhenge und Stonehenge, durch eine gerade Linie miteinander verbunden. Im Themenpark konnte man diese Linie abschreiten: So konnte die Reise, die vor uns allen liegt, schon einmal durchgespielt werden und verlor dadurch etwas von ihrem Schrecken. Wenn die Pilger metaphorisch zwischen den beiden Welten wechseln konnten, hatten sie vielleicht nicht mehr so viel Angst, wenn sie es wirklich tun mussten.[145] Das Land machte die Verbindung zwischen Leben und Tod greifbar, die Pilger konnten sie sinnlich erfahren. Im Gegensatz zum Tod war das *Land* unter ihren Füßen kein diffus geheimnisvolles Reich, keine Stätte der Dunkelheit und des Rauchs, über das auch die Dichter nur vage Andeutungen machen konnten. Nachdem die Pilger den Weg gegangen waren, sahen sie, anders als der heilige Paulus, nicht nur rätselhafte Umrisse in einem Spiegel,[146] ihr Blick war klar und voller Zuversicht. Denn in dem Land war alles vorhanden. Sie hatten es abgeschritten. Vielleicht ist es ein Vermächtnis dieser Zuversicht, dass den in

England einmarschierenden Römern angst und bange wurde angesichts eines Volkes, das den Tod nicht zu fürchten schien.[147]

Sie fürchteten ihn nicht, weil sie wussten, dass er nicht das Ende war. Wenn die Samen in die Erde eingingen, entsprang ihnen neues Leben. Die Dunkelheit würde niemals siegen.[148]

Die Avenue von Woodhenge nach Stonehenge war das Manifest eines neuen intellektuellen und spirituellen Imperialismus. Nicht nur, dass Menschen Wälder niederbrennen und die Wildnis aussperren konnten, sie waren auch in der Lage, die metaphysische Mechanik von Leben und Tod zu verstehen. Sie herrschten nicht bloß über Schafe, sondern über die Ewigkeit. Was für ein immenser Anspruch![149]

In Stonehenge gibt es zwei weitere bemerkenswerte Linien des Neolithikums. Erstens: die Mauern. Für uns sehen sie nicht wie Mauern aus, denn sie haben große Lücken. Aber die Verstorbenen können sich nicht durch diese Lücken zwängen. Die mächtigen Sarsen sorgen dafür, dass die Toten an ihrem Platz bleiben. Stonehenge ist ein Gefängnis. Außerdem trennen die lange Avenue und der Fluss die Toten von dem ausgelassenen Treiben in Durrington Walls.

In der guten alten Zeit des frühen Neolithikums wäre es eine unerträgliche Form von Apartheid gewesen, die Toten an einem Ort einzusperren. Damals wusste man, dass die Lebenden und die Toten einander brauchen. Wie wir gesehen haben, waren die Knochen der Toten allüberall, die Stimmen der Toten beteiligten sich an jedem Gespräch, und oft hatten die Toten bei wichtigen Entscheidungen das letzte Wort. Wenn man keine Teerseife roch oder aus den Augenwinkeln keinen Jäger und Sammler mit seinem Sohn erspähte, war die Welt nicht in Ordnung.

Die zweite Linie ist die der Zeit, die im späten Neolithikum gezogen wurde, als man Abstammungslinien zu zeichnen begann. Wenn man ein Feld für sich beanspruchte, weil schon die Vorfahren es bestellt hatten, war damit sichergestellt, dass es eine direkte, *lineare* Beziehung zur Vergangenheit gab. Diese Beziehungen wurden im Ahnenkult von Stonehenge gefeiert.

Nun sah man die Zeit auf eine völlig neue Art. Davor war die Zeit zyklisch verlaufen. Die Jahreszeiten kamen und gingen und kamen und gingen, und die Vorfahren waren stets da, um einem durch diese Jahreszeiten zu helfen. Ab da war der bislang undenkbare Begriff *Fortschritt* vorstellbar, der wiederum einen völlig neuen Kult um Überhöhung und Abwertung erzeugte.

Arglos, planlos, ziellos, ohne Uhr und ohne Karte wandern Tom und ich in der heißen spanischen Sierra Nevada gemächlich über einen Berg, die gebackene Erde und das gedünstete Grün Afrikas von jenseits des spiegelnden Meeres in der Nase, was uns daran erinnert, woher die Menschen wirklich kommen. Manchmal dreht der Wind, und Schafsglocken stören die Gedankenreise, aber hauptsächlich sind es Adler am Rand des Blickfelds, das Rauschen ferner Wellen und Geröll, das vor 40 000 Jahren aus dem Hang gewaschen und vielleicht zuletzt von den breiten Füßen einer Neandertaler-Jagdgesellschaft aufgewühlt wurde, oder auch letzten Mittwoch von dem Hirten, der sich beeilte, um rechtzeitig zum Spiel gegen Manchester United wieder zu Hause vor dem Fernseher zu sitzen.

Die ersten und einzigen Felder hier oben waren die Felder der Toten, die wie die alten, mit Knochen übersäten Grubenwerke im neolithischen England niemandem von den Lebenden gehörten. Sie waren daher neutrale, sichere Orte für Verhandlungen und Feste.[150] Der Tod macht uns alle gleich. Diese Tatsache sollte unsere Politik eigentlich tiefgreifend verändern, und tatsächlich bestimmte sie eine Zeit lang die neolithische Politik. Die Toten hatten entdeckt, was wir alle einmal feststellen werden, nämlich dass Status und Besitz lächerlich sind. Auf dem Feld der Toten mussten die Lebenden nach den egalitären Regeln der Toten spielen. Es ist wahrscheinlich, dass Grubenwerke und ähnliche Grabstätten in der Tat für gemeinsame Beratungen und Streitschlichtung genutzt wurden. Das war gute, praktisch angewandte Psychologie. Wir alle benehmen uns auf Friedhöfen anständiger; dort fühlen wir uns von unseren Vorfahren beobachtet und ihrem Urteil ausgesetzt und erkennen unausweichlich die Nichtigkeit der menschlichen Ambitionen. Ein Massengrab ist der einzig angemessene Ort für ein Parlament oder eine internationale Gipfelkonferenz.

Wir befinden uns hier hoch oben. Die Luft ist dünn. Was Tom weniger ausmacht als mir. Wie ein Hund, den man von der Leine gelassen hat, rennt er fünfmal so viel wie ich, sucht in den stacheligen Büschen mit den wachsartigen Blättern nach Heuschrecken, gießt Wasser in den Schädel einer Krähe, um die Größe ihres Gehirns zu messen, benutzt den glänzenden schwarzen Rücken eines Käfers als Reflektor, um damit Lichtpunkte einen Eichenast hochkriechen zu lassen, pfeift in ein Loch hinunter und hofft, dass die Schlange zurückpfeift.

Doch heute Abend werden wir wieder in einem Bergdorf mit weiß gekalkten Häusern sein, aus dem die Katholiken die Mauren brutal vertrieben haben, werden dort Fleischscheiben essen, die von einer luftgetrockneten, an der Decke hängenden Schweinekeule abgeschnitten wurden, und neben einem Feuer sitzen, das von Steinmauern eingeengt und gezwungen ist, durch eine gemauerte Luftröhre zu atmen.

»*La li-li-li, li-li.*«

Sommer

*Die Zähmung der Haustiere und die Züchtung von Herden
[hatte] eine bisher ungeahnte Quelle des Reichtums entwickelt
und ganz neue gesellschaftliche Verhältnisse geschaffen.*
Friedrich Engels, *Der Ursprung der Familie,
des Privateigentums und des Staats*[151]

Stellen Sie sich vor, Sie finden eine niedliche kleine Wölfin.

Die Kinder mögen das kleine Wolfsmädchen, also beschließen sie, es zu behalten.

Als die Wölfin zu ihrer vollen Größe heranwächst, wird Ihnen klar, dass sie zu groß für das Haus ist und Sie es niemals schaffen werden, die langen, strapaziösen Spaziergänge mit ihr zu machen, die sie braucht. Die offensichtliche Lösung liegt darin, die Wölfin hungern zu lassen, damit sie verkrüppelt, und ihr die Beine zu brechen.

Das funktioniert gut. Die verheilenden Beine nehmen eine gekrümmte Form an, was interessant aussieht und Sie auf eine weitere Idee bringt.

Ihr im Welpenalter so süßes Stupsnäschen ist länger geworden. Dadurch wirkt ihr Gesicht jetzt wolfsartiger und auch ein bisschen unheimlich. Also gehen Sie mit ihr raus in die Garage, drehen die Musik auf, um das Winseln zu übertönen, schnappen sich einen Zimmermannshammer und zertrümmern ihr das Gesicht.

Es gibt viel Blut und Geheule, aber die Verletzungen heilen schnell, und das Ergebnis ist großartig: Sie hat jetzt ein sehr attraktives platt gedrücktes Gesicht. Natürlich kann sie nicht mehr so gut atmen. Sie röchelt fürchterlich, aber daran gewöhnen Sie sich. Und es hat auch Vorteile. Sie läuft beim Gassigehen nicht mehr so weit und so schnell.

Was Sie da jetzt vor sich haben, ist natürlich ein Mops. X und sein Sohn haben einmal einen gesehen, als sie an einem trüben Sommernachmittag hinter mir und Tom den Oxforder Treidelpfad entlanggingen. Ich dachte, sie würden gleich die Feuersteinspitze ihres Speers durch die Barbourjacke des Hundebesitzers bohren. Sie verstanden nicht, dass die Zertrümmerung der Knochen und des Gesichts genetisch herbeigeführt worden war und den Besitzer nur eine, nun ja, kollektive Schuld trifft.

Auch mich trifft diese Schuld. Tiere stehen selten auf meinem Speiseplan, und ich versuche, nur Tiere zu essen, die zu Lebzeiten glücklich gewesen sind. Aber ich nehme es nicht immer so genau und habe daher bestimmt in den letzten Monaten Hühner verspeist, deren Brustmuskeln so groß und deren Beine so schwach waren, dass sie nicht stehen konnten (wobei sie sowieso nirgendwohin hätten gehen können); oder Fleisch von einer Weißblauen Belgier-Kuh, die dank genetischer Mutation so viel Muskelmasse entwickelt, dass ihre mit Riesenhinterbacken ausgestatteten Kälber oftmals nur per Kaiserschnitt auf die Welt gebracht werden können;[152] oder das Fleisch eines Schafes, das den Uterus seiner Mutter für sich allein hätte haben sollen, aber um des Profits willen mit zwei anderen teilen musste, was der Aue eine Menge Geburtsschmerzen – und den Föten zweifellos Traumata – bescherte.[153]

Zudem habe ich Milch getrunken. Eine heutige Milchkuh in konventioneller Haltung produziert etwa 30 Liter Milch pro Tag, mit 4 Prozent Fett, 3,2 Prozent Protein und 4,8 Prozent Laktose.[154] Insgesamt ergibt das 1,2 kg Fett, 1 kg Protein und 1,5 kg Laktose. Das kann man nicht einfach so aus Gras herauspressen, und tatsächlich auch nicht aus einer Kuh, die mit normaler Fressgeschwindigkeit normale Nahrung zu sich nimmt. Also gibt man der Kuh Futter, das schneller fermentiert und schneller im Pansen verdaut wird, um Platz für das nächste Maul voll Futter zu schaffen. Das hat seinen Preis: Die Fruchtbarkeit und die Abwehrkräfte der Kuh nehmen ab, und es besteht ein höheres Risiko für Pansen-Übersäuerung und Lahmheit. Ihr ganzes produktives Leben lang hat sie mit Stoffwechselstörungen zu kämpfen. Und wir bekommen geschmacklose Milch, die mehr Zumutung als Genuss ist, dazu lebensgefährliche Antibiotikaresistenzen und mit Gülle vergiftete Flüsse.

Beherrschung, Konzipierung, Hybris, versteckte und steigende Kosten. Die noch heute immer weiter steigen. Das ist das Neolithikum.

Allerdings gibt es auch jetzt noch eine Menge *früher* neolithischer Bauern. Ihre tonangebenden Toten sind überall – nicht nur unter dem lokalen Familiengrabhügel – und fordern von ihnen ein ethisch verantwortungsvolles Handeln. Diese Bauern fühlen sich der Vergangenheit verpflichtet: dem Vermächtnis, das sie empfangen haben. Sie sind, so sagen sie, allen Menschen gegenüber verantwortlich, nicht nur ihren eigenen genetischen Nachfahren gegenüber – also denen, die sich letztlich zu ihnen in den Grabhügel gesellen werden. Sie wandeln über die Welt – im übertragenen, wenn nicht im wörtlichen Sinn –, auch wenn sie abends in ihr rechteckiges Bauernhaus zurückkehren (das sie nicht zu vergrößern gedenken). Wenn man sie fragt, was sie sind, antworten sie, sie seien Teil eines Ökosystems – eines Ökosystems, in dem es nicht nur um Kompostierung, die Wiederverwendung tierischer und menschlicher Ausscheidungen, die Erhaltung von Wirbellosen, das Aufstellen von Fledermauskästen und das Wohlergehen von Schafen geht, sondern auch um das Wohltätigkeitsquiz für die Grundschule, die Kooperative, die den lokalen Buchladen und das Café betreibt, und das Zubereiten von Mahlzeiten für Demenzkranke.

Allerdings sind sie eine vom Aussterben bedrohte Spezies. Das späte Neolithikum drängt sie aus dem Geschäft.

Eines Tages lernte ich einen spätneolithischen Landwirt kennen. Ich nenne ihn Giles. Er ist der Freund eines Freundes eines

Freundes, und er begrüßte mich ruhig und zurückhaltend, als ich ihn auf seiner weitläufigen Farm in Lincolnshire besuchte. Hier surrten nicht Bienen, sondern Motoren. Giles' weicher, sachter Händedruck war das Einzige, was hier nicht nach Größe schrie. Er hatte sich ordentlich herausgeputzt, mit einem strahlend weißen Hemd und maisgelber Hose.

Giles führte mich ins Farmbüro, wo gerahmte Zertifikate und Fotos von Maschinen hingen, und bot mir einen Stuhl an.

»Also, was wollen Sie von mir wissen? Schießen Sie los.«

Was ich wirklich wissen wollte, würde ich nicht erfahren, wenn ich geradeheraus danach fragte. Also sagte ich vage, ich hätte gern ein paar grundlegende Auskünfte über die Farm: wie viel hier produziert wurde, mit welchen Herausforderungen er sich konfrontiert sah, welche Ziele er verfolgte und (etwas gewagter) warum er das alles überhaupt machte. Daraufhin wirkte Giles entspannter. Damit konnte er umgehen.

»Weizen«, sagte er. »Wir machen in Weizen. Und zwar im ganz großen Stil. Sechshundert Hektar. Und streng wissenschaftlich. Letztes Jahr haben wir dreizehn Tonnen pro Hektar geerntet. Ich bringe es auf siebenhundert Weizenähren pro Quadratmeter, und auch wenn Eigenlob stinkt: Das kann sich sehen lassen. Und warum mache ich das alles? Weil die Welt nun mal Nahrung braucht, nicht wahr? Viereinhalb Milliarden Menschen essen täglich Weizen. Wir leisten dazu unseren Beitrag.«

»Dann«, fragte ich weiter und schaute aus dem Fenster auf die pfannkuchenflachen Felder, »sind Sie also der Herr all dessen, was Sie hier sehen?«

»O ja«, erwiderte er zufrieden, lehnte sich zurück und folgte meinem Blick. »Das bin ich in der Tat.«

Danach fuhr er mich in einem nagelneuen Auto mit beheizten Ledersitzen auf der Farm herum.

»Dazu stehe ich«, erklärte er, als ich ihn auf die Sitze ansprach. »Wenn man sein Leben im Freien verbringt, ist es wichtig, dass man es bequem hat. So halte ich es auch bei meinen Leuten: Für sie ist nur das Beste gut genug. Ihre Führerhäuser sind mit Entertainment-Anlagen ausgestattet, dem besten System, das man für Geld kriegen kann. Hier draußen langweilt man sich ja schnell mal.«

Ich erkundigte mich, wie viele Angestellte er hatte.

»Zwei«, sagte er. »Und die sind erstklassig.«

Zwei Menschen auf sechshundert Hektar. Während der letzten Eiszeit dürfte die Bevölkerungsdichte ähnlich gewesen sein.

Die Fahrt dauerte eine Weile. Für mich sahen die Felder alle gleich aus: heranreifender Weizen, jeder Halm gleich lang, jede Ähre triefend vor Profit. Doch für Giles waren sie nicht gleich; auf einem Feld stand eine andere Sorte, die etwas weniger Stickstoff brauchte als die auf den Nachbarfeldern.

»Wir investieren Tausende in Bodenproben. Da muss alles stimmen.«

Von der Bodenverarmung hier im Osten Englands hatte ich bereits gehört. Früher sorgten Fruchtfolge, Brachejahre (eine Variante des alten Konzepts des Erlassjahrs, das von Zeit zu Zeit eine Ruhephase für den Boden und Freiheit für die Bewohner vorsah)[155] und der Dung von Weidetieren für eine gute Bodenqualität – wozu auch eine gesunde mikrobiologische Aktivität und eine Bodenstruktur gehörten, die verhinderten, dass die Erde weggeschwemmt und in die Nordsee geweht wurde. Inzwischen, heißt es, gebe der Boden nur noch wenige Ernten her.

»Quatsch«, entgegnet Giles. »Das ist linke Panikmache. Auch meine Enkel und Urenkel werden hier noch anbauen und gut davon leben können, keine Sorge.« Er bedachte mich mit einem bedeutsamen Blick über das Automatikgetriebe hinweg. »Der Herr wird ein Auge auf dieses Land haben, so wie auch auf meine Familie. Er hat uns dieses Land gegeben, auf dass wir es uns untertan machen, und dieser Auftrag hat Bestand. Wir kümmern uns um das Land, und Gott kümmert sich ebenfalls darum und auch um uns.«

Wie sich herausstellte, war Giles ein konservativer evangelikaler Christ alter Schule. Die hiesige anglikanische Kirche war nicht nach seinem Geschmack, ebenso wenig wie die Öko-Bewegung.

»Sie reden die Sünde klein. Sie zeigen uns nicht, wie wir wirklich sind. Ich fürchte nämlich«, fuhr er fröhlich fort, »dass die meisten von uns zu ewigen Höllenqualen verdammt sind.«[156] Zum Glück teilten seine Söhne, die derzeit auf ein Internat gingen, seine Ansichten – weshalb er so zuversichtlich war, dass der Herr auch weiterhin gnädig auf seine Geschäftsbilanzen und die seiner künftigen Generationen herabblicken würde. Der Höhepunkt des Jahres war anscheinend ein christliches Zeltlager, bei dem die Söhne zusammen mit anderen Internatsschülern lernten, dass der Mensch in seinem Kern schlecht war und es deshalb wichtiger war, das Evangelium zu verbreiten, als ein guter Mensch zu sein.

Letzteres ist, fürchte ich, nur eine zynische Randbemerkung meinerseits, die sich mir aufdrängte, als Giles mir zum Abschied eine Broschüre zusammen mit einem Merkblatt über die Volatilität des Getreidepreises in die Hand drückte.

Die meisten Bauern, die ich kenne – ob früh- oder spätneolithische – sind religiös, und diejenigen, die es am lautesteten abstreiten, tun am lautesten kund, dass sie »spirituell« seien.[157] Zweifellos waren die Bauern des Neolithikums religiös – und auch spirituell, falls es da einen Unterschied gibt. Wie bereits erwähnt, rührt die neolithische Religion von dem Bedürfnis der Bauern her, sich vom Blut ihrer beseelten, aber nicht-menschlichen Verwandten reinzuwaschen. Kaum hatte die neue neolithische Religion gezündet, wurde ihr Feuer vom Wind schrecklicher Unvorhersehbarkeiten angefacht.

Jäger und Sammler lebten in einer relativen Sicherheit. Wenn die Rentiere ausblieben, konnte die Gruppe anderswo hinziehen und sich von Lachs ernähren. Das änderte sich jedoch durch den Ackerbau: Hier setzte man alles auf eine Karte. Wenn die Getreideernte ausfiel, war's das.

Für Jäger und Sammler gab es zwar viel mehr Unwägbarkeiten, aber selten eine, die existenzbedrohend war. Außerdem hatten sie die Möglichkeit, auf die Unwägbarkeiten Einfluss zu nehmen: Man konnte die Rentiere bitten zurückzukommen oder den Blitz, dass er einen verschone. Die Bauern wiederum sahen sich zwar nicht mit so vielen unberechenbaren Faktoren konfrontiert: Sie brauchten Sonne, Regen, eine Trockenphase, um die Ernte einzubringen, und Gesundheit – doch jeder einzelne dieser Faktoren konnte ihren Untergang bedeuten. Und an wen sollten sie ihre Bitten richten? Dafür kamen nur Götter – oder ein Gott – irgendwo dort droben infrage, außerhalb der sichtbaren Welt; diese himmlische Macht erteilte oder versagte den notwendigen Segen. Auf diese nunmehr vertikale Ausrichtung des Gebets[158] folgte zwangsläufig die Ausbildung von Priesterhierarchien, die den Zufluss an Fürbitten regulierten; und je höher der soziale Status und je größer die Macht, umso einfacher bekam man Zugang zum Priester.

Für viele der heutigen Bauern hat sich nicht viel geändert. Meg hat recht: Über Bauern schwebt ständig die dunkle Wolke schrecklicher Ungewissheiten. Die meisten von uns würde so eine Wolke in eine stetig düstere Stimmung versetzen. Die Wettervorhersage könnte den Ruin prophezeien, nicht nur einen nassen Weg zum Bus. Wenn ein Anzugträger in einer Regierungsbehörde einen schlechten Tag hat oder ein Konsument meint, dass die Pastinaken im Supermarkt nicht gerade genug gewachsen sind, können Bauern ihre Absatzmärkte und ihre Existenz verlieren.

Der rotgesichtige Landwirt im Tweedanzug, der am Sonntagvormittag den Kollektenteller weiterreicht, betet sehr viel inbrünstiger als wir übrigen. Das muss er auch. Wenn man sich sklavisch an ein Stück Land gebunden hat, muss man sich auch sklavisch einer Gottheit unterwerfen.

Es scheinen folgende Regeln zu gelten:
Wenige, aber schwerwiegende Eventualitäten + Erkenntnis = Himmlische Götter
Viele, aber zu bewältigende Eventualitäten + Erkenntnis = Animismus oder dergleichen
[Wenige, aber schwerwiegende Eventualitäten ODER Viele schwerwiegende Eventualitäten] + Keine Erkenntnis ODER [Erkenntnis + viel Mut] = moderner Humanismus

Ich liege rücklings auf einer Wiese mit langen Gräsern. Wohlgemerkt: Gräser, nicht Gras, denn hier wachsen viele Grasarten, und dazu auch viele Nicht-Grasarten – alles in allem vielleicht 150 Gras- und Blumenspezies[159], rankende, kriechende, stechende, und jede wiegt sich in einem anderen Rhythmus zu der Brise, die vom Meer her weht. Auf meiner Brust zähle ich mindestens acht Insektenarten, und Dutzende mehr schwirren um meinen Kopf. Mit Vogelstimmen kenne ich mich nicht aus, aber sogar ich kann hier etwa fünfzehn verschiedene ausmachen.

Damals im Winter in Wales hatte Fran mich davon zu überzeugen versucht, dass die im Neolithikum geschlagenen Lichtungen die Biodiversität vergrößert hätten. Was ihr auch einigermaßen gelang. Das mesolithische Britannien war von üppigem Wald bedeckt, und im dichten Waldland ist der Boden oft recht unfruchtbar, weil wenig Licht durchdringt. Dass der stärkere Lichteinfall infolge von Baumfällungen oder Brandrodungen mehr ökologische Nischen schafft, leuchtet mir durchaus ein.

Diese Wiese, die zum Bauernhof meiner Freundin Kirsty in Yorkshire gehört, ist ein wunderbarer Beleg für Frans Argument. Sie zeigt auch sehr schön, dass das Problem darin liegt, wohin das Neolithikum *führte*. Wohin es führte, das könnte ich hören, wenn ich über den Zaun des benachbarten Bauernhofs klettern würde. Besser gesagt, ich könnte es eben *nicht* hören. Denn dort ist alles still. Es herrscht buchstäblich Grabesstille, weil es ein Grab ist. Die Insekten wurden vergiftet. Die Vögel finden keine Nahrung. Auf den mit Herbiziden und Pestiziden totgespritzten Feldern wächst nichts als Weizen.

Die traditionellen Wiesen, deren Samen gesät wurden, als die Menschen mit der Bewirtschaftung des Landes begannen, trugen zur Bereicherung der natürlichen Umwelt bei. Biodiversität ist ein guter Maßstab für ökologische Gesundheit, und indem die Menschen diese förderten, machten sie die Welt zeitweilig etwas gesünder. Nur wissen wir Menschen leider nie, wann es genug ist. Womöglich ist dieses Unvermögen ja ein Teil des neolithischen Syndroms.

Eine andere wichtige Frage lautet, warum wir überhaupt mit der Landwirtschaft angefangen haben. Wie schon gesagt, waren die Jäger und Sammler nicht allzu erpicht darauf, ihre Lebensweise aufzugeben und auf Ackerbau umzusteigen. Warum ließen sie es dann nicht einfach sein und machten weiter wie bisher? Ich habe ja bereits die nordamerikanischen Jäger- und Sammlergemeinschaften erwähnt, die je nach Jahreszeit in unterschiedlichen politischen und soziologischen Systemen lebten und daher wussten, wie sich Regierung und Obrigkeit anfühlten. Warum haben sie sich nicht für Freiheit und ein entspanntes Dasein ohne Steuern entschieden?[160]

Dafür muss es viele Gründe gegeben haben. Es ist leicht nachzuvollziehen, warum die Natufier, die sich in und um Jericho niederließen, nach den traumatischen Erfahrungen der vorangegangenen Jahre buchstäblich Wurzeln schlagen wollten. Jene Jahre waren schwierig und atypisch für das Leben von Jägern und Sammlern, aber sie währten lang genug, um die Erinnerung an die alte Lebensweise verblassen zu lassen. Aufgrund der ungewöhnlichen Bedingungen der Jüngeren Dryaszeit geriet das Jagen und Sammeln in Verruf; die Folklore des Nahen Ostens stellte es als unattraktiv dar, glorifizierte hingegen die Sesshaftigkeit, wenngleich dies eigentlich ungerechtfertigt war.

Ich habe einen alten Inder gekannt, der als Jugendlicher nach England gekommen war. Ein Mob hatte sein Elternhaus im Punjab bei Unruhen während der Teilung Indiens niedergebrannt. Seine Dankbarkeit gegenüber England brachte er dadurch zum Ausdruck, dass er englischer als die Engländer wurde. Nie sah ich ihn in etwas anderem als einem dunklen Anzug oder einem Tweedsakko. Statt bequemer kragenloser T-Shirts trug er stets ein Hemd mit gestärktem Kragen und eine Pseudo-Regimentskrawatte. Er las die drögen selbstgefälligen Leitartikel in *The Times*, obwohl er die Upanishaden hätte lesen können. Auch aß er Fish and Chips statt der köstlichen vegetarischen Currygerichte seiner Jugend und starb pflichtschuldig an einem Herzinfarkt. Wenn er in den Nieselregen von Yorkshire hinausschaute, sah er nichts als

Sonnenschein. Bei keiner Gelegenheit ließ er unerwähnt, wie »primitiv« die indische Kultur sei, und pries die Höflichkeit der Engländer, wobei er den Rassismus und die gnadenlose Gönnerhaftigkeit seiner Nachbarn ausblendete. Er wollte nie wieder nach Indien zurückkehren – und nach einer Weile hätte er das auch gar nicht mehr *gekonnt*. Er ist ein Paradebeispiel für die frühen dauerhaften Siedler in Jericho.

Meine Eltern wuchsen während des Zweiten Weltkriegs auf, als Lebensmittel knapp waren. Nach dem Krieg kamen neuartige, aber minderwertige Nahrungsmittel in Umlauf: all das industriell verarbeitete Zeug, das eigentlich Brechreiz auslösen müsste. Doch meine Eltern waren so dankbar für den neuen Überfluss – so widerlich er auch war –, dass sie für den Rest ihres Lebens von diesem Industriefraß abhängig wurden und ihn der frischen Kost vorzogen. Auch sie entsprechen dem Typus des frühen dauerhaften Siedlers im Jordantal.

Mit all dem soll keineswegs ein Urteil über meine Eltern, den alten Inder oder die frühen Ackerbauern des Nahen Ostens gefällt werden. Ihre jeweiligen Entscheidungen waren nicht nur nachvollziehbar, sondern auch rational. Zweifellos hätte ich genauso gehandelt. Die neolithische Revolution schwelt in uns allen weiter.

Hatte sich die erste Generation erst einmal etabliert, waren die Würfel gefallen. Jäger und Sammler brauchen eine viel breitere Palette an Fertigkeiten als Bauern, ebenso wie Bauern wesentlich mehr Fertigkeiten brauchen als Fließbandarbeiter, die die immer gleichen Schrauben in den immer gleichen Autos festziehen. Die Fähigkeiten, die für einen Jäger und Sammler unabdingbar waren, um überleben – ganz zu schweigen von *gut* leben – zu können, gingen bald verloren.

Die Bauern vermehrten sich rasch; die Jäger und Sammler gerieten demografisch ins Hintertreffen,[161] und die Tier- und Pflanzenarten, von denen ihre Existenz abhing, wurden von den Bauern dezimiert, wenn ihnen ihre eigene Kost aus Getreide, Ziegenfleisch und Ziegenmilch zu eintönig wurde. Nun konnten die Bauern allen Menschen, nicht nur ihresgleichen, die Regeln diktieren. Eine neuzeitliche afrikanische Gemeinschaft, die ursprünglich vom Jagen und Sammeln lebte, erklärte, sie sei gegen ihren Willen zum rinderzüchtenden Pastoralismus konvertiert, weil Rinder in ihrer Region zur Standardwährung geworden waren: Der Brautpreis musste in Rindern bezahlt werden. Keine Rinder, keine Frau, keine Zukunft. So muss es auch zu Beginn der Sesshaftigkeit abgelaufen sein. Die Jäger und Sammler im Jordantal steckten in der Zwickmühle.

Solcherart Dinge kann man in Archäologie- und Anthropologiebüchern schreiben, doch da ist noch etwas anderes im Gange. Schon nach kurzer Zeit verliert der Mensch nicht nur die Fähigkeit, in Freiheit zu leben, sondern auch das Verlangen danach. Heute ist dieses Bedürfnis nahezu vollständig erloschen. Vor die Wahl gestellt, ob wir lieber in Sklaverei mit Klimaanlage und regelmäßigem Einkommen oder in glücklicher, mittelloser Anarchie in einer Hütte mit Blick auf die Berge leben wollen, würden sich die allermeisten von uns, ohne zu zögern, für die Leibeigenschaft entscheiden.

Irgendwo tief drinnen wissen wir, dass es eine schlechte Entscheidung war, und wollen auch partout nicht daran erinnert werden. Kain weiß, dass er nicht nur weniger glücklich ist als Abel, sondern dass Abel ihm auch überlegen ist. Wenn Abel mit seinem Wolf an der Leine Kain über den Weg läuft, während dieser gerade zum Büro hastet, dann spürt Kain Abels natürliche Aristokratie, und das empört ihn. Deshalb versucht Kain Abel zu vernichten, er treibt ihn und seinesgleichen in Konzentrationslagern zusammen, verlangt von ihm, einen Personalausweis und einen Reisepass zu besitzen, sodass er das Nomadenleben aufgeben muss, das Kain mit Angst und Neid erfüllt, und traktiert ihn bei Occupy-Demonstrationen mit Tränengas.

Das Symbolisieren wuchs uns über den Kopf. Wir symbolisierten uns zu Tode, schafften alles Reale ab und schätzten nur mehr dessen Repräsentationen, die wir selbst erzeugt hatten. In dieses morbide Stadium gerieten wir allerdings erst lange nach dem Neolithikum; wir werden im letzten Teil dieses Buches der University of Oxford einen Besuch abstatten und mit Menschen reden, essen und trinken, die jeden Tag viele Stunden damit zubringen, sich und anderen vorzugaukeln, dass Repräsentationen die wahre Realität seien oder besser als die Realität. Im Neolithikum war die Situation nicht annähernd so schlimm. Nichtsdestoweniger fing es damals an, dass ein Schaf nicht mehr ein Schaf an sich war, sondern zu einer Mahlzeit, einer Investition, einem Managementproblem oder einem Grund wurde, weshalb man sich selbst beglückwünschte. Schafe mögen viele Vorzüge haben, doch sie sind nichts von all dem.

Ich glaube natürlich, dass ich selbst dagegen immun bin.

Zwar bin ich kein Bauer, habe mich aber über die Jahre hinweg immer wieder spielerisch mit Landwirtschaft beschäftigt und beteilige mich zurzeit an verschiedenen kommunalen Landwirtschaftsprojekten. Eines davon ist eine Stadtfarm, auf der es Schafe, Hühner, gelegentlich Schweine und eine Menge Pflanzen gibt. Bei einem anderen ziehen wir unser eigenes Gemüse in einer guten alten tolstoischen Landkommune, die jedem selbst überlässt, wie viele Kürbisse, Zucchini, Erbsen oder Tomaten der Schweiß eines Nachmittags wert ist. Und wieder ein anderes Projekt ist ein Bauernhof oberhalb der Umgehungsstraße, von dem aus man auf die tagträumenden Turmspitzen blickt, wo all diese weltbewegenden und weltverleugnenden Abstraktionen ausgebrütet werden. Dort halten wir viele Kühe, die als Burger enden werden, und ein paar Ziegen, weil wir Ziegen mögen. Dann und wann suche ich einen dieser Höfe auf und höre den Brustkorb eines Schafs ab, hebe einen Fuß hoch, drehe einem Vogel den Hals um, grabe Kartoffeln aus, repariere einen Folientunnel, nähe eine Wunde, verhänge Todesurteile und trinke Tee.

Gerade bin ich oben auf der Rinderfarm. Es ist Hochsommer, das Gras ist lang. Jeden Tag werden die Kühe zu einer neuen Weidefläche getrieben, und der Elektrozaun wandert mit, um das neue Weidestück abzugrenzen. Mein Job ist es heute, mit meiner

Sense eine neue Schneise für den Zaun zu mähen, damit das Gras nicht den Zaun berührt und dauernd Strom zieht.

Das ist eine sehr neolithische Aufgabe. Sicheln zum Grasschneiden (Getreide ist ja auch nur Gras) sind das klassische, prägende Werkzeug des Neolithikums; der Sinn meiner Tätigkeit besteht darin, den Lebensraum einer anderen Spezies einzugrenzen, und zwar indem ich einen schnurgeraden Streifen durch eine natürliche Umwelt mähe und dann mithilfe von Technik die andere Spezies daran hindere, in die von ihr selbst gewählte Welt zu entschwinden, anstatt in der zu bleiben, die ich für sie vorgesehen habe.

Das Mähen macht mir Spaß. Es ist eine der sinnlichsten Freuden überhaupt. Als Erstes ziehe ich die Sense aus der Leinenscheide und prüfe mit dem Daumen die Schärfe. Das Holster des Wetzsteins wird mit Wasser gefüllt, dann hänge ich es mir an den Gürtel und tunke den Wetzstein hinein. Ich fahre mit dem Wetzstein das Sensenblatt hinauf und hinunter. Zing! Zing! Zing! Das hat etwas richtig Draufgängerisches. So beginnen Piraten ihren Tag.

Als Nächstes skizziere ich die Schneise vor meinem geistigen Auge. Heute fange ich bei dem Brombeerstrauch am Feldrand an und arbeite mich in gerader Linie zum Weißdorn vor. Es ist ein sonniger, heißer Tag, mitten am Nachmittag, und ich trage Shorts und T-Shirt. Besser hätte sich das Gras frühmorgens mähen lassen, als es taufeucht war, aber das habe ich heute nicht geschafft. Ich habe einen großen Krug Cider dabei, und bevor es losgeht, genehmige ich mir ein paar Schlucke. Ich schwitze den Apfelwein schneller aus, als ich ihn trinken kann. In Südwestengland war es üblich, Erntearbeiter teilweise in Cider zu bezahlen:[162] »Das Schmiermittel der Landwirtschaft« nannte es ein Cider-Produzent in Somerset.[163]

Prüfend hebe ich die Sense hoch. Im Gegensatz zu den klobigen englischen Sensen, die einem die Haut von den Händen rubbeln und die Bandscheiben herausspringen lassen wie Münzen aus einem Spielautomaten, ist sie leicht, perfekt ausbalanciert und fühlt sich an wie eine natürliche Verlängerung meines Arms. Sie stammt aus Österreich und ist dafür gedacht, auf Bergweiden zum Klang von Kuhglocken Heu zu machen. Die Arbeit erledigt sie fast allein: Man muss sie nur knapp über dem Boden hin und herschwingen, dabei den Oberkörper aus der Hüfte heraus mitdrehen wie einen Panzerturm und leichten Druck mit dem rechten Arm ausüben. Wenn man den Bogen raushat, kann man das den ganzen Tag machen. Das Sensen galt oft als leichte Arbeit, die sich für Frauen, Kinder und ältere Menschen eignete. Und es geht auch schnell, wenn man gut darin ist. Ein geschickter Sensenmäher schlägt jemanden mit einer benzinbetriebenen Motorsense allemal.

Ich beäuge das Gras, das meinem ersten Schnitt zum Opfer fallen wird. Warum hat es entschieden, heute niedergemäht zu werden, frage ich mich aus langer, schmerzlicher Gewohnheit heraus, ehe mir klar wird, dass eine Antwort darauf – wenngleich eine unvollständige – lautet, dass *ich* es entschieden habe.

Man weiß nie genau, wie sich das Gras verhalten wird. Gestern habe ich etwa zur gleichen Zeit einen Streifen gemäht, aber heute kann es völlig anders sein. Ich atme tief ein und beginne, mich sensenschwingend den Hang hinaufzuarbeiten. Swusch! Swusch! Swusch! Es ist schön zuzusehen, wie die Halme purzeln, wenn die Klinge, ein Sichelmond aus Karbonstahl, die Stängel an ihrem blassen, zarten unteren Teil knapp über dem Boden kappt. Heute spüre ich das Knirschen des Siliziums in den Halmen; gestern war es, als würde ich Marshmallows zerschneiden.

Ich mache Tausende von Insekten heimatlos. Als ein Kaninchen zwischen meinen Beinen davonrennt, halte ich in meinem Arbeitsrhythmus inne, und ich lege Pausen ein, um Cider zu trinken, doch sonst hält mich nichts auf. Beim Schnitt ins Gras ausatmen, beim Zurückziehen einatmen: Swusch! Swusch! Swusch! Die gleichmäßigen Atemzüge, der Cider, die Sonne und die Lebenssäfte tun ihr Werk, ich habe das schon immer gemacht und werde nie damit aufhören, und meine Stiefel sind grün und ein Teil der Weide, und X' Gesicht lugt mir aus dem Weißdorn entgegen und nickt bedeutsam in Richtung des Ciderkrugs. »Willst du auch?«, rufe ich ihm zu, woraufhin er durchs hohe Gras auf mich zu watet. Eindringlich mustert er mich mit seinen braunen, vom Rauch geröteten Augen, entblößt die Zähne zum Gruß, sodass ich Fleischfasern in seinen Gebisslücken sehen kann, und spült seinen Mundgeruch mit einem kräftigen Schluck hinunter, und dann gleich mit noch einem.

Von der Hügelkuppe aus winkt mir mein Dad zu. Er sitzt auf einem Baumstamm, wie er es immer gern getan hat. Er trägt die Hose, die er in einem Geschäft für Landmoden in Bakewell gekauft hat, die schweren alten Stiefel, die er mir hatte andrehen wollen, und ein Karohemd, das aus irgendeinem Grund mit Teerseife gewaschen worden ist. Nun, da ich weiß, dass er da ist, schweift sein Blick in die Ferne, als versuchte er – wie so oft – zu begreifen, wie etwas weit Entferntes mit dem Hier und Jetzt zusammenhängen kann. Ich wünschte, er würde herunterkommen und mit mir Cider trinken. Er würde schnell herausfinden, wer X war, und ihn mit Fragen löchern, so wie er es immer mit unseren Freunden gemacht hatte, wenn wir sie auf Festen trafen oder sie im Auto mitnahmen. Innerhalb von Minuten kannte er jedermanns Lebensgeschichte; im Nachhinein fanden ihn die Kinder dann immer ziemlich schräg, und die Erwachsenen fühlten sich bedeutsam.

Swusch! Swusch! Fliegen ertrinken in dem Schweiß, der mir aus den Poren strömt. Ihre zappelnden Beine erzeugen ein leichtes Pulsieren auf der Haut. Noch mehr Cider, auch für X, aber mein Dad hat dort oben anscheinend ein Lüftchen ausgemacht, und in seiner Losgelöstheit gleicht er den Olympiern – sofern irgendeiner der Unsterblichen je einen breitkrempigen Tweed-Trilby getragen hat.

Das Schnittgut liegt hübsch aufgehäufelt da. Unten am Hang hat es sich schon halb in Heu verwandelt, und die Heimatlosen haben bereits neue Gemeinden gefunden. Links von mir sollten sie es sich aber nicht allzu gemütlich machen, denn morgen um diese Zeit werden sie in einem Pansen fermentieren. Denen zu meiner Rechten, auf der sicheren Seite des Zauns, bleibt das noch eine Weile erspart.

Swusch! Swusch! Swusch! Beinahe geschafft. X hat sich wieder in den Weißdornbaum zurückgezogen, wo es von Spatzen wimmelt, die sich um ihn drängeln.

Noch fünf Sensenhiebe. Swusch! Swusch! Swusch! Swusch! Swusch! Und dann liege ich auf dem Rücken, die kannelierten Säulen einer Graskathedrale streben ringsum ins Blaue empor, eine Aaskrähe fragt sich, ob ich im Sterben liege, und die gerade angekommenen Kinder schreien: »Daddy! Daddy!«

Sie sind alle da. Tom hält sich etwas abseits von den anderen, wie es seine Art ist: Er lungert herum, stöbert hier und da, dreht Steine um, klettert Bäume hinauf. Jeder Wachtmeister, der etwas taugt, hätte ihn bei diesem Anblick in Handschellen abgeführt, weil er bestimmt irgendetwas im Schilde führt. Jetzt schaut er zu dem Weißdornbaum hinunter und wundert sich, warum da auf einmal so viele Spatzen sind.

Mein Vater bedenkt die Kinder mit einem wehmütig-wohlwollenden Blick, findet sie zu laut für seine ziemlich tauben Ohren und humpelt bedächtig den Hügel hinunter, um eine Viehtränke zu inspizieren.

Von dem Cider ist trotz X' Unterstützung noch einiges übrig, und es wird noch eine Weile dauern, bis die Hitze nachlässt. »Übernachten wir doch heute hier«, schlage ich vor. Na ja, warum nicht, meinen sie, nachdem sie sich haben versichern lassen, dass es ein Lagerfeuer geben wird und ihnen später noch ihre Schlafsäcke gebracht werden.

Gesagt, getan. Es gibt am Spieß gegrillte Niere, die Röhrchen spucken wir aus; die Kühe mit ihren stirnlampengroßen Augen kommen so nah ans Feuer, wie der Zaun es erlaubt; vorübergehend begraben die Kinder ihr geschwisterliches Kriegsbeil, weil sie sich über das Feuer hinweg nicht angreifen können; ein neugieriger Fuchs sieht uns zu; Jonny übergibt sich in die Hecke; Rachel wirkt verklärt und zerrt zischende Blätter aus dem Feuer; Jamie ist wie hypnotisiert, seine Miene unergründlich; und Tom steht ausnahmsweise im Mittelpunkt und kohlt Stockspitzen an, um sie zu härten.

Als sich die Flammen niederkauern, schauen die Kinder auf, und je ängstlicher sie werden, desto mehr beginnen sie, Dinge zu benennen. Wie die Sternenkonstellationen wirklich heißen, wissen sie meistens nicht, also denken sie sich Namen aus: Frösche, Bäume, Fische, Vögel, Igel, Blumen, Rehe. Lauter Lebewesen – am Nachthimmel gibt es offenbar keine Schuhe oder Traktoren. Und alle sind sie durch Geschichten miteinander verbunden: Die Vögel fangen den Fisch, das Reh frisst die Blume, der Igel tanzt mit dem Frosch.

Aber dann mache ich im Namen der Bildung alles kaputt, indem ich sage, dort droben, gleich über dem Baumwipfel, sehen wir die Milchstraße, in der auch wir zu Hause sind und zu der 500 Milliarden Sterne gehören (ich schreibe die Zahl mit Kohle auf ein Stück Holz: 500 000 000 000), und ich glaube, dieser neblige Fleck dort ist Andromeda, die einzige Galaxie außer der unseren, die wir mit bloßem Auge sehen können; sie hat eine Billion Sterne und ist zwei Millionen Lichtjahre entfernt, deshalb ist dieses Licht dort, Rachel, das älteste Licht, das du sehen kannst: Seine Strahlen machten sich auf den Weg zu dieser Farm, noch bevor dein Urahne, der *Homo ergaster,* erstmals durch den afrikanischen Busch streifte. Jetzt komme ich richtig in Fahrt und schwadroniere geradezu poetisch über Sonnensysteme, die von nimmersatten schwarzen Löchern gefressen werden, über Elektronen, die wie Flöhe zwischen verschiedenen Energiebenen hin und her springen, über Millionen von Kilometern lange Stränge aus Gas, die sich durchs All ziehen wie der zerrissene Schleier einer sitzen gelassenen Braut, über sterbende Sterne, deren Herzen noch weiterschlagen und deren Licht noch durchs Dunkel dringt, lange nachdem sie aufgehört haben zu existieren, und über Energie, die still zwischen den Galaxien wabert. Doch da haben die Kinder alle längst abgeschaltet und sind wieder dazu übergegangen, Marshmallows herumzuschnipsen und sich Löcher in die Gummistiefel zu brennen.

»Vor fünfzehn Milliarden Jahren gab es nichts«, schreibt der Physiker Chet Raymo. »Dann lachte Gott. Ein unendlich dichter und unendlich heißer Energiekern sprang vom Nichts ins Sein und verwandelte sich sofort in Materie. Nach derzeitigem kosmologischem Verständnis dauerte dieses erste Lachen ein Milliardstel eines Milliardstels eines Milliardstels einer Sekunde, und als es vorbei war, nahm das Universum seinen Lauf.«[164]

Das ist kein schlechter Mythos, aber ich habe schon bessere gehört, und auch eindeutig nützlichere. Vermutlich könnten X und sein Sohn (der gerade angekommen ist) und mein Dad (der wieder auf dem Baumstamm sitzt) uns jetzt die endgültige Version erzählen.

Ich stelle mir vor, dass die Neolithiker die Sterne benannt haben. Es wäre unfreundlich, ihnen einen Vorwurf daraus zu machen. Wenn die Geschichte des Juden- und Christentums stimmt, wurden sie ja dazu aufgefordert, alle Tiere zu benennen,[165] und nach ihrem Kenntnisstand – wie übrigens auch nach unserem – *sind* die Sternbilder Tiere. Ebenso wenig kann ich es den Kindern übel nehmen, dass sie sich in ihrer Angst in der zunehmenden Dunkelheit Namen ausdenken. Namen sind besser als Zahlen. Zumindest heißt Benennen auch, eine Beziehung herzustellen. Wir können eine Beziehung zu Fröschen, Sternen, Igeln und Spiralnebeln haben. Hingegen ist die Zahl, die ich da auf das Holzstück geschrieben habe, ohne Bedeutung.

Morgen ist Mittsommer. Für die Neolithiker war das eine wichtige Zeit,[166] und wir begehen den Tag – wie es viele meiner Freunde erwarten –, indem wir zu Menhiren gehen, übermäßig viel Brombeerwein aus Lederbechern trinken, die wir bei eBay erstanden haben, mit unseren Flöten, Geigen und Mandolinen mittelalterliche Weisen spielen und versuchen, uns eins mit der sich neigenden Erde zu fühlen. Dabei hat es immer den gegenteiligen Effekt. Ich fühle mich Musik-Mogulen wie Simon Cowell näher als den ursprünglichen Besitzern jener Schädel in den Hünenbetten und kann es kaum erwarten, wieder nach Hause zu kommen und YouTube zu gucken.

Das ist durchaus bemerkenswert. Denn anfangs dachte ich, das Neolithikum wäre begreifbar. Unbegreifbar ist es für mich nicht deshalb, weil ohnehin nichts begreifbar ist, sondern weil die letzten 10 000 Jahre Schreckliches mit mir angestellt haben, auch wenn in dieser Zeit viele moderne Denkweisen entwickelt worden sind. Damals hatten die Menschen das Gefühl, die Welt schaukle unter ihren Füßen. Ich habe das nicht. Sie konnten sich darüber freuen, dass jetzt der hellste Tag des Jahres war; mir hingegen drängt sich der Gedanke auf, dass von jetzt an das Licht wieder schwindet.

Wir gingen also zu den Steinen und standen zusammen mit vielen Leuten in gebatikten Klamotten im Regen herum, und ich empfand nichts, und nichts geschah, woraufhin ich nach Hause zurückkehrte und beschloss, mich eine Woche lang nur von Porridge und Fladenbrot zu ernähren. Das tat ich dann auch und stellte fest, dass die meisten Mahlzeiten im Neolithikum wirklich ziemlich öde gewesen sein müssen. Derart eintönige Kost geht einem an die Nieren. Ich habe viel Zeit mit Beduinen im Sinai und in der ägyptischen Weißen Wüste verbracht, und sie ernähren sich mehr oder weniger neolithisch – von Fladenbrot, das auf einem umgedrehten Topf gebacken wird. Ich hielt es kaum aus. Aber sie hatten zumindest Marmelade und Thunfischkonserven.

Unsere Spezies hat im Lauf ihres Daseins etwa 80 000 verschiedene Tier- und Pflanzenarten verspeist.[167] Doch gerade einmal drei Arten – Weizen, Reis und Mais – sind heute das Grundnahrungsmittel für drei Viertel der Weltbevölkerung.[168] Haben wir uns diese Monotonie selbst ausgesucht, oder wurde sie uns aufgezwungen? Beides. Manchmal standen wir unter Zwang, manchmal nicht. Sehr wahrscheinlich ist, dass mit der Entstehung und Erstarkung von Hierarchien – die sich zunächst auf Verwandtschaft und die nicht hinterfragbare Autorität herrschender Vorfahren gründeten, später mehr auf politische als auf biologische Nähe – das ganze Konzept der Wahlfreiheit von den Regierenden unterdrückt wurde, oft sogar gewaltsam. Ein Bürger, der leidenschaftlich für Feigen anstatt für Weizen optiert, könnte ja auch auf die Idee kommen, einen neuen Herrscher dem alten vorzuziehen. »Wie wollen Sie ein Volk regieren, das 246 Käsesorten besitzt?«, fragte Charles de Gaulle. Wenn die Leidenschaft für Käse derart ausgeprägt ist, geht das nicht; deshalb hasst jede moderne totalitäre Diktatur – egal, ob neoliberaler oder kommunistischer Prägung – die Kleinproduzenten und liebt die Monopole. Diese Tendenz lässt sich seit dem späten Neolithikum beobachten. Heute kontrollieren nur vier Konzerne drei Viertel des weltweiten Getreidehandels,[169] und unsere Regierungen finden das gut so. Selbst wenn die Politiker nicht von den Monopolen bezahlt werden, ist es einfacher, mit den wenigen als mit den vielen Geschäfte zu machen – insbesondere wenn man mit den Vorstandsvorsitzenden der wenigen auf dieselbe Schule gegangen ist.

Das Bevölkerungswachstum im Neolithikum erreichte die kritische Masse, die eine Staatenbildung ermöglichte. Mit zunehmender Bevölkerungszahl blühten auch abstraktes Denken und Hierarchien auf. Die Gründe für die Gleichzeitigkeit dieser Entwicklungen sind komplex, aber die eingeschlagene Richtung verhieß nichts Gutes für die gewöhnlichen Mitglieder der neolithischen Gesellschaft.

Zwischen Bevölkerungsgröße und Hierarchie besteht ein Kausalzusammenhang, ebenso zwischen abstraktem Denken und Hierarchie. Die zunehmende Neigung zur Abstraktion zeigt sich in der neolithischen Kunst. Die frühen neolithischen Malereien in Iberien und Britannien sind leicht zu verstehen: Ein Bogen ist ein Bogen ist ein Bogen. Doch als das Neolithikum voranschreitet, wird die Deutung der Kunst wesentlich schwieriger. Anders ausgedrückt: Sie wird zur Domäne von Fachleuten, die über das geheime Wissen verfügen, wie sich die Bedeutung der Kunstwerke entschlüsseln lässt. In der Kunst zeigte sich ein »Wir«-und-»die-Anderen«-Denken. Mitunter war der schwierige Zugang zur Kunst gewollt, um das gemeine Volk davon fernzuhalten, aber zweifellos gab es auch einige echte metaphysische Vorstöße, die einer aufwendigeren Erläuterung – also einer Interpretation – bedurften. Stellt man dies in Zusammenhang mit der wachsenden Bevölkerung – die größtenteils nicht aus Priestern und Herrschern bestand – und rechnet man die Angst dazu, dass die nächste Missernte den Tod der Kinder bedeuten könnte, sind alle Voraussetzungen für eine schlimme Diktatur gegeben.

Unter solchen Umständen würde man zunehmende Gewalt vermuten – sowohl zwischen Angehörigen einer Gemeinschaft als auch zwischen verschiedenen Gemeinschaften. Wenn die eigene Ernte ausfiel, die des Nachbardorfes aber nicht, dann war es nur naheliegend, dass man sich Speere und Säcke schnappte und nach nebenan marschierte.

Nach gängiger Meinung dürfte sich genau das abgespielt haben. Jedoch gibt es einen prominenten Abweichler, Steven Pinker, der der Vorstellung anhängt, dass sich die Lebensbedingungen Schritt für Schritt verbessert hätten (ein Gedanke, auf den wir im letzten Teil des Buches zurückkommen werden), daher sei das Neolithikum weniger gewalttätig gewesen als das Jungpaläolithikum. Für Pinker war der Sündenfall des Menschen ein Fall *nach oben*. Vor der Entstehung sesshafter Gesellschaften hätten, so Pinker, die Jäger und Sammler 15 Prozent der Bevölkerung ausgelöscht, aber als sie zu siedeln begannen, wurden sie weniger mordlustig.[170] Die archäologische Beweislage für diese These ist ziemlich dünn. Es stimmt zwar, dass unter den jungpaläolithischen Jägern und Sammlern gehäuft Knochenbrüche festgestellt wurden. Allerdings ist bei den meisten dieser Verletzungen ungewiss, ob sie auf menschliche Einwirkung zurückzuführen sind. Es gibt zahlreiche wahrscheinlichere Erklärungen, etwa Stürze oder Auerochsenhörner. Um dem Glauben an die relative Friedfertigkeit der Jäger und Sammler etwas entgegenzusetzen, führt Pinker Beispiele für gewalttätige Jäger und Sammler an. Doch von modernen Jägern und Sammlern Rückschlüsse auf die Prähistorie zu ziehen, ist eine fragwürdige Methode;[171] außerdem bezieht er sich auf Beispiele von Jägern und Sammlern, deren komplette soziologische, wirtschaftliche und psychologische Existenzgrundlage durch *Staaten* erschüttert wurde.

Pinker stellt überdies fest, dass es bei Schimpansen und Bonobos zu schrecklichen Gewalttaten innerhalb der eigenen Art kommt. Er scheint zu glauben, der Mensch würde umso friedlicher werden, je weiter er sich von ihnen entfernt habe. Das ist ein seltsames Argument. Als sich im Jungpaläolithikum das moderne Verhalten herausbildete, waren wir hinsichtlich unserer physiologischen und psychologischen Konstitution im Grunde genauso weit von den Schimpansen entfernt wie heute. Was sich im Lauf der Jahrtausende veränderte, waren die Umstände, unter denen die uns innewohnende Neigung zu Gewalt zum Vorschein kam. Im Jungpaläolithikum – wie auch in den meisten späteren Jäger- und Sammlergemeinschaften – gab es weitaus weniger Gründe (weil es weitaus weniger Menschen gab), seinen Mitmenschen nach dem Leben zu trachten, was ja eine aufwendige und riskante Unternehmung ist. Es gab viel Land, durch das man ziehen konnte, viele Fische im Meer und viele Rentiere in der Tundra. Wenn man von jemandem geärgert wird, ist es das Einfachste, ihm aus dem Weg zu gehen. Damals konnte man noch einfach weiterziehen.

Hier spielt auch die zunehmende Abstraktion der Neolithiker eine Rolle. Es ist schwerer, einen echten Menschen zu töten, als die Vorstellung von ihm. Das wissen alle mordlüsternen Diktatoren: Verwandle Moshe Cohen und seine Frau Hannah in typische Juden oder noch besser in »Parasiten«, oder verpasse ihren Gesichtern karikaturenhafte semitische Nasen, und schon fällt es dem Mob viel leichter, deren Haus anzuzünden. Wenn der abstrakte »Sozialschmarotzer-Asylant« sich als Abdul Mohammed entpuppt, der ein liebevoller Vater und ein gehorsamer Sohn ist und gern Schach und Ukulele spielt, fällt es viel schwerer, ihn an Händen und Füßen gefesselt in ein Flugzeug zu setzen und in sein Heimatland abzuschieben.

Hier kommt die Bevölkerungsgröße zum Tragen: Es ist schwieriger, Einzelne zu sehen, wenn sie in Massen auftreten. Und den gleichen Effekt hat die exponentiell steigende Kommerzialisierung des Menschen. Als es immer mehr darauf ankam, Gewinne zu erzielen, wurde der Einzelne zusehends weniger danach beurteilt, wer er war, sondern nach dem, was er konnte. Und wenn er etwas nicht konnte, tja ... es ist die immer gleiche Geschichte, uralt und brandaktuell.[172]

Wenn eine Bevölkerung wächst, wird die Gesellschaft komplexer, und es entsteht das (vermeintliche) Bedürfnis nach Regulierung. Zwischen den Machern der Regeln und den Reglementierten tut sich eine Kluft auf. Wenn der Markt alles regelt, sind die Reichen ganz oben und die Armen ganz unten.

Die nützlichsten Informationen über frühgeschichtliche Gewalt, die uns die zeitgenössische Anthropologie liefern kann, sind vermutlich die, welche den Effekt der Entfremdung von der Wildnis betreffen. Wir sind alle Geschöpfe der Wildnis, sogar wenn wir in Manhattan leben und uns nur von in der Mikrowelle gegarten Speisen in Plastikschalen ernähren. Aber wir haben uns bis zu einem gewissen Grad an unser modernes Leben hinter Gittern gewöhnt. Die ersten Generationen im urbanen Zoo haben es hingegen psychologisch ziemlich schwer. Bei Jägern und Sammlern, die das Jagen und Sammeln erst vor Kurzem aufgegeben haben, sind Geisteskrankheiten, Selbstmorde und Gewalttaten an der Tagesordnung. »[D]er menschliche Geist hat eine Urbindung an die Wildnis«, schreibt die Schriftstellerin Jay Griffiths. »Das erste Gebot lautet: Lebe in Treue gegenüber dem wilden Engel.« Und wenn gegen dieses Gebot verstoßen wird, folgt eine fürchterliche Vergeltung auf dem Fuß. Sie besteht zunächst in der Verbannung in ein wildtier- und fischfreies, zu Wüste gewordenes »Ödland des Geistes«, und hier beginnen die ehemaligen Jäger, einander und andere Menschen zu jagen. Indigene in Afrika, Australien und der Arktis erzählten Griffiths, die einzige Lösung für Gewaltprobleme und asoziales Verhalten sei »das Land« – womit das genaue Gegenteil von dem gemeint ist, was Nationalisten darunter verstehen: der natürliche Anspruch aller Menschen der Wildnis (also *aller* Menschen) auf alle Wildnis der Erde. Der Stamm der Yolngu in Australien bezeichnet das Land als »Geist-Medizin«, und ein Inuit-Musiker namens Jimmy Echo erzählte

Griffiths, dass »Gewalt daher kommt, dass man außerhalb der Natur steht«.[173]

Um das zu wissen, brauche ich keine Bücher und Zeitschriftenartikel. Unser Familienleben ist ein einziger langer Beweis dafür. Bringe ich die Kinder in eine grüne Umgebung, stecken sie die Messer weg und verhalten sich weniger garstig. Dabei geht es nicht bloß um Ablenkung oder darum, überschüssige Energie loszuwerden. Bringe ich die Kinder, wenn sie in derselben brudermörderischen Stimmung sind, zu irgendwelchen Amüsements in geschlossenen Räumen, geht der Bürgerkrieg weiter. Man könnte meinen, der Putz und Prunk der städtischen Zivilisation würde sie davon abhalten – etwa uniformierte Museumswärter oder der Kellner unserer griechischen Taverne mit dem streng wirkenden Schnauzbart –, aber Pustekuchen. Bäume fordern ihnen mehr sittliches Benehmen ab, als es irgendein Polizist könnte.

Es gibt ein essenziell schädliches Element, über das die Neolithiker noch nicht verfügten: die spirituelle Massenvernichtungswaffe des geschriebenen Worts. Die Schrift konsolidiert die Macht der Dynastien; Thronfolgen, Schulden und offizielle Verpflichtungen werden (manchmal auch im übertragenen Sinn) in Stein gemeißelt und erlauben es den Herrschenden, sich über das hinwegzusetzen, was gerecht, barmherzig und der natürlichen Entwicklung angemessen wäre. Die Schrift ist das Inbild der Abstraktion: der vorläufige Beschluss über die Scheidung zwischen dem Menschen und der natürlichen, konkreten Welt (die Aufklärung war, wie wir noch sehen werden, das rechtskräftige Scheidungsurteil). Wird etwas niedergeschrieben, erlangt es dadurch eine höchst dubiose Autorität – eine, die schwerer wiegt als die Autorität, die auf Erfahrung gründet. Wenn deine Welt aus Buchstaben auf einer Tontafel besteht, gibt es keine Notwendigkeit, in den Wald hinauszugehen, um irgendetwas zu verifizieren; der Wald erhält gar nicht erst Gelegenheit, dem zu widersprechen, was bereits vorgegeben ist. Und – wie wundervoll! – die Person, die diese Buchstaben aufgeschrieben und die ganze Welt erschaffen hat, bist du selbst![174]

Die früheste Schrift stammt von den Sumerern.[175] Sie war eine Piktogrammschrift, die der Welt außerhalb des menschlichen Kopfes noch ihre ehrerbietige Referenz erwies. Doch deren Bilder wurden bald durch die strichartigen Zeichen der sumerischen Keilschrift ersetzt[176] – ja, auch hier stoßen wir wieder auf Linien, auf aggressive, fordernde Eindrücke in weichem Lehm, erzeugt mithilfe eines Schreibgriffels, den ein Mensch hergestellt hatte. Damit erschuf Mesopotamien die Welt nach seinem eigenen Bildnis neu.

Die rein mündlichen Sprachkulturen gründeten auf Beziehungen – zwischen dem Erzähler und dem Zuhörer sowie zwischen dem Erzähler und seiner Quelle. Den Stoff für seine Geschichte bekommt der mündliche Erzähler, wenn er sich in die Wildnis des Erlebens begibt, sein Gehör auf die Stimmlage einstellt, mit der die Wildnis, sofern sie in der Laune dazu ist, die Geschichte preisgibt, die Quelle um die Erlaubnis bittet, die Geschichte verwenden zu dürfen, wobei er auch zusichern muss, sie so wiederzugeben, wie es die Quelle intendiert hat; danach muss er die Wildnis rückwärtsgehend und sich verneigend verlassen, so wie es die Chassiden tun, wenn sie sich von der Klagemauer in Jerusalem zurückziehen, um die Präsenz des Ortes zu würdigen; er muss die Geschichte wahrheitsgetreu an den Feuerstellen erzählen und seine Zuhörer unter Androhung des sozialen Todes dazu verpflichten, die Geschichte weiterzutragen.

Anders verhält es sich mit Geschriebenem. Jemand sitzt in einem Zimmer und formt aus den Gedanken in seinem Kopf ewige, verbindliche Aussagen – Aussagen, deren Macht sich lediglich aus Gedanken speist und die das künftige Handeln und die Orientierung anderer in eine Richtung zwingen, so wie ein Zaun Schafe davon abhält, dort zu grasen, wo es ihnen gefällt. Eine schriftliche Schuldenliste aufzustellen oder einen Vertrag in allen Details aufzuschreiben ist genauso eine Geschichte, als wenn jemand erzählt, dass dieser Fels wie ein riesiger Krötenzeh aussieht oder dass sein Vater Laubblätter als Glücksbringer gesammelt und eine übel riechende Pfeife geraucht hat und stets eine

Duftspur von Teerseife hinter sich herzieht, auch noch lange nachdem man seinen Leichnam verbrannt hat.

Es gab noch ein weiteres wichtiges und verheerendes Stadium in der voranschleichenden Hegemonie der geschriebenen Sprache. Zwar fand es erst nach dem Neolithikum statt, aber damals wurde der Keim gelegt. Es war die Entwicklung der alphabetischen – phonetischen – Schrift. Bilderschriften oder Piktogramme bezogen sich auf die nicht-menschliche Welt; so wurde etwa durch die Zeichnung eines Baums oder eines Rinds die entsprechende Bedeutung vermittelt. Die phonetische Schrift hingegen hob die Verbindung der Sprache mit der Natur und ihre Abhängigkeit von ihr auf, und zum ersten Mal glaubte der Mensch, als einzige Spezies über Sprache zu verfügen. Bis dahin – und auch während des Neolithikums, trotz all meiner Schuldzuweisungen an diese Epoche – war die nicht-menschliche Welt eine sprechende und zuhörende, wenngleich ihre Dialekte für die Menschen immer schwerer zu verstehen waren, sodass ihre Geschichten zunehmend vernachlässigt, kleingeredet und verdrängt wurden. Erst mit der Einführung des Alphabets bildeten sich die Menschen ein, die Natur sei stumm und dumm. Die präalphabetische Welt vermochte zu singen, zu dichten und vorzutragen. Durch das Alphabet verfiel sie in Schweigen.[177] Und mit stummen, dummen Viechern kann man ja machen, was man will, nicht wahr?

Wir sind wieder in Wales, bei Burt und Meg. Meg sagt, sie hat mir meinen Sermon über Herrschaft im letzten Frühling verziehen, allerdings bin ich mir da nicht so sicher. Aber jedenfalls ist es wieder sehr lustig mit den beiden, wie sonst auch. Wir haben Schafe gehütet, Esel gefüttert, an der Wasserturbine herumgepfriemelt, waren im Fluss schwimmen, suchten nach den Gebeinen eisenzeitlicher Priester, machten ein Anatomiepuzzle mit dem Skelett einer Schildkröte, kartierten die Latrinen der Dachse, kochten einen Sud aus Nelkenwurz gegen den Durchfall der Kinder und einen Brei aus Huflattich für das Geschwür am Bein eines Nachbarn, und jetzt sind wir wieder im Haus und essen Lammkoteletts mit Spinat. (»Dieser Spinat muss den höchsten Eisengehalt aller Zeiten haben«, meint Meg. »Er ist mit meinem Menstruationsblut gedüngt.«)

Burt schaut aus dem Fenster, knallt den Teller auf den Tisch, reißt die Tür auf und stürmt hinaus und den Weg ins Tal hinunter. Wir rennen ihm hinterher.

»Es geht los«, ruft er. »Schnell!«

Der Wind weht die Blätter von einer Eiche, und Burt versucht, sie zu fangen, ehe sie auf dem Boden landen. Es bringt ganz viel Glück, wenn man das schafft, sagt er.

Jonny will bei dem Spiel nicht mitmachen. »Die Blätter *müssen* doch runterfallen«, verkündet er ernst. »Jetzt ist die Zeit, wo sie auf dem Boden sein sollen.«

»*La li-li-li, li-li.*«

Herbst

*»Auf den Feldern eines reichen Mannes stand eine gute Ernte.
Da überlegte er hin und her: ›Was soll ich tun? Ich weiß nicht,
wo ich meine Ernte unterbringen soll.‹ Schließlich sagte er:
›So will ich es machen: Ich werde meine Scheunen abreißen und
größere bauen; dort werde ich mein ganzes Getreide und meine
Vorräte unterbringen. Dann kann ich zu mir selber sagen:
Nun hast du einen großen Vorrat, der für viele Jahre reicht.
Ruh dich aus, iss und trink und freu dich des Lebens!‹
Da sprach Gott zu ihm: ›Du Narr!‹«*
Lukas, 12, 16–20

»Dieses Jahr«, verkündete meine liebenswerte Freundin Liz, die auf einem Kleinbauernhof mit Aussicht auf die Äußeren Hebriden Treibholz-Skulpturen, Filzpantoffeln und Märchen verfertigt, »werden wir nicht ›gelassen in die gute Nacht gehen‹. Wir werden verdammt laut sein und verdammt viel Wein trinken und verdammt viel von dem essen, was uns der Sommer beschert hat, bevor wir uns dankbar und mit Kopfweh in den Herbst stürzen.«

Und so machen wir es dann. Wir quetschen uns alle ins Auto und fahren nach Norden, unterbrechen die Fahrt bei Glasgow in einem Motel, das Sondertarife für ehebrecherische Fliesenvertreter und eine Schuhputzmaschine in Form eines sich drehenden Igels hat, und biegen am nächsten Tag mittags in die kleine Straße ein, die hinunter in Liz' Tal führt. Kopfweh haben wir bereits, dank des Shiraz aus dem großen Weintank des Hotels, aber der Rest ist wie versprochen: Ein Schaf brät über dem Feuer am

Spieß, es gibt Salat aus der Hecke, wir tanzen zu Fiedel, Ziehharmonika und Bodhrán, lauschen Aufnahmen von indischen Ragas und Walgesängen, um die Pausen zwischen den Liedern zu füllen, laben uns an fassweise bereitgestelltem Rhabarberwein, singen obszöne und erbauliche Lieder und schwimmen im Meer, um uns vor dem nächsten Reel abzukühlen, während sich eine mürrische Krähe auf einem Baum über unser Verhalten beschwert und ein Gerücht über Delfine umgeht.

Es ist herrlich. Aber, liebe Liz, ich habe ein Problem. Denn so sollte es nicht sein. Das Licht wird nur allmählich von der Dunkelheit getrübt, es ist nicht plötzlich weg. Die ganze Vorstellung von Tagundnachtgleiche und Sonnenwende ist eine künstliche Einteilung, ein Ergebnis von Messungen und Berechnungen. Beeren sprießen im Herbst nicht über Nacht aus dem Boden, um die reifen Getreideähren zu ersetzen, die deine Sichel gemäht hat. Wir sollten nicht zu den Megalithen gehen und erwarten, dass etwas passiert:[178] Wir sollten *immer* damit rechnen, dass etwas passiert. Selbst im Norden Schottlands ist die Dunkelheit nur relative Lichtarmut; in der tiefen Dunkelheit lässt das Feuer, das ursprünglich in Form eines Blitzes vom Himmel geschleudert wurde, den Tag brennen. Seit das Feuer vom Himmel kam, könnten wir daher behaupten, dass der Sommerhimmel niemals verschwindet, sondern sich nur zur Feuerstelle verlagert.

Dein wunderschöner grüner Kuchen mit den Marzipanblüten, der den Sommer darstellt, wird in Stücke geschnitten und feierlich verzehrt. Ich verstehe, warum, und du bist mutig, gut und großzügig, aber etwas so Schönes und Teures zu zerstören, sei es, indem man es isst oder zerbricht, erinnert mich unangenehm daran, wie im Neolithikum Keramik zertrümmert wurde, um Reichtum und gesellschaftlichen Status zu zeigen (was sich in dem zum Beispiel in Griechenland gepflegten Brauch, Teller zu zerschlagen, bis heute erhalten hat).

In die Welt der Jäger und Sammler schlich sich die Dunkelheit unauffällig ein; kein Tag war sehr viel kürzer oder länger als der vorherige oder der folgende; in jeder Jahreszeit gab es genug, in unterschiedlichster Art, und so war es das tägliche Genug, das täglich gefeiert wurde, und nicht die prall gefüllte Scheune.

In der modernen westlichen Welt jedoch feiern wir es, wenn sich die Scheunen füllen: mit Erntedankfesten, die wir lieben. Es ist gut für uns, dankbar zu sein, auch wenn wir nicht eindeutig sagen können, wem unsere Dankbarkeit eigentlich gilt. Ich wundere mich, aber Erntedankfeste scheinen angebracht zu sein.

»Wir pflügen, und wir streuen/den Samen auf das Land«[179], singen die Kinder zur Erntedankzeit. (Nein, das haben sie nicht getan, aber lassen wir den Punkt mal beiseite.) Das fromme Lied ist ziemlich selbstgefällig. *Wir* haben die richtigen Entscheidungen für Ackerbau und Viehzucht getroffen, *wir* haben uns geplagt, und deshalb werden *wir* diesen Winter einen vollen Bauch haben und nächste Woche im Gemeindesaal kräftig das Tanzbein schwingen.

In den nächsten Zeilen liegt dann zwar etwas Demut: »Doch Wachstum und Gedeihen/steht in des Himmels Hand«, wenden wir uns an Gott. Das ist aber nicht stimmig. Denn Gott ist nichts weiter als ein Partner bei *unserem* Projekt, und in der traditionellen Wirtschaft hätten er und seine Priester eventuell Anspruch auf einen kleinen Anteil – sagen wir zehn Prozent, den Zehnten – für seine Mühen. Außerdem sollten wir uns gegenseitig auf die Schultern klopfen, weil wir uns für den richtigen Gott entschieden und ihn auf eine Weise besänftigt haben, die offensichtlich funktioniert hat. Das ist sehr neolithisch und sehr unpaläolithisch gedacht. Jungpaläolithischer Dank ist beständig und ehrfürchtig und richtet sich direkt an das Tier oder die Pflanze, die sich für den Dankenden geopfert haben. Man kann ihn nicht, wie den neolithischen Dank, kriecherisch an einen irdischen Herrscher richten, der Gottes Stellvertreter ist und angeordnet hat, dass die Saat gesät wird; von dessen Wohltätigkeit man abhängig ist; und der in seinem besten Anzug auf der gepolsterten Kirchenbank sitzt und mit onkelhaftem Lächeln bereit ist, die dankbaren Bücklinge entgegenzunehmen, wenn man mit seinesgleichen die Kirche im Gänsemarsch verlässt.

»Jetzt können wir alle glücklich in der Kälte sterben«, strahlte Liz, als wir uns zum Abschied umarmten.

Wenn die Sonne sich zurückzieht, scheint die Erde zu sterben, und in den vergangenen Wintern habe ich meine Hand und mein Ohr auf den Boden gelegt und mir einzureden versucht, dass da noch ein ganz leichter Puls ist, auch wenn ich davon nichts gehört oder gespürt habe – ich merkte nur, dass die Dunkelheit in mir wuchs.

Das ist neolithisches Denken: keine Sonne, kein Leben; keine Früchte auf den Feldern, kein Leben – daher das verzweifelte Ersehnen der Wintersonnenwende, wenn die Sonne sich wieder auf *unsere* Seite schlägt.[180] Mauern und Zäune – eine binäre Welt, für die Jäger und Sammler unvorstellbar, aber seither wohnen die meisten von uns darin: Sonne/keine Sonne, hell/dunkel, tot/lebendig, an/aus, Gott/kein Gott, Gläubiger/Ungläubiger, schwarz/weiß, wir/sie, sauber/schmutzig, Festmahl/Hunger.[181] Dennoch gingen die Neolithiker nicht so weit wie wir heute. Auf einer gewissen Ebene wussten sie, dass der Tod schöpferisch ist; dass sich die Ernte des nächsten Jahres in der kalten Dunkelheit zusammenfügt, dass der Winter lebendig ist. Sogar das hatte ich vergessen.

Vor dem Herrenhaus werden zwei Arten von Servierplatten herumgereicht. Auf der einen liegen kleine Kanapees, belegt mit Räucherlachs und einem Tüpfelchen Kaviar. Auf der anderen stapeln sich Wurstsemmeln aus dem Supermarkt am Ende der Straße. Die Kanapees werden ehrerbietig den Reitern in den roten und schwarzen Jacken angeboten, die Wurstsemmeln mürrisch den Fans unter die Nase gehalten, die zu Fuß und im Auto gekommen sind, sowie den grün gekleideten Männern mit verschrumpelten Gesichtern wie Rosinen, die der Jagdgesellschaft auf Quads folgen werden, samt Terriern in Boxen als Beifahrern. Dazu gibt es Kirschschnaps in Weingläsern für die Reiter (für den Master der Meute im Kristallglas) und billigen Sherry in Pappbechern für das Fußvolk.

Dies ist eines der beliebtesten Treffen des Jahres. Von der Terrasse des Hauses im palladianischen Stil hat man einen Blick auf Hunderte Hektar Land, der einem im Ausland lebenden Engländer Tränen in die Augen treibt: ein fruchtbarer Flickenteppich aus Feldern und Wiesen, auf denen Rinder grasen, die das Roastbeef des guten alten England liefern; ordentlich gestutzte Schlehdornhecken; Reste von Wald auf den Anhöhen alter Wallburgen; alles ist wellig, freundlich, vornehm zurückhaltend. Und alles wurde selbstverständlich den Bauern im 18. Jahrhundert gestohlen, was die Städte mit billigen, verzweifelten Arbeitskräften überschwemmte. Aber wir wollen uns diesen herrlichen sonnigen Tag nicht mit solchen Gedanken verderben. Und herrlich ist er zweifellos, angefangen von den scheckigen Flanken der elegant promenierenden Hunde bis zu den Jodhpurhosen der Börsenmakler-Gattinnen.

Alle sind sich einig, dass der Master der Meute heute Morgen in Topform ist. Nachdem sie sich ihre ersten Sporen in der Kanzlei eines Steueranwalts auf den Cayman-Inseln verdient hatte, blies sie zum Halali auf lästige Konkurrenten und übereifrige Finanzbeamte, bevor sie mit Glanz und Gloria nach London und in die Grafschaft zurückkehrte, um sich einen überraschten Witwer zu angeln (der wehrlos war, kaum dass sie ihn ins Visier genommen hatte). Es folgten ein neu erbautes Landhaus von zweifelhaftem Geschmack, ein Dokument in ihrem Safe, das ihr Immunität vor Strafverfolgung gewährt, und eine Meute von um die dreißig Foxhounds mit Stammbäumen, die etliche Hundert Jahre zurückreichen. Nun lehnt sie sich in ihrem Sattel zurück wie in ihrem Chefsessel, dankt den Gastgebern mit dem Glas in der Hand für ihre Gastfreundschaft, macht ein paar gewagte Witze, die gerade noch so als schicklich durchgehen, und wünscht allen (außer dem Fuchs, ho ho!) eine erfolgreiche Jagd.

Der kleine, zähe Huntsman hat pflichtschuldig zugehört, dabei huscht sein Blick zwischen seinen Hunden hin und her. Er kennt sie so gut wie seine Kinder. Lahmt Darter an der linken Hinterhand? Hat Chanter gestern Abend im Zwinger zu viel von dieser alten Kuh abgekriegt? Nicht, dass sie's heute zu langsam angehen lässt. Bei diesen Geruchsbedingungen brauchen wir ihre Nase: Es ist zu trocken, das wird mühsam. Als professioneller Jagdhelfer lässt er sich nicht anmerken, was er vom Master hält. Schon sein Vater war Huntsman. Und er selbst konnte reiten, bevor er laufen konnte. Er hat von Füchsen geträumt und eine Frau mit fuchsrotem Haar geheiratet, die nach der Jagd aus den toten Pferden Suppe kocht, falls sie noch nicht zu alt waren. Wenn man ihn fragt, ob er Füchse mag, lächelt er, streicht sich ums Kinn und antwortet: »Tja, das ist kompliziert, nicht wahr?« Und das ist es wirklich.

Heute nimmt er zuerst Kurs auf den Brandy Wood, den wir von der Terrasse aus sehen können. Dort gibt es eine Menge Füchse, sie haben ihre Baue zwischen den Buchenwurzeln. Hier hetzte der Vater des Huntsman einst seine Hunde hinter einem großen grauen Fuchsrüden her, als er im vollen Galopp gegen einen niedrigen Ast prallte, der ihm das Genick brach. Der Huntsman versucht, es nicht persönlich zu nehmen, aber es heißt, dass sich seine Miene verhärtet, wenn er im Brandy Wood ist, und er umso entschlossener ist zu töten.

Tom und ich sind zu Fuß dorthin gegangen, weil wir die Nacht in der Nähe bei einem Freund verbracht haben und ich fand, dass der Junge einmal sehen sollte, was es mit diesem ganzen Jagdbetrieb auf sich hat. Wir wollen den Hunden, so gut wir können, folgen und dann vielleicht per Anhalter in einem Pferdetransporter zurückfahren.

Der Huntsman lüpft vor dem Master und den Gastgebern die Kappe, dann bläst er das Horn. Die Hunde heben die Köpfe, sie zittern vor Erregung angesichts der vor ihnen liegenden Aufgabe und traben hinter dem Huntsman die Auffahrt hinunter. Nun werden allseits die Reitkappen gezogen, Sattelgurte enger geschnallt, Zügel in die Hand genommen, und dann setzt sich auch das Jagdfeld in Bewegung.

Unversehens entdecke ich hinter einem der letzten Pferde neben einem der aufgebauten Tische einen sehr seltsamen Arm, der sich nach einer Wurstsemmel streckt. Er ist mit dem langhaarigen struppigen Winterfell eines Rothirschs bedeckt. Die dazugehörige Hand ist beinahe schwarz, mit stark abgekauten Fingernägeln, und hat die Kraft eines hydraulischen Schraubstocks. Trotzdem ergreift sie die Wurstsemmel mit schmetterlingshafter Zartheit.

Jetzt ist auch das letzte Pferd weg, und ich sehe das Gesicht und einen mit Wurstsemmeln vollgestopften Mund. Auch das Gesicht ist sehr dunkel, allerdings sieht man nicht viel davon, denn der untere Teil ist von einem mit Grau durchzogenen schwarzen Bart bedeckt, der ungleichmäßig gestutzt wurde; die obere Hälfte ist unter einer runden, bis zu den Augenbrauen hinuntergezogenen Mütze verborgen, die vermutlich aus Otterfell besteht und mit schwarzen Krähenfedern gesäumt ist. Die Nase des Mannes ist lang und gerade und trieft. Soeben stopft er sich wieder eine Wurstsemmel in den Mund, hält sich dann ein Nasenloch mit dem Daumen zu und schnaubt kraftvoll durch das andere, sodass der Rotz über den Tisch spritzt. Es sind auch noch ein paar Kanapees übrig: Er nimmt eins, schnuppert daran und tritt es dann in den Boden. Sein hirschlederner Parka reicht ihm bis zu den Hüften. Dazu trägt er Kniehosen aus dünnem Material, vielleicht aus der abgeschabten, mit Hirn gegerbten Haut eines totgeborenen Säugetiers. Seine Stiefel sind aus Dachsfell, die Gesichtsstreifen ziehen sich bis zu den Zehen. Wenn er lacht, was er bestimmt häufig tut, dann sicherlich mit einem Unterton von feierlichem Ernst.

Er ist gut einen Kopf kleiner als ich, strahlt jedoch die Kraft einer großen alten Eiche aus. Es ist eine Zentripetalkraft, die alles anzieht – Augen, Tische, Gedanken und Wurstsemmeln –, als wäre er ein schwarzes Loch mit Bart. Und das ist auch der Grund, weshalb ich eine ganze Weile nicht bemerke, dass noch jemand am Tisch steht, ebenfalls in Fell und Leder, aber jünger, mit hellerer Haut und ziemlich blass. Der Junge interessiert sich nicht für das Essen, ihn fesselt etwas hinter mir. Es kostet mich Überwindung, die Augen zu schließen, den Kopf vom Vater wegzudrehen (ich bin mir sicher, dass der Bärtige der Vater ist) und nach hinten zu schauen, um herauszufinden, was den Sohn so fasziniert. Und da steht direkt hinter mir Tom, er starrt zu dem Tisch, als wollte er ihn mit Blicken durchbohren.

»Tom?«, sage ich. »Tom? Was siehst du dort?«

Doch Tom schüttelt nur den Kopf wie ein Hund, der aus dem Wasser kommt, wirft mir rasch einen Blick zu und sagt: »Ach, nichts.«

Wenn du meinst.

Auf einem Acker unterhalb des Hauses winselt ein Hund, und ich höre, wie der Huntsman aufmunternd ruft: »Such, Chanter, such!« Die anderen Hunde, die Chanters Nase ebenfalls kennen, sammeln sich um sie. »Nein, dort«, drängt sie der Huntsman. »Such dort!« Und dann rennen plötzlich alle los, tosend wie eine brechende Welle stürmen die Hunde den Hügel hinauf. Die Bedenken des Huntsman wegen der Trockenheit waren unbegründet. Sie hecheln einer brusthohen Fährte hinterher, und Chanter fällt zurück, während jüngere Hunde die Führung übernehmen. Das ist garantiert keine alte Fährte, die ein Fuchs nach der nächtlichen Futtersuche am frühen Morgen auf seinem Heimweg hinterlassen hat. Sicherlich wurde dieser Fuchs aufgestört, während er unter einer Hecke schlief. Und tatsächlich: Da ist er, nur ein Feld liegt zwischen ihm und dem Leithund, der mit gestreckter Rute hinter ihm herjagt und sich ganz auf seine Schnelligkeit verlässt, sodass er gar nicht erst versucht, den Fuchs zu täuschen, sondern schnurstracks auf seinen Bau im Brandy Wood zuhält.

»Whoo-whoop!«, feuert der Huntsman die Hunde an, die ihr Tempo und ihre Lautstärke verdoppeln. Hinter dem Huntsman versucht der Jagdherr, die Drängler zurückzuhalten. »Abstand zu den Hunden, bitte«, ruft er. Doch vergeblich. Die Pferde blähen die Nüstern, und die Menschen, mit ebenfalls bebenden Nasenflügeln, drücken die Reitkappen noch einmal fest auf den Kopf, ziehen den Flachmann für einen letzten stärkenden Schluck heraus. Kostspielige Extremitäten spannen zitternd die Muskeln für den Sprint an, Sporen bohren sich in Flanken, Gerten treffen auf Hinterbacken, Schlamm spritzt auf samtene Jacken.

Mit vollem Mund dreht sich der eichengleiche Mann um und betrachtet das Spektakel. Die Arme sacken ihm herunter, er beugt sich vor und schiebt seine Mütze nach hinten, um besser zu sehen, seine Augenbrauen zucken ungläubig. Er knufft den Jungen in die Schulter und gestikuliert mit geballten Fäusten in Richtung Acker.

Der Fuchs hat noch immer einen guten Vorsprung, aber der Abstand verringert sich. Seine Lunte wird schlaffer.

Der Huntsman ist ein Feld hinter den Leithunden. Nun treibt ein Pikör die Nachzügler an: »Nach vorn, nach vorrrn!«, und eine hohe Hecke schickt mehrere Reiter in hohem Bogen über die Hälse ihrer Pferde auf den guten Boden der englischen Midlands. An den Tischen der Torys von Leicestershire wird es heute Abend ein paar lädierte Schlüsselbeine geben. Die Quads sausen auf einem Feldweg in Richtung Wald, in ihren Boxen kläfft es.

Der Fuchs versucht, sich durch eine Hecke zu zwängen. Fast schafft er es, aber die Lücke ist zu eng. Also rennt er den Graben unter der Hecke entlang, bis er zu einem Zaun kommt und darüberspringen will. Doch er bleibt am oberen Ende hängen und fällt zurück. Er ist müde. Und verliert immer mehr von seinem Vorsprung. Aber nun versucht er es noch einmal, und dieses Mal schafft er es auf die andere Zaunseite. Hinter ihm ist Darter, zu aufgeregt, um anzuschlagen, doch das ist auch nicht mehr nötig: Jeder kann den Fuchs sehen. Jetzt wird es nicht mehr lange dauern. Und so müssen die Männer auf den Quads die Terrier nicht aus den Boxen lassen und brauchen auch nicht die Schaufeln herauszuholen, um dem Fuchs in seinem Bau hinterherzubuddeln. Die Hunde werden ihn im Freien stellen.

Aber halt: Es ist noch nicht vorbei. Der Leithund ist verdattert. Wie die anderen um ihn herum. Sogar Chanter, die sich jetzt alle Mühe gibt, weiß nicht, wohin. Der Huntsman kommt dazu und kratzt sich am Kopf. Kann der Fuchs in ein Sickerrohr gekrochen sein? Oder in ein großes Kaninchenloch? Sicher nicht. Er schwingt sich vom Pferd, nimmt es an den Zügeln und bückt sich, um in den Graben zu schauen. Aber nichts. Also steigt er wieder auf, stößt ins Horn und schickt die Hunde in immer größeren Kreisen um die Stelle herum, an der er den Fuchs zuletzt gesehen hat. Doch keine Witterung, nichts. Sehr merkwürdig. Vielleicht hat irgendein Idiot an diesem Morgen Gülle ausgebracht und damit die Fährte gelöscht? Nein, auch das scheint es nicht zu sein. So einen Lauf zu haben und dann den Fuchs in letzter Minute zu verlieren – typisch für den Brandy Wood, immer unfair. Der Huntsman hasst diesen Ort.

Und dann, gerade als er aufgeben und einen anderen Fuchs aufstöbern will, schreit einer von den Quads herüber: »Hier ist er, John! An der Scheune.« Tatsächlich, da ist er. Etwa vierhundert Meter entfernt. Wie er dorthin gelangen konnte, ist rätselhaft, aber das wird ihn nicht retten. Langsam schleicht er mit gesenktem Kopf und heraushängender Zunge dahin, weiter vom Wald entfernt denn je. Sein weißes Bauchfell schleift am Boden.

»Los, meine Schätzchen«, ruft der Huntsman. »Los, bringt es zu Ende!« Und er stellt sich in die Steigbügel, bedeutet den Pikören, das Jagdfeld zurückzuhalten, und lenkt die Hunde zur Scheune. Wieder preschen sie los, während der Fuchs zu dem Bau neben der Buche rennt, dessen Eingang Jagdhelfer nie finden würden, den keine Schaufeln kaputt machen können und den er mit Dachsen teilt, sodass sich die Terrier zweimal überlegen würden, dort einzudringen. Und was die Jagdhunde betrifft: Nun, diese Hunde jagen der Fährte, des Stolzes und der Kameradschaft wegen – und weil sie dem uralten Traum nachhängen, aus dem sie nie wirklich erwacht sind, nämlich dass sie eigentlich hinter einem Rentier her sind.

Aber der Fuchs wird es nicht rechtzeitig bis zur Buche schaffen. Ihn werden scheckige Halbwölfe reißen, die ihn mit etwas anderem verwechseln.

Der eichengleiche Mann löst sich aus seiner Erstarrung. Dass er korpulent ist, mindert seine imposante Erscheinung nicht. Er packt seinen Sohn am Arm, und plötzlich rennen die beiden auf den Wald zu. Als der Mann losläuft, scheint für alles andere ringsum die Zeit stehen zu bleiben. Und dann werden die Hunde (meine Erinnerung ist eindeutig) zu ihm hingezogen, ebenso wie vorher mein Blick, meine Gedanken und die Wurstsemmeln. Alles steht still, nur Vater und Sohn bewegen sich, mit federndem Schritt, weiter vorwärts. Erst überholen sie den Huntsman, dann den Leithund, jetzt sind sie auf Höhe des Fuchses. Und der eichengleiche Mann bückt sich, hebt den Fuchs hoch und rennt mit ihm im Arm weiter.

Am Waldrand drehen er und sein Sohn sich um und blicken zu uns zurück. Der eichengleiche Mann hebt eine Hand. Ich hoffe, es ist als Gruß gemeint. Der Sohn tut es ihm gleich, und ich sehe in meinem Augenwinkel, also dort, wo man alles wirklich Wichtige sieht, dass Tom ebenfalls den Arm erhoben hat.

Nun verschwinden Vater, Sohn und der japsende Fuchs zusammen im Wald. Der Huntsman schart seine Hunde um sich und bläst das Horn. Doch nicht das ist es, was wir hören, in unseren Ohren erklingt eine Melodie: »*La li-li-li, li-li.*«

Halb rechne ich mit einem melodramatischen Ende, etwa dass der Huntsman, angelockt von der stärksten Fuchswitterung in den Annalen der Jagdgeschichte, durch denselben Ast stirbt, der schon seinem Vater zum Verhängnis wurde. Doch nichts dergleichen geschieht. Nach dem allseits hochgelobten Empfang auf der palladinischen Terrasse wurde es ein gewöhnlicher, unspektakulärer Tag ohne Jagderfolg. Füchse entwischen öfter mal. Daran ist nichts merkwürdig.

Der Master der Meute verabschiedet sich zu einem Wohltätigkeitsdinner mit einigen strategisch wichtigen Freunden, nicht wenige der Reiter aus dem Jagdfeld fahren ins Krankenhaus, die Männer auf den Quads machen sich auf zum Pub, um bei Lagerbier und Darts ihren Frust loszuwerden; und der Huntsman, der in seinem Haus neben dem Zwinger ein Bad genommen hat, sitzt jetzt am Kamin, starrt auf die prasselnden Scheite und lächelt genauso wie bei der Frage, ob er Füchse mag.

Wir sind wieder in Derbyshire, auf Sarahs Farm, wo wir X und seinen Sohn zum ersten Mal getroffen haben, wo Tom sich angewöhnt hat, zum Dank für Nahrung etwas von seinem Essen auf einem Altar im Wald zu opfern, wo zwischen Schlehdornbüschen massiver Teerseifengeruch aufstieg; wo ich gefastet habe und das Schimmern sah; wo die Elster mit dem Kopf ruckelte und sich die Häsin wollüstig im Mondlicht rekelte. Und von wo aus wir aufgebrochen sind, um Rentiere zu jagen, die vor 40 000 Jahren gestorben sind.

Der Rest der Familie ist zum Einkaufen nach Bakewell gefahren, sodass nur Tom und ich in unserem alten Unterschlupf im Wald sitzen und über das Tal schauen.

Tom ist heute gesprächig. »Wenn ich hier Bauer wäre« – er macht eine Geste, die den ganzen Hügel umfasst –, »hätte ich Schafe oben auf der Kuppe, die im Moment brach liegt. Und ich würde den Teich abzäunen – der ist bleiverseucht – und direkt unterhalb von diesen Bäumen dort würde ich Wasser in Tröge pumpen.«

Wirklich, Tom?

Ich frage mich, was du tun würdest, wenn andere Sinne als das Sehvermögen für deine Entscheidungen ausschlaggebend wären. Ich frage mich, ob der Geruch des Hügels deine Ansichten ändern könnte oder ob du, wenn du dort oben schläfst, feststellen würdest, dass *der Hügel* eine eigene Meinung zu Schafen oder Trögen hat. Ich frage mich, was passieren würde, wenn du deine Pläne dem Hügel überlassen würdest, anstatt für den Hügel zu planen.

»Wärst du gern hier Bauer?«, frage ich ihn.

»Es würde mir Spaß machen. Auch wenn es harte Arbeit wäre. Und wenn wir hier schon ewig als Familie leben würden, hätte ich das Gefühl, dass ich es machen *sollte*. Aber ich würde es auch wollen. Du nicht?«

Ich erwidere nichts, weil ich nicht weiß, wo ich anfangen sollte.

Stattdessen sehe ich ihn an. Er wirkt erstaunlich selbstsicher – viel, viel mehr, als ich es in seinem Alter war. Er weiß, wer er ist.

Und ihm steht der beißend kalte Winter des Erwachsenwerdens bevor. Da muss etwas getan werden.

Bevor es zu spät ist, muss seine Selbstsicherheit erschüttert und durch etwas ersetzt werden, was beständiger ist. »Wenn ich mit belasteten Jugendlichen arbeite, versuche ich sie noch mehr zu belasten«, sagt Martin Shaw. Das ist bei unbelasteten Jugendlichen noch viel wichtiger.[182]

»Erzähl mir eine Geschichte«, bittet Tom.

»Ich habe zwei für dich«, erwidere ich. »Die eine steckt in meiner Tasche.« Ich ziehe einen zerknitterten Artikel aus dem täglichen Pressespiegel heraus, der an praktizierende Anwälte verschickt wird.

Laut *The Lawyer* quetschen die größten Anwaltskanzleien Großbritanniens ihre Angestellten und Honorarkräfte immer enger in ihren Büros zusammen; die pro Person zugeteilte Fläche ist in den letzten Jahren um mehr als ein Drittel geschrumpft. Bei Angestellten ist die durchschnittliche Quadratmeterfläche um 33 % gesunken ist, bei Honorarkräften um 32 % und bei Partnern um 9,6 %.[183]

»Na toll«, sagt Tom. »Ich hoffe, die andere ist besser.« Ehrlich gesagt, nein.

Es war einmal ein sehr reicher Mann und eine Frau, die lebten auf einem riesigen Anwesen, das ihnen jemand überlassen hatte (wer das war, geht aus der Geschichte nicht hervor). Es erstreckte sich in alle Richtungen, soweit das Auge reichte. Tatsächlich war es so groß, dass sie noch nie bis an seine Grenzen gelangt waren, wie auch sonst niemand, den sie kannten. Es war ein Anwesen von sehr großer Schönheit. Wo auch immer der Mann und die Frau standen, bot sich ihnen eine atemberaubende Aussicht. Es gab Wälder, Berge, Flüsse, Seen und Täler, und es wimmelte von freundlichen Tieren. In den Flüssen tummelten sich zahlreiche

Fische, in den Bäumen zwitscherten Vögel (und tatsächlich zwitscherten auch die Bäume, allerdings viel langsamer), außerdem gab es große Herden von Hirschen, Wildrindern und Wildschweinen. Doch obwohl es so viele Tiere gab, kannten der Mann und die Frau die Namen aller Tiere, und wenn sie ein Reh beim Namen riefen, kam es herbei und leckte ihnen die Hände.

Das ganze Jahr hindurch war reichlich Nahrung vorhanden: Beeren, Blumen, Pilze und sogar, auch wenn sie nicht so interessant schmeckten wie die anderen Dinge, die Ähren einiger langer Gräser, die am Waldrand wuchsen. Und dazu natürlich die Tiere. Wenn ein Hirsch oder ein Fisch wusste, dass seine Zeit gekommen war, sagte er zu dem Mann und der Frau: »Esst mich und habt Genuss dabei«, und dann dankten der Mann und die Frau dem Tier unter Tränen und nahmen das Geschenk an.

Aufgrund des angenehmen Klimas und der guten Nahrung waren der Mann und die Frau kräftig und gesund, und dass sie ständig im Land umherzogen, machte sie stark und geschmeidig. Sie wohnten mal hier, mal dort und überließen es dem Wind und den Mäusen, hinter ihnen aufzuräumen. Jede Nacht verbrachten sie in einer neuen Unterkunft.

Doch eines Tages (niemand weiß genau, wie es dazu kam) sagte der Mann zu der Frau: »Ich habe es satt, jeden Tag unterwegs zu sein, um Essen zu besorgen. Und warum sollen wir eigentlich darauf warten, dass ein Tier zu sterben bereit ist, bevor wir Fleisch essen können? Lass uns einen Teil des Waldes abholzen, eine Mauer um die gerodete Fläche und ein Haus innerhalb der Mauer bauen, etwas von dem Gras mit den schweren Ähren dort anpflanzen und einige Tiere in das ummauerte Gebiet bringen, damit wir sie töten können, wann immer wir wollen.«

Die Frau hielt das für eine sehr schlechte Idee, was sie ihrem Mann auch sagte, doch er ließ sich nicht umstimmen. Also geschah es so, wie er wollte.

Als sie die steinerne Axt an die Bäume legten, seufzten diese, die Vögel waren empört, und der Hirsch kam und fragte, was das solle. Doch obwohl die Frau weinte und noch im Schlaf das Stöh-

nen der Bäume hörte, machte der Mann unbeirrt weiter. Aber als er Steine für die Mauer aufschichtete, verrenkte er sich den Rücken, woraufhin er übellauniger wurde denn je. Die Mauer war sehr hoch. Das bedeutete, dass sie von ihrem Haus aus (das rasch schmutzig wurde) weder die Berge noch die Bäume sehen konnten: Sie hatten nur noch die Mauer im Blick.
Den Tieren gefiel es nicht, innerhalb von Mauern leben zu müssen, und sie sträubten sich mitzukommen. Also fing der Mann sie mit Schlingen und zerrte sie hinein, woraufhin sie so laut schrien, dass selbst der Mann sie noch im Schlaf hören konnte. Diesen Tieren gaben sie keine Namen, sie waren nur noch Dinge.[184] *Weil die Tiere nun nicht mehr grasen konnten, wo sie wollten, musste das Paar Futter für sie anbauen und sammeln und ihren Dung beseitigen. Bald hatten der Mann und die Frau auch die Grasähren satt. Es war harte Arbeit, sie zu zermahlen, und binnen Kurzem hatte die Frau einen kaputten Rücken davon und dazu ein schlimmes Fieber, das sie sich vom Hirsch eingefangen hatte und nicht mehr loswurde.*
Der Mann und die Frau hatten viele Kinder, die wiederum viele Kinder hatten.
Nach ein paar Jahren sagte der Mann zu seiner Frau: »Ich frage mich, ob wir nicht einen Fehler gemacht haben. Sollen wir wieder so leben wie früher?« Die Frau zog ein bekümmertes Gesicht. Denn sie wusste, dass ihre Kinder und Kindeskinder die meisten Tiere im Wald außerhalb der Mauern getötet hatten, dass sie einen Pilz nicht vom anderen unterscheiden konnten und dass die verbliebenen Tiere ihnen jetzt misstrauten und nicht mehr zu ihnen kommen würden, wenn sie zu sterben bereit waren.
»Das können wir nicht«, antwortete sie. »Obwohl ich es liebend gern täte. Aber zumindest könnten wir versuchen, uns für das zu entschuldigen, was wir angerichtet haben.«
Also gingen sie hinaus in das geschwärzte Gestrüpp, das vom Wald noch geblieben war, und suchten und suchten. Doch sie fanden absolut nichts, was ihre Entschuldigung annehmen konnte.

Und das, so schlussfolgerten sie, war ein noch größeres Problem als die Grasährennahrung, das Hirschfieber, der kniehohe Dung, die schmerzenden Rücken und all die vielen Mäuler und Münder, die gefüttert werden mussten.

Teil 3: Aufklärung

»*Wo den Massen über Generationen hinweg peu à peu ein gut
verpacktes Lügengebilde verkauft worden ist, muss die Wahrheit als
völlig absurd erscheinen und ihr Verkünder als Vollidiot.*«
Dresden James[185]

»*Das derzeit gängige materialistische System der Naturwissenschaften ist nicht falsch. Es ist schlichtweg die halbe Wahrheit.
Wir wissen, dass Geist auf Materie basiert. [Eine Vielzahl von
Geschichten] legt den Schluss nahe [...], dass in der Materie
ebenfalls Geist steckt und dass diese Geistigkeit für den Kosmos
grundlegend ist und nicht etwa nur eine flüchtige, zufällige oder
erst neuerdings auftretende Eigenschaft der Materie.*«
Jeffrey J. Kripal, *The Flip: Who You Really Are
and Why It Matters*[186]

»›*Da ist ein Mulla-mullung. Er ist weiß, und er ist verrückt.
Ich blicke in ihn hinein und sehe keine Vorfahren, keinen
Mami-ngata; nichts ist sein Fleisch, er hat keinen Traum.*‹
›*Keinen Traum!*‹«
Alan Garner, *Der Strandläufer*[187]

»*Steht doch alles bei Platon, alles bei Platon; meine Güte,
was wird an diesen Schulen eigentlich gelehrt?*«
C. S. Lewis, *Der letzte Kampf*[188]

Ich dachte immer, ich wüsste, was Tiere sind. Sie fressen, bewegen sich, und wenn ein Mensch sie ansieht, erwidern sie oft dessen Blick. Sie verfolgen ihre eigenen Ziele und scheinen dies mit weit mehr Disziplin und Energie zu tun als die meisten Leute, die ich kenne. Viele Tiere wohnen in sehr gefragten und spannenden Gegenden: in Baumwipfeln, Klippen, Höhlen, im offenen Meer oder in den Lüften außerhalb meines Blickfelds.

Es sei ein Kinderspiel (dachte ich), einen Hund in seinen Grundzügen zu charakterisieren, jedoch unmöglich, Hunde im Allgemeinen oder einen Hund im Speziellen in sämtlichen Details zu beschreiben – so wie es unmöglich ist, überhaupt irgendetwas Interessantes oder Wichtiges en détail zu beschreiben. Hunde beginnen mit der Nase und enden mit der Schwanzspitze, sie haben ein Fell, vier Beine und zwei Augen, jagen gern Katzen und Kaninchen und fressen so ziemlich alles, vorzugsweise aber Fleisch. Sie können wild oder anhänglich sein.

Doch eines Tages stellte ich fest, dass es so etwas wie einen Hund – oder überhaupt irgendein Tier – gar nicht gibt. Das war an meinem ersten Tag als Student der Veterinärmedizin.

All die Erstsemester hatten ihre neuen weißen Kittel angezogen und marschierten nervös in den Seziersaal. Ein überwältigender Formaldehydgeruch beherrschte den Raum. Bald bemerkten wir ihn gar nicht mehr: Er war unsere neue Luft.

In dem Raum standen eine Menge Metalltische. Auf jedem davon lag etwas, das ich für einen Hund hielt: einen Windhund, genau genommen. Je sechs von uns wurden einem »Hund« zugewiesen. Diese Tiere waren hier, weil sie nicht schnell genug hatten rennen können. Für die Dissektion eigneten sie sich besonders, weil sie zwar zu langsam gewesen waren, um Profit aus ihnen zu schlagen, aber dennoch schlank und muskulös. Nur wenig Fett umhüllte ihre Muskeln. Und in jenem ersten Semester standen Muskeln auf dem Lehrplan.

Am besagten Tag begannen wir mit der Schulter, die uns auch noch länger beschäftigen sollte. Wir lernten die lateinischen Bezeichnungen der Muskeln, ihren Ursprung und Ansatz und ihre

Funktionsweise. Mit Schultern kenne ich mich noch heute gut aus. Als wir zur Hüfte kamen, war ich müde.

Allerdings spielte das keine Rolle, denn Schultern und Hüften waren in keinerlei Weise miteinander verbunden. Zwei große Körperhöhlen trennten sie voneinander. In Prüfungen wurde typischerweise ausschließlich nach der Schulter oder ausschließlich nach der Hüfte gefragt, und solange man es schaffte, fünf von acht Fragen richtig zu beantworten, brauchte man nicht zu wissen, dass Hunde auch ein Hinterteil hatten.

Also zerlegten wir den Hund in Schultern und Hüften und Zunge und Lunge und Hirn und Blase, bis von der Gestalt des Hundes nichts mehr übrig war. Mit unseren Skalpellen töteten wir alle Hunde, die lebenden und die toten.

Aber es kam noch schlimmer. Alle vierzehn Tage stieg ich widerwillig und mit dunklen Vorahnungen eine altertümliche Treppe hinauf zu einem prächtigen Raum mit Blick auf den Fluss Cam. Dort nahm ich auf einem Sofa Platz, und eine qualvolle Stunde lang trat meine Unkenntnis der chemischen Reaktionen in den Zellen auf grausame Weise zutage.

»Ich würde Sie bitten, meine Herren« – denn wir waren alle männlich, wenn auch nicht Herren –, »die Strukturformel der Verbindung aufzuschreiben, die entsteht, wenn sich der Zitronensäurezyklus vom cis-Aconitat zwei Stufen weiterbewegt.« Also wühlte ich im Matsch meines geistigen Hinterstübchens und kritzelte irgendetwas auf meinen Block, woraufhin unser Betreuer, oft im Smoking und mit schwarzer Fliege, mit auf dem Rücken verschränkten Händen umherging, einen Blick auf meine kläglichen Bemühungen warf und verächtlich schnaubend sagte: »Nein, mein Herr! Versuchen Sie es noch mal!« Was ich dann auch tat, unter Pein und ohne Sinn, bis der Betreuer – mehr aus dem Bedürfnis heraus, zum Dinner gehen zu können, als aus Mitleid – die Antwort bellte und mich in die Nacht davonschleichen ließ.

Dieser Betreuer machte keinen Hehl aus seiner Verachtung für die Anatomen. »Bei mir geht es um die *Ursprünge*. Um das

Fundamentale. Eine Leber ist nur eine Fabrik, in der *meine* Angestellten nun mal gerade arbeiten. Wen kümmert es, ob sie drei oder dreihundert Leberlappen hat? Und Knie« – er sah sich selbst vor allem als Molekulargenetiker – »sind nur so, wie sie sind, weil meine *Gene* ihnen sagen, dass sie so sein müssen.« Es gab also nicht nur keine Hunde: Es gab auch keine Schultern und Hüften. Da waren nur die Moleküle, aus denen die Gene bestehen.

Es wurde nicht besser, als wir anfingen, uns mit lebenden Tieren zu befassen und zu lernen, was man gegen ihre gesundheitlichen Probleme tun konnte. Denn niemals hatte ein *Tier* ein Problem. Eine Schulter, eine Niere, eine biochemische Leitungsbahn, ein Chromosom oder ein Gen hatte ein Problem. Tiere behandelten wir nie – nur Probleme, Leitungsbahnen und Gene. Tiere existierten nicht.

Am Anfang dieses Buchs habe ich eingestanden, dass ich noch nie einen Baum gesehen habe. Jetzt, gegen Ende, muss ich zugeben, dass ich auch nie – jedenfalls nicht als Erwachsener – einen Hund gesehen habe. Es ist eine Schande.

Ich lege mir den Strick um den Hals, verknote ihn und ziehe ihn fest.

X und sein Sohn, die auf dem Bett sitzen, schauen erschrocken drein. X springt hoch, um mich aufzuhalten, dann scheint er sich daran zu erinnern, dass das nicht regelkonform ist, und setzt sich wieder. Seit ich wieder in Oxford bin, sind die beiden mehr oder weniger ständig in Sichtweite, und sie sind mir so nah und so um mich besorgt, wie es tote Jäger nur sein können.

Ich klappe den Kragen über die Krawatte, schlüpfe in ein Sakko, rufe, dass es nicht allzu spät werden wird, dann schwinge ich mich auf mein Fahrrad, um fünfundvierzig Minuten später bei einem Dinner zu erscheinen.

Heute speise ich mit Professor Black in einem ehrwürdigen alten College. Er hat mir versichert, dass mein Projekt sinnlos sei: Niemand könne dem Denken und Fühlen der prähistorischen Menschen nahekommen. Jetzt lädt er mich zu Rehfilet in Blätterteig und altem Bordeaux ein, damit ich vor seinen Freunden einräumen kann, wie recht er doch hatte.

Ich bin spät dran. Ich schmeiße mein Fahrrad an eine Mauer, die von einem heiligen Märtyrer gekrönt ist – einem der Schutzpatrone dieses Hauses –, und eile durch die Säulengänge zum sogenannten Senior Combination Room. Was auch immer hier kombiniert wird, habe ich nie herausgefunden. Aber es sind mit Sicherheit nicht unterschiedliche Meinungen. Alle scheinen in allen Fragen dasselbe zu glauben und davon überzeugt zu sein, dass alles ganz klar und überschaubar ist.

Der Professor hat ein kleines Gremium zusammengestellt, um die Exponate zu würdigen, die er aus der Steinzeit ausgegraben hat: einen Shakespeareforscher mit hübsch getrimmtem Bart, einem internationalen Ruf und einem Edinburgh-Akzent, in dem er vortrefflich über die Beschaffenheit von Scones und besudelte Zierdeckchen parlieren kann; und einen kleinen, verhutzelten Physiologen in einem zerknitterten Anzug, der schon sein Leben lang einen einsamen Reigen mit den Molekülen der Neurotransmitter von Ratten tanzt. Der Professor selbst ist ein glänzendes, geschliffenes Londoner Urgestein mit unklarem Fachgebiet – vielleicht Politologie oder Sozialpolitik oder eine Spielart der Wirtschaftslehre. »Versuchen Sie nicht, mich in eine Schublade zu stecken«, sagte er mir bei unserer ersten Begegnung. »Die Welt ist meine Auster.«

Es beginnt ganz harmlos.

»Nun«, sagt der Professor, während er mir ein Glas Sherry reicht, »wie waren Mammut and Chips?«

Der Shakespeareaner und der Physiologie wurden schon vorab ins Bild gesetzt und beugen sich in Erwartung meiner Antwort vor.

»Kein Vergleich zu dem, was uns heute Abend erwartet«, entgegne ich, um zu demonstrieren, dass auch ich bei Banalitäten mithalten kann.

»Tja, das ist der Fortschritt«, lacht der Professor. »Dabei haben Sie mir erzählt, die Höhlenmenschen hätten in der besten aller Welten gelebt.«

So leicht lasse ich mich nicht aufs Glatteis führen. Ich weiß, dass man von mir eine Gegenleistung für diese Einladung erwartet, aber ich muss erst warm werden.

»So etwas wie das hier hatten sie nicht an der Wand«, erwidere ich und deute auf eine Landschaftsmalerei aus dem späten 18. Jahrhundert, die einen Wasserfall, Lauben im Grünen und einen ruhenden jungen Schafhirten zeigt.

»Zum Glück«, meint der Shakespeareaner. »Dieser romantische Quatsch. Da ist mir Lascaux allemal lieber.« An dieser Stelle ertönt gnädigerweise der Gong für das Dinner, und wir marschieren die Treppe hinauf, vorbei an weiterem romantischem Quatsch, in den von Kerzen erleuchteten Saal. Dort stehen, hungrig nach des Tages Müh' und ihren Stellenbewerbungen als Hedgefonds-Manager, die Studenten und warten auf uns, wie Krähen in ihren schwarzen Talaren, doch mit teuren Haarschnitten.

Ein Universitätsstipendiat in einer noch längeren Robe spricht das lateinische Tischgebet, dankt dem Donnergott der Hebräer, seiner späteren Inkarnation in Gestalt eines anarchosyndikalistischen Dreadlockträgers und den Wohltätern des Colleges (darunter etliche Sklavenhändler) für die reichen Gaben, die gleich von den Kellnern aufgetragen werden. Dann setzen wir uns.

»Sie wirken etwas abwesend«, spricht mich der Shakespeareaner an.

»Das bin ich auch«, antworte ich. »Ich denke darüber nach, was Sie über das Bild gesagt haben.«

»Das war nur so dahingeredet«, meint er. »Lassen Sie sich davon nicht den Wein vermiesen.«

Ob nur dahingeredet oder nicht, man kann über so einen Kommentar nicht einfach hinweggehen. Es steckt zu viel dahinter. »Was stimmt denn nicht mit dem Bild?«, frage ich.

»Es ist so langweilig«, seufzt der Shakespeareaner. »In dem Bild passiert nichts. Der einzige Mensch darauf schläft.«

Da haben wir es: Das ist seit dem Neolithikum die Grundeinstellung des Menschen gegenüber der nicht-menschlichen Welt, wie sie uns sowohl in der bildenden Kunst als auch in der Literatur begegnet. Zwar gab und gibt es Ausnahmen, doch im Allgemeinen wird die Natur als Bühne angesehen, auf der sich menschliche Dramen (also die einzig *wirklich* relevanten Dramen) abspielen – als Hintergrund für das Tun und Treiben der Menschen. Die Natur an sich ist nur selten von Belang. Zuweilen dient sie als Wohnort von Göttern, die besänftigt werden müssen. Zuweilen ist sie in Form von Flutwellen, Blitzen, Erdbeben, prophezeienden Vögeln oder Vogeleingeweiden oder einem riesigen, Propheten verschlingenden Fisch das Mittel, mit dem die Götter oder ein geisterhaftes Schicksal auf die Menschen einwirken; aber selbst in diesem Fall kommt es letztlich nur auf die Konsequenzen für die Menschen an, oder wie diese Konsequenzen vermieden werden können.

Für gewöhnlich wird die Natur schlicht ignoriert. Es gibt wenig Landschaftsbeschreibungen oder Vogelbeobachtungen bei Homer. Das Naturverständnis der alten Griechen gehorcht eher ihrer Vorliebe für Ordnung und Systematik als ihrer Begeisterung für Blumen und Frösche – vom jungpaläolithischen Gefühl, eins mit ihnen zu sein, ganz zu schweigen.

Aristoteles ist natürlich ein scharfsinniger und gewissenhafter Naturkundler,[189] doch auch wenn es ungerecht sein mag, ihn nur nach seinen Lehrschriften zu beurteilen (etwas anderes haben wir nicht), scheint sein Anliegen doch ein sehr anthropozentrisches zu sein: Lernt über die freie Natur, so scheint er uns zu drängen, denn das gehört zum philosophischen Lehrplan, und ihr braucht Vögel und Bienen in eurem Lebenslauf, sonst werdet ihr keine qualifizierten Eudämonisten. Ihm haben wir auch den Beginn der *systematischen* Abwertung der nicht-menschlichen Welt zu verdanken, denn er ermittelte drei Arten von Seele, die streng hierarchisch angeordnet sind.[190] Pflanzen besitzen eine »vegetative« Seele, Tiere eine vegetative und dazu eine »sensitive« Seele, und der Mensch besitzt neben der vegetativen und der sensitiven Seele auch eine »intellektuelle« Seele. Auf ihre jeweiligen Eigenschaften braucht hier nicht näher eingegangen zu werden; es genügt festzustellen, dass dieses System eine Hierarchie des Seins verkörpert, die dem Denken der Jäger und Sammler größtenteils fremd war; sie implizierte die Unterwerfung von Tieren und Pflanzen im Neolithikum, fand sich kodifiziert in der Aufforderung in der Genesis, sich die Erde untertan zu machen (ungemildert durch den Umstand, dass diese Unterwerfung in der Genesis eigentlich gebietet, eine oftmals erdrückende Last der *Verantwortung* auf sich zu nehmen), und endet bei Steve dem Pädo und einem Big Mac mit Pommes.

Aristoteles' Versuch einer wissenschaftlichen Zoologie blieb jedenfalls ein Strohfeuer. Soweit wir wissen, hat die nächsten 1500 Jahre niemand an sein Werk angeknüpft. Ab Herodot haben wir Bestiarien mit fantastischen Wesen, die als Vehikel für moralische Belehrungen oder einfach nur für unterhaltsame Geschichten dienen.

Erstaunlicherweise schienen sich die Römer mehr für die Natur an sich zu interessieren. Lukrez und Plinius der Ältere wären eine Bereicherung für jede moderne naturhistorische Gesellschaft,[191] und man vergleiche nur einmal Vergils opulente Landschaftsdarstellungen in der *Äneis* mit Homers scheinbarer Blindheit gegenüber allem, was nicht mit der strategischen Bedeutung einer Landschaft zu tun hat.[192] Danach müssen wir allerdings bis zur Mitte des 17. Jahrhunderts warten, um wieder echte Naturbewunderung vorzufinden. Die Renaissance und das Mittelalter behielten sich ihre Wertschätzung für das »kultivierte, produktive Land« vor, »für Weiden, Getreidefelder, Gärten, Fruchthaine und Teiche; die Natur in der Wildnis zählte nicht. Man hatte nur Verachtung für die ungezähmte Natur übrig«, die das westliche Christentum mit »dummem und unvernünftigem Getier« assoziierte.[193]

Animalische Leidenschaften waren der Feind wahrer Frömmigkeit. Diese galt es zu bekämpfen, und viele folgerten daraus, dass auch die Natur bekämpft werden müsse.

Der englische Kleriker und Gelehrte Thomas Burnet fasste 1681 die allgemeine Meinung zusammen und gab die Richtung für den Disput mit den Romantikern vor, der dann im 18. Jahrhundert ausgetragen wurde. Naturlandschaften waren gefährlich und verwerflich: Ihre Zerklüftetheit zeigte Gottes Unzufriedenheit mit der verkommenen Welt, die »viel von Gottes ursprünglicher Vollkommenheit, ihrer Gleichmäßigkeit und Symmetrie, verloren hat«.[194] Jedenfalls hatten gute (westliche) Christen Besseres zu tun, als Vögel zu beobachten. Ihre wahre Heimat war nicht hier; ihre Bestimmung war der Himmel, daher sollten sie sich besser darauf konzentrieren, wie sie dorthin gelangen konnten. Und wieder begegnen uns die geraden Linien: Ein schmaler, direkter Weg führt zum Seelenheil; gewundene Wege, wie sie sich Flüsse oder Dachse bahnen, enden im Untergang. Das Verwickelte und Verworrene ist des Teufels, denn es verleitet die Unachtsamen. Der Teufel selbst »geht umher wie ein brüllender Löwe und sucht, wen er verschlinge«;[195] in den Wäldern wimmelt es von Wölfen und sexueller Versuchung; die kosmische Zeit bewegt sich in einer geraden Linie von der Schöpfung über Golgota zur Apokalypse; und das Leben der Menschen bewegt sich von der Geburt zum Tod und (wenn wir uns von den Wäldern ferngehalten haben) zur Erlösung. Die körperfeindlichen Augustiner, die die Doktrin von der Erbsünde verbreiteten, lehrten, dass durch den natürlichen Geburtsvorgang Sünde in die Welt kam, und die westliche Kirche übernahm diesen Glauben. Als die Reformation das Innenleben des Individuums als höchstes Gut propagierte – und damit die Wildnis von Wald, Moor und Heide für belanglos erklärte –, hatte die Natur ihren Kampf um das Herz des Westens endgültig verloren.

Die Romantik beteuerte ihre Liebe zur Natur in blumigen Oden und Sonetten, doch diese Liebe war oft Onanie. Im späten achtzehnten und frühen 19. Jahrhundert gab es einen schwunghaften Handel mit getönten Taschengläsern, durch die wackere Wanderer (die ihr eigenes städtisches Mikroklima unter Sonnenschirmen oder dicker Wollkleidung dabeihatten) die Berge betrachten konnten. Oder sie kehrten den Bergen den Rücken zu und bewunderten stattdessen sich selbst in einem Claude-Glas – einem getönten und gewölbten Spiegel, der die Landschaft in einen hübschen Rahmen setzte, so wie man sie sich als Bild zu Hause in den Salon hängen würde.[196] Diesen Leuten ging es nicht um die Landschaft an sich, sondern es verlangte sie nach dem Gefühl, das ihnen die Landschaft vermitteln sollte. Sie vertrugen nur einen geordneten, gepflegten und regulierten Pastiche. Die Wölfe der Romantik hatte man zu einem großen Teil kastriert.

Allerdings war die Verleugnung der Natur nicht nur ein religiöses Mem. In seinem *Essay Concerning Human Understanding* (dt.: *Versuch über den menschlichen Verstand*) von 1690 drängt John Locke seine Leser, »sämtliche Bereiche der Naturwelt, die keine Beziehung zum gesellschaftlichen und ethischen Verhalten des Menschen haben«, außer Acht zu lassen. Und 1775 ergoss Samuel Johnson, der es eigentlich besser hätte wissen müssen, seinen legendären Zorn über jene, die in lyrischem Ton von der Naturlandschaft Frankreichs schwärmten. Was sei das für ein Unsinn, sagte er: »Ein Grashalm ist immer ein Grashalm, ob in dem einen Land oder in einem anderen.«[197] Niemand, der je zwei Grashalme *wirklich* gesehen hat, würde so etwas Dummes sagen.[198]

Man kann darüber streiten, wer der erste echte Landschaftsmaler war[199] und ob sich die Situation außerhalb Europas anders dargestellt hat,[200] aber die generelle Haltung in der bildenden Kunst Europas ist klar: Vom Neolithikum bis zur europäischen Romantik (und meist noch darüber hinaus) war die Natur, wenn nicht direkt böse, so doch reine Dekoration für die große Bühne der Menschheit.

Allerdings gibt es auch bedeutsame abweichende Stimmen. Sie stammen nicht von dem einen oder anderen sanftmütigen Naturkundler, sondern von einigen der großen Weltregionen. Zu diesen zähle ich auch das Schamanentum – nicht nur das Schamanentum der Jäger und Sammler, sondern auch das der weisen Frauen mit ihren Katzen und ihren Zaubertränken, wie man sie zu allen Zeiten an den Rändern der meisten menschlichen Gemeinschaften fand (und besonders häufig auf Scheiterhaufen und auf dem Grund von Teichen). Noch bis in die jüngste Zeit hinein machten Jäger und Sammler einen statistisch bedeutenden Teil der Weltbevölkerung aus, und der Einfluss ihres Erzfeindes, des Nationalstaats, wurde überbewertet. James C. Scott schätzt, dass bis etwa 1600 v. u. Z. ein Großteil der Weltbevölkerung noch nie einen regelmäßig auftauchenden Steuereinnehmer gesehen hatte oder sich fiskalisch unsichtbar machen konnte.[201] Die Jäger und Sammler wussten, dass sie Teil der Natur waren; ihre ganze Geistesart war von diesem Wissen geprägt, davon abhängig und ihm unterworfen. Für sie stand außer Frage, dass alle Dinge genauso beseelt waren wie sie, dass alles sprach, zuhörte, sich nach Aufmerksamkeit und Zuneigung sehnte und diese auch erwiderte; dass alles seine eigene Geschichte hatte und einem Netzwerk angehörte, das es mit allem anderen verband.

Dasselbe wussten auch viele Menschen in den etablierten Religionen – wenngleich sie sich, wieder einmal, mitunter eher in deren Randzonen aufhielten. Für den Hinduismus und den Buddhismus waren Grenzen zwischen Lebewesen von jeher illusorisch, und als sich der Buddhismus in Tibet ausbreitete (einer klassischen Randzone), übernahm er den alten Animismus und gliederte ihn in seine Religion ein. Im abrahamitischen Monotheismus hatte es die Natur schwerer, aber sie fand auch dort ihren Platz, wann immer ernsthaft der Gedanke reflektiert wurde, dass die Schöpfung den Stempel des Schöpfers trägt.

Der Judaismus war und ist in dieser Hinsicht am schwierigsten. Hier wird jede Grauzone zwischen Schöpfer und Schöpfung ängstlich vermieden, und die Einhaltung von Grenzen ist stets ein zentrales Anliegen. Diese Grenzen, so behauptet der Judaismus, wurden in der Schöpfung vorgegeben. Wir haben sie bereits kennengelernt: Nacht/Tag, Landlebewesen/Meereslebewesen, rein/unrein und so weiter. Es war auch nicht hilfreich, dass der rabbinische Judaismus im Grunde eine städtische Institution war – wenngleich sich viele der großen jüdischen Feste am bäuerlichen Jahreszyklus orientieren und die Juden an Sukkot angehalten sind, in Laubhütten zu wohnen, durch deren Dächer sie die Sterne sehen können, und sich an ihren nomadischen Ursprung zu erinnern. Israels großer Bruch mit seiner talmudischen Vergangenheit vollzog sich teilweise dadurch, dass eine neue Art von Juden auf den Plan trat, die mehr im Freien lebte: Menschen, die Orangenhaine bewirtschafteten und durch die Wüste zogen und kämpften. Doch für viele Juden im Rest der Welt blieb alles beim Alten. Der britische jüdische Schriftsteller Howard Jacobson merkte über einen jüdischen Protagonisten in einem seiner Romane an: »Für den höchst unwahrscheinlichen Fall, dass ihn jemand bäte, die unjüdischste Sache zu benennen, die ihm einfiele, hätte [er] Schwierigkeiten, sich zwischen Natur […] und Fußball zu entscheiden.«[202]

Im Judaismus blieb Naturmystik den Kabbalisten überlassen (so wie im Islam den Sufis) und nahm durch sie eine klassische östliche Prägung an: die Auflösung der Grenzen des Ichs und die ekstatische Vereinigung mit dem anderen – welches die nichtmenschliche Welt einschloss. Die Kabbalisten badeten im Anderssein, bis ihre eigenen Grenzen vermodert waren.

Beim Christentum lagen und liegen die Dinge anders. Zwischen Ost und West tut sich eine erhebliche Kluft auf. Der Westen ist, wie schon gesagt, der Natur gegenüber feindselig eingestellt – eine Folge der allzu starken Betonung der Transzendenz Gottes und des Lebens nach dem Tod im Verhältnis zum diesseitigen Leben, und der systematischen Verachtung des Materiellen. Oft drückt sich dies in einer Abscheu gegen Sexualität (einem animalischen Trieb) aus sowie im Unvermögen, sich der Worte des heiligen Paulus zu entsinnen, der von der Erlösung der ganzen Schöpfung – nicht nur der Menschen – gesprochen hatte.[203]

Die Ostkirche glaubt trotz ihrer asketischen Machtzentren in der Wüste und ihrer Vorliebe für das Mönchstum, dass das Materielle durchaus zählt, und hat sich auch nie gescheut, die Immanenz Gottes neben dessen Transzendenz zu stellen. Für die Orthodoxen durchdringt Gott das Laubblatt ebenso wie das Hermelin. Im griechisch-orthodoxen morgendlichen Stundengebet wird der Heilige Geist als »Lebensspender« sowie als »Allgegenwärtige[r] und alles Erfüllende[r]« angerufen. Wenn »alles« vom göttlichen Geist erfüllt ist, schließt dies auch Möwen, Wale und Pilze ein. Und »allgegenwärtig« heißt, auch im Moorland, in Regenwäldern, in subatomaren Teilchen und Mitochondrien. Die Druiden hatten ihre heiligen Haine, doch die Orthodoxie kennt keine unheiligen Haine. Für die Orthodoxen ist es wenig überraschend, dass Salomon die Sprache der Vögel beherrscht, sie glauben, dass der heilige Franziskus mehr orthodox als katholisch war, und fühlen sich den keltischen Heiligen verbunden, die bis zum Hals in eiskaltem Wasser stehend beteten, und zwar nicht um der Buße willen, sondern um sich eins mit dem Wasser zu fühlen, und die dann, als sie aus dem Meer stiegen, von Ottern umschwärmt und getrocknet und gewärmt wurden. Meditierst du lang genug über Transzendenz, so sagt Konstantinopel, wird Transzendenz auch zu Immanenz. Und umgekehrt.

Und das war mehr oder weniger das, was ich während der Suppe sagte.

Der Shakespeareaner pflichtet meinem historischen Abriss weitgehend bei und weist darauf hin, dass Shakespeare mit seinem offenkundig engen Verhältnis zum unbestellten Land seiner Zeit weit voraus gewesen sei, wie ja auch in jeder anderen Hinsicht. Der Professor hingegen bemerkt säuerlich, ich hätte ihm Bescheid sagen sollen, wenn ich eine ganze Schar von Strohmännern zum Essen mitbringen wollte, dann hätte er dem Butler gesagt, er solle mit den Kerzen vorsichtig sein. Der Physiologe wiederum schaut unbehaglich drein und spielt mit seinem Brötchen.

»Da haben Sie über dieses eine schlechte Bild ja eine ganze Menge zu sagen gehabt«, fährt der Professor fort. »Aber was hat das mit Ihrem Projekt zu tun? Ich dachte, Sie wollten herausfinden, wie man sich als steinzeitlicher Jäger und Sammler und als neolithischer Siedler fühlt. Wozu dann all dieses theologische Gedöns?«

Die Frage ist berechtigt. Ich möchte wissen, antworte ich, was für eine Art von Wesen ich bin und was ich also zu meinem Wohlergehen brauche. Das setzt die Erforschung meiner Ursprünge voraus – die, Professor, ja auch Ihre Ursprünge sind. Und wie ich herausgefunden habe, ist die Art von Wesen, die Sie und ich sind, ein Teil der Welt der Natur, und das ist nicht nur eine Frage der genetischen Abstammung, sondern eine dauerhafte, definierende und alltägliche Tatsache – egal, wie edel unser Wein ist und wie silbenreich unsere Wörter sein mögen.

Daraufhin trommelt sich der Professor auf die Brust und kratzt sich theatralisch unter den Achseln.

Ich wende mich dem stillen Physiologen zu, der ein Stück Butter auf seinem Teller hin- und herschiebt.

»Das ist nichts anderes als das, was uns schon Darwin gesagt hat, nicht wahr? Unsere Cousins sind Amöben, was ich schmeichelhaft und aufregend finde. Das ist doch alles abgedroschenes Zeug.«

»Ganz recht«, mischt sich der Professor ein. »Es ist wirklich abgedroschenes Zeug, also warum so viel Wirbel darum machen? Wir sind Tiere. Unsere Haupttriebe sind darauf ausgerichtet, unser Überleben zu sichern und uns so fett zu machen, wie wir als jagende und sammelnde Affen werden können. Jeder dieser angehenden Akademiker« – dabei nickt er in Richtung der Studenten – »könnte Ihnen das sagen. Wenn sie irgendwann in der freien Wirtschaft Karriere machen, was betrüblicherweise die meisten von ihnen tun werden, finden sie sich in einer Horde aggressiver Affenmännchen wieder, von denen etliche weiblich sind und die nichts anderes im Sinn haben, als ihr Territorium abzustecken, metaphorisch Nahrung zu beschaffen und metaphorisch und konkret die Sau rauszulassen. Was ist also so sensationell an dem, was Sie uns erzählen? Warum machen Sie sich die Mühe und schleppen sich und Ihre armen Kinder in Höhlen?«

»Weil ich Büchern nicht traue«, erwidere ich. »Außerdem erlangt man eine ganz andere Art von Wissen, wenn man etwas selbst tut und spürt.«

Das Wildbret wird aufgetragen, was mir einen Aufschub gewährt, aber kein Entrinnen.

»Sie haben uns noch nicht erzählt, warum Sie uns mit all diesem übernatürlichen Kram behelligen«, ruft mir der Professor unbarmherzig in Erinnerung, nachdem die Bratensoße herumgereicht worden ist.

»Ich habe doch gar nichts Übernatürliches erwähnt«, höre ich mich antworten. »Die Erlebnisse, die *Sie* übernatürlich zu nennen pflegen, sind durch und durch natürlich. Wir begegnen ihnen schon ganz am Anfang unserer Geschichte als verhaltensmoderne Menschen, und sofern wir uns die Mühe machen, darauf zu achten, ebenso in jedem Moment unseres gegenwärtigen Alltags. Wenn sie uns nicht eigentlich zu Menschen gemacht haben, haben sie zumindest eine wichtige Rolle bei der Bestimmung dessen gespielt, was für eine Art von Tier wir sind.«

»Moment, Moment«, wirft der Shakespeareaner mit vollem Mund ein. »Von was für natürlich-übernatürlichem Zeug reden wir denn hier?«

Ich seufze und zähle auf: die telepathische Übertragung von Gedanken, aber auch Gefühlen, und manches, was wir als Hellsehen bezeichnen; außerkörperliche und Nahtoderfahrungen; die Wahrnehmung von denkendem Bewusstsein bei Nichtmenschen und die Möglichkeit, mit diesem Bewusstsein in Verbindung zu treten; Überschreitungen dessen, was wir im herkömmlichen Sinn als Gesetze von Zeit und anderen Dimensionen betrachten, darunter Präkognition und die visuelle Wahrnehmung von normalerweise unsichtbaren Raumdimensionen; das Fortbestehen von Individualität (was auch immer das sein mag) nach dem physischen Tod …

Weiter komme ich nicht.

Der Professor starrt mich entgeistert an. Gnädigerweise kommt gerade der Kellner wieder vorbei, diesmal um uns Bordeaux nachzuschenken.

Der Professor ringt um Worte. Nachdem er sich mit Wein gestärkt hat, stottert er, er wisse gar nicht, wo er anfangen solle. Der Shakespeareaner lehnt sich zurück und mustert mich mit stillem Amüsement. Und der Physiologe tranchiert unterdessen das Wild mit außerordentlicher Geschicklichkeit und hingebungsvoll bis ins Detail.

Der Professor genehmigt sich noch einen Schluck, tupft sich die Lippen mit der Serviette ab und beugt sich vertraulich vor.

»*Eigentlich* dachte ich«, sagt er, »es wäre ein Unternehmen in Sachen *Aufklärung* gewesen. Ein seriöser Versuch mit einer seriösen Zielsetzung. Ich habe ja nichts gegen Spaß und Spiel, aber mal *ehrlich* ...«

Da schaltet sich der weltmännische Shakespeareaner ein. »Ich würde sehr gerne hören, warum Sie glauben, dass solche Erfahrungen – die für unsere plüschbärigen Vorfahren« – ein Ausdruck, von dem er sehr angetan ist – »zweifellos sehr prägend waren – auch nur irgendwie *real* sein sollen.«

»Ganz einfach: weil ich selbst viele davon gemacht habe«, verkünde ich mit all der Eleganz, die ich nur aufbieten kann.

»Wirklich? Erzählen Sie!«, sagt der Shakespeareaner, während er den Kellner herbeiwinkt, damit er mir mit Wein beisteht.

Also erzähle ich. Warum, weiß ich selbst nicht so genau. Aber wenn einen jemand zum Essen einlädt, hat er einen nun mal in der Hand.

Und so kommt beim Rhabarber-Crumble alles auf den Tisch: Fuchsgeister; wie ich im Krankenhaus auf meinen eigenen kahlen Kopf hinabschaute; wie sich das batterielose Radio meines verstorbenen Vaters einschaltete (und als Dreingabe der musikalische Segen, den Michael Shermers Braut an ihrem Hochzeitstag von ihrem toten Großvater über ein kaputtes Radio erhielt); der Teerseifengeruch, der mich überall auf dem Land verfolgte; wie ich im Körper einer Krähe über das Moorland von Derbyshire flog; wie mich zwei Höhlenmenschen beim Binden einer Krawatte beobachteten; wie ein Berg murrte und grollte und plötzlich eine Nebelwand auftauchte.

Als wir dann zum Combination Room zurückgehen und ohnehin nichts mehr zu retten ist, erzähle ich außerdem von ein paar Dingen, die die meisten von uns in ihrem Erbgut haben: das Gespür, dass einen jemand von hinten ansieht; Hunde, die wissen, wann ihr Herrchen nach Hause kommt, selbst wenn das Herrchen Hunderte von Kilometern entfernt ist und sich erst in letzter Minute umentschieden hat; Déjà-vu-Erlebnisse; telefonische Telepathie; das Gefühl, dass die *wahre* Bedeutung der Welt greifbar nah ist und sich dennoch nicht fassen lässt; dass Plato so viel mehr verstanden hatte als Aristoteles; Liebe; Intuition; die unerklärlichen Empfindungen bei Geselligkeit. Fürs Erste sollte das doch reichen, nicht wahr?

»Nun«, meint der Professor, als er im Senior Combination Room (in dem nun erst recht nichts mehr kombiniert wird) in einem Sessel neben dem Kaminfeuer sitzt und mich durch sein Portweinglas hindurch ansieht, als wüsste er nicht, ob er belustigt oder besorgt sein sollte, »da hatten Sie ja bestimmt eine Menge Spaß. Aber ich hoffe, es stört Sie nicht, wenn ich Sie frage« – ich wusste schon jetzt, dass es mich stören würde –, »wie Sie es rechtfertigen können, überhaupt noch an dieser Universität zu sein? Was Sie soeben geschildert haben und was Sie ja anscheinend auch selbst glauben, widerspricht in jeder – *in jeder!* – Hinsicht dem wissenschaftlichen Geist dieses Hauses. Ich hoffe bei Gott, dass Sie nicht versuchen, irgendwelche Studenten mit Ihren Märchen aus dem finsteren Mittelalter zu infizieren.«

»Immer mit der Ruhe«, greift der Shakespeareaner ein. »Es gibt mehr Dinge zwischen Himmel und Erde ... Sie wissen schon. Ganz zu schweigen von der Meinungsfreiheit.«

»Verschonen Sie mich damit«, poltert der Portwein, der vom Körper des Professors Besitz ergriffen hat. »Manches *kann* einfach nicht wahr sein. Wenn mir jemand erzählt, dass er mich irgendwohin bringen kann, wo die Dezimalzahlen zwei plus zwei fünf ergeben, gehe ich dann mit und schaue mir das an? O nein. Ich würde diesem Kerl sagen, na ja ... ich weiß nicht, was ich ihm sagen würde.« Schwer atmend versinkt der Professor in Schweigen.

Der Shakespeareaner verabschiedet sich. »Es war ein sehr erhellender Abend«, sagt er, während er mir die Hand schüttelt. Jetzt kann auch ich gehen. Ich wünsche dem Physiologen, der den ganzen Abend kaum ein Wort gesagt hat, eine gute Nacht und danke dem Professor für seine Gastfreundschaft. »Gern geschehen«, grunzt er, ohne mich anzusehen oder aufzustehen. »Ich denke, Sie finden allein hinaus.«

Draußen regnet es. Als ich mein Fahrrad aufgesperrt habe und gerade losfahren will, läuft mir der Physiologe mit wehendem Talar entgegen.

»Haben Sie noch einen Moment?«, keucht er. »Ich würde Ihnen gern noch etwas sagen.«

»Natürlich«, antworte ich und steige vom Rad. Er wirkt verlegen. Während er auf seine Schuhspitzen hinunterschaut wie vorhin auf seinen Teller, sprudelt es aus ihm heraus.

»Es geht nur um Folgendes. Sie haben vorhin etwas gesagt, da hat es bei mir geklingelt. Als ich mal vor etwa fünf Jahren zu Hause saß, bekam ich wie aus heiterem Himmel starke Schmerzen in der Brust. So etwas hatte ich davor noch nie und auch nie danach. Nach ungefähr fünf Minuten ging es vorbei, aber etwa zehn Minuten darauf klingelte das Telefon. Meine Schwester war dran und teilte mir mit, dass meine Mutter bei meiner Schwester zu Hause zusammengebrochen und gestorben war. Sie vermutete einen Herzinfarkt, was sich danach auch bestätigte. Dabei hatte meine Mutter nie Probleme mit dem Herz oder Ähnlichem gehabt. Sie war bei bester Gesundheit. In der Woche davor hatte ich zuletzt mit ihr gesprochen, da hatte sie mir ganz aufgeregt von ihrer geplanten Reise nach Paris erzählt.«

Ich weiß nicht, was ich sagen soll, also bekunde ich mein Beileid.

»Ich hätte das vorhin zur Sprache bringen sollen«, meint er. »Es tut mir leid, dass ich es nicht getan habe.«

Ich erwidere, dass ich ihm keinerlei Vorwurf mache, und frage ihn, ob sich durch das Ereignis etwas für ihn oder für seine Arbeit geändert hat.

»Ehrlich gesagt, eigentlich nicht«, antwortet er. »Man verdrängt solche Dinge eben, nicht wahr? Und es ist ja nicht so, dass sich dadurch irgendetwas ändern würde. Ich forsche die ganze Zeit an Gehirnen. Ich beobachte, wie sich das Verhalten ändert, wenn ich die Struktur oder die Funktion eines Gehirns verändere. Und ich weiß, dass das, was wir unter Geist und Verstand verstehen, letztlich nur das Gehirn ist.«

Jetzt ist nicht die Zeit zum Streiten. Wir sind klatschnass, und er hat mir erzählt, was er erzählen wollte. Also bedanke ich mich für seine Geschichte und radle nach Hause, wo X und sein Sohn darauf brennen zu erfahren, ob ich meinen Versuch der Selbststrangulation überlebt habe.

Abende wie diesen habe ich so satt. Ich kenne sie zur Genüge. Der Professor hatte recht mit seiner Mahnung: Bei solchen Abenden wird oft nur von allen Seiten auf Strohmänner gefeuert, und Strohmänner sind weit weniger interessant als echte Leute. Ich hasse den schrillen Fundamentalismus in mir, der sich durch den schrillen Fundamentalismus des Professors hervorlocken ließ: die Bockigkeit des einen und die des anderen, die öden Grabenkämpfe und der ermüdende Verschleiß, die Klischees und vor allem die falsche Darstellung der Aufklärung durch ihre Befürworter.

In diesem Buch habe ich einen großen Sprung vom Neolithikum zur Aufklärung gemacht (und oft auf unhistorische Weise Aufklärung, Renaissance, die naturwissenschaftliche und die industrielle Revolution und die Geburt und den Siegeszug des modernen Szientismus miteinander vermischt)[204] und dabei auch einiges außen vor gelassen: die Staatenbildung; die außergewöhnliche Zeit um das 5. Jahrhundert v. u. Z., in der die klassische griechische Philosophie entstand; den fruchtbaren Judaismus in der Ära des zweiten Tempels; Hinduismus, Buddhismus, Jainismus, Konfuzianismus, Zoroastrismus und die Großreiche Ägypten, Mesopotamien und China; Rom; den Beginn des Christentums im 1. Jahrhundert n. u. Z. und des Islam im 7. Jahrhundert; das frühe und das spätere Mittelalter, das gar nicht immer finster war und dessen abwertender Name verrät, dass *wir* uns für den Scheitelpunkt der Geschichte halten.

Diese Sprünge habe ich gemacht, weil ich dem Gedanken nachgehen will, dass wir Menschen durch unsere Beziehung zur

Mehr-als-menschlichen-Welt definiert werden. In den rund 6000 Jahren zwischen dem Ende des Neolithikums und dem 16. Jahrhundert[205] haben sich viele andere Beziehungen verändert, aber diese eine hat, obwohl sie weiterentwickelt, modifiziert, diskutiert, ignoriert und missbraucht wurde, keinen *allzu* großen Wandel durchlaufen. Es gab zwei parallel existierende Welten: Die Jäger und Sammler jagten und sammelten und sahen sich als Teil der Natur, sie sprachen mit ihr und hörten ihr zu. Die übrige Welt betrieb Landwirtschaft, sie betrachtete sich in gewisser Weise und in unterschiedlichem Grad als außerhalb der Natur stehend, gehorchte jedenfalls anderen Regeln als die, die mit den Vögeln sprachen, war der Natur aber dennoch auf Gedeih und Verderb ausgeliefert; wenn man sie nicht beherrschen konnte, musste man sich ihr beugen und sie milde stimmen – oder, mit zunehmender Häufigkeit, ihren transzendenten Beherrschern. Eine Zwiesprache mit der nicht-menschlichen Welt fand seltener statt: Ein Bauer konnte seinem Hund einen Befehl zubrüllen oder seine Kuh verfluchen, jedoch erwartete er umgekehrt nichts als Gehorsam.

Entscheidend war, dass man die Welt als Organismus sah, der auf die eine oder andere Weise personifiziert war: als eine Entität wie Gaia; als eine lebendige Ansammlung von Entitäten; oder als Ort, der von Persönlichkeit durchdrungen war, weil ihn ein göttliches Wesen erschaffen hatte. Die Welt war mit Seelen behaftet. Der lateinische Ausdruck *animal* für »Tier« bezeugt das intuitive Wissen der Menschen, dass jedes Tier im Kern *anima* besitzt: eine Seele. Die Schöpfung war »animiert« im Sinne von »beseelt«.

Und dann begann mit der naturwissenschaftlichen Revolution im 16. und 17. Jahrhundert ein großer Exorzismus. Der nicht-menschlichen Welt wurden die Seelen ausgetrieben, sodass die Menschen (fürs Erste, und weil die Kirche darauf bestand) als einzige Geschöpfe mit Seele übrig blieben.

Der Anfang dieses Exorzismus war wieder einmal eine Übung in Sachen Grenzziehung. Und sie fand unter Federführung von Descartes statt. Er unterteilte die Realität in zwei nicht miteinander kommunizierende Bereiche: das Materielle und das Geistige. Zunächst kam das alles wohl ganz harmlos daher, in Form pedantischer Traktate über philosophische Taxonomie. Doch das Ergebnis war verheerend. Geist oder Seele – oder wie immer man es nennen will – war der nicht-menschlichen Materie plötzlich abhandengekommen. Dieses Fehlen kann man in einen direkten Zusammenhang mit den ökologischen Verbrechen in unserer Gegenwart stellen. Wer einen beseelten Hirsch tötet oder einen beseelten Baum fällt, braucht dafür eine gute moralische Rechtfertigung, was alle Jäger und Sammler wissen; hingegen ist es weniger einleuchtend, dass man sich wegen der Zerstörung einer bloßen Maschine grämen soll. Denn zu einer solchen wurde die Welt mit ihren nicht-menschlichen Bewohnern.

Natürlich war das nicht allein Descartes' Werk. C. S. Lewis, der sich hier ganz säkular gibt und allgemein über die Auswirkungen des neuen naturwissenschaftlichen (insbesondere mathematischen) Verständnisses des Universums schreibt, stellt fest: Das, was »uns die Natur in die Hände gegeben hat«, sei die Anwendung der Mathematik zwecks Aufstellung von Hypothesen sowie die »kontrollierte Beobachtung von Phänomenen, die präzise kontrolliert werden können«. Dies, schreibt er, würde tiefgreifende Folgen für unser Denken und Fühlen haben.

> Indem man die Natur auf ihre mathematischen Bestandteile reduzierte, tauschte man eine freundlich gesonnene oder animistische Konzeption des Universums gegen eine maschinelle ein. Die Welt wurde zuerst der ihr innewohnenden Geister entleert, dann ihrer okkulten Neigungen und Abneigungen und schließlich ihrer Farben, Gerüche und Geschmacksnuancen. (Zu Beginn seiner Laufbahn erklärte Kepler die Bewegungen der Planeten durch ihre *animae motrices* [bewegende Geister]; vor seinem Tod erklärte er sie durch Mechanik.)[206]

Die unmittelbare Folge daraus war ein Dualismus, kein Materialismus; aber der Dualismus erwies sich als Geburtshelfer des

Materialismus. Mehr und mehr wurde alles Nicht-Materielle ignoriert und daher auch als jeglicher seriösen wissenschaftlichen Untersuchung unwert betrachtet. Am Ende verstieg man sich sogar zu der Behauptung, dass *gar nichts anderes als Materie existiert*. Der Materialismus war von jeher weniger eine positive Lehre als eine defizitäre Missachtung anderer Kategorien. Er war und ist der Ausdruck eines vorsätzlichen Wegsehens und hat sich zu einer kanonischen Doktrin verfestigt, der zu widersprechen gefährlich ist: Fragen Sie nur mal den armen Physiologen.

Der Professor hatte seinen Mitgliedsausweis vom Aufklärungsclub gezückt und eine freimaurerhafte Verbrüderung erwartet. Als er das von mir nicht bekam, war er beleidigt. In seinen Augen hatte ich mir in betrügerischer Absicht Zugang zum Dinner erschlichen. Außerdem machte er sich Sorgen. Was würde aus dieser Universität werden, wenn Leute wie ich in ihren heiligen Hallen zugange waren?

Was er unter Aufklärung verstand, war die Bewegung im 18. Jahrhundert, die ihren Höhepunkt mit der naturwissenschaftlichen Revolution erreichte. Steven Pinker, einer ihrer derzeit führenden Verfechter, schreibt, sie basiere auf vier Säulen. Die wichtigste Säule ist *die Vernunft*. Ein Denker der Aufklärung würde nicht »der Heraufbeschwörung von Trugbildern erliegen – sei es durch Glaube, Dogma, Offenbarung, Autorität, Charisma, Mystizismus, Weissagung, Visionen, Bauchgefühl oder die hermeneutische Analyse sakraler Texte«.[207] Daraus folgt allerdings nicht, dass er glaubt, das Handeln des Menschen sei vollkommen rational.

Dann gibt es *Wissenschaft* und *Humanismus*, die eine säkulare Grundlage für Moral liefern, wobei das individuelle menschliche Wohlergehen als Prüfstein für ethisches Verhalten dient. Und schließlich haben wir noch den intellektuellen und moralischen *Fortschritt*. Fortschritt ist nicht zwingend, würde ein gebildeter Denker der Aufklärung sagen, aber bei entsprechendem Engagement für Vernunft, Wissenschaft und Humanismus doch recht wahrscheinlich. Und, so sagen die Befürworter, es gab Fortschritte. In der Krone der Aufklärung glitzern großartige Juwelen (wir leben angeblich sicherer, glücklicher und friedlicher und sind reicher, gleicher und demokratischer). Zugegeben, manches hat sich tatsächlich im Lauf der Zeit verbessert, doch wie wir bereits festgestellt haben, ist Korrelation nicht dasselbe wie Kausalität.[208] Und ich misstraue einem historischen Ansatz, der offenbar zu dem Schluss gelangt, dass die industrielle Revolution etwas uneingeschränkt Positives ist, und dabei außer Acht lässt, dass das *imago dei* – die Vorstellung von der Gottesebenbildlichkeit des Menschen – eine radikal demokratische Idee ist.[209] Zweifellos bescherte uns die Wissenschaftsmethode und zeitweilig auch die allgemeine Geisteskultur der Aufklärung wunderbare Wohltaten. Aber ich will mich nicht heuchlerisch und undankbar nennen lassen, nur weil ich Dentalanästhesie befürworte und gleichzeitig die Frage stelle, ob die Ethik des Humanismus allen moralischen Ansprüchen bis ins Detail gerecht wird. Das kommt mir vor, als könnte ich die Malereien in der Sixtinischen Kapelle nur dann würdigen, wenn ich schwöre, an die Wandlung von Brot und Wein in Leib und Blut Christi zu glauben.

Mir ist auch nicht wohl dabei, in welcher Verpackung diese Prinzipien daherkommen. Sie ist zu hübsch, um historisch korrekt zu sein. Der wahre Soundtrack der Aufklärung war nicht die bedächtige Ankündigung eines Programms, sondern ein hitziges Wortgefecht, in dem die Mutmaßungen der früheren Jahrhunderte über den Haufen geworfen wurden.[210]

Und das hörte sich wirklich grandios an. »Wir müssen den Mut haben, alles auf den Prüfstand zu stellen, alles zu diskutieren und sogar alles zu lehren«, schrieb Condorcet, einer der Vordenker der Aufklärung.[211] »Habe Mut, dich deines eigenen Verstandes zu bedienen«, forderte Kant. »Die Maxime, jederzeit selbst zu denken, ist die Aufklärung.«[212] Und: »Unser Zeitalter ist das eigentliche Zeitalter der Kritik, der sich alles unterwerfen muss.«[213]

In so einem Zeitalter würde ich gerne leben. Doch das ist nicht das Zeitalter, das Steven Pinker rühmt, und auch nicht das des spöttischen Professors oder des verschüchterten Physiologen, der um seine Forschungsgelder und seine Hypothek bangt, wenn er die Wahrheit ausspricht. Ich höre keine Wortgefechte und spüre nicht die Wärme und Begeisterung gemeinsamen Forschens in den modernen Akademien der Aufklärung: Stattdessen klingt es dort nach Katechismus, und ich spüre, so wie beim Dinner des Professors, den Griff der Gedankenpolizei an meinem Hals und die Kälte des abgewürgten Widerspruchs. »Ein bedeutender Durchbruch der wissenschaftlichen Revolution«, so Steven Pinker, »– vielleicht sogar ihr bedeutendster – war die Widerlegung der Intuition, dass in jeder Ecke des Universums eine Absicht lauert.«[214] Wie kann er unter Anwendung wissenschaftlicher Methoden eine solche Intuition »widerlegen«? Seine Aussage gründet nicht auf Wissenschaft oder Vernunft, sondern ist ein nicht verhandelbarer religiöser Glaubenssatz.

1981 veröffentlichte der Biologe Rupert Sheldrake *A New Science of Life* [dt.: *Das schöpferische Universum*] und stellte darin die These von einem neuen Mechanismus auf, der verschiedene allgemein beobachtbare Phänomene erklärte und das vorherrschende Paradigma eines materialistischen Reduktionismus infrage stellte. Die Reaktion darauf war außerordentlich. Dieses Werk sei, so polterte Sir John Maddox, der damalige Herausgeber von *Nature*, ein »Traktat, das wütend macht« und »der beste Kandidat seit Jahren für eine Bücherverbrennung.«[215] Als Maddox später zu seinem Ausbruch interviewt wurde, zeigte er keinerlei Reue. Sheldrakes Werk habe ihn »gekränkt«, und man könne es »in genau der gleichen Sprache verdammen, wie der Papst Galilei verdammt hatte«, denn es sei »Ketzerei«.

Mein Anliegen ist hier nicht, Sheldrakes These zu verteidigen, sondern nur zu fragen: Was hat Maddox solche Angst eingeflößt und derart in Rage versetzt? Ich glaube, seine unverkennbar religiöse Sprache verdeutlicht es. Er sah sich als Gralshüter eines strenggläubigen religiösen Materialismus und befürchtete, Sheldrake könnte diesen Glauben unterwandern. Würde Maddox tatsächlich an die von der Aufklärung geforderte kompromisslose Skepsis glauben, die sich einzig und allein der Offenlegung von

Wahrheiten über die Natur verpflichtet fühlt, hätte er Sheldrake dann nicht eine Kolumne anbieten sollen, statt ihn in Bausch und Bogen zu verdammen? Aber sein Glaube war ein anderer, daher handelte er anders. Für die Taliban der Aufklärung ist Wissenschaft keine Methode, sondern eine Religion. Sie sind gläubige Menschen, und viele halten auch noch an ihrem Katechismus fest, wenn er sich längst als alberner Irrweg erwiesen hat. Konservatismus ist der einfache Weg für die Faulen.

Ein paranoider Fundamentalismus markiert das Endstadium jeder Bewegung. Wenn die Menschen aufhören, Argumente auszutauschen, und sich stattdessen wieder nur schrille Behauptungen an den Kopf werfen, sind die Zeichen nicht mehr zu übersehen. Bedienen wir uns einer Sprache wie Maddox, ist das Ende des aufgeklärten Materialismus nah. Die alten, tröstlichen Gewissheiten haben sich als Halbwahrheiten entpuppt. Zu einigen Beispielen dafür kommen wir gleich.

Für Leute wie den Professor ist das beängstigend. Für echte Wissenschaftler ist es spannend.[216]

Viele der Biologen, die ich kenne, tun mir leid. Als sie promovierten, sagte man ihnen, wenn sie an den im 18. und 19. Jahrhundert verlegten Seilen nach oben kletterten, wären sie Teil der Seilschaft, die triumphierend auf dem Gipfel des großen Radikaler-Reduktionismus-Berg stehen würde, von dem aus man einen ungehinderten Blick auf das ganze Universum habe. In der Natur, so versicherte man ihnen feierlich, gebe es keine Mysterien: Alles könnte und würde sich problemlos dem Aufklärungsparadigma des materiellen Reduktionismus unterordnen lassen.[217]

Man hat sie in die Irre geführt. Das Paradigma ächzt und wird brüchig. Dawkins ist eine Peinlichkeit. Der genetische Determinismus ist tot. Wir wissen, dass Gene in einem eifrigen Austausch mit der Umwelt stehen, und allein der Himmel weiß, wie weit man den Begriff »Umwelt« letztendlich wird fassen müssen. Lamarck – lange Zeit verpönt – ist zurückgekehrt, firmiert jetzt aber unter dem Namen »Epigenetik«.[218] Grundsätzlich besitzt die Genetik nicht annähernd die Macht, Ereignisse in der Weise zu erklären und vorherzusagen, wie man einst gedacht hat. Gene sind nicht egoistisch – oder zumindest nicht *nur* egoistisch. Tatsächlich ist *nichts nur* noch irgendetwas.

Es ist Zeit für die Biologen, an die Öffentlichkeit zu treten: um zuzugeben, dass die Macht ihrer alten, abgenutzten Axiome aufgebauscht war, um den Zerfall ihres Paradigmas zur Kenntnis zu nehmen und es entweder zu reparieren oder sich ein neues zu suchen. Sie sind jeden Werktag von neun bis fünf materielle Reduktionisten – um ihres Gehalts und ihrer Karriere willen und aus kognitiver Dissonanz. Ihre Arbeitszeit verbringen sie in einer virtuellen Realität, die auf Annahmen gründet, von denen sie wissen, dass sie falsch sind. Wenn sie von ihrem Labor nach Hause kommen, wird ihnen bewusst (zumindest wenn sie ihren Kindern Gutenachtgeschichten vorlesen, ihre toten Eltern betrauern und ihre Hunde streicheln), dass Menschen und Hunde und womöglich sogar Topfpflanzen mehr als nur Maschinen sind, dass sich Altruismus nicht ausschließlich mit reziprokem Altruismus oder Verwandtenselektion erklären lässt und dass es nicht nur Hirnchemie ist, die Geist und Verstand ausmacht. Sie stehen bewundernd vor Sonnenuntergängen, weinen bei der Matthäus-Passion und finden, dass Wordsworth mehr Weisheit besitzt als ihr Chef. Dieses unbehagliche Oszillieren zwischen miteinander unvereinbaren Welten macht nicht glücklich. Es wird Zeit, dass sie ein gesünderes Leben im Einklang mit sich selbst führen.

So viel zu den Biologen. Ganz anders sieht es in der Mathematik und Physik aus. Hier ist die Skepsis der Aufklärung sehr lebendig und hat wahren wissenschaftlichen Fortschritt hervorgebracht. Sie könnte und sollte auch zu einer vollkommen neuen Einstellung gegenüber allen anderen Lebewesen und sogar Dingen führen: Das wäre genau die Art von moralischem Fortschritt, den die Architekten der Aufklärung so inbrünstig anstrebten.

Mein Einwand gegen die Kultur der Aufklärung, wie sie mir bei jenem Dinner begegnet ist und wie ich sie bei meinen ängstlichen Biologenfreunden antreffe, lautet, dass sie nicht mit ihrem eigenen Grundsatz der unerschrockenen Forschung konform ist; in der Folge wurde sie zu einer Glaubensanschauung, die ebenso tyrannisch ist wie die Religionen, gegen die die Aufklärer ankämpften, und die menschlichem und nicht-menschlichem Wohlergehen im Wege steht. Denn man kann nicht das Wohl von Lebewesen fördern, deren Natur man nicht versteht und nicht einmal verstehen will.[219] Echte naturwissenschaftliche Skepsis, wie sie in der Mathematik und Physik üblich ist, liefert Indizien dafür, dass etwas Geistiges im Wesenskern aller Dinge steckt. Wenn das stimmt, ändert sich alles – und zwar wirklich alles, ontologisch, ethisch und erkenntnistheoretisch, und in eine Richtung, die der Denkweise der jungpaläolithischen Jäger und Sammler nahekommt.

Will man zu einer angemessenen humanistischen Ethik gelangen, muss man wissen, was der Mensch ist. Will man sich Kühen, Hühnern, Bergen und Freunden gegenüber angemessen verhalten, muss man auch wissen, wer oder was sie sind.

Der Professor glaubt, dass alle Dinge nur Anhäufungen von Materie sind. Und sie sind in der Tat Materieanhäufungen. Aber wurde denn bewiesen, dass sie *nur* Materieanhäufungen sind? Keineswegs. Außerdem hat der Professor ein noch größeres Problem, nämlich dass niemand auch nur die leiseste Ahnung hat, was Materie ist. Wir wissen lediglich, wie sie sich unter bestimmten Umständen verhält. Für das, was sie ist, haben wir nur Metaphern: »verdichtete Energie« beispielsweise.[220] Kein annähernd vorhersehbarer Fortschritt in der Physik wird mehr leisten können, als unsere Metaphern zu verfeinern. Vielleicht finden wir poetischere, voller tönende Metaphern oder solche, die ein kleines bisschen besser in unsere Gleichungen passen. Aber es wird bei Metaphern bleiben.

Newton und andere sahen die Natur als Teil eines Uhrwerks. In diesem Modell galt die implizite Annahme, dass prinzipiell alles in der Natur erklärbar und voraussagbar ist. Durch die glänzenden Erfolge der Naturwissenschaften und der mit ihnen verbundenen Technologien verfestigte sich diese Annahme zu einer

Gewissheit – und zu dem Irrglauben, dass das Newton'sche Modell die ganze Wahrheit enthalte und es daher nur genug Zeit, Anstrengung und Überlegung brauche, um alles erklären und umfassend beschreiben zu können. So gesehen wird Wissenschaft (zumindest potenziell) zu Allwissenheit.

Ein bisschen mehr Realismus, Demut und aufklärerischer Rationalismus sind längst überfällig. Ein guter Ausgangspunkt, um realistischer, demütiger und aufgeklärter zu werden, wäre das Studium des Bewusstseins.

Der gegenwärtige Forschungsstand in Sachen Bewusstsein lässt sich leicht zusammenfassen. Niemand hat auch nur die leiseste Ahnung von Zweck, Wesen und Sitz des Bewusstseins. »Gebt uns Zeit«, bitten die Biologen. Nein, tut mir leid. Zu spät. Ihr hattet ungefähr 40 000 Jahre Zeit dafür. Und ihr habt nicht nur keine Fortschritte erzielt, es deutet nicht einmal irgendetwas darauf hin, dass ihr mit eurer dogmatischen materialistischen Weltsicht irgendwelche Fortschritte machen *könntet,* selbst wenn ihr noch mehr Zeit hättet.

Hören Sie, Professor: Wie der Shakespeareaner sagte, gibt es mehr Dinge zwischen Himmel und Erde, als Sie sich mit Ihrer Newton'schen Uhrwerksphilosophie träumen lassen. Das Uhrwerksmodell ist nicht der Weisheit letzter Schluss: Es ist eine Annäherung, eine Darstellung dessen, wie sich Dinge im großen Maßstab tendenziell verhalten. Und wenn Sie behaupten, es ließe sich im Prinzip alles in diese Schublade stecken, dann liegen Sie schlichtweg falsch. Was nichts Neues ist. Finden Sie sich damit ab.

Zwischen 1927 und 1955 (als Einstein starb) tobte ein Streit zwischen Einstein und Niels Bohr (der zusammen mit Werner Heisenberg, Max Born und anderen die mittlerweile im Mainstream angekommene Kopenhagener Deutung der Quantenmechanik verfasst hatte)[221]. Es ging darum, ob irgendeine Theorie *im Prinzip* in vollkommener Übereinstimmung mit der Welt stehen könne. Einstein argumentierte (was für den Schöpfer der Relativitätstheorie verwunderlich sein mag) genauso wie der Professor, meine hoffnungsvollen Biologenfreunde und Newton: Es könne und würde am Ende eine Theorie entwickelt werden, mit der sich alles erklären und vorhersagen ließ. Nein, erwiderte Bohr: Unbestimmtheit ist ein wesentliches Element in der Natur der Dinge; ein Teil des Weltgewebes.[222] Nach der Heisenbergschen Unbestimmtheitsrelation kann man das Verhalten von Teilchen nicht unabhängig vom Prozess des Beobachtens beschreiben, und das Komplementaritätsprinzip in der Quantenmechanik bedeutet, dass man für die vollständige Beschreibung eines Phänomens sowohl von einem Teilchen- als auch von einem Wellencharakter ausgehen muss – obwohl Teilchenverhalten und Wellenverhalten einander gegenseitig ausschließen. Heisenberg schrieb:

> Wenn von einem Naturbild der exakten Naturwissenschaft in unserer Zeit gesprochen werden kann, so handelt es sich also eigentlich nicht mehr um ein Bild der Natur, sondern um *ein Bild unserer Beziehungen zur Natur* [...] Die Naturwissenschaft steht nicht mehr als Beschauer vor der Natur, sondern erkennt sich selbst als Teil dieses Wechselspiels zwischen Mensch und Natur. Die wissenschaftliche Methode des Aussonderns, Erklärens und Ordnens wird sich der Grenzen bewußt, die ihr dadurch gesetzt sind, daß der Zugriff der Methode ihren Gegenstand verändert und umgestaltet, daß sich die Methode also nicht mehr vom Gegenstand distanzieren kann.[223]

Das Bewusstsein des Beobachters verknüpft sich also unentwirrbar mit dem, was beobachtet wird, und nimmt darauf Einfluss. Heisenbergs Aussage, dass sich die Wissenschaft »ihrer Grenzen bewusst« sei, ist nach mehr als einem halben Jahrhundert nur teilweise zutreffend.

1935 veröffentlichten Einstein und seine Kollegen aus Princeton eine Schrift, die dazu gedacht war, den eindrucksvollen Nachweis für Bohrs Irrtum zu liefern. Wenn Bohr recht hätte, sagten sie, würden zwei Teilchen, die einmal in einer Beziehung zueinander gestanden hätten, auch danach miteinander korrelieren, ungeachtet ihrer zeitlichen oder räumlichen Entfernung. Das könne aber nicht sein, weil die Relativitätstheorie besage, dass sich nichts mit Überlichtgeschwindigkeit bewegen könne – demnach könnten zwei Teilchen nicht schneller als mit Lichtgeschwindigkeit miteinander kommunizieren.

Mittlerweile ist empirisch zweifelsfrei nachgewiesen, dass Bohr recht hatte.[224] Einmal in Korrelation, immer in Korrelation. Keine mathematische Machete vermag die Quantenverschränkung zu durchtrennen. Auf der Quantenebene scheinen Raum und Zeit irrelevant zu sein: Das ist das Prinzip der Quanten-Nichtlokalität.[225]

Niemand hat bisher darlegen können, wie Bewusstsein aus unbewusster Materie hervorgegangen sein könnte – ein Problem, das Philosophen wie Alfred North Whitehead, Timothy Sprigge, David Griffin, Thomas Nagel, David Chalmers und Galen Strawson auf die alte Lösung zurückgreifen ließ, dass nämlich Materie keineswegs ohne Bewusstsein ist.[226] Da wird den armen alten Biologen ganz schummrig. Aber bei vielen Dinners mit gleichgesinnteren Tischgenossen als bei dem des Professors habe ich immer wieder festgestellt, dass Physiker, die mit Quanten-Nichtlokalität und Quantenverschränkung vertraut sind, bei solchen Aussagen nicht einmal mit der Wimper zucken.

Das Bewusstsein (was immer das ist) von Materie (was immer das ist) scheint mir die einfachste Erklärung für die Wirkungsweisen, die Heisenberg und Bohr vorausgesehen haben und die später in kühnen Experimenten in Berkeley, Orsay und Genf nachgewiesen worden sind. Die Aufmerksamkeit eines menschlichen Beobachters beinhaltet das, was auch immer mit Bewusstsein gemeint sein mag. Es wirkt sich auf etwas anderes als den betreffenden Menschen aus (sofern überhaupt irgendetwas von etwas anderem getrennt ist). Ist es da nicht wahrscheinlich, dass sich Gleich zu Gleich gesellt? Dass sich Bewusstsein mit Bewusstsein zusammentut? Dass das Geistige zu etwas Geistigem spricht?

Nichtlokalität und Verschränkung beziehen sich auf das Verhalten subatomarer Teilchen,[227] nicht unmittelbar auf die Beziehung zwischen dem Gehirn eines Hundes und dem Gehirn seines weit entfernten Herrchens oder zwischen mir und den Augen eines Menschen, der mich von hinten beobachtet. Doch Hundehirne, Menschenhirne und Menschenaugen bestehen aus solchen Teilchen.

Dazu kommt, dass nach geltender Lehrmeinung alle subatomaren Teilchen vor nur 13,8 Milliarden Jahren, während des Urknalls, einander sehr, sehr nahe waren. Wenn das stimmt, ist *jedes* Teilchen im Universum mit *jedem anderen* Teilchen im Universum verschränkt und steht auf ewig in Wechselwirkung mit ihm. Das Einssein, von dem die Mystiker sprechen, könnte eine Tatsache sein. Wenn ein Elektron in der Lammkeule vom heutigen Abendessen und ein Elektron in einem 15 000 Millionen Lichtjahre entfernten Quasar sich gegenseitig beeinflussen, erscheint es vielleicht nicht mehr ganz so absurd, anzunehmen, dass Ihr Hund spürt, dass Sie sich gerade zur Heimkehr entschieden haben, obwohl Sie Hunderte von Kilometern entfernt sind.

Die ineinandergreifenden Schwarz-Weiß-Symbole von Yin und Yang sind von einem Kreis umschlossen, der sie zu einer Einheit macht. In der Tradition des Sanskrit werden »Sein« *(sat)*, »Bewusstsein« *(tschit)* und »Freude, Verzückung« *(ananda)* zu einem Wort verschmolzen: *Sattschitananda.* In der christlichen Tradition sind der materielle, sinnliche Gottessohn und der immaterielle, allgegenwärtige Heilige Geist ein Teil des Vaters und stehen in liebevoller Beziehung zu ihm, dem allmächtigen Schöpfer, dessen Wesen die ganze Schöpfung durchdringt.

Als ich mit dem Physiologen im Regen stand, beharrte er darauf, dass Hirn gleich Geist sei. Das ist verständlich, denn offensichtlich stehen Gehirnzustände und Bewusstsein ja in einem Zusammenhang. Wenn man mir ein Betäubungsmittel spritzt oder ein Lkw über meinen Kopf rollt, wird das mein Bewusstsein auf die eine oder andere Weise beeinflussen. Aber wenn *a* in irgendeiner Beziehung zu *b* steht, heißt das noch lange nicht (außer man hilft mit unzulässig ins Spiel gebrachten Axiomen nach), dass *a* = *b* ist. An Axiomen, die sich leicht zu Grundsätzen machen lassen, besteht kein Mangel.[228] Der Professor hat in seinen Räumlichkeiten aus der Tudorzeit ein ganzes Bücherregal voll davon.

Als William James 1897 in Harvard lehrte, räumte er ein, dass menschliches Bewusstsein eine Hirnfunktion sei, betonte aber auch, dass eine *Funktion* des Gehirns nicht dasselbe sei wie ein *Produkt* des Gehirns. Funktion kann auch *Übertragung* bedeuten: ein Prisma beispielsweise bricht Licht, produziert es aber nicht.[229] Der Output eines Prismas unterscheidet sich erheblich vom Input. Wie genau der Output aussieht, wird durch die individuellen Eigenschaften des Prismas bestimmt. Und ähnlich könnte es sich auch mit Gehirn und Geist verhalten. Vielleicht verleiht das Gehirn dem Geist, von dem das Gehirn durchdrungen ist, eine bestimmte Färbung. Daraus folgt nicht, dass der individuelle Teil des Geistes, den ich »ich« nenne, zu existieren aufhört, wenn das Lastwagenrad mein Gehirn zermalmt – also das Prisma zertrümmert. Er verlagert sich vielleicht nur woandershin.[230]

Demnach können Gehirne Bewusstsein übertragen, vermitteln und vielleicht auch empfangen. Sie sind wie Radiogeräte. Werden sie beschädigt, beeinträchtigt das ihre Empfangs- und Übertragungsfähigkeit. Aldous Huxley bezeichnete das Gehirn als »Reduktionsventil«,[231] das den Datenfluss auf ein Maß reduziert, mit dem das Gehirn im Alltag umgehen kann; mittels halluzinogener Drogen lässt sich jedoch erreichen, dass es sich entspannt, sodass eine Flut von Informationen auf Wellenlängen, die normalerweise blockiert sind, hindurchfließen kann. Jason Padgett, ein weithin als Genie gefeierter Zahlentheoretiker, der synästhetisch fraktale Muster in der Welt »sieht«, war auf der Highschool ein Versager in Mathematik.[232] Bei einem Raubüberfall bekam er Schläge auf den Kopf, und diese lösten sein hellseherisches Verhältnis zu Zahlen und Mustern aus. Es scheint, als hätten die Schläge das Hirngewebe verletzt, das das Ventil bildet, welches – bei ihm wie bei uns – die Visualisierung von Fraktalen verhindert. Wer weiß, wie sich die Funktion des Ventils in den letzten 40 000 Jahren bei der Menschheit insgesamt verändert hat?

Für gewöhnlich bewegen wir uns in vier Dimensionen: in drei räumlichen und einer zeitlichen. Das sind die Dimensionen der Aufklärung, die des Professors, die der Biologen. Aber es sind nicht die einzigen, wie uns jeder Mathematiker bestätigen kann, und oft scheinen sie uns einzuengen. Dichter und Musiker begehren gegen sie auf; Drogenkonsumenten und andere nach Ekstase Suchende versuchen sie zu durchdringen; unsere frühen Kindheitserinnerungen legen uns nahe, dass es sehr viel mehr als nur diese vier gibt. Und auch als große, nüchterne Erwachsene reden wir oft, als wären die vier Dimensionen (insbesondere die der Zeit) nicht unser natürliches Habitat. »Wie die Zeit vergeht!« Oder: »Das kann doch nicht schon fünf Jahre her sein, seit wir uns zuletzt gesehen haben.« So etwas sagt man nicht, wenn man sich in der Zeit wirklich zu Hause fühlt. »Beklagen sich Fische darüber, dass das Meer nass ist?«, fragte C. S. Lewis. »Und wenn sie es täten, würde diese Tatsache an sich nicht sehr nahelegen, dass sie nicht immer reine Wasserwesen waren oder sein werden?«[233]

Zeit ist für uns widersinnig. Es ist, als wüssten wir intuitiv, was die Quantenphysiker mühsam nachgewiesen haben: dass Zeit an sich eine bedeutungslose Kategorie ist. Es beginnt schon damit, dass Zeit nicht für sich allein betrachtet werden kann, sondern nur innerhalb einer größeren Einheit, der Raumzeit. Aber es geht noch weiter. Das Prinzip der Quanten-Nichtlokalität haben wir bereits kennengelernt (demzufolge vormals in Beziehung stehende Entitäten über beliebige räumliche und zeitliche Distanzen hinweg instantan – also unendlich schnell – ihr Verhalten gegenseitig beeinflussen). Wenn das stimmt, schrumpfen sowohl Raum als auch Zeit mindestens bis zur Bedeutungslosigkeit, wenn nicht sogar bis zur Nicht-Existenz. Da liegt die Sichtweise Jesu nicht so fern, wenn er in seinem Anspruch auf göttliche Abkunft die Zeiten durcheinanderwirft: »Ehe Abraham ward, bin ich.«[234]

Es gibt einige merkwürdige, aber recht häufige Indizien dafür, dass wir uns gelegentlich (und vielleicht auch letztendlich?) aus der Zwangsjacke unserer Alltagsdimensionen befreien. Außerkörperliche Erfahrungen von der Art, wie ich sie im Krankenhaus erlebt habe, gehen oft einher mit einer augenscheinlichen Vervielfachung der Dimensionen, derer wir uns bewusst sind. Die Betroffenen haben dabei einen 360-Grad-Rundumblick: »genau was man erwarten würde«, schreibt Jeffrey Kripal, »wenn eine Person plötzlich in eine Dimension außerhalb der Raumzeit platzt«.[235] Wie jüngste Forschungen gezeigt haben, sind die neuronalen Netze im menschlichen Gehirn imstande, mit elf Dimensionen umzugehen.[236] Bewusst denken wir nur in vier Dimensionen. Vier weitere, zu deren Wahrnehmung uns unsere Hardware befähigt, sind mathematische Abstraktionen, die sich nur mit dicken Büchern voller Gleichungen erklären lassen und für deren bildliche Darstellung weit mehr als ein Blake, ein Bosch oder ein El Greco nötig sind. Die Verdrahtung unserer Gehirne ermöglicht uns *so* viel mehr, als wir normalerweise erkennen. Sollten wir wirklich dazu bestimmt sein, uns nie aus unseren vier gewohnten Dimensionen hinauszuwagen, hätte sich die natürliche Selektion damit eine für sie untypische Extravaganz geleistet.

Ich sitze in einem Speisehaus in Thailand. Der Schweiß rinnt mir über die Nase und tropft auf meinen Tofu, Kakerlaken laufen über meine Füße, und die Frösche am Flussufer übertönen Michael Jackson. Mein Notizbuch ist komplett durchgeweicht, als hätte ich es in eine Toilette geworfen. Es ist zu nass, um etwas hineinzuschreiben, also leere ich das letzte von mehreren Bieren und schaue auf die Uhr an der Wand. Wir haben späten Abend, doch die Uhr zeigt zehn nach acht, was offensichtlich nicht stimmt. Außer mir ist nur noch ein anderer europäischer Gast hier, eine Frau, die allein isst und ein Exemplar von *Auf der Spur des Schneeleoparden* an eine Suppenschüssel gelehnt hat.

»Entschuldigung«, sage ich zu ihr, »können Sie mir die richtige Uhrzeit sagen?«

Sie schaut von ihrem Buch auf und lacht.

»Da fragen Sie die Falsche.« Sie macht eine Geste in Richtung Wanduhr. »Als ich reinkam, war es zehn nach acht.«

Erst nach Mitternacht komme ich zurück in die billige Pension, in der ich abgestiegen bin, denn die Frau hat mir ihre Geschichte erzählt. Sie ist Französin und wurde vor zehn Jahren bei einem Frontalzusammenstoß mit einem anderen Auto schwer verletzt. Man brachte sie rasch ins Krankenhaus, wo ein Hirnhämatom mit einer Drainage behandelt werden musste. Eine Zeit lang hing ihr Leben am seidenen Faden, und sie hatte eine klassische Nahtoderfahrung: Sie bewegte sich durch einen Tunnel auf ein helles Licht zu, wo sie von ihren verstorbenen Verwandten erwartet wurde, und empfand überwältigende Glückseligkeit und Frieden, dann wurde sie widerstrebend zu ihrem Krankenhausbett zurückgezerrt.

Von da an, erzählte sie, gingen in ihrer Gegenwart ständig elektronische Geräte kaputt. Uhren blieben stehen, oder manchmal drehten sich ihre Zeiger wie wild. Computer stürzten ab, sobald sie in ihre Nähe kam. Sie hatte es noch nicht geschafft, ein Flugzeug zum Absturz zu bringen, hatte auf Flügen aber immer eine Heidenangst – oder sie hätte sie gehabt, wenn ihr die Nahtoderfahrung nicht die Angst vor dem Tod genommen hätte. Als wir uns aufmachten, um das Lokal zu verlassen, sagte ich, ich würde ihr Essen mitbezahlen.

»Das ist sehr nett von Ihnen«, meinte sie. »Aber ich wette, dass der Kreditkartenleser nicht geht, wenn ich dabei bin. Deshalb muss ich immer eine Menge Bargeld mit mir herumschleppen.« Und sie hatte recht: Das Kartenlesegerät funktionierte nicht. Erst als sie auf die andere Straßenseite ging, konnte ich mit der Karte bezahlen.

Ihre Hardware scheint, offenbar in Folge ihres Unfalls, irgendetwas auf einer Frequenz zu übertragen, auf der sonst keine Übertragungen stattfinden, und darauf sprechen Uhren, Computer und Kartenlesegeräte an, weil sie dieselbe Art von Signalen benutzen. Trifft hier Bewusstsein auf Bewusstsein? Ereignisse wie diese – sowohl die Nahtoderfahrung als auch die Nachwirkungen – treten sehr häufig auf. Der Professor und seinesgleichen wollen allerdings nichts davon wissen, weil ja nicht sein kann, was nicht sein darf.[237]

Es deutet einiges darauf hin – wie es Bohr für die Ebene der Quantenphänomene vorausgesagt hat –, dass Geist unmittelbar auf Geist reagiert und eine besondere, nachdrückliche Art von Wissen erzeugt: dass der Einfluss des individuellen Geists nicht an der Schädelgrenze endet. Zweifellos erfordert dies mehr systematische Erforschung. Dass diese bislang ausgeblieben ist, liegt schlicht an der Angst, das bestehende Paradigma, auf dem heute jede Wissenschaftlerkarriere in der Biologie und den verwandten Fächern basiert, könnte zerstört oder eingeschränkt werden. Unter kontrollierten Laborbedingungen durchgeführte Studien über Phänomene wie etwa Telepathie haben geringe Nachweise (die zwar über der Wahrscheinlichkeit lagen, aber nur wenig) für die Hypothese erbracht, dass Geist über das Gehirn und den Körper eines Individuums hinaus auf andere Materie einwirkt.[238]

Doch außerhalb des Labors, häufig im Rahmen gut belegter Berichte, ist diese Wirkung oft sehr viel dramatischer. Es scheint eine »Bevorzugung von Extremzuständen« zu geben, wie Kripal es nennt[239] – womit gemeint ist, dass Geist gerade dann direkt mit Geist kommuniziert, wenn andere, alltäglichere Kommunikationsformen nicht möglich sind – typischerweise zum Zeitpunkt eines Todes, im Zusammenhang mit der (durchaus häufigen) Voraussage zukünftiger Ereignisse, oder wenn man seinen verstorbenen Vater in einem Wald in Derbyshire gerade besonders vermisst. Beim Laborexperiment werden zwangsläufig die Umstände ausgeschlossen, die normalerweise den Kontext und die Rechtfertigung für eine dramatischere Variante der direkten Geist-zu-Geist-Interaktion liefern – das ist, als würde man die Hypothese prüfen wollen, dass Menschen schwimmen können, die Versuchspersonen dann aber nur Trockenschwimmübungen an Land machen lassen. Doch Geist-zu-Geist-Interaktionen von weniger spektakulärer Art kennen die meisten von uns aus ihrem

Alltag: etwa wenn man weiß, was jemand anderer denkt oder gleich sagen wird. Die meisten unserer Beziehungen basieren auf etwas, was sich nicht beweiskräftig belegen lässt und nicht belegt werden kann (oder?). Wenn der Professor seine ziemlich herrische Frau anhimmelt, ist der Grund dafür weder empirisch noch mathematisch nachweisbar, dennoch ist diese Tatsache sehr viel realer und unanfechtbarer als all die Mutmaßungen über das Wesen der Gesellschaft, die der Professor in seinen Artikeln kundtut, auch wenn er sie noch so schön mit Statistiken schmückt. Die Grundlage einer Beziehung scheint Unbestimmtheit zu sein, so wie Unbestimmtheit (wie Bohr vorausgesehen hat) eine der tragenden Säulen des Universums ist.[240]

Ich sitze in einem ratternden Zug, der mich von London nach Oxford zurückbringt, und versuche vergeblich, mich für einen unbestreitbar brillanten Roman zu begeistern, als ich ein paar Sitze weiter den Professor entdecke. Er hat Kopfhörer aufgesetzt und die Augen geschlossen, seine Lider zucken verzückt und seine Hände dirigieren ein unhörbares Orchester.

Nicht im Traum wäre mir eingefallen, in seinen wie auch immer gearteten heiligen Raum einzudringen. Aber ein paar Minuten später lässt er die Hände sinken, öffnet die Augen, sieht mich, steht auf und kommt auf mich zu, um gegenüber von mir Platz zu nehmen. Uns ist beiden nicht wohl wegen der Art und Weise, wie wir uns beim letzten Mal getrennt haben, und wir sind froh, noch einmal neu anfangen zu können.

»Na, wie geht's?«, fragt er, als wäre nichts gewesen, und wir bringen einige Minuten damit zu, Informationen auszutauschen, die keinen von uns interessieren.

»Was haben Sie denn vorhin gehört?«, frage ich.

»Sachen, die Sie hassen«, faucht er. Er meint es nicht böse, aber er kann nicht anders. »Die Früchte der Hochkultur. Nichts, was man mit einer Elchfell-Trommel oder einem Didgeridoo spielen kann. Bach. Alles ganz mathematisch und überaus hochgebildet. Keine Spur von Cannabis oder Sperma.«

Und so sind wir fast schon wieder mitten in unserem Dinner, aber diesmal bin ich zu müde zum Streiten, also versuche ich, unser Gespräch auf Hochschulpolitik zu lenken. Doch jetzt hat der Professor Blut geleckt.

»Wie können Sie dem Besten, was die Menschheit hervorgebracht hat, die kalte Schulter zeigen?«, will er wissen. »Alles, was wir über uns selbst begriffen haben; all die tiefen intellektuellen Freuden. Diese Freuden, die Sie verachten, berühren mich *hier*« – er klopft sich auf den Bauch – »und *hier*« – er zeigt auf seinen Unterleib – »genauso wie *hier*« – und er schlägt sich gegen den Kopf. »Sie berühren mich *als Ganzes*. Das Ich und das Selbst, die linke und die rechte Hirnhälfte.«

Und auf einmal fange ich an, den Mann zu mögen. Sehr zu mögen. Aber da es keine Worte gibt, die meine vollkommene Zustimmung ausdrücken, nicke ich nur auf eine Weise, die er hoffentlich als orakelhaft empfindet, verharre in angespanntem Schweigen bis Oxford und blicke weise aus dem Fenster.

Des Professors Tirade und meine unausgesprochene Erwiderung verbinden sich zu einer unschönen Zusammenfassung der meisten Gespräche, die ich mit meiner Mutter während ihrer letzten Lebensjahre geführt habe. In ihrem Kreuzzug gegen die Wildheit machte sie keine Gefangenen. Zumindest schien es oft so. Trotz ihrer sizilianischen Wurzeln und der vielen Zeit, die sie in den kulturellen Hochburgen des Mittelmeerraums verbracht hatte, war ihre Haut schneeweiß. Sie hatte Angst vor der Sonne, dachte ich, weil helles Sonnenlicht bedeutete, dass sie nicht in einer Bibliothek oder einer Galerie war und ungezähmte Dinge, die wirbellos und nicht goldgerahmt waren, hinter ihr her sein könnten. Also neckte sie mich liebevoll wegen meines zotteligen Atavismus, und ich spottete, nicht immer liebevoll, über ihre schwindelerregende Abgehobenheit. So entfremdeten wir uns einander auf schmerzliche Weise, und erst als ich sah, wie sie gegen den Wolf kämpfte, der sie von innen heraus auffraß, begriff ich, dass sie so viel mehr über das Wilde wusste als ich – ein Wissen, das Mutterschaft und Ehe, rotzfreche Schulkinder und europäische Hochkultur sie gelehrt hatten. Sie blieb lieber im Haus, weil sie so besser auf uns aufpassen konnte und weil sie verstanden hatte, dass man Goethe nur richtig lesen musste, um zu verstehen, wie es sich anfühlt, auf einem Berggipfel liegend alle viere von sich zu strecken; dass man Mozart nur richtig zuhören musste, um einen Fuchsgeist zu riechen; und dass Andromeda die h-Moll-Messe sang. Sie wusste, dass Apollo und Dionysos ein und dieselbe Gottheit sind.

Den von ihr eingeschlagenen Weg kann ich nicht empfehlen. Er erfordert eine Sensibilität, die sogar die normalen Alltagsempfindungen außerordentlich schmerzhaft macht. Es ist weitaus einfacher und macht auch mehr Spaß, im hirschledernen Lendenschurz in Derbyshire herumzulaufen. Aber sie hat mir gezeigt, dass Kognition, die aus der Wildnis entstanden ist, nie ganz den Kontakt zu ihr verliert; und dass unsere Kognition uns, wenn wir vorsichtig sind und sie an die Leine nehmen, helfen kann, den Weg zurück zu dem Ort zu erschnuppern, an dem wir geboren wurden.

Die Welt ist uns immer viele Schritte voraus: Sie ist stets rätselhaft, blendet uns mit ihrer Herrlichkeit. Wir können jede Hilfe brauchen, die wir kriegen können, wenn wir ihr hinterhertrotten; dazu gehören auch partielle Differenzialgleichungen, Radioteleskope, das italienische Quattrocento und ebenso die primären Werkzeuge (die immer primär bleiben werden) der Mystiker und Ekstatiker.

Wenn wir *mit all dem* in die Wälder, zu den Flüssen und Bergen und Meeren gehen, wird sich die Wildnis wertgeschätzt fühlen. Dann weiß sie, dass wir uns bemühen, und sie wird sich hervorwagen und sich uns vorstellen. Und da Sie ein Teil der Wildnis sind, sollten Sie sich auf eine Begegnung *mit sich selbst* gefasst machen. Es ist weitaus aufregender und Furcht einflößender, ein hellwacher Mensch zu sein als ein noch so putzmunterer Dachs, Otter, Fuchs, Hirsch oder Mauersegler.

Wir können alles haben! Wir müssen alles haben! Seien wir gierig!

Unsere Erkenntnisse über die Dinge, die wirklich zählen, entspringen hauptsächlich der Art von Wissen, das durch Beziehungen entsteht: durch direkte Begegnungen, die nicht über Kognition oder Sprache vermittelt sind. Einstmals waren wir Meister in dieser Art von Wissenserwerb. Das können wir wieder werden. Und dazu müssen wir auch all die anderen Arten von Wissenserwerb, die wir uns angeeignet haben, einbeziehen.

Ich kann es nicht erwarten, mit meinen Erkenntnissen voranzukommen.

Was sind wir? Verblüffende Wesen, bei denen jedes Elektron im Einklang und – wenn wir es zulassen – in einer Einheit mit allen anderen Elektronen schwingt, die es im Universum gibt. Die mysteriöse »Materie«, die derzeit den Geist beheimatet, den wir unser Ich nennen, scheint einen gewissen Einfluss darauf zu haben, wie sich unser Geist verhält (und könnte auch wichtig für die Gestaltung des Geistes sein, den wir »Du« nennen). Allerdings scheint die Materie eher eine Art Vehikel – ein ziemlich schlichter Handkarren – für den Geist zu sein als sonst irgendwas. Ja, möglicherweise behindert sie ihn sogar in seiner Entfaltung, schränkt ihn ein, stutzt ihm die Flügel.

Peinlich berührt blicke ich zurück auf jenen schmerzlich zerrissenen, in Materie realisierten Rechtsanwalt, der eines Nachmittags blutverschmiert auf einem schottischen Berg stand, abends Schubert hörte und in der darauffolgenden Woche das menschliche Leid in einer logischen Schlussfolgerung zusammenzufassen versuchte. Ich wünschte, ich könnte dorthin zurückkehren und die Trennlinien aufheben, die ihn in Stücke zerteilten, so wie die neolithischen Mauern die große wilde Welt in Stücke zerteilten. Danach, so hoffe ich, wäre er auf Wanderschaft gegangen und hätte die Güte der Wildnis, die überall ist, entdeckt und sie gelebt.

»Erzähl mir eine Geschichte«, bittet Tom.

Es wird Zeit, dass du selbst eine erzählst.

»*La li-li-li, li-li.*«

Epilog

Wir sind alle zusammen im Wald in Derbyshire. Es war heute ein klarer, kalter Mittwintertag, und jetzt ist eine klare, kalte Mittwinternacht angebrochen.

Wir scharen uns um ein Feuer. Unsere Schatten tanzen in den Baumwipfeln. Auf dem Weißdornbaum sitzt, direkt über meiner Schulter, die kopfruckelnde Elster und freut sich, die Familie kennenzulernen.

Tom holt eine Kartoffel aus dem Feuer, isst sie aber nicht gleich, sondern verschwindet damit für ein paar Minuten im Wald. Als er zurückkommt, fehlt ein Stückchen von der Kartoffel. Die anderen merken es nicht. Er vermeidet den Blickkontakt mit mir. Es kann ihm nicht entgangen sein, dass ein Burggraben aus Teerseifengeruch dieses Feuer umgibt.

Oben neben der Scheune stehen zwei Gestalten, die ich mittlerweile gut kenne, und verharren reglos. Wenn ich es nicht besser wüsste, könnte ich sie für Torpfosten halten. Eine Windbö weht vom Howden Moor und vom Bleaklow herunter und zaust ihre Pelzmützen. Auch Tom schaut zu ihnen hinüber.

Wie sie wirklich heißen, habe ich nie herausgefunden.

Wir treten das Feuer aus und gehen hinauf zum Haus. Ich drehe mich um und werfe noch einen Blick zurück zum Wald. Die Torpfosten haben sich bewegt.

Jemand oder etwas pfeift. Zuerst denke ich, es ist der Wind, der sich in den Löchern der Bruchsteinmauer fängt, aber nein: Es ist Jonny, unser Achtjähriger, er trällert: »*La li-li-li, li-li.*«

Dank

Ein großes Dankeschön an die Archäologen und Anthropologen, die großzügigerweise ihre Zeit, ihre Weisheit und ihren Kaffee mit mir teilten, insbesondere an Jan Abbink (Leiden), Justin Barrett (St. Andrews), Vicki Cummings (University of Central Lancashire), Barry Cunliffe (Oxford), Robin Dunbar (Oxford), Avi Faust (Bar Ilan), Israel Finkelstein (Tel Aviv), Clive Gamble (Southampton), Yossi Garfinkel (Hebräische Universität Jerusalem), den verstorbenen David Graeber (LSE), Mary MacLeod Rivett (Historic Environment Scotland), Steven Mithen (Reading), Paul Pettitt (Durham), den verstorbenen Steve Rayner (Oxford), Rick Schulting (Oxford), James C. Scott (Yale), Julian Thomas (Manchester) und Harry Wels (Leiden).

Ich habe die besten Freunde der Welt, und sie alle haben mir dabei geholfen, so sehr Mensch zu sein, wie ich es bin, und es auch dann mit mir ausgehalten, wenn ich hinter den Erwartungen zurückblieb. Doch manche habe ich unmittelbarer als andere in die für dieses Buch notwendigen Nachforschungen eingebunden, und dafür gebührt ihnen besonderer Dank: David Abram, Aharon Barak, Theo Bargiotas, Susan Blackmore, John Butler, Rachel Campbell-Johnston, Stefano Caria, John und Margaret Cooper, James Crowden, Steve Ely, John und Nickie Fletcher, Mariam Motamedi Fraser, Shimon Gibson, Jay Griffiths, David Haskell, Caspar Henderson, Jonathan Herring, Ben Hill, Marie Hauge Jensen, Geoff Johnson, Helen Jukes, Paul Kingsnorth, Marinos Kyriakopolous, Andy Letcher, John Lister-Kaye, Andy McGee, Iain McGilchrist, George Monbiot, Helen Mort, James Mumford, James Orr, Andrew Pinsent, Keith Powell, Jonathan

Price, Julian Savulescu, Noam Schimmel, Dietrich Graf von Schweinitz, Stephen Sedley, Karl Segnoe, Martin Shaw, Merlin Sheldrake, Rupert Sheldrake, John Stathatos, Peter Thonemann, Chris Thouless, Colin Tudge, Michael Umney, Emily Watt, Ruth West und Theodore Zeldin.

Manolis Basis, Griechenlands bester Bouzoukispieler, brachte mir Musik so nahe, wie es niemand sonst je getan hat, und James Bell und die anderen von der Bastard English Session in der Isis Farmhouse Tavern dienen allmonatlich als Medium für längst verstorbene Farmarbeiter.

Die wunderbare Jill Purce lehrte mich die Grundlagen des mongolischen Obertongesangs, und so entdeckte ich, dass mein Körper ein von Grund auf musikalischer »Resonanzkörper« ist. Diese Erfahrung gab mir den entscheidenden Anstoß, um über die Beziehung zwischen Musik und Sprache nachzudenken.

Fran und Kevin Blockley haben ihr Bestes gegeben, um mich davon zu überzeugen, dass das Neolithikum etwas Gutes war.

John Lord, der Altmeister des Flintknapping, führte mich und die Kinder freundlich und geduldig in die Herstellung von Beilen und Pfeilspitzen aus Feuerstein ein und machte uns mit vielen weiteren prähistorischen Techniken bekannt. Er lebt mehr als sonst jemand, den ich kenne, in der Steinzeit – nicht indem er Anachronismen dupliziert, sondern weil er nach den Regeln von Würde und eines tief empfundenen Anstands lebt, die ihn Ort und Stein gelehrt haben.

Der Saccidananda Ashram in Tamil Nadu ließ die Kluft zwischen Ost und West schrumpfen, sodass mir nicht allzu mulmig wurde, als ich hinabschaute.

Verschiedene Mönche auf dem Berg Athos, Father Ian Graham von der griechisch-orthodoxen Gemeinde in Oxford und der verstorbene Micky Weingarten, mein Partner beim Talmudstudium, brachten mir bei, dass Transzendenz und Immanenz keine Gegensätze sind.

Peter Thonemann las den Entwurf des Manuskripts und kommentierte ihn mit erschreckender Scharfsichtigkeit.

Das Green Templeton College in Oxford ist der grünste und lieblichste Hain in der akademischen Welt. Das dysfunktionale Dinner mit Professor Black hätte dort niemals stattfinden können. Meine Freundin und Kollegin Denise Lievesley, die ehemalige Rektorin des College, hat Außerordentliches geleistet, damit an diesem Ort Gedanken, wie ich sie in diesem Buch geäußert habe, furchtlos vorgebracht und rigoros dekonstruiert werden können, und ich entbiete den Fellows und den Studierenden meinen hochachtungsvollen Gruß.

Auf meinem Weg habe ich großartige Hilfe und Güte von zahlreichen lieben Freundinnen und Freunden erfahren, vor allem von Elika Barak, Chris und Suz Beckingham, Andrew und Lucy Billen, Magnus Boyd, Rabbi Eli Brackman und Freidy Brackman, Zoe Broughton, Marnie Buchanan, Peter und Laura Carew, Malcolm und Pip Chisholm, Murray Corke, Colette Dewhurst, Issi und Tal Doron, Melina Dritsaki, Tony und Rose Dyer, Kate Foster, Esti Herskowitz, Tony und Sally Hope, Gill und Barry Howard, Mandy Johnson, Pramod Kumar Joshi, Pat Kaufman, Michael und Abigail Lloyd, Nigel McGilchrist, Jolyon und Clare Mitchell, Penelope Morgan, Bewe Munro, Mike Parker, Nigel und Janet Phillips, Costa Pilavachi, Louise Reynolds, Roland Rosner, Kathy Shock, Claire und Mike Smith, Katherine Stathatou, Sarah Thonemann, Caroline Thouless, Hugh Warwick, Jimmy und Melanie Watt, Mark und Sue West, Rob und Alex Yorke und Joe Zias.

Schon seit Jahren wollte ich ein Buch schreiben, das Geoff Taylor illustrieren sollte. Das war jetzt *die* Gelegenheit! Er begriff auf Anhieb, worum es in diesem Buch geht. Seine wunderbaren Illustrationen erklären das, was ich sagen will, weitaus besser, als ich es kann.

Meine unvergleichliche Agentin Jessica Woollard hat von Anfang an an dieses Buch geglaubt, und ihre Energie und ihre Hingabe erfüllen mich mit Ehrfurcht. Größten Dank schulde ich meinen Lektor:innen Helen Conford und Ed Lake bei Profile sowie Riva Hocherman bei Metropolitan dafür, dass sie dieses seltsame, überdrehte und überambitionierte Kind angenommen und mit Freundlichkeit, Geschick und Disziplin großgezogen haben; ohne sie wäre es als ein sehr viel größeres Monster, als es jetzt ist, auf die Welt losgelassen worden. Matthew Taylors hervorragende Textredaktion hat das Buch erheblich verbessert, und Lottie Fyfe steuerte es fachkundig durch den Herstellungsprozess.

Manche Namen, Schauplätze und Zeiten habe ich geändert; bei dem Versuch, dieses stückwerkartige und wechselhafte Abenteuer zu einer zusammenhängenden Geschichte zu machen, habe ich Ereignisse an verschiedenen Orten und zu verschiedenen Zeiten miteinander verknüpft. Daher muss Tom zuweilen in Rollen schlüpfen, die in Wirklichkeit Erlebnisse aus meiner eigenen Kindheit wiedergeben.

Trotz der Änderungen wird es manche Personen kränken, wie sie hier dargestellt werden, und das tut mir aufrichtig leid.

Was ich an Menschlichem habe, stammt größtenteils von meinen Angehörigen, den lebenden wie den verstorbenen. Meine Mutter und mein Vater beharrten darauf (und tun das noch heute, obwohl sie tot sind), dass Menschsein das großartigste und nervenaufreibendste Abenteuer ist, das man sich nur denken kann, und meine derzeitigen Lehrer im Crashkurs Menschlichkeit sind meine Frau Mary und meine Kinder Lizzie, Sally, Tom, Jamie, Rachel und Jonny. Es verblüfft mich, dass sie mir immer noch die Treue halten und dabei meistens nicht einmal die Fassung verlieren. Darüber kann ich nur staunen, und ich bin ihnen sehr, sehr dankbar.

Anmerkungen

Vorbemerkung des Autors
1 Aus »Vor Erschaffung der Welt«, Nr. II im Zyklus »Eine Frau Jung und Alt« in »Die Wendeltreppe«, übersetzt von Gerhard Falkner und Nora Matocza, in *William Butler Yeats, Die Gedichte*. Neu übersetzt von Marcel Beyer, Mirko Bonné, Gerhard Falkner, Norbert Hummelt, Christa Schuenke, München 2005, S. 305.
2 Ich vermute jedoch, dass in Afrika (im Gegensatz zu Europa) in dieser Hinsicht weit mehr passiert ist, als eurozentrische Archäologen im Allgemeinen anerkennen.
3 Ein paar Worte zu den Genen: Mesolithische Haplotypen mögen bei den heutigen Engländern eher vorherrschen als Haplotypen des Jungpaläolithikums oder auch nicht. Aber niemand bestreitet, dass es zwischen uns und dem Jungpaläolithikum (oder zwischen dem Jungpaläolithikum und dem Mesolithikum) eine kulturelle Kontinuität gibt, und darum geht es mir hier. Die genetische Kontinuität zwischen Jungpaläolithikum und Mesolithikum in Europa wurde ebenfalls klar nachgewiesen: siehe Eppie R. Jones, Gloria Gonzalez Fortes, Sarah Connell, Veronika Siska, Anders Eriksson, Rui Martiniano, Russell L. McLaughlin et al., »Upper Palaeolithic genomes reveal deep roots of modern Eurasians«, *Nature Communications* 6(1) (2015), S. 1–81.
4 Althochdeutsch: ûrohso, worauf mich dankenswerterweise Lottie Fyfe hingewiesen hat.
5 Einige Leser mögen überrascht sein, dass es so wenig Verweise darauf gibt, inwiefern die Lateralisation des Gehirns für die menschliche Geschichte und unsere gegenwärtige Krise relevant ist – hier seien insbesondere die Arbeiten von Iain McGilchrist genannt, vor allem *The Master and His Emissary: The Divided Brain and the Making of the Western World* (Yale University Press, 2009). Seine These lautet, dass die beiden Gehirnhälften unterschiedliche Funktionen haben: jede ermöglicht eine andere Art der Aufmerksamkeit gegenüber der Welt. Die linke Hemisphäre ist zuständig für streng fokussierte Aufmerksamkeit. Ihre Schwerpunkte sind Archivierung und Kategorisierung, und sie ist sehr konservativ. Sie mag es nicht, wenn ihre Einteilungen infrage gestellt oder über den Haufen geworfen werden. Wie die Computer, mit denen sie so glücklich ist, basiert auch ihr Betriebssystem auf einer binä-

ren Sicht der Realität. Sie ist ein Nerd. Die rechte Hemisphäre hingegen hat eine ganzheitlichere Sicht auf die Welt; sie erkennt Zusammenhänge und Beziehungen und weiß, dass die Wahrheit oft paradox ist. Daher kann sie auch mit Widersprüchen leben und verwechselt das Sammeln von Daten nicht mit Weisheit. Die linke Hemisphäre soll Verwalter des Gehirns sein: das Alltägliche organisieren und für Ordnung sorgen, damit das Gehirn als Ganzes optimal arbeiten kann. Aber der Verwalter (so die These) hat nach und nach die Kontrolle an sich gerissen: Nuancen, Reflexion, Weisheit und möglicherweise sogar die menschliche Identität und der gesamte Planet wurden Opfer dieses Coups. Iain ist einer meiner besten Freunde, und seine Arbeiten haben mich nachhaltig beeinflusst. Ich bin sicher, dass seine These im Wesentlichen stimmt. Sie erklärt die Ideengeschichte und die Natur unserer gegenwärtigen prekären Lage weit besser als jede andere Analyse, die ich kenne. Dennoch beziehe ich mich hier wenig auf ihn, weil er und ich ganz unterschiedliche Herangehensweisen haben. Er sucht systematisch nach einem herrschenden Paradigma. Ich scharre unsystematisch nach ein paar Krumen Trost und Selbsterkenntnis. Und so überlasse ich Iain die Details des Kampfes zwischen den Gehirnhälften, hege aber keinen Zweifel daran, dass die linke Hemisphäre im Neolithikum und in der Aufklärung bei ihrem Vormarsch zur Hegemonie rapide vorangekommen ist.

6 Auf Seite 165 befasse ich mich mit möglichen Hinweisen auf einen religiösen Glauben und religiöse Praktiken bei den Neandertalern.

Teil 1: Jungpaläolithikum
Winter

7 Sarah Moss, *Geisterwand*, übersetzt von Nicole Seifert (Berlin 2021), S. 38 f.
8 Zitiert nach Joan Halifax: *Schamanen: Zauberer, Medizinmänner, Heiler*, übersetzt von Ursula Richter (Frankfurt/M. 1983), S. 6.
9 Alwyn Rees und Brinley Rees, *Celtic Heritage: Ancient Tradition in Ireland and Wales* (Thames & Hudson, 1961), S. 16.
10 Daraus lässt sich nicht folgern, dass ich nicht-menschlichen Geschöpfen die Fähigkeit etwa zu Empathie abspreche – ganz zu schweigen von (beispielsweise) dem Verlangen zu töten. Mit der Bedeutung eines nicht-menschlichen Bewusstseins befasse ich mich später, und ich vertrete durchaus den Standpunkt, dass viele nicht-menschliche Wesen offensichtlich ein Ich-Empfinden haben und daher auch ein Du-Empfinden. Hier argumentiere ich allerdings nur, dass die spezielle Art und Weise, wie das menschliche Ich entstand und sich manifestierte, auch einen Einfluss darauf hatte, wie menschliche Liebe, Mitgefühl und so weiter entstanden und sich manifestierten. Und diese Art und Weise hatte ganz klare ethische Konsequenzen.
11 Ich bin Paul Pettitt dankbar für die beruhigende Versicherung, dass X' Anwesenheit in Derbyshire, so weit entfernt von seiner Heimat und so früh in der Menschheitsgeschichte, durchaus plausibel ist.

12 Selbst wenn es eine Möglichkeit geben sollte, all das loszuwerden, wie könnte ich dann je ein Buch darüber schreiben? Bücherschreiben funktioniert nur mit der Software, die ich – so meine Fantasievorstellung – ja deinstallieren möchte. Aber geht es vielleicht auch eine Nummer kleiner? Wenn es mir nicht möglich ist, mich zu deinstallieren und danach das Bewusstsein neu zu installieren, kann ich mich dann nicht wenigstens so weit von mir entfernen, dass ich mich auf eine ekstatische Weise neu bewerten kann? Und wenn mir das gelingt, ist es dann nicht plausibel, wenn nicht sogar sehr wahrscheinlich, dass eine neue Art von Bewusstsein in mich einsickert und es mir erlaubt, das Gefühl zu erahnen und zu beschreiben, wie Bewusstsein in ein vormals leeres Gefäß strömt? Aber nein: Sprache ist das Haupthindernis bei der Beschreibung einer solchen Empfindung. Die Aussage, dass Sprache uns daran hindert, irgendetwas wirklich wahrzunehmen – dass sie jeden bedeutsamen Austausch mit der Welt unterbindet –, ist für einen Schriftsteller ein bisschen peinlich. Dieses Buch handelt davon, wie hoffnungslos, unsinnig und fatal Bücher sind. Lesen Sie es nicht. Machen Sie irgendetwas anderes, fast alles ist besser. Ich kann nur hoffen, dass sich die Sprache durch mein unablässiges Weiterschreiben selbst zerstört und etwas anderes zum Vorschein kommt.

13 Erinnern Sie sich an Lawrence von Arabien in dem gleichnamigen Film, wie er ein brennendes Streichholz mit den Fingern löscht? »Der Trick, William Potter, ist, sich nichts daraus zu machen, dass es wehtut.«

14 J. David Lewis-Williams und Thomas A. Dowson, *Images of Power: Understanding Bushman Rock Art* (Southern Book Publishers, 1989); Jean Clottes und J. David Lewis-Williams, *The Shamans of Prehistory: Trance and Magic in the Painted Caves* (Harry N. Abrams, 1998) [dt.: *Schamanen: Trance und Magie in der Höhlenkunst der Steinzeit*, Sigmaringen 1997]; David J. Lewis-Williams und David G. Pearce, *San Spirituality: Roots, Expression, and Social Consequences* (AltaMira Press, 2004); David Lewis-Williams, *The Mind in the Cave: Consciousness and the Origins of Art* (Thames & Hudson, 2011); David Lewis-Williams, *Conceiving God: The Cognitive Origin and Evolution of Religion* (Thames & Hudson, 2011); David Lewis-Williams und David Pearce, *Inside the Neolithic Mind: Consciousness, Cosmos and the Realm of the Gods* (Thames & Hudson, 2011). Diese Sichtweise wurde stark kritisiert, und heute wird sie nur von wenigen als umfassende Erklärung für prähistorische Höhlenkunst akzeptiert; siehe zum Beispiel Grant S. McCall, »Add shamans and stir? A critical review of the shamanism model of forager rock art production«, *Journal of Anthropological Archaeology* 26(2) (2007), S. 224–233; und Richard Bradley, *Image and Audience: Rethinking Prehistoric Art* (Oxford University Press, 2009).

15 Mircea Eliade, *Shamanism: Archaic Techniques of Ecstasy* (Princeton University Press, 2004) [dt.: *Schamanismus und archaische Ekstasetechnik*, Zürich 1957]; Joan Halifax, *Shamanic Voices: A Survey of Visionary Narratives*

(Plume, 1979) [dt.: *Die andere Wirklichkeit der Schamanen: Erfahrungsberichte von Magiern, Medizinmännern und Visionären*, München 1985]; Joan Halifax, *Shaman, the Wounded Healer* (Thames & Hudson, 1982) [dt.: *Schamanen: Zauberer, Medizinmänner, Heiler*, Frankfurt 1983].

16 Für eine neurobiologische Darstellung der Ursprünge des Bewusstseins siehe Mark Solms, *The Hidden Spring: A Journey to the Source of Consciousness* (Profile, 2021).

17 Zusammen mit John Lord, einem der versiertesten Flintknapper der Welt: https://www.flintknapping.co.uk/

18 In vielen Jäger-und-Sammler-Kulturen ist das Töten (und mit Sicherheit der Verzehr) von Raubtieren tabu. Eine sehr schöne Darstellung dieses Sachverhalts findet sich in Michelle Paver, *Chronicles of Ancient Darkness* (Orion Children's, 2008–20) [dt.: *Chronik der dunklen Wälder*, übers. von Katharina Orgaß, München 2007], und möglicherweise gehen die levitischen Gebote bezüglich des Verzehrs von Raubtieren und Aasfressern auf diese Tabus zurück (wie auch Jahwes Missbilligung von Blutvergießen: Erinnern wir uns daran, dass Menschen und Tiere in der natürlichen Ordnung ursprünglich Vegetarier mit getrenntem Speiseplan waren.)

19 Es gibt keinerlei Hinweise darauf, dass es im jungpaläolithischen Großbritannien Kaninchen gab, aber man hat bei Lynford, Norfolk, Kaninchenknochen gefunden, die mittels Radiokarbonmethode auf die Römerzeit datiert wurden.

20 Siehe Joan Halifax, *Schamanen: Zauberer, Medizinmänner, Heiler*, Frankfurt 1983, S. 6.

21 Siehe *The Hare Book* (The Hare Preservation Trust, 2015).

22 Siehe Derek Hodgson und Paul Pettitt, »The origins of iconic depictions: a falsifiable model derived from the visual science of Palaeolithic cave art and world rock art«, *Cambridge Archaeological Journal* 28(4) (2018), S. 591–612.

23 Iain McGilchrist, *The Master and His Emissary: The Divided Brain and the Making of the Western World*.

24 Heather J. Weir, Pallas Yao, Frank K. Huynh, Caroline C. Escoubas, Renata L. Goncalves, Kristopher Burkewitz, Raymond Laboy, Matthew D. Hirschey und William B. Mair, »Dietary restriction and AMPK increase lifespan via mitochondrial network and peroxisome remodeling«, *Cell Metabolism* 26(6) (2017), S. 884–896; Maria M. Mihaylova, Chia-Wie Cheng, Amanda Q. Cao, Surya Tripathi, Miyeko D. Mana, Khristian E. Bauer-Rowe, Monther Abu-Remaileh et al., »Fasting activates fatty acid oxidation to enhance intestinal stem cell function during homeostasis and aging«, *Cell Stem Cell* 22(5) (2018), S. 769–778; Andrew W. McCracken, Gracie Adams, Laura Hartshorne, Marc Tatar und Mirre J. P. Simons, »The hidden costs of dietary restriction: implications for its evolutionary and mechanistic origins«, *Science Advances* 6(8) (2020), S. 3047.

25 Anscheinend ist Tom intuitiv dem bei allen Jäger- und Sammlerkulturen

vorherrschenden Brauch gefolgt, dass man einen Teil seiner Nahrung dem Wald überlässt, ehe man selbst zu essen beginnt. Überreste dieses Brauchs bestehen bis heute auch in einigen Weltreligionen fort. Denken Sie etwa an die jüdisch-orthodoxe Gepflogenheit, etwas von dem Brotteig »für Hashem« beiseitezulegen, an die christliche Tradition, den Zehnten herzugeben, und die Opferspeisen in hinduistischen und buddhistischen Tempeln.

26 Der Gedanke geht natürlich auf Plato zurück. Alan Garner hat ihn in »Achilles in Altjira« in *The Voice That Thunders* (Harvill Press, 1997) brillant dargelegt.

27 Vergil, *Äneis*, 2. Buch.

28 Eine Diskussion der historischen Bedeutung der häuslichen Feuerstelle findet sich in Larry Siedentop, *Inventing the Individual: The Origins of Western Liberalism* (Penguin, 2015), S. 10–13 [dt.: *Die Erfindung des Individuums: Der Liberalismus und die westliche Welt*, übers. von Heiner Kober (Stuttgart, 2015), S. 21–25.]

29 Andreas Mavromatis (Hg.), *Hypnagogia: The Unique State of Consciousness between Wakefulness and Sleep* (Routledge, 1987); Sheelah James, »Similarities and differences between near death experiences and other forms of religious experience«, *Modern Believing* 47(4) (2006), S. 29–40; Adam J. Powell, »Mind and spirit: hypnagogia and religious experience«, *The Lancet Psychiatry* 5(6) (2018), S. 473–475.

30 Marian Stamp Dawkins, *Why Animals Matter: Animal Consciousness, Animal Welfare, and Human Well-Being* (Oxford University Press, 2012); Donald R. Griffin, *Animal Minds: Beyond Cognition to Consciousness* (University of Chicago Press, 2013); Carl Safina, *Beyond Words: What Animals Think and Feel* (Macmillan, 2015) [dt.: *Die Intelligenz der Tiere – wie Tiere fühlen und denken*, übers. v. Sigrid Schmid und Gabriele Würdinger, München 2019]; Timothy Morton, *Humankind: Solidarity with Non-Human People* (Verso Books, 2017); Pierre Le Neindre, Emilie Bernard, Alain Boissy, Xavier Boivin, Ludovic Calandreau, Nicolas Delon, Bertrand Deputte et al., »Animal consciousness«, *EFSA Supporting Publications* 14(4)(2017), 1196E.

31 *The Matter with Things* (Penguin Random House, noch unveröffentlicht)

32 Alwyn Rees und Brinley Rees, *Celtic Heritage: Ancient Tradition in Ireland and Wales* (Thames & Hudson, 1961), S. 16.

Frühling

33 Altamira in Spanien ist vermutlich das beste Beispiel.

34 Jay Griffiths, *Wild: An Elemental Journey* (Penguin, 2008).

35 David Wengrow und David Graeber, »Farewell to the ›childhood of man‹: ritual, seasonality, and the origins of inequality«, *Journal of the Royal Anthropological Institute* 21(3)(2015), S. 597–619; David Graeber und David Wengrow, »How to change the course of human history«, *Eurozine,* https://www.eurozine.com/change-course-human-history (2018).

36 Robin Dunbar, *The Human Story* (Faber & Faber, 2011), S. 46.
37 William Irwin Thompson, *The Time Falling Bodies Take To Light: Mythology, Sexuality and the Origins of Culture* (Palgrave Macmillan, 1996), S. 102 (Kursivsetzung hinzugefügt) [dt.: *Der Fall in die Zeit: Mythologie, Sexualität und der Ursprung der Kultur*, Aus d. Amerikan. von Knut Pflughaupt, S. 135 f., Stuttgart 1985].
38 Zur Diskussion des »Internats-Syndroms« siehe Mark Stibbe, *Home at Last* (Malcolm Down Publishing, 2016) und Joy Schaverien, *Boarding School Syndrome: The Psychological Trauma of the »Privileged« Child* (Routledge, 2015).
39 Es handelt sich nicht um die Shrewsbury School, die ich später besuchte und die ganz anders war.
40 Wie Terence McKenna ganz richtig beobachtet hat: »Die Natur liebt die Mutigen. Wenn man sich engagiert, revanchiert sich die Natur, indem sie die unmöglichsten Hindernisse aus dem Weg räumt.«
41 *A Little Brown Sea* (Fair Acre Press, 2022).
42 Erst seit der jüngeren Vergangenheit gelten solche Vorstellungen als abstrus. Gilbert White, ein Naturforscher des 18. Jahrhunderts und ein Meister im Beobachten und Schlussfolgern, war der Meinung, dass Schwalben nicht fortzögen, sondern im schlammigen Grund von Teichen überwinterten.
43 R. Dunbar, »Why only humans have language«, in R. Botha und C. Knight (Hg.), *The Prehistory of Language* (Oxford University Press, 2009).
44 R. I. M. Dunbar, »Mind the gap: or why humans aren't just great apes«, in R. I. M. Dunbar, Clive Gamble und J. A. J. Gowlett, *Lucy to Language: The Benchmark Papers* (Oxford University Press, 2014), S. 3–18.
45 Robin Dunbar, *Grooming, Gossip, and the Evolution of Language* (Harvard University Press, 1998) [dt.: *Klatsch und Tratsch: Wie der Mensch zur Sprache fand*, übers. von Sebastian Vogel, München 1998]; Robin Dunbar, »On the evolutionary function of song and dance«, in: Nicholas Bannon (Hg.), *Music, Language, and Human Evolution* (Oxford University Press, 2012), S. 201–214.
46 Dunbar vertritt die These, dass dies in dieser Reihenfolge geschah.
47 Sandra Manninen, Lauri Tuominen, Robin I. Dunbar, Tomi Karjalainen, Jussi Hirvonen, Eveliina Arponen, Riitta Hari, Iiro P. Jääskeläinen, Mikko Sams und Lauri Nummenmaa, »Social laughter triggers endogenous opioid release in humans«, *Journal of Neuroscience* 37(25) (2017): S. 6125–6131.
48 Steven Mithen, *The Singing Neanderthals: The Origins of Music, Language, Mind and Body* (Hachette, 2011), S. 168 f.
49 Michael Winkelman, »Psychointegrator plants: their roles in human culture«, in: Michael Winkelman und Walter Andritzky (Hg.), *Jahrbuch für Transkulturelle Medizin und Psychotherapie/Yearbook of Cross-Cultural Medicine and Psychotherapie*: Bd. 6, Berlin 1995, S. 9–53; Michael Winkelman, *Shamanism: A Biopsychosocial Paradigm of Consciousness and Healing* (ABC-CLIO, 2010).
50 Dies hat mich veranlasst, darüber nachzudenken, wie wir Patienten mit an-

haltenden Bewusstseinsstörungen behandeln sollten. Manchmal bezeichnen wir sie abfällig als »Gemüse«, aber vielleicht haben sie gerade die schönste Zeit ihres Lebens. Vielleicht sind sie mehr sie selbst als jemals zuvor? Vielleicht ist das vegetative Leben sogar viel befriedigender als unseres? Ich habe einige der ethischen und rechtlichen Konsequenzen dieser Überlegungen hier und da erörtert, zum Beispiel im *Journal of Medical Ethics* 45(4) (2019), S. 265–270: »Es ist niemals legitim oder ethisch vertretbar, bei Patienten mit anhaltenden Bewusstseinsstörungen lebenserhaltende Maßnahmen zu beenden«; und: »Befassen Sie sich mit dem realen, nicht mit einem fiktiven Patienten. Und ignorieren Sie dabei keine bedeutsamen Unwägbarkeiten«, *Journal of Medical Ethics* 45(12) (2019), S. 800 f.
51 Steven Mithen, *The Prehistory of the Mind: The Cognitive Origins of Art and Science* (Thames & Hudson, 1999).
52 Mithen, *The Singing Neanderthals*, zahlreiche Verweise.
53 Mithen, *The Singing Neanderthals*, S. 245. Siehe auch Ian Tattersall, »The material record and the antiquity of language«, *Neuroscience & Biobehavioral Reviews* 81 (2017), S. 247–254; Dan Dediu und Stephen C. Levinson, »Neanderthal language revisited: not only us«, *Current Opinion in Behavioral Sciences* 21 (2018), S. 49–55; Lou Albessard-Ball und Antoine Balzeau, »Of tongues and men: a review of morphological evidence for the evolution of language«, *Journal of Language Evolution* 3(1) (2018), S. 79–89; Mercedes Conde-Valverde et al., »Neanderthals and *Homo sapiens* had similar auditory and speech capacities«, *Nat Ecol Evol* (2021), https://doi.org/10.1038/s41559-021-01391-6 [abgerufen 13.08.2021].
54 Clive Gamble, John Gowlett und Robin Dunbar, *Thinking Big: How the Evolution of Social Life Shaped the Human Mind* (Thames & Hudson, 2014) [dt.: *Evolution, Denken, Kultur: Das soziale Gehirn und die Entstehung des Menschlichen*, übers. von Sebastian Vogel, Berlin/Heidelberg 2016].
55 Auf S. 117 genauer erklärt.
56 Dunbar, »Mind the gap: or why humans aren't just great apes«, in: R. I. M. Dunbar, Clive Gamble und J. A. J. Gowlett, *Lucy to Language: The Benchmark Papers* (Oxford University Press, 2014); Peter Kinderman, Robin Dunbar und Richard P. Bentall, »Theory-of-mind deficits and causal attributions«, *British Journal of Psychology* 89(2) (1998), S. 191–204; James Stiller und Robin I. M. Dunbar, »Perspective-taking and memory capacity predict social network size«, *Social Networks* 29(1) (2007), S. 93–104.
57 S. Baron-Cohen, »Empathizing, systemizing, and the extreme male brain theory of autism«, *Progress in Brain Research* 186 (2010), S. 167–175; M. Adenzato, M. Brambilla, R. Manenti et al., »Gender differences in cognitive Theory of Mind revealed by transcranial direct current stimulation on medial prefrontal cortex«, *Scientific Reports* 7(41219) (2017); Anna Cigarini, Julián Vicens und Josep Perelló, »Gender-based pairings influence cooperative expectations and behaviours«, *Scientific Reports* 10(1) (2020), S. 1–10.

58 R. I. M. Dunbar, »Group size, vocal grooming and the origins of language«, *Psychonomic Bulletin and Review* 24 (2017), S. 209–212.

59 Robin Dunbar, »The social brain hypothesis and its relevance to social psychology«, S. 28 in: Joseph P. Forgas, Martie G. Haselton und William von Hippel (Hg.), *Evolution and the Social Mind: Evolutionary Psychology and Social Cognition* (Psychology Press, 2007), S. 21–31.

60 Autismus, Zwangsstörungen und ADHS sind Beispiele für Krankheiten, bei denen das herrschende medizinische Establishment die Art der Aufmerksamkeit, die jemand der Welt schenkt, für falsch erachtet. Mir hingegen erscheint jemand, der dieser überwältigenden Masse an Informationen, mit denen wir bombardiert werden, in einer vermeintlich angemessenen Weise Aufmerksamkeit schenken kann, viel eher psychisch krank zu sein als ein Mensch mit Autismus, Zwangsstörungen oder ADHS. Doch egal. Wenn Musik bei diesen »Krankheiten« hilft, könnte dies bedeuten, dass Musik ein befriedigenderes (und möglicherweise evolutionär älteres) Objekt und/oder Medium für die menschliche Aufmerksamkeit ist.

61 Zur Diskussion über diese Thesen siehe Jonathan Haidt, *The Righteous Mind: Why Good People Are Divided by Politics and Religion* (Vintage, 2012) und Joshua D. Greene, *Moral Tribes: Emotion, Reason, and the Gap Between Us and Them* (Penguin, 2013).

62 Jonathan Haidt, *The Happiness Hypothesis: Finding Modern Truth in Ancient Wisdom* (Basic Books, 2006) [dt.: *Die Glückshypothese: Was uns wirklich glücklich macht – Die Quintessenz aus altem Wissen und moderner Glücksforschung*, übers. von Isolde Seidel, Kirchzarten bei Freiburg 2007]; und Haidt, *The Righteous Mind*.

63 Mithen, *The Singing Neanderthals*, S. 69. »Sherlock Holmes stimmt zu: ›Wissen Sie, was Darwin über die Musik sagt? Er behauptet, dass sie von der Menschheit hervorgebracht und genossen werden konnte, lange bevor sich unser Sprachvermögen entwickelt hat. Vielleicht liegt es daran, dass sie uns so subtil beeinflusst. Ich nehme an, dass sich unsere Seelen bis heute in irgendeiner Form an diese viele Jahrhunderte zurückliegende Kindheit der Welt erinnern.‹ ›Ziemlich wilde Theorie‹, bemerkte ich [Watson]. ›Unsere Theorien müssen so wild sein wie die Natur, wenn wir diese ergründen wollen‹, erwiderte er.« Arthur Conan Doyle, *A Study in Scarlet* (Ward Lock, 1887) [dt.: *Eine Studie in Scharlachrot*, übers. von Henning Ahrens, S. 58, Frankfurt 2016]. Darwin beschäftigte sich mit dem Thema in *The Descent of Man and Selection in Relation to Sex* (John Murray, 1871) [dt.: *Die Abstammung des Menschen und die geschlechtliche Zuchtwahl*, Leipzig 1921]; seine Gedanken dazu werden neuerdings immer häufiger ausgegraben und rehabilitiert, siehe z. B. Simon Kirby, »Darwin's musical protolanguage: an increasingly compelling picture«, in: Patrick Rebuschat, Martin Rohrmeier, John A. Hawkins und Ian Cross (Hg.), *Language and Music as Cognitive Systems* (Oxford University Press, 2012), S. 96–102.

64 Mithen, *The Singing Neanderthals*, S. 70.
65 Auch unsere Gesichter sind recht beredt. Wir sind sehr ungewöhnlich, beispielsweise insofern, als unsere Augen eine weiße Lederhaut haben, sodass sie eine besonders starke Signalwirkung haben – sogar bei schwachem Licht.
66 Mithen, *The Singing Neanderthals*, S. 89.
67 Mithen, *The Singing Neanderthals*, S. 169.
68 Mithen, *The Singing Neanderthals*, S. 170.
69 Eine umfassende Diskussion würde eine Untersuchung von Chomskys »Universalgrammatik« erfordern, siehe Noam Chomsky, *The Architecture of Language* (Oxford University Press, 2000). Ich merke nur an, dass seine Thesen zwar sehr umstritten ist, sie aber durch einige neue Erkenntnisse in jüngster Zeit gestützt wird, siehe Richard Futrell, Kyle Mahowald und Edward Gibson, »Large-scale evidence of dependency length minimization in 37 languages«, *Proceedings of the National Academy of Sciences* 112(33) (2015): S. 10336–10341.
70 Zweifellos wurden Körper lange vor irgendeiner Höhle mit Symbolen verziert.
71 Michelle Paver, *Chronicles of Ancient Darkness* [dt.: *Chronik der dunklen Wälder*, übers. von Katharina Orgaß und Gerald Jung, München 2005–2009], ist das Lieblingsbuch meiner Kinder.
72 Einen Überblick über das Verhalten nicht-menschlicher Primaten gegenüber Toten geben André Gonçalves und Susana Carvalho, »Death among primates: a critical review of non-human primate interactions towards their dead and dying«, *Biological Reviews* 94(4) (2019), S. 1502–1529. Siehe auch James R. Anderson, »Responses to death and dying: primates and other mammals«, *Primates* (2020), S. 1–7. Zur Bedeutung dieser Erkenntnisse über die frühmenschlichen Einstellungen gegenüber dem Tod siehe Paul Pettitt und James R. Anderson, »Primate thanatology and hominoid mortuary archaeology«, *Primates* (2019), S. 1–11.
73 Paul Pettitt, »Landscapes of the dead: the evolution of human mortuary activity from body to place in Pleistocene Europe«, in F. Coward, R. Hosfield, M. Pope und F. Wenban-Smith (Hg.), *Settlement, Society and Cognition in Human Evolution: Landscape in Mind* (Cambridge University Press, 2015), S. 258–274. Ein Überblick über Leben, Tod und Kognition der Neandertaler findet sich in Rebecca Wragg-Sykes, *Kindred: Neanderthal Life, Love, Death and Art* (Bloomsbury, 2020).
74 Einen Überblick über einige Studien zu Nahtoderfahrungen gibt Pim van Lommel in seinem Essay »Near-Death Experiences during cardiac arrest« (2021), https://www.essentiafoundation.org/reading/near-death-experiences-during-cardiac-arrest/. Er schlussfolgert: »Studien über Nahtoderfahrungen scheinen darauf hinzudeuten, dass unser Bewusstsein nicht in unserem Gehirn verortet und nicht auf unser Gehirn beschränkt ist, denn unser Bewusstsein hat nicht ortsgebundene Eigenschaften.«

75 Der Archäologe Paul Pettitt fasst den Konsens gut zusammen: »Kognitionswissenschaftler, die den Ursprüngen der Religion nachspüren, scheinen sich einig zu sein, dass Homininen in einem relativ frühen evolutionären Stadium kognitiv zu dem Glauben neigten, dass der Geist über den physischen Tod hinaus weiterleben kann.« Pettitt, »Landscapes of the dead«, S. 262.
76 Ebd.
77 Pettitt, »Landscapes of the dead«, S. 263; und Paul Bloom, »Religion is natural«, *Developmental Science* 10(1) (2007), S. 147–151, auf S. 148.
78 Pettitt, »Landscapes of the dead«, S. 258.
79 Michael Shermer, »Infrequencies«, *Scientific American* 311(4) (2014), S. 97; erörtert in Jeffrey J. Kripal, *The Flip: Who You Really Are and Why It Matters* (Penguin, 2019), S. 83–84.
80 Alan Garner schrieb: »Achilles kann in Altjira [der ›Traumzeit‹ der australischen Aborigines] wandeln. Das muss er auch: Er muss sich an so vieles erinnern. Nicht zuletzt daran, dass das Leben als menschliches Wesen an sich schon ein religiöser Akt ist.« »Achilles in Altjira«, in *The Voice that Thunders*, S. 58. Allerdings ist »Religion« für ihn »jener Bereich des menschlichen Interesses an und der Beschäftigung mit der Frage unseres Seins innerhalb des Kosmos«, S. 55.

Sommer

81 Bruce Chatwin, *Traumpfade* (München, Wien 1990), übers. von Anna Kamp, S. 343.
82 Ich muss hoffentlich nicht eigens betonen, dass »Blut und Boden«-Ideologien auf grundverkehrten Annahmen basieren und eine üble Sache sind.
83 McGilchrist, *The Matter with Things*.
84 Bruce Chatwin, *Traumpfade* (München, Wien 1990), übers. von Anna Kamp, S. 290.
85 Jonathan Balcombe verweist zu Recht darauf, dass wir kein derart psychopathisches Verhalten gegenüber Fischen an den Tag legen würden, wenn sie Augenlider hätten, anstatt ihre Augen im Wasser zu baden: Jonathan Balcombe, *What a Fish Knows: The Inner Lives of Our Underwater Cousins* (Scientific American/Farrar, Straus & Giroux, 2016).
86 Der Kontext lautet: »Der SINN, der sich aussprechen lässt, ist nicht der ewige SINN. Der Name, der sich nennen lässt, ist nicht der ewige Name. ›Nichtsein‹ nenne ich den Anfang von Himmel und Erde. ›Sein‹ nenne ich die Mutter der Einzelwesen. Darum führt die Richtung auf das Nichtsein zum Schauen des wunderbaren Wesens, die Richtung auf das Sein zum Schauen der räumlichen Begrenztheiten. Beides ist eins dem Ursprung nach und nur verschieden durch den Namen. In seiner Einheit heißt es das Geheimnis. Des Geheimnisses noch tieferes Geheimnis ist das Tor, durch das alle Wunder hervortreten.« Laotse, *Tao Te King – Das Buch vom Sinn und Leben,* übers. von Richard Wilhelm. (Köln, 1978), S. 41.

87 Apostelgeschichte 9, 3–9.
88 Möglicherweise (man hat es mir so geschildert) ist die Erfahrung einer Mutterschaft in jungen Jahren eine bedeutsame Ausnahme von dieser allgemeinen Regel. Es würde mich nicht wundern.
89 Andrew Harvey, *The Direct Path: Creating a Personal Journey to the Divine Using the World's Spiritual Traditions* (Harmony, 2002) [E-Book] [dt.: *Der direkte Weg der Erleuchtung*, übers. von Jochen Eggert, München 2001, S. 19–21].
90 Stephen David Edwards, »A psychology of indigenous healing in Southern Africa«, *Journal of Psychology in Africa* 21(3) (2011), S. 335–347; Steve Edwards, »Some Southern African views on interconnectedness with special reference to indigenous knowledge«, *Indilinga African Journal of Indigenous Knowledge Systems* 14(2) (2015), S. 272–283; Jarrad Reddekop, »Thinking across worlds: indigenous thought, relational ontology, and the politics of nature; or, if only Nietzsche could meet a yachaj« (2014), *Electronic Thesis and Dissertation Repository* 2082: https://ir.lib.uwo.ca/etd/2082. Auch wenn die berühmte, angeblich 1854 gehaltene Rede von Häuptling Seattle, dem Anführer der Duwamish und Suquamish, möglicherweise nicht authentisch ist, bringt sie einiges von der Haltung der nordamerikanischen Indigenen gegenüber der Natur auf den Punkt: »Jeder Teil dieser Erde ist meinem Volk heilig, jede glitzernde Tannennadel, jeder sandige Strand, jeder Nebel in den dunklen Wäldern, jede Lichtung, jedes summende Insekt ist heilig in den Gedanken und Erfahrungen meines Volkes. Der Saft, der in den Bäumen steigt, trägt die Erinnerung des roten Mannes. [...] Wir sind ein Teil der Erde, und sie ist ein Teil von uns. Die duftenden Blumen sind unsere Schwestern, die Rehe, das Pferd, der große Adler – sind unsere Brüder. Die felsigen Höhen, die saftigen Wiesen, die Körperwärme des Ponys und des Menschen – sie alle gehören zu der gleichen Familie. [...] Glänzendes Wasser, das sich in Bächen und Flüssen bewegt, ist nicht nur Wasser – sondern das Blut unserer Vorfahren. [...] Das Murmeln des Wassers ist die Stimme meiner Vorväter. [...] alle Dinge teilen denselben Atem: das Tier, der Baum, der Mensch [...] Was ist der Mensch ohne die Tiere? Wären alle Tiere fort, so stürbe der Mensch an großer Einsamkeit des Geistes. Was immer den Tieren geschieht, geschieht bald auch den Menschen. Alle Dinge sind miteinander verbunden. [...] Denn das wissen wir – die Erde gehört nicht den Menschen, der Mensch gehört zur Erde. Alles ist miteinander verbunden, wie das Blut, das eine Familie vereint. Alles ist verbunden. Was die Erde befällt, befällt auch die Söhne der Erde. Der Mensch schuf nicht das Gewebe des Lebens, er ist darin nur eine Faser. Was immer ihr dem Gewebe antut, das tut ihr euch selber an.« [Zitiert nach: http://www.humanistische-aktion.de/seattle.htm]
91 https://hedgerowsurvey.ptes.org/biodiversity
92 Monica Gagliano, Michael Renton, Nili Duvdevani, Matthew Timmins

und Stefano Mancuso, »Acoustic and magnetic communication in plants: is it possible?«, *Plant Signaling & Behavior* 7(10) (2012), S. 1346–1348; Monica Gagliano, Michael Renton, Nili Duvdevani, Matthew Timmins und Stefano Mancuso, »Out of sight but not out of mind: alternative means of communication in plants«, *PLoS One* 7(5) (2012); Monica Gagliano, Stefano Mancuso und Daniel Robert, »Towards understanding plant bioacoustics«, *Trends in Plant Science* 17(6) (2012), S. 323–325; Monica Gagliano, »Green symphonies: a call for studies on acoustic communication in plants«, *Behavioral Ecology* 24(4) (2013), S. 789–796; Monica Gagliano, »In a green frame of mind: perspectives on the behavioural ecology and cognitive nature of plants«, *AoB Plants* 7 (2015); Monica Gagliano, Mavra Grimonprez, Martial Depczynski und Michael Renton, »Tuned in: plant roots use sound to locate water«, *Oecologia* 184(1) (2017), S. 151–160.

93 Siehe Lucy Jones, *Losing Eden: Why Our Minds Need the Wild* (Allen Lane, 2020) und Isabel Hardman, *The Natural Health Service: How Nature Can Mend Your Mind* (Atlantic, 2020).

94 Eppie R. Jones, Gloria Gonzalez-Fortes, Sarah Connell, Veronika Siska, Anders Eriksson, Rui Martiniano, Russell L. McLaughlin et al., »Upper Palaeolithic genomes reveal deep roots of modern Eurasians«, *Nature Communications* 6(1) (2015), S. 1–8; Qiaomei Fu, Cosimo Posth, Mateja Hajdinjak, Martin Petr, Swapan Mallick, Daniel Fernandes, Anja Furtwängler et al., »The genetic history of ice age Europe«, *Nature* 534(7606) (2016), S. 200–205.

95 Diese Frage wird später detaillierter behandelt: siehe S. 358 ff.

96 Auf diesen Einwand gehe ich später ein, auf S. 359 f.

97 Die Klümpchen und Figürchen wurden vermutlich von den umherziehenden Gemeinschaften mitgenommen. Soweit ich weiß, stehen sie in keinem bestimmten Zusammenhang mit offensichtlichen Anbetungsstätten.

98 Natürlich besitzen Jäger und Sammler mentale Landkarten. Allerdings sind Jäger und Sammler gegen die gefährliche, mit Landkarten verbundene Hybris eher gefeit, weil sie einen grundsätzlich respektvollen Umgang mit der Natur pflegen, was eines ihrer definierenden Merkmale ist. Nach ihrem Verständnis ist die Gestalt mentaler Karten oft direkt aus dem Land selbst abgeleitet (ein berühmtes Beispiel dafür sind die australischen Songlines) und nicht von Menschen ausgedacht.

Herbst

99 Joseph Campbell, Bill Moyers, *The Power of Myth* (hg. Betty Sue Flowers; Doubleday and Co., 1988), S. 120 [dt.: Joseph Campbell, *Die Kraft der Mythen*, übers. von Hans-Ulrich Möhring, Zürich und München 1994, S. 146.]

100 Colin Renfrew, *Archaeology and Language: The Puzzle of Indo-European Origins* (Cambridge University Press, 1990).

101 Ich will nicht zu lange darauf herumreiten, aber das passt gut zu der Vor-

stellung, dass im Jungpaläolithikum das Selbst – und damit die Beziehung des Selbst zu anderen Wesen – mächtig Auftrieb bekam.

102 Die baskische Sprache will immer *benennen*. Man muss allem einen Namen geben, um angemessen loben zu können (obwohl der Zyniker vielleicht darauf hinweisen würde, dass Adams Benennung der Tiere in der Genesis der wesentliche neolithische Akt der Kontrolle war und als solcher in diametralem Gegensatz zum Loben steht). Die Schamanen sagen, dass die natürliche Welt sich verzweifelt nach unserem Lob sehnt. Hier beschreibt Martin Shaw seine Versöhnung mit der Wildnis: »Der erste große Schritt bestand darin, […] die Trümmer meiner Sprache neu zu ordnen, um den Bewohnern, die ich vor mir erblickte, ein deutliches und feinsinniges Lob auszusprechen. Nicht ›der Göttin des Flusses‹, sondern der ›Flussgöttin‹. In dem Augenblick, in dem ich das ›des‹ in die Formulierung zwängte, wurde sie auf eine abstrakte Ebene gehoben, und die Fuchsfrau floh aus der Jagdhütte.« Martin Shaw, *Scatterlings: Getting Claimed in the Age of Amnesia* (White Cloud Press, 2016). Er hätte diesen Schritt schneller vollziehen können, wenn er die nordspanische Natur auf Baskisch anstatt die Natur des Dartmoor im Devon-Dialekt angesprochen hätte.

103 Ich weiß, dass die Vergebung und die Gnade des Landes daher rühren, dass ich inzwischen an genügend Orte gewandert bin, um zu wissen, was einen Ort *an sich* ausmacht, und um mich mit ihm auszusöhnen, mich von ihm belehren und nähren zu lassen. Man kommt über das Spezielle zum Allgemeinen. Das war meiner Meinung nach die wirklich große Entdeckung des Jungpaläolithikums. Es ist ein Paradoxon, wie alles Wissenswerte: Indem man wandert, spürt man, zu Hause zu sein.

Teil 2: Neolithikum
Winter

104 Alan Garner, »Aback of beyond«, in *The Voice that Thunders*, S. 19–38, auf S. 37.

105 Dass Feuer als entscheidender Faktor die Zukunft der Homininen bestimmte, legt James C. Scott brillant dar in *Against the Grain: A Deep History of the Earliest States* (Yale University Press, 2017), S. 37–42 [dt.: *Die Mühlen der Zivilisation – eine Tiefengeschichte der frühesten Staaten*, übers. v. Horst Brühmann (Berlin 2019), S. 51–56].

106 Was ja mittlerweile offensichtlich ist. Gaia hat genug von unserer Vermessenheit und zeigt uns zumindest die Gelbe, wenn nicht gar die Rote Karte. Klimastörungen und Epidemien, die als Zoonosen begonnen haben, sind nur zwei Beispiele für die zahlreichen existenziellen Bedrohungen, die voll und ganz auf unsere veränderte Haltung gegenüber der Welt zurückzuführen sind: weg von der Sichtweise der Jäger und Sammler und hin zur neolithischen.

107 Ich befasse mich in diesem Buch nicht mit der Bildung von Staaten, den

Konsequenzen daraus oder den Alternativen dazu. Das hat bereits James C. Scott meisterhaft in *Against the Grain* [dt.: *Die Mühlen der Zivilisation*] getan. Allerdings möchte ich anmerken, dass Anarchismus häufig missverstanden und systematisch falsch dargestellt wird. Sowohl in der wissenschaftlichen als auch in der Unterhaltungsliteratur begegnet man selten einem Anarchisten, der kein Strohmann ist. Ein hervorragendes Beispiel dafür ist P. J. O'Rourke, *Holidays in Hell* (Picador, 1989), S. xvi: »Zivilisation ist ein enormer Fortschritt gegenüber deren Abwesenheit … [J]eder gescheit daherredende Studentenwohnheimsanarchist sollte mal eine Stunde in Beirut verbringen.«

108 Zur Dunbar-Zahl siehe S. 134.

109 Auf der Landkarte mag es so aussehen, als läge Göbekli Tepe in Ostanatolien, doch für die Zwecke dieser Diskussion dürfen wir es ziemlich sicher in Mesopotamien verorten.

110 Steven Mithen, *After the Ice: A Global Human History, 20,000–5000 BC* (Weidenfeld & Nicolson, 2003), S. 67.

111 Scott, *Against the Grain*, S. 81, 86. [dt.: *Die Mühlen der Zivilisation*, S. 93, 98.]

112 Beispielsweise haben ausgewachsene Haushunde im Vergleich zu Wölfen relativ kurze Schnauzen, wie sie eher für Jungtiere typisch sind. Außerdem bellen sie auch im Erwachsenenalter, was Wolfswelpen zwar ebenfalls tun, ausgewachsene Wölfe hingegen nur sehr selten. Siehe Temple Grandin und Mark J. Deesing (Hg.), *Behavioral Genetics and Animal Science* (Academic Press, 2014), S. 1–40, sowie zur Frage der Neotenie in Relation zur Attraktivität von Menschen: V. Swami und A. S. Harris, »Evolutionary perspectives on physical appearance«, in Thomas Cash (Hg.), *Encyclopedia of Body Image and Human Appearance* (Academic Press, 2012), S. 404–411.

113 Jack R. Harlan, »A wild wheat harvest in Turkey«, *Archaeology* 20(3) (1967), S. 197–201.

114 Scott, *Against the Grain*, S. 7–10 [dt.: *Die Mühlen der Zivilisation*, S. 21–25].

115 1 Mose 4, 1–21.

116 Offenbarung, 21.

117 Matthäus 8, 20.

Frühling

118 Übersetzt von Maik Hamburger, in John Donne, *Zwar ist auch Dichtung Sünde*, (hg. v. Maik Hamburger), a. d. Engl. v. Maik Hamburger und Christa Schuenke, Leipzig 1985, S. 161.

119 *Diagnostic and Statistical Manual of Mental Disorder*, 5. Aufl. (American Psychiatric Association, 2013).

120 Julia Blackburn, *Time Song: Searching for Doggerland* (Random House, 2019).

121 Julian Thomas, »Death, identity, and the body in Neolithic Britain«, *Journal of the Royal Anthropological Institute* 6(40) (2000): S. 653–668, auf S. 659.
122 Eine Verehrung der Gebeine von Toten ist in vielen Kulturen üblich. In Griechenland beispielsweise werden sie noch heute ausgegraben, gewaschen und in eine Familiengruft gelegt.
123 Thomas, »Death, identity, and the body in Neolithic Britain«, S. 657 f.
124 Thomas, »Death, identity, and the body in Neolithic Britain«, S. 662.
125 Wann dies geschah und in welchem Tempo, war sehr unterschiedlich und hing von der geografischen Lage ab. Beispielsweise begann und endete das Neolithikum im Nahen Osten früher als in Nordeuropa.
126 Im Norden Englands, über rechteckige Kammern gebaut, mit zahlreichen Leichen darin: siehe Thomas, »Death, identity, and the body in Neolithic Britain«, S. 663.
127 Es gibt hier eventuell eine Parallele zu der Praxis, die Knochen eines Individuums in einem Beinhaus zu sammeln (zum Beispiel in Judäa in der Zeit des Zweiten Tempels), anstatt sie mit denen der Vorfahren zu vermischen – ein Zeichen der Individualisierung, das im Allgemeinen (jedenfalls in Judäa) auf einen Glauben an die Auferstehung des Individuums hinweist.
128 Allgemeiner wird dieser Gedanke im Hinblick auf den vorderasiatischen Raum hier diskutiert: Francesca Stavrakopoulou, *Land of Our Fathers: The Roles of Ancestor Veneration in Biblical Land Claims* (T. & T. Clark, 2010).
129 Ganz ohne moderne juristische Kniffe.
130 Den Dichter John Clare brachten die englischen Agrarreformen zuerst ins Irrenhaus und dann ins Grab, weil ihm die Einzäunungen den für ihn lebenswichtigen Zugang zu Plätzen in der Natur verwehrten.
131 Langford Reed, *The Complete Limerick Book* (Jarrolds, 1924).
132 Alan Garner, *Boneland* (Fourth Estate, 2012), S. 47.
133 Mit diesen und anderen Symbolen aus dem Jungpaläolithikum beschäftigt sich Richard Bradley in *The Idea of Order: The Circular Archetype in Prehistoric Europe* (Oxford University Press, 2012), S. 32–34.
134 Richard Bradley, *The Idea of Order*, S. 7–11.
135 Bradley, *The Idea of Order*, S. 29.
136 Ich befasse mich hier ausschließlich mit der Kunst der Architektur. Denn natürlich ist die Kunst des Neolithikums und der Bronzezeit größtenteils von geschwungenen Linien geprägt. Allerdings mit Ausnahmen: Im späten Neolithikum waren die Häuser und Denkmäler in Britannien und in Irland rund, die Keramik jedoch häufig mit eckigen Mustern verziert. Aber die generelle Regel für das Neolithikum lautet: rechte Winkel bei Häusern, Rundungen in der Kunst. In *The Idea of Order* befasst sich Richard Bradley eingehend mit dieser Divergenz und geht mit der von mir vertretenen These konform.
137 Jacques Cauvin, *The Birth of the Gods and the Origins of Agriculture* (Cam-

bridge: Cambridge University Press, 2000). Die Debatte hierzu wird von Richard Bradley in *The Idea of Order*, S. 48 und 67, zusammengefasst. Siehe auch William Irwin Thompson, der in *The Time Falling Bodies Take to Light: Mythology, Sexuality and the Origins of Culture* (Palgrave Macmillan, 1996) [dt.: William Irwin Thompson, *Der Fall in die Zeit: Mythologie, Sexualität und der Ursprung der Kultur*, übers. v. Knut Pflughaupt (Stuttgart, 1985)] behauptet, dass die Kunst des Jungpaläolithikums von weiblichen Formen geprägt ist und in den folgenden Epochen die aus dem Jungpaläolithikum bekannte rundliche weibliche Form weiterhin dominiert. Demzufolge lebt Robert Graves' Weiße Göttin fort und herrscht in der Architektur von Tempeln und anderen religiösen Gebäuden und Denkmälern heimlich weiter. Siehe Robert Graves, *The White Goddess* (Faber & Faber, 1948) [dt.: Robert Graves, *Die weiße Göttin: Sprache des Mythos*, übers. v. Thomas Lindquist unter Mitarbeit von Lorenz Wilkens (Reinbek, 1988)].

138 Einen Überblick über Stonehenge und sein Umfeld gibt Matt Leivers in »The Army Basing Programme, Stonehenge and the Emergence of the Sacred Landscape of Wessex«, *Internet Archaeology*, 56 (2021).

139 Das geht aus Isotopenuntersuchungen hervor, mit denen sich die Herkunft einiger Artefakte bestimmen lässt.

140 Die Angst vor dem Tod ist die vielleicht größte menschliche Sorge (obwohl ich bezweifle, dass es nur für Menschen ein beherrschender Gedanke ist). Im Gegensatz zu vielen anderen bin ich nicht der Meinung, dass diese Angst ausschließlich eine Angelegenheit der Religion ist oder gar nur der Religionen, die eine explizite Vorstellung von einem Leben nach dem Tod haben. Es gibt viele Beispiele für Systeme, die darauf abzielen, diese Angst zu nehmen, und dabei nicht auf irgendwelche metaphysischen Folgerungen angewiesen sind. So vermute ich, dass in der antiken Welt die Mysterien von Eleusis dazu gehörten. Auch wenn sie sich um den Mythos von Demeter und Persephone ranken, würde es mich überraschen, wenn jemand glaubt, die Zustimmung zu irgendwelchen Thesen, die sich auf diesen Mythos beziehen, sei wesentlich für das, was die Mysterien für die Eingeweihten leisteten. In unserer Welt wiederum sind die Psychoanalyse und der zunehmende Konsum von Entheogenen naheliegende Beispiele.

141 Für eine umfassende Diskussion über die wahrscheinlichen Funktionen von Stonehenge siehe Mike Parker Pearson, *Stonehenge: Exploring the Greatest Stone Age Mystery* (Simon and Schuster, 2012).

142 Beispielsweise der Mount Pleasant in Dorset. Zur Erörterung der Holzkreise als Sujet für menschliche Vergänglichkeit siehe: Oliver J. T. Harris und Tim Flohr Sørensen, »Rethinking emotion and material culture«, *Archaeological Dialogues* 17(2) (2010), S. 145; und Caroline Brazier, »Walking in sacred space«, *Self & Society* 41(4) (2014), S. 7–14.

143 Ursprünglich könnte die Strecke von Woodhenge nach Stonehenge mit Steinen markiert gewesen sein. Eine eindeutige Avenue, die beidseits von

Steinen gesäumt ist, gibt es beim nah gelegenen Avebury, eine weitere bei Shap in Cumbria.
144 Vgl. 1 Korinther 15, 42 (Einheitsübersetzung).
145 Das metaphorische Sterben ist in den Weltreligionen eine häufige Praxis. Am deutlichsten vielleicht im tibetischen Buddhismus, wo systematisch versucht wird, die Todeserfahrung zu simulieren – und sich dadurch auf ihn vorzubereiten. In der christlichen Taufe erreicht der neue Gläubige das neue Leben, nachdem er durch das Wasser des Todes geläutert worden ist.
146 1 Korinther 13, 12: »Jetzt schauen wir in einen Spiegel und sehen nur rätselhafte Umrisse, dann aber schauen wir von Angesicht zu Angesicht. Jetzt ist mein Erkennen Stückwerk, dann aber werde ich durch und durch erkennen, so wie ich auch durch und durch erkannt worden bin.« (Einheitsübersetzung)
147 Francis Pryor, *Britain BC: Life in Britain and Ireland before the Romans* (HarperCollins, 2003).
148 In vielen der alten Ganggräber aus dem frühen Neolithikum schien zur Wintersonnenwende, wenn also die Dunkelheit ihren größten Triumph über das Licht feiert, die Sonne auf die Toten. Und im Themenpark Stonehenge-Durrington war einer der vergänglichen Holzkreise in Durrington Walls auf das Licht der Mittwintersonnenwende ausgerichtet (als Zeichen, dass es mitten im Leben den Tod gibt), während ein Teil der Stonehenge-Avenue in Richtung Mittsommersonnenwende weist, also auf den Zeitpunkt, an dem die Sonne ungebrochen scheint (was zeigen sollte, dass das Licht sogar in der düsteren Steinzitadelle der Toten herrscht).
149 Natürlich ist auch meine Behauptung gewagt, aber ist sie nicht die logische Folge, wenn die Dörfer der Lebenden und die der Toten bewusst nebeneinandergestellt wurden und zwischen ihnen wahrscheinlich eine Art Prozessionsweg verlief?
150 Dazu siehe beispielsweise M. Edmonds, »Interpreting causewayed enclosures in the past and present«, in C. Y. Tilley (Hg.), *Interpretative Archaeology* (Berg, 1993), S. 99–142; J. C. Barrett, »Fields of discourse: reconstituting a social archaeology«, in J. Thomas (Hg.), *Interpretative Archaeology: A Reader* (Leicester University Press, 2000), S. 23–32; O. J. T. Harris, »Communities of anxiety: gathering and dwelling at causewayed enclosures in the British Neolithic«, in J. Fleisher und N. Norman (Hg.), *The Archaeology of Anxiety* (Springer, 2016); und Richard Bradley, *The Significance of Monuments: On the Shaping of Human Experience in Neolithic and Bronze Age Europe* (Routledge, 2012).

Sommer

151 Friedrich Engels, *Der Ursprung der Familie, des Privateigentums und des Staats* (1884).
152 L. Fiems, S. Campeneere, W. Caelenbergh und C. Boucqué, »Relationship

between dam and calf characteristics with regard to dystocia in Belgian Blue double-muscled cows«, *Animal Science*, 72(2) (2001), S. 389–394; P. Arthur, »Double muscling in cows: a review«, *Australian Journal of Agricultural Research 46* (1995), S. 1493–1515.

153 Herbeigeführt vermutlich durch die Flushing-Fütterung, bei der Kraftfutter zugegeben wird, das die Fruchtbarkeit und die Mehrfachgeburtenrate steigert.

154 Owen Atkinson, *Feeding the Cow*, Webinar Vet, Dezember 2018.

155 Siehe 3 Mose 25.

156 Ein Beispiel für diese Sichtweise liefert ein ehemaliger (und inzwischen in Ungnade gefallener) Pfarrer einer konservativen evangelikalen Kirche: »Erst heute hat mir ein Gemeindemitglied erzählt, dass es ihm nach [einem Trainingskurs], an dem es letztes Jahr teilgenommen hat, heute nicht mehr möglich ist, durch die Straßen zu gehen, ohne ständig daran zu denken, wo die meisten Menschen die Ewigkeit verbringen werden.« Jonathan Fletcher, *Dear Friends* (Lost Coin Books, 2013), S. 26.

157 Ich habe mich oft gefragt, was der Unterschied ist. Ich vermute, wenn jemand sich als »spirituell« bezeichnet, will er etwas über seine Verfassung oder Gesinnung ausdrücken; und wer sich als spirituell, aber nicht religiös bezeichnet, meint damit, dass er sich in seiner Haltung nicht von bestimmten theologischen oder metaphysischen Vorgaben einschränken lässt. Das Problem ist, dass die meisten Menschen, die eindeutig religiös, aber nicht glühend fundamentalistisch sind, entgegnen würden, dass sie sich in ihrer spirituellen Haltung von solchen Vorgaben ebenfalls nicht einschränken lassen.

158 Siehe zum Beispiel Simon Harrison, »Cultural efflorescence and political evolution on the Sepik River«, *American Ethnologist* 14(3) (1987), S. 491–507.

159 Auf einer herkömmlichen Wiese kann es durchaus 150 verschiedene Gras- und Blumenarten geben: siehe http://www.bbc.co.uk/earth/story/20150702-why-meadows-are-worth-saving

160 Ich befasse mich hier nicht mit den Problemen der ersten Staatsgebilde. Manche der bei einer Staatenbildung auftretenden Schwierigkeiten sind die gleichen wie die hier besprochenen, manche aber auch nicht. Der beste und verständlichste Abriss über die Geburt der Staaten im mesopotamischen Schwemmland, den ich kenne, findet sich in James C. Scott, *Against the Grain* [dt.: *Die Mühlen der Zivilisation*].

161 Man könnte eine kohärente postneolithische Weltgeschichte ausschließlich auf der Grundlage dessen schreiben, was die Einschränkungen durch die Dunbar-Zahl für die zwischenmenschlichen Beziehungen bedeuteten. Da dieses Buch jedoch vom Neolithikum (wo die Dunbar-Zahl erst ganz am Schluss zum Tragen kam) direkt zur Aufklärung springt, werde ich in diesem Rahmen nicht näher darauf eingehen.

162 Siehe James Crowden, *Cider: The Forgotten Miracle* (Cyder Press, 1999), S. 15.
163 Roger Wilkins von der Lands End Farm, Mudgley.
164 Chet Raymo, *The Soul of the Night: An Astronomical Pilgrimage* (Cowley Publications, 2005), S. 46.
165 1 Mose 2, 20.
166 Zur Bedeutung des Mittsommers im Neolithikum siehe S. 280 ff.
167 Carolyn Steel, *Sitopia: How Food Can Change the World* (Chatto & Windus, 2020), S. 57.
168 Steel, *Sitopia*, S. 60.
169 ADM (Archer Daniels Midland), Bunge, Cargill und Dreyfus. Siehe Steel, *Sitopia*, S. 165.
170 Steven Pinker, *The Better Angels of Our Nature: Why Violence Has Declined* (Viking, 2011), S. 48 [dt.: *Gewalt: eine neue Geschichte der Menschheit*, übers. v. Sebastian Vogel (Frankfurt/M. 2013), S. 92].
171 Jedenfalls gibt es keine gegenwärtigen oder ehemaligen Gemeinschaften, die in dem hier erörterten Kontext für einen Vergleich mit den Jägern und Sammlern in der gemäßigten europäischen Klimazone taugen.
172 Bruce Chatwin bemerkt in *Traumpfade* (S. 343 f.): »Einer allgemeinen Regel der Biologie zufolge sind die migratorischen Arten weniger ›aggressiv‹ als die sesshaften. Es liegt auf der Hand, warum das so sein muss. Die Migration selbst ist, wie auch die Pilgerreise, eine für alle gleichermaßen beschwerliche Reise – die ›Tüchtigen‹ werden überleben und die Nachzügler am Wegrand zurückbleiben. Deshalb setzt die Reise zwangsläufig Hierarchien und die Demonstration von Überlegenheit voraus. Die ›Diktatoren‹ im Tierreich sind die, die in einer Atmosphäre des Überflusses leben. Die Anarchisten sind wie immer die ›Gentlemen der Straße‹.«
173 Alle hier erwähnten Zitate stammen aus Jay Griffiths' Vortrag »Ferocious Tenderness«, den sie 2015 bei der Konferenz »Radical Hope and Cultural Tragedy« hielt: https://www.youtube.com/watch?v=4nzaFmlUD0c. Siehe dazu auch Griffiths' Werke *Wild: An Elemental Journey* (Penguin, 2008) und *Kith: The Riddle of the Childscape* (Hamish Hamilton, 2014).
174 Die Rolle der Schrift (insbesondere der nicht piktografischen Alphabetschrift) bei der Abspaltung des Menschen von der nicht-menschlichen Welt wird ausführlich und brillant dargestellt in David Abram, *The Spell of the Sensuous: Perception and Language in a More-Than-Human World* (Vintage, 1997) [dt.: *Im Bann der sinnlichen Natur: die Kunst der Wahrnehmung und die mehr-als-menschliche Welt*, übers. v. Matthias Fersterer und Jochen Schilk (Klein Jasedow 2012)].
175 Um 3300 v. u. Z.
176 Gegen Ende des vierten Jahrtausends v. u. Z.

Herbst

177 Siehe Abram, *The Spell of the Sensuous* [dt.: *Im Bann der sinnlichen Natur*].
178 Wahrscheinlich war im Neolithikum das *Errichten* der megalithischen Monumente wichtiger als das, was dann dort geschah.
179 Matthias Claudius, 1783.
180 Die Wintersonnenwende scheint an den großen britischen Megalithmonumenten größer gefeiert worden zu sein als die Sommersonnenwende, siehe zum Beispiel Matt Leivers, auf den in einer Fußnote zu S.280 verwiesen wird.
181 Eine hinreichende Erörterung der binären Motive im damaligen und im modernen Denken würde den Rahmen dieses Buches bei Weitem sprengen. Neben vielem anderen müsste sie auch eine Darstellung des Strukturalismus und der Kritik daran beinhalten. Ich könnte mit den Schöpfungsberichten im Buch Genesis beginnen (die vielleicht gar nicht so binär sind, wie sie auf den ersten Blick scheinen) und dann über Platon, die östliche und die westliche Non-Dualität und den Gnostizismus weitergehen zu Claude Lévi-Strauss (insbesondere zu seinem Buch *Das Rohe und das Gekochte*, in dem er die Bräuche der Amazonas-Stämme untersucht) und Jacques Derrida bis hin zur Computerprogrammierung und den algorithmischen Methoden der Entscheidungsfindung.
182 In »Defending the Mysteries«, https://vimeo.com/347380878
183 Aus *The Lawyer* vom 17. Januar 2020, zitiert im täglichen Pressespiegel von Lawtel.
184 Vergleichen Sie die Geschichte mit dem, was geschah, als das Volk der Nayaka in den Nilgiri-Bergen im Nordosten Indiens anfing, Ackerbau und Viehzucht zu betreiben. Erstmals begannen sie, sich Tieren gegenüber aggressiv zu verhalten, und sahen sich als Besitzer des nun entseelten Landes: siehe Danny Naveh und Nurit Bird-David, »How Persons Become Things: Economic and Epistemological Changes Among Nayaka Hunter-Gatherers«, *Journal of the Royal Anthropological Institute*, 20(1) (2014), S. 74–92.

Teil 3: Aufklärung

185 Dresden James, oft zitiert, aber von unklarem Ursprung.
186 Jeffrey J. Kripal, *The Flip*, S. 12.
187 Garner, Alan, *Strandloper* (Harvill Press, 1996), S. 176 [dt.: *Der Strandläufer*, übers. v. Ingo Berensmeyer (München, Zürich 1999), S. 209].
188 C. S. Lewis, *The Last Battle* (Bodley Head, 1956), S. 154 [dt.: *Der letzte Kampf*, übers. v. Wolfgang Hohlbein und Christian Rendel (Wien 2008), S. 163].
189 Siehe Aristoteles, *Historia animalium [Tierkunde]*, *De generatione animalium [Über die Entstehung der Tiere]*, *De motu animalium [Über die Bewegung der Lebewesen]* und *De partibus animalium [Über die Teile der Tiere]*.

190 Aristoteles, *De anima [Über die Seele]*.
191 Siehe Lukrez, *De rerum natura [Über die Natur der Dinge]*, sowie *Naturalis historia [Naturgeschichte]* von Plinius dem Älteren.
192 Mittelalterliche Nacherzählungen des Epos vom Trojanischen Krieg sind in Sachen Landschaft ebenso blind wie Homer; siehe zum Beispiel das französische Epos *Roman d'Énéas* aus dem 12. Jahrhundert. Zum Thema Landschaft und Perspektive bei Homer, Vergil und in der mittelalterlichen Literatur siehe Theodore Andersson, *Early Epic Scenery* (Cornell University Press, 1976) und Milton E. Brener, *Vanishing Points: Three Dimensional Perspective in Art and History* (McFarland, 2004).
193 Brener, *Vanishing Points*, S. 178.
194 Thomas Burnet, *Sacred Theory of Earth* (1681), zitiert in Brener, *Vanishing Points*, S. 179.
195 1 Petrus 5, 8.
196 Eine Erörterung dieser Gepflogenheiten findet sich in Susan Owens, *Spirit of Place: Artists, Writers and the British Landscape* (Thames & Hudson, 2020).
197 Zitiert in Brener, *Vanishing Points*, S. 180.
198 Die sich verändernden Einstellungen gegenüber der Landschaft hat, bezogen auf England, Susan Owens in *Spirit of Places* hervorragend dokumentiert und analysiert. Beispielsweise stellt sie fest, dass Berge tendenziell als Furcht einflößend galten, dass ihre Erhabenheit erstmals von Thomas Gray (1716–1771), dem Verfasser des berühmten Gedichts *Elegy in a Country Churchyard*, erkannt wurde und dass die furchtlose Reiseschriftstellerin Celia Fiennes bei ihren Ritten durch Derbyshire zu Beginn des 18. Jahrhunderts diese Grafschaft wohl vor allem deshalb nicht mochte, weil sie für die landwirtschaftliche Nutzung eher ungeeignet war. In einigen Punkten bin ich allerdings anderer Meinung als Owens: Sie sieht eine echte Wahrnehmung und Wertschätzung der Landschaft in *Beowulf* (insbesondere bei Grendels Versteck) sowie in *Sir Gawain and the Green Knight*. Mir hingegen scheinen *Beowulf* wie auch *Gawain* recht gute Beispiele dafür zu sein, dass die Natur als Kulisse für menschliche Dramen herhalten musste.
199 Brener behauptet, das sei der deutsche Maler Albrecht Altdorfer (ca. 1480–1538) gewesen.
200 Brener legt überzeugend dar, dass die chinesischen Künstler in der Epoche des Mittelalters einen besseren und interessierteren Blick auf die Natur hatten als die europäischen Künstler, wenngleich ihr Interesse ebenfalls wenig intrinsisch war. Allerdings benutzten sie Motive aus der Natur, um Wahrheiten über sich selbst zum Ausdruck zu bringen: »Die chinesischen Künstler blicken in sich selbst und in ihre eigene Spiritualität, um auszudrücken, was sie in der Natur sehen. Die europäischen Künstler der letzten Jahrhunderte betrachten die Szene an sich«: Brener, *Vanishing Points*, S. 154.
201 Scott, *Die Mühlen der Zivilisation*, S. 257.

202 Howard Jacobson, *Coming from Behind* (Vintage, 2003). Der Protagonist heißt Sefton Goldberg.
203 Römer 8, 19–22.
204 Siehe dazu Steven Pinker, *Aufklärung jetzt*, übers. v. Martina Wiese (Frankfurt/M. 2018), S. 20 ff.
205 Wann das Neolithikum zu Ende gegangen ist, wird natürlich kontrovers diskutiert und ist auch regional unterschiedlich.
206 C. S. Lewis, *Poetry and Prose in the Sixteenth Century* (Clarendon Press, 1954), S. 3.
207 Pinker, Steven, *Enlightenment Now* (Penguin Random House, 2018), S. 8 [dt.: *Aufklärung jetzt*, übers. v. Martina Wiese (Frankfurt/M. 2018), S. 20].
208 Beispiele dafür, welche Verbesserungen angeblich unter dem wohltätigen Einfluss der Aufklärung stattgefunden haben, finden sich in Steven Pinkers Büchern *The Better Angels of Nature: Why Violence Has Declined* [dt. *Gewalt: Eine neue Geschichte der Menschheit*, übers. v. Sebastian Vogel (Frankfurt 2011)] und *Enlightenment Now* [dt.: *Aufklärung jetzt*].
209 In *Aufklärung jetzt* schreibt Pinker: »Als die industrielle Revolution eine Fontäne nutzbarer Energie aus Kohle, Öl und fallendem Wasser freisetzte, bedeutete dies einen ›großen Ausbruch‹ aus Armut, Krankheit, Hunger, Analphabetentum und vorzeitigem Tod – zuerst im Westen und dann zunehmend auch im Rest der Welt« (S. 39). Mit keiner noch so großen Anzahl an Diagrammen – oder überhaupt an Messgrößen jedweder Art – lässt sich solch eine unverblümt rosige Sichtweise begründen. Bei seiner Betrachtung gegenaufklärerischer Bewegungen geht Pinker mit den rechtsgerichteten Kräften (religiösen Fundamentalisten und Nationalisten) scharf und überzeugend ins Gericht, seine Darstellung der Linken hingegen ist weniger befriedigend. Er schreibt: »Die Linke neigt […] dazu, mit einer weiteren Bewegung zu sympathisieren, die menschliche Interessen einer transzendenten Größe unterordnet – dem Ökosystem. Die romantische grüne Bewegung betrachtet die Nutzbarmachung von Energie durch den Menschen nicht als Weg, der Entropie zu trotzen und menschliches Wohlergehen zu fördern, sondern als schreckliches Verbrechen wider die Natur, die grausame Vergeltung üben wird in Gestalt von Ressourcenkriegen, vergifteter Luft und Wasser sowie dem Klimawandel, der das Ende der Zivilisation bedeutet.« (S. 49 f.) Die menschlichen Interessen isoliert von der nicht-menschlichen Welt zu sehen erscheint heute als vorsintflutlich und gefährlich. Ich will in diesem Rahmen nicht näher darauf eingehen, denn meine Bedenken sind in der Diskussion der Allgegenwart von Bewusstsein subsumiert. Aber Pinkers Eintreten für »ein humanistisches Umweltbewusstsein […], das eher im Zeichen der Aufklärung als der Romantik steht und zuweilen als Ökomodernismus oder Ökopragmatismus bezeichnet wird« (S. 50), darf nicht unwidersprochen bleiben. Er glaubt, das Problem des Klimawandels ließe sich lösen, wenn »wir die positiv wirkenden Kräfte

der Modernität aufrechterhalten, die uns bisher ermöglicht haben, schwierige Dinge anzugehen – wie gesellschaftlichen Wohlstand, klug regulierte Märkte, internationale Führung sowie Investitionen in Wissenschaft und Technik« (S. 202). Er schlägt vor, den Bock zum Gärtner zu machen, was mir ziemlich unklug erscheint. Können die Probleme Teil der Lösung sein? Das ist eher unwahrscheinlich.

210 Tzvetan Todorov, einer der scharfsichtigsten Fürsprecher der Aufklärung, bemerkt, sie sei eher »eine Ära der Debatte als des Konsens« gewesen. *In Defence of the Enlightenment* (London: Atlantic, 2009), S. 9.
211 Zitiert in Todorov, *In Defence of the Enlightenment*, S. 44.
212 Zitiert in Todorov, *In Defence of the Enlightenment*, S. 44.
213 Zitiert in Todorov, *In Defence of the Enlightenment*, S. 35.
214 Pinker, *Aufklärung jetzt*, S. 39.
215 John Maddox, »A book for burning?«, *Nature* 293(5830) (1981).
216 Ein gutes Beispiel dafür, wie wissenschaftliche Skepsis funktionieren sollte, ist Michael Shermers Reaktion auf das Phänomen mit dem defekten Radio, das auf S. 167 f. geschildert wird. Er kam zu dem Schluss: »[W]enn wir das wissenschaftliche Credo ernst nehmen, dass wir uns angesichts einer unsicheren Beweislage oder eines ungelösten Rätsels einen aufgeschlossenen Geist bewahren und agnostisch bleiben sollen, dann sollten wir nicht die Pforten der Wahrnehmung verschließen, wenn sie sich uns womöglich öffnen, damit wir das Mysteriöse bestaunen können.« Michael Shermer, »Infrequencies«, *Scientific American* 311(4) (2014), S. 97.
217 Beispielhaft dafür ist John Maddox' Aussage bei dem Interview über das oben erwähnte Buch *A New Science of Life [Das schöpferische Universum]* von Rupert Sheldrake. Maddox sagte: »Es ist unnötig, bei der Erklärung physikalischer und biologischer Phänomene Magie ins Spiel zu bringen, zumal wenn eine hohe Wahrscheinlichkeit besteht, dass durch kontinuierliche Forschung, wie sie heute praktiziert wird, all die Lücken gefüllt werden können, für die Sheldrake Aufmerksamkeit heischt«; siehe https://www.youtube.com/watch?v=QcWOzıxjtsY. Maddox befand auch, dass der Urknall »philosophisch inakzeptabel« sei und bald widerlegt werden würde: »Down with the Big Bang«, *Nature* 340(6233) (1898), S. 425 – ein weiteres Beispiel dafür, wie materialistische Ideologie die Wissenschaft nach ihrer Pfeife tanzen lässt.
218 Lamarck ist berühmt für seine These, dass das Voranschreiten der Evolution durch die Vererbung wünschenswerter Merkmale stattfindet, welche von den Eltern erworben worden sind.
219 Todorov äußert sich (auf S. 6 von *In Defence of Enlightenment*) über die Auswirkung der Aufklärung auf unsere moderne Selbstdefinition. Wenn ich seine Bemerkung um zwei Wörter ergänze (in eckigen Klammern), hat er meiner Meinung nach recht: »Der große Umbruch, der sich in dem Dreivierteljahrhundert vor 1789 ereignete, ist mehr als alles andere verantwortlich für unsere[n] gegenwärtige[n] [Mangel an] Identität.«

220 Kripal, *The Flip*, S. 55.
221 Es gibt keine allgemein anerkannte Definition dessen, was die »Kopenhagener Deutung« der Quantenmechanik ist. Manche würden bestimmte Elemente einschließen, andere würden sie ausschließen. Doch es besteht zumindest so weit Einigkeit über den Inhalt der »Deutung«, um dem Begriff Aussagekraft zu verleihen, wenigstens für Laien. Die inhaltlichen Details sind für meine Zwecke hier nicht relevant. Unumstritten ist jedenfalls, dass wesentliche Komponenten der »Deutung« die vorherrschende Lehrmeinung in der Quantenphysik des 20. und auch noch 21. Jahrhunderts darstellen. Die meisten der zentralen Komponenten sind auch heute noch allgemein anerkannt, wenngleich es inzwischen vermutlich weniger Quantenphysiker gibt, die sich unumwunden und uneingeschränkt als Anhänger der Kopenhagener Schule bezeichnen würden.
222 Bohr bezieht sich hier auf die Heisenberg'sche Unbestimmtheitsrelation (auch Unschärfeprinzip genannt; sie besagt, dass der Impuls und der Ort eines Elektrons nicht gleichzeitig wirklich genau bestimmt werden können.)
223 Heisenberg, Werner, *The Physicist's Conception of Nature* (Harcourt Brace, 1958), S. 29 [dt.: *Das Naturbild der heutigen Physik* (Hamburg 1955), S. 21].
224 John Clauser et al., University of California, Berkeley; Alain Aspect et al., Université Paris-Saclay, Orsay; und Nicolas Gisin et al., Université de Genève.
225 Siehe Kripal, *The Flip*, S. 98–103.
226 Alfred North Whitehead, *Adventures of Ideas* (Macmillan, 1933) [dt.: *Abenteuer der Ideen*, übers. v. Eberhard Bubser (Frankfurt/M. 1971)]; Timothy Sprigge, *A Vindication of Absolute Idealism* (Routledge and Kegan Paul, 1983); David Griffin, *Unsnarling the World-Knot: Consciousness, Freedom, and the Mind-Body Problem* (University of Minnesota Press, 1998); Thomas Nagel, »Panpsychism«, in *Mortal Questions* (Cambridge: Cambridge University Press, 1979), S. 181–195, und *Mind and Cosmos: Why the Materialist Neo-Darwinian Conception of Nature is Almost Certainly False* (Oxford: Oxford University Press, 2012) [dt.: *Geist und Kosmos – warum die neodarwinistische Konzeption der Natur so gut wie sicher falsch ist*, übers. v. Karin Wördemann (Berlin 2016)]. Die verständlichste Darstellung von Galen Strawsons Sichtweise findet sich in »Realistic materialism: why physicalism entails panpsychism«, *Journal of Consciousness Studies* 13(10–11) (2006), S. 3–31; siehe auch Rupert Sheldrake, »Is the sun conscious?« *Journal of Consciousness Studies* 28(3–4) (2021), S. 8–28.
227 Wir müssen vorsichtig sein mit der Annahme, dass sich Ansammlungen von atomaren Teilchen ebenso verhalten wie subatomare Teilchen. Aber hören wir, was der Physiker Erich Joos dazu sagt: »Anzunehmen, oder vielmehr zu postulieren, die Quantentheorie sei nur eine Theorie über Mikroobjekte, während im makroskopischen Bereich ein klassisches Sachgebiet

per Dekret (oder sollte ich Wunschdenken sagen?) valide sein muss … führt zu den endlos diskutierten Paradoxa der Quantentheorie. Diese Paradoxa entstehen nur, weil dieser bestimmte Ansatz begrifflich widersprüchlich ist … Außerdem sind Mikro- und Makroobjekte so stark dynamisch aneinander gekoppelt, dass wir nicht einmal wissen, wo die Grenze zwischen diesen beiden vermeintlichen Bereichen verlaufen könnte. Aus diesen Gründen scheint offensichtlich zu sein, dass es keine Grenze gibt.« Erich Joos, »The Emergence of Classicality from Quantum Theory« in Philip Clayton und Paul Davies (Hg.), *The Re-Emergence of Emergence: The Emergentist Hypothesis from Science to Religion* (Oxford: Oxford University Press, 2006), S. 74 f. Zur Diskussion dieser Frage siehe auch Bernardo Kastrup in *Decoding Jung's Metaphysics: The Archetypal Semantics of an Experimental Universe* (Iff Books, 2021), S. 46–70.

228 Etwa die Annahme, dass wir verstehen würden, was Materie ist. Und dass nichts außer Materie existiert. Und dass jedes Phänomen in der Natur letztendlich auf Materie basieren muss.

229 Siehe Kripal, *The Flip*, S. 48–53.

230 Vielleicht an einen gesünderen Ort? Rumi, der die aristotelische Sichtweise von der Hierarchie der Seelen übernommen hat, merkt dazu an: »Ich starb als Stein und wurde Gras; dann starb ich als Kraut und wurde Tier. Ich starb als Tier und wurde Mensch – was soll ich also fürchten? Wann hat mich der Tod verkleinert?« Zitiert nach Maulana Dschelaluddin Rumi, *Sei Sonne, sonst bleibst du Fledermaus,* hg. von Ulrich Holbein (Wiesbaden 2013) [E-Book].

231 Aldous Huxley, *The Doors of Perception* (Chatto and Windus, 1954) [dt.: *Die Pforten der Wahrnehmung*, übers. v. Herberth E. Herlitschka (München 1970)].

232 Siehe Jason Padgett und Maureen Seaberg, *Struck by Genius: How a Brain Injury Made Me a Mathematical Marvel* (Houghton Mifflin Harcourt, 2014).

233 Zitiert nach Titus Müller, *C. S. Lewis – Ein Leben in Briefen* (Adeo Verlag, 2021) [E-Book].

234 Johannes 8, 58.

235 Kripal, *The Flip*, S. 55 f.

236 M. W. Reiman et al., »Cliques of neurons bound into cavities provide a missing link between structure and function«, *Frontiers in Computational Neuroscience* (2017).

237 Ein hervorragendes Beispiel für diese Sichtweise ist Gerd Lüdemanns Diskussion der Auferstehung Jesu. »In der Regel stellen wir in solchen Fällen nicht die Frage nach der Historizität. In diesem besonderen Fall muss betont werden, dass jedes historische Element hinter dieser Szene oder hinter Apg 1, 9–11, ausgeschlossen werden muss, denn es gibt keinen solchen Himmel, in den Jesus hätte auffahren können.« Gerd Lüdemann, *The Re-*

surrection: A Historical Inquiry (Prometheus, 2004), S. 114. James Tabor vertritt hinsichtlich der Geburt und der Auferstehung Jesu eine ähnliche Position: »Als Wissenschaftler sind Historiker verpflichtet, innerhalb der Parameter einer realistischen Weltanschauung zu arbeiten. Frauen werden ohne Beteiligung eines Mannes *nicht* schwanger; folglich hatte Jesus einen menschlichen Vater, ob wir nun seine Identität ermitteln können oder auch nicht. Tote erwachen nicht wieder zum Leben – jedenfalls nicht, wenn sie klinisch tot sind, was Jesus nach der Kreuzigung und drei Tagen im Grab mit Sicherheit war. Wenn man das Grab also leer vorfand, ist die realistische Schlussfolgerung ganz einfach: Jesu Leiche wurde von jemandem herausgeholt und wahrscheinlich in einem anderen Grab wieder bestattet.« Tabor, James D., *The Jesus Dynasty* (Harper Element, 2007), S. 262 f. [dt.: *Die Jesus-Dynastie,* übers. v. Giovanni und Ditte Bandini (München 2007), S. 291].

238 Etzel Cardeña, »The experimental evidence for parapsychological phenomena: a review«, *American Psychologist* 73.5 (2018), S. 663; vgl. Arthur S. Reber und James E. Alcock, »Searching for the impossible: parapsychology's elusive quest«, *American Psychologist* (2019).

239 Kripal, *The Flip*, S. 36 f.

240 Siehe S. 358 ff.

Lektürevorschläge

Dies ist keine Bibliografie. Eine hinreichende Bibliografie müsste alles auflisten, was je von und über Menschen geschrieben worden ist. Eine weniger hinreichende Bibliografie müsste alle Schriften erwähnen, die sich mit dem Jungpaläolithikum, dem Neolithikum und der Aufklärung befassen. Weder das eine noch das andere ist machbar. Also ist dies hier nur das, was die Überschrift besagt: eine Liste mit Lektürevorschlägen.

Sie ist trotzdem ziemlich lang geworden. Wenn Sie nicht viel Zeit haben, empfehle ich Ihnen David Abram, Joseph Campbell, Robin Dunbar, Clive Gamble, Alan Garner, Jay Griffiths, Joan Halifax, Ian Hodder, Timothy Insoll, Paul Kingsnorth, Jeff Kripal, Iain McGilchrist, David Miles, Steven Mithen, Mike Parker Pearson, Paul Pettitt, Steven Pinker, Colin Renfrew, Rick Schulting und Linda Fibiger, James C. Scott und Martin Shaw. Und kein Kind sollte ohne die Bücher von Michelle Paver aufwachsen müssen.

Abram, David, *The Spell of the Sensuous: Perception and Language in a More-Than-Human World* (Vintage, 1997) [dt.: *Im Bann der sinnlichen Natur: die Kunst der Wahrnehmung und die mehr-als-menschliche Welt*, übers. von Matthias Fersterer und Jochen Schilk, Klein Jasedow 2012]

Abram, David, *Becoming Animal: An Earthly Cosmology* (Pantheon Books, 2010)

Adams, Cameron, David Luke, Anna Waldstein, David King und Ben Sessa (Hg.), *Breaking Convention: Essays on Psychedelic Consciousness* (North Atlantic Books, 2014)

Aldhouse-Green, Stephen, und Paul Pettitt, »Paviland cave: contextualizing the ›Red Lady‹«, *Antiquity* 72 (278) (1998), S. 756–772

Barham, Larry, Philip Priestley und Adrian Targett, *In Search of Cheddar Man* (Tempus, 1999)

Barrett, Justin L., *Cognitive Science, Religion, and Theology: From Human Minds to Divine Minds* (Templeton Press, 2011)

Bentley Hart, David, *The Experience of God: Being, Consciousness, Bliss* (Yale University Press, 2013)

Blackburn, Julia, *Time Song: Searching for Doggerland* (Random House, 2019)

Blackmore, Susan, *Consciousness: An Introduction* (Routledge, 2013)

Bradley, Richard, *The Past in Prehistoric Societies* (Psychology Press, 2002)

Bradley, Richard, *Image and Audience: Rethinking Prehistoric Art* (Oxford University Press, 2009)

Bradley, Richard, *The Idea of Order: The Circular Archetype in Prehistoric Europe* (Oxford University Press, 2012)

Brener, Milton E., *Vanishing Points: Three Dimensional Perspective in Art and History* (McFarland, 2004)

Broadie, Alexander, *The Scottish Enlightenment* (Birlinn, 2012)

Burns, Jonathan, *The Descent of Madness: Evolutionary Origins of Psychosis and the Social Brain* (Routledge, 2007)

Burroughs, William James, *Climate Change in Prehistory: The End of the Reign of Chaos* (Cambridge University Press, 2005)

Campbell, Joseph, *The Hero with a Thousand Faces* (Pantheon, 1949)

Campbell, Joseph, *The Masks of God*, 4 Bände: (1) *Primitive Mythology*; (2) *Oriental Mythology*; (3) *Occidental Mythology*; (4) *Creative Mythology* (Secker & Warburg, 1960)

Campbell, Joseph, *The Way of the Animal Powers*, Band 1 des *Historical Atlas of World Mythology* (Harper & Row, 1983)

Campbell, Joseph, *The Way of the Seeded Earth*, Band 2 des *Historical Atlas of World Mythology* (Harper and Row, 1989)

Campbell, Joseph, *The Inner Reaches of Outer Space: Metaphor as Myth and as Religion* (New World Library, 2002)
Campbell, Joseph, und Bill Moyers, *The Power of Myth* (Anchor, 2011) [dt.: Joseph Campbell, *Die Kraft der Mythen*, übers. von Hans-Ulrich Möhring, Zürich, München 1994]
Cassirer, Ernst, *The Philosophy of the Enlightenment* (Princeton University Press, 1979)
Cauvin, Jacques, *The Birth of the Gods and the Origins of Agriculture* (Cambridge University Press, 2000)
Chatwin, Bruce, *The Songlines* (Picador, 1987) [dt.: *Traumpfade*, übers. von Anna Kamp, München, Wien 1990]
Chatwin, Bruce, »The nomadic alternative«, in *Anatomy of Restlessness* (Jonathan Cape, 1996), S. 85–99 [dt.: Bruce Chatwin, *Der Traum des Ruhelosen*, übers. von Anna Kamp, München 1996]
Chatwin, Bruce, »It's a nomad *nomad* world«, in *Anatomy of Restlessness* (Jonathan Cape, 1996), S. 100–106 [dt.: *Der Traum des Ruhelosen*, übers. von Anna Kamp, München 1996]
Clottes, Jean, und David Lewis-Williams, *The Shamans of Prehistory: Trance and Magic in the Painted Caves* (Harry N. Abrams, 1998) [dt.: *Schamanen: Trance und Magie in der Höhlenkunst der Steinzeit*, Sigmaringen 1997]
Clutton-Brock, Juliet, *A Natural History of Domesticated Mammals* (Cambridge University Press, 1999)
Clutton-Brock, Juliet (Hg.), *The Walking Larder: Patterns of Domestication, Pastoralism, and Predation* (Routledge, 2014)
Coward, Fiona, Robert Hosfield, Matt Pope und Francis Wenban-Smith (Hg.), *Settlement, Society and Cognition in Human Evolution* (Cambridge University Press, 2015)
Crockett, Tom, *Stone Age Wisdom: The Healing Principles of Shamanism* (Fair Winds Press, 2003)
Cummings, Vicki, *The Anthropology of Hunter-Gatherers: Key Themes for Archaeologists* (A. & C. Black, 2013)
Cummings, Vicki, *The Neolithic of Britain and Ireland* (Taylor & Francis, 2017)

Cummings, Vicki, und Robert Johnston (Hg.), *Prehistoric Journeys* (Oxbow Books, 2007)

Cummings, Vicki, Peter Jordan und Marek Zvelebil (Hg.), *The Oxford Handbook of the Archaeology and Anthropology of Hunter-Gatherers* (Oxford University Press, 2014)

Cunliffe, Barry W., *Europe between the Oceans* (Yale University Press, 2008)

Currie, Gregory, *Arts and Minds* (Oxford University Press, 2004)

Davies, Stephen, *The Artful Species: Aesthetics, Art, and Evolution* (Oxford University Press, 2012)

Dawkins, Marian Stamp, *Why Animals Matter: Animal Consciousness, Animal Welfare, and Human Well-Being* (Oxford University Press, 2012)

Dehaene, Stanislas, *Consciousness and the Brain: Deciphering How the Brain Codes Our Thoughts* (Penguin, 2014)

Dennett, Daniel C., *Consciousness Explained* (Penguin, 1993)

Diamond, Jared M., *Guns, Germs and Steel: A Short History of Everybody for the Last 13,000 Years* (Random House, 1998)

Dossey, Larry, *One Mind* (Hay House, 2013)

Dowd, Marion, und Robert Hensey, *The Archaeology of Darkness* (Oxbow Books, 2016)

Dunbar, Robin, *Grooming, Gossip, and the Evolution of Language* (Harvard University Press, 1998) [dt.: *Klatsch und Tratsch: Wie der Mensch zur Sprache fand*, übers. von Sebastian Vogel, München 1998]

Dunbar, Robin, *The Human Story* (Faber & Faber, 2011)

Edmonds, Mark R., und Tim Seaborne, *Prehistory in the Peak* (Tempus, 2001)

Eire, Carlos, *A Very Brief History of Eternity* (Princeton University Press, 2009)

Eisenstein, Charles, *The Ascent of Humanity: Civilization and the Human Sense of Self* (North Atlantic Books, 2013)

Eliade, Mircea, *Shamanism: Archaic Techniques of Ecstasy* (Princeton University Press, 2004) [dt.: *Schamanismus und archaische Ekstasetechnik*, Zürich 1957]

Engels, Friedrich, *Der Ursprung der Familie, des Privateigentums und des Staats* (1884)
Foer, Jonathan Safran, *Eating Animals* (Penguin, 2010)
Fowler, Chris, *The Archaeology of Personhood: An Anthropological Approach* (Psychology Press, 2004)
Francis, Paul, *The Shamanic Journey* (Paul Francis, 2017)
Gamble, Clive, *The Palaeolithic Societies of Europe* (Cambridge University Press, 1999)
Gamble, Clive, *Origins and Revolutions: Human Identity in Earliest Prehistory* (Cambridge University Press, 2007)
Gamble, Clive, John Gowlett und Robin Dunbar, *Thinking Big: How the Evolution of Social Life Shaped the Human Mind* (Thames & Hudson, 2014) [dt.: *Evolution, Denken, Kultur: Das soziale Gehirn und die Entstehung des Menschlichen*, übers. von Sebastian Vogel, Berlin, Heidelberg 2016]
Garner, Alan, *Strandloper* (Harvill Press, 1996) [dt.: *Der Strandläufer*, übers. von Ingo Berensmeyer, München, Zürich 1999]
Garner, Alan, »Aback of beyond«, in *The Voice that Thunders* (Harvill Press, 1997), S. 19 – 38
Garner, Alan, »Achilles in Altjira«, in *The Voice that Thunders* (Harvill Press, 1997), S. 39 – 58
Garner, Alan, *Thursbitch* (Vintage, 2004)
Garner, Alan, *Boneland* (HarperCollins UK, 2012)
Gay, Peter, *The Enlightenment: An Interpretation* (W. W. Norton & Co., 1995)
Gazzaniga, Michael S., *The Consciousness Instinct: Unravelling the Mystery of How the Brain Makes the Mind* (Farrar, Straus and Giroux, 2018)
Goff, Philip, *Consciousness and Fundamental Reality* (Oxford University Press, 2017)
Goldstein, Rebecca, *Betraying Spinoza: The Renegade Jew Who Gave Us Modernity* (New York: Schocken, 2009)
Gosso, Fulvio, und Peter Webster, *The Dream on the Rock: Visions of Prehistory* (SUNY Press, 2013)
Graeber, David, *Bullshit Jobs* (Simon and Schuster, 2018) [dt.:

Bullshit Jobs: vom wahren Sinn der Arbeit, übers. von Sebastian Vogel, Stuttgart 2018]

Graeber, David, und David Wengrow, »How to change the course of human history«, *Eurozine*. https://www.eurozine.com/change-coursehuman-history (2018)

Graziano, Michael S. A., *Rethinking Consciousness: A Scientific Theory of Subjective Experience* (W. W. Norton & Co., 2019)

Greene, Joshua D., *Moral Tribes: Emotion, Reason, and the Gap between Us and Them* (Penguin, 2013)

Griffin, Donald R., *Animal Minds: Beyond Cognition to Consciousness* (University of Chicago Press, 2013)

Griffiths, Jay, *Wild: An Elemental Journey* (Penguin, 2008)

Griffiths, Jay, *Kith: The Riddle of the Childscape* (Hamish Hamilton, 2014)

Haidt, Jonathan, *The Happiness Hypothesis: Finding Modern Truth in Ancient Wisdom* (Basic Books, 2006)

Haidt, Jonathan, *The Righteous Mind: Why Good People Are Divided by Politics and Religion* (Vintage, 2012)

Halifax, Joan, *Shamanic Voices: A Survey of Visionary Narratives* (Plume, 1979) [dt.: *Die andere Wirklichkeit der Schamanen: Erfahrungsberichte von Magiern, Medizinmännern und Visionären*, München 1985]

Halifax, Joan, *Shaman, the Wounded Healer* (Thames & Hudson, 1982) [dt.: *Schamanen: Zauberer, Medizinmänner, Heiler*, Frankfurt 1983]

Hamilakis, Yannis, Mark Pluciennik und Sarah Tarlow (Hg.), *Thinking through the Body: Archaeologies of Corporeality* (Springer Science & Business Media, 2002)

Hampson, Norman, *The Enlightenment* (Penguin, 1990)

Hancock, Graham, *Supernatural: Meetings with the Ancient Teachers of Mankind* (Red Wheel Weiser, 2006)

Hanh, Thich Nhat, John Stanley, David Loy, Mary Evelyn Tucker, John Grim, Wendell Berry, Winona LaDuke et al., *Spiritual Ecology: The Cry of the Earth* (The Golden Sufi Center, 2013)

Hankins, Thomas L., *Science and the Enlightenment* (Cambridge University Press, 1985)

Harner, Michael, *Cave and Cosmos: Shamanic Encounters with Another Reality* (North Atlantic Books, 2013)

Harner, Michael J., Jeffrey Mishlove und Arthur Bloch, *The Way of the Shaman* (New York: HarperSanFrancisco, 1990)

Harvey, Andrew, *The Direct Path: Creating a Personal Journey to the Divine Using the World's Spiritual Traditions* (Harmony, 2002) [dt.: *Der direkte Weg der Erleuchtung*, übers. von Jochen Eggert, München 2001]

Harvey, Graham, und Robert J. Wallis, *Historical Dictionary of Shamanism* (Rowman & Littlefield, 2015)

Herbert, Ruth, *Everyday Music Listening: Absorption, Dissociation and Trancing* (Ashgate, 2013)

Hodder, Ian, *Entangled: An Archaeology of the Relationships between Humans and Things* (John Wiley & Sons, 2012)

Hodder, Ian (Hg.), *The Meanings of Things: Material Culture and Symbolic Expression* (Routledge, 2013)

Hoffecker, John F., *Modern Humans: Their African Origin and Global Dispersal* (Columbia University Press, 2017)

Hoffman, Donald, *The Case against Reality: Why Evolution Hid the Truth from Our Eyes* (W. W. Norton & Co., 2019)

Huxley, Aldous, *The Doors of Perception* (Chatto and Windus, 1954) [dt.: *Die Pforten der Wahrnehmung*, übers. von Herberth E. Herlitschka, München 1970]

Insoll, Timothy, *Archaeology, Ritual, Religion* (Psychology Press, 2004)

Insoll, Timothy (Hg.), *The Archaeology of Identities: A Reader* (Routledge, 2007)

Insoll, Timothy (Hg.), *The Oxford Handbook of the Archaeology of Ritual and Religion* (Oxford University Press, 2011)

Israel, Jonathan Irvine, *Radical Enlightenment: Philosophy and the Making of Modernity, 1650–1750* (Oxford University Press, 2001)

James, William, *The Varieties of Religious Experience: A Study in Human Nature* (Longman, Green & Co., 1902)

Jefferies, Richard, *The Story of My Heart: An Autobiography* (Longman, Green & Co., 1883)
Jones, Andrew (Hg.), *Prehistoric Europe: Theory and Practice* (John Wiley & Sons, 2008)
Jones, Andrew, *Prehistoric Materialities: Becoming Material in Prehistoric Britain and Ireland* (Oxford University Press, 2012)
Jung, Carl Gustav, *The Earth Has a Soul: C. G. Jung on Nature, Technology and Modern Life* (North Atlantic Books, 2011)
Kalof, Linda, *Looking at Animals in Human History* (Reaktion Books, 2007)
Kastrup, Bernardo, *Decoding Jung's Metaphysics: The Archetypal Semantics of an Experiential Universe* (Iff Books, 2021)
King, Barbara J., *Evolving God: A Provocative View on the Origins of Religion* (University of Chicago Press, 2017)
King, Dave, David Luke, Ben Sessa, Cameron Adams und Aimee Tollan, *Neurotransmissions: Essays on Psychedelics from Breaking Convention* (Strange Attractor Press/MIT Press, 2015)
Kingsnorth, Paul, *Savage Gods* (Little Toller, 2019)
Kingsnorth, Paul, und Dougald Hine, *Uncivilisation: The Dark Mountain Manifesto* (Dark Mountain Project, 2014)
Kripal, Jeffrey J., *The Flip: Who You Really Are and Why It Matters* (Penguin, 2019)
Lanza, Robert, und Bob Berman, *Beyond Biocentrism: Rethinking Time, Space, Consciousness, and the Illusion of Death* (BenBella Books, Inc., 2016)
Lewis, Ioan Myrddin, *Ecstatic Religion: A Study of Shamanism and Spirit Possession* (Psychology Press, 2003)
Lewis-Williams, David, *Conceiving God: The Cognitive Origin and Evolution of Religion* (Thames & Hudson, 2011)
Lewis-Williams, David, *The Mind in the Cave: Consciousness and the Origins of Art* (Thames & Hudson, 2011)
Lewis-Williams, David, und Sam Challis, *Deciphering Ancient Minds: The Mystery of San Bushman Rock Art* (Thames & Hudson, 2012)
Lewis-Williams, David, und David G. Pearce, *San Spirituality:*

Roots, Expression, and Social Consequences (Rowman Altamira, 2004)

Lewis-Williams, David, und David Pearce, *Inside the Neolithic Mind: Consciousness, Cosmos and the Realm of the Gods* (Thames & Hudson, 2011)

Malafouris, Lambros, *How Things Shape the Mind* (MIT Press, 2013)

Matthiessen, Peter, *The Snow Leopard* (Viking, 1978) [dt.: *Auf der Spur des Schneeleoparden*, übers. von Maria Csollány und Stephan Schuhmacher, München 2009]

Matthiessen, Peter, *Nine-Headed Dragon River: Zen Journals, 1969–1982* (Shambhala Publications, 1998)

McCarraher, Eugene, *The Enchantments of Mammon: How Capitalism Became the Religion of Modernity* (Belknap, 2019)

McGilchrist, Iain, *The Master and His Emissary: The Divided Brain and the Making of the Western World* (Yale University Press, 2009)

McGilchrist, Iain, *The Matter with Things* (Perspectiva Press, 2021)

McKenna, Terence, *The Archaic Revival* (HarperSanFrancisco, 1991)

McKenna, Terence, *Food of the Gods: The Search for the Original Tree of Knowledge: A Radical History of Plants, Drugs and Human Evolution* (Random House, 1999)

McMahon, Darrin M., *Enemies of the Enlightenment: The French Counter-Enlightenment and the Making of Modernity* (Oxford University Press, 2002)

Miles, David, *The Tale of the Axe: How the Neolithic Revolution Transformed Britain* (Thames & Hudson, 2016)

Mindell, Arnold, *Quantum Mind: The Edge between Physics and Psychology* (Deep Democracy Exchange, 2012)

Mithen, Steven, *The Prehistory of the Mind: The Cognitive Origins of Art and Science* (Thames & Hudson, 1999)

Mithen, Steven, *After the Ice: A Global Human History, 20,000–5000 BC* (Weidenfeld and Nicolson, 2003)

Mithen, Steven, *The Singing Neanderthals: The Origins of Music, Language, Mind and Body* (Hachette, 2011)

Mohen, Jean-Pierre, *Prehistoric Art: The Mythical Birth of Humanity* (Editions Pierre Terrail, 2002)

Monbiot, George, *Feral: Rewilding the Land, the Sea, and Human Life* (University of Chicago Press, 2014)

Morley, Iain, *The Prehistory of Music: Human Evolution, Archaeology, and the Origins of Musicality* (Oxford University Press, 2013)

Morton, Timothy, *Humankind: Solidarity with Non-Human People* (Verso Books, 2017)

Muraresku, Brian C., *The Immortality Key: The Secret History of the Religion with No Name* (St. Martin's Press, 2020)

Neumann, Erich, *The Origins and History of Consciousness* (Routledge, 2015)

Newberg, Andrew, und Eugene G. d'Aquili, *Why God Won't Go Away: Brain Science and the Biology of Belief* (Ballantine Books, 2008)

Outram, Dorinda, *The Enlightenment* (Cambridge University Press, 2019)

Owens, Susan, *Spirit of Place: Artists, Writers and the British Landscape* (Thames & Hudson, 2020)

Pasternak, Charles (Hg.), *What Makes Us Human?* (Oneworld, 2007)

Paver, Michelle, *Chronicles of Ancient Darkness* (Orion Children's, 2008–2021) [dt.: *Chronik der dunklen Wälder*, übers. von Katharina Orgaß und Gerald Jung, München 2005–2009]

Pearson, Mike Parker, *Stonehenge: Exploring the Greatest Stone Age Mystery* (Simon and Schuster, 2012)

Penrose, Roger, Stuart Hameroff und Subhash Kak (Hg.), *Consciousness and the Universe: Quantum Physics, Evolution, Brain and Mind* (Cosmology Science Publishers, 2011)

Pettitt, Paul, *The Palaeolithic Origins of Human Burial* (Routledge, 2013)

Pettitt, Paul, und Mark White, *The British Palaeolithic: Human Societies at the Edge of the Pleistocene World* (Routledge, 2012)

Pinker, Steven, *The Better Angels of Our Nature: Why Violence Has*

Declined (Viking, 2011) [dt.: *Gewalt: eine neue Geschichte der Menschheit*, übers. von Sebastian Vogel, Frankfurt/M. 2013]

Pinker, Steven, *Enlightenment Now: The Case for Reason, Science, Humanism and Progress* (Penguin Random House, 2018) [dt.: *Aufklärung jetzt: Für Vernunft, Wissenschaft, Humanismus und Fortschritt*, übers. von Martina Wiese, Frankfurt/M. 2018]

Plotkin, Bill, *Nature and the Human Soul: Cultivating Wholeness and Community in a Fragmented World* (New World Library, 2010)

Plotkin, Bill, *Wild Mind: A Field Guide to the Human Psyche* (New World Library, 2013)

Price, Neil S. (Hg.), *The Archaeology of Shamanism* (Psychology Press, 2001)

Pryor, Francis, *Farmers in Prehistoric Britain* (Tempus, 1998)

Pryor, Francis, *Britain BC: Life in Britain and Ireland before the Romans* (HarperCollins Publishers, 2003)

Radin, Dean, *Entangled Minds: Extrasensory Experiences in a Quantum Reality* (Simon and Schuster, 2009)

Reill, Peter H., *Vitalizing Nature in the Enlightenment* (University of California Press, 2005)

Renfrew, Colin, *Archaeology and Language: The Puzzle of Indo-European Origins* (Cambridge University Press, 1990)

Renfrew, Colin, *The Ancient Mind: Elements of Cognitive Archaeology* (Cambridge University Press, 1994)

Renfrew, Colin, *Prehistory: The Making of the Human Mind* (Modern Library, 2008)

Robb, John, und Oliver J. T. Harris (Hg.), *The Body in History: Europe from the Palaeolithic to the Future* (Cambridge University Press, 2013)

Roberts, Alice, *Tamed: Ten Species that Changed Our World* (Random House, 2017)

Rosengren, Mats, *Cave Art, Perception and Knowledge* (Springer, 2012)

Rossano, Matt, *Supernatural Selection: How Religion Evolved* (Oxford University Press, 2010)

Russell, Nerissa, *Social Zooarchaeology: Humans and Animals in Prehistory* (Cambridge University Press, 2011)

Safina, Carl, *Beyond Words: What Animals Think and Feel* (Macmillan, 2015) [dt.: *Die Intelligenz der Tiere – Wie Tiere fühlen und denken*, übers. von Sigrid Schmid und Gabriele Würdinger, München 2019]

Schellenberg, Susanna, *The Unity of Perception: Content, Consciousness, Evidence* (Oxford University Press, 2018)

Schulting, Rick J., und Linda Fibiger (Hg.), *Sticks, Stones, and Broken Bones: Neolithic Violence in a European Perspective* (Oxford University Press, 2012)

Scott, James C., *Seeing Like a State: How Certain Schemes to Improve the Human Condition Have Failed* (Yale University Press, 1998)

Scott, James C., *The Art of Not Being Governed: An Anarchist History of Upland Southeast Asia* (Nus Press, 2010)

Scott, James C., *Against the Grain: A Deep History of the Earliest States* (Yale University Press, 2017) [dt.: *Die Mühlen der Zivilisation – eine Tiefengeschichte der frühesten Staaten*, übers. von Horst Brühmann, Berlin 2019]

Sessa, Ben, David Luke, Cameron Adams, Dave King, Aimee Tollan und Nikki Wyrd, *Breaking Convention: Psychedelic Pharmacology for the 21st Century* (Strange Attractor Press, 2017)

Shaw, Martin, *A Branch from the Lightning Tree: Ecstatic Myth and the Grace in Wildness* (White Cloud Press, 2011)

Shaw, Martin, *Scatterlings: Getting Claimed in the Age of Amnesia* (White Cloud Press, 2016)

Shaw, Martin, *Wolf Milk: Chthonic Memory in the Deep Wild* (Cista Mystica, 2019)

Sheldrake, Merlin, *Entangled Life* (Bodley Head, 2020) [dt.: *Verwobenes Leben: wie Pilze unsere Welt formen und unsere Zukunft beeinflussen*, übers. von Sebastian Vogel, Berlin 2020]

Sheldrake, Rupert, *A New Science of Life* (Icon Books, 2005) [dt.: *Das schöpferische Universum*, übers. von Waltram Landman und Klaus Wessel, München 1989]

Sheldrake, Rupert, *Dogs That Know When Their Owners Are Coming Home, and Other Unexplained Powers of Animals* (Broadway Books, 2011) [dt.: *Der siebte Sinn der Tiere – warum ihre Katze weiß, wann Sie nach Hause kommen, und andere bisher ungeklärte Fähigkeiten der Tiere*, übers. von Michael Schmidt, München 2001]

Sheldrake, Rupert, *The Presence of the Past: Morphic Resonance and the Habits of Nature* (Icon Books, 2011) [dt.: *Das Gedächtnis der Natur: das Geheimnis der Entstehung der Formen in der Natur*, übers. von Jochen Eggert, München, Zürich 1996]

Sheldrake, Rupert, *The Sense of Being Stared at, and Other Aspects of the Extended Mind* (Random House, 2013) [dt.: *Der siebte Sinn des Menschen: Gedankenübertragung, Vorahnungen und andere unerklärliche Fähigkeiten*, übers. von Michael Schmidt, Frankfurt/M. 2003]

Siedentop, Larry, *Inventing the Individual: The Origins of Western Liberalism* (Penguin Random House, 2015) [dt.: *Die Erfindung des Individuums: Der Liberalismus und die westliche Welt*, übers. von Heiner Kober, Stuttgart 2015]

Siegel, Daniel J., *Mind: A Journey to the Heart of Being Human*, Norton Series on Interpersonal Neurobiology (W. W. Norton & Co., 2016)

Solms, Mark, *The Hidden Spring: A Journey to the Source of Consciousness* (Profile, 2021)

Stavrakopoulou, Francesca, *Land of Our Fathers: The Roles of Ancestor Veneration in Biblical Land Claims* (T. & T. Clark, 2010)

Steel, Carolyn, *Sitopia: How Food Can Save The World* (Chatto and Windus, 2020)

Talbot, Michael, *The Holographic Universe* (HarperPerennial, 1992) [dt.: *Das holographische Universum: die Welt in neuer Dimension*, übers. von Siegfried Schmitz, München 1992]

Tattersall, Ian, *Becoming Human: Evolution and Human Uniqueness* (Houghton Mifflin Harcourt, 1999)

Tattersall, Ian, *The Monkey in the Mirror: Essays on the Science of What Makes Us Human* (Houghton Mifflin Harcourt, 2016)

Thomas, Julian, »Death, identity and the body in Neolithic Britain«, *Journal of the Royal Anthropological Institute* 6(4) (2000), S. 653–668

Thompson, William Irwin, *The Time Falling Bodies Take To Light: Mythology, Sexuality and the Origins of Culture* (Palgrave Macmillan, 1996) [dt.: *Der Fall in die Zeit: Mythologie, Sexualität und der Ursprung der Kultur*, übers. von Knut Pflughaupt, Stuttgart 1985]

Todorov, Tzvetan, *In Defence of the Enlightenment* (Atlantic Books, 2009)

Tudge, Colin, *Neanderthals, Bandits and Farmers: How Agriculture Really Began* (Yale University Press, 1999)

Turner, Mark, *The Origin of Ideas: Blending, Creativity, and the Human Spark* (Oxford University Press, 2014)

Vernon, Mark, *A Secret History of Christianity: Jesus, the Last Inkling, and the Evolution of Consciousness* (John Hunt, 2019)

Wallis, Robert J., *Shamans/Neo-Shamans: Ecstasy, Alternative Archaeologies, and Contemporary Pagans* (Psychology Press, 2003)

Wengrow, David, und David Graeber, »Farewell to the ›childhood of man‹: ritual, seasonality, and the origins of inequality«, *Journal of the Royal Anthropological Institute* 21(3) (2015), S. 597–619

Whittle, Alisdair, *The Archaeology of People: Dimensions of Neolithic Life* (Routledge, 2003)

Wittmann, Marc, *Altered States of Consciousness: Experiences out of Time and Self* (MIT Press, 2018)

Wragg-Sykes, Rebecca, *Kindred: Neanderthal Life, Love, Death and Art* (Bloomsbury, 2020)

Wyrd, Nikki, David Luke, Aimee Tollan, Cameron Adams und David King, *Psychedelicacies: More Food for Thought from Breaking Convention* (Strange Attractor/MIT Press, 2019)

Zaidel, Dahlia W., *Neuropsychology of Art: Neurological, Cognitive, and Evolutionary Perspectives* (Psychology Press, 2015)

»Ein Buch, wie ich noch keines zuvor gelesen habe – voller Weisheit und Empathie«

Peter Wohlleben

Hier reinlesen!

Charles Foster
Der Geschmack von Laub und Erde
Wie ich versuchte, als Tier zu leben

Aus dem Englischen von
Gerlinde Schermer-Rauwolf und
Robert A. Weiß
Piper Taschenbuch, 288 Seiten
€ 12,00 [D], € 12,40 [A]*
ISBN 978-3-492-31356-8

Was fühlt ein Tier, wie lebt es und wie nimmt es seine Umwelt wahr? Um das herauszufinden, tritt Charles Foster ein faszinierendes Experiment an. Er schlüpft in die Rolle von Dachs, Otter, Fuchs, Rothirsch und Mauersegler. Er haust in einem Bau unter der Erde, schnappt in einem Fluss mit den Zähnen nach Fischen und durchstöbert Mülltonnen auf der Suche nach Nahrung. Ein scharfsinniges und humorvolles Buch, das erstaunt, fesselt und berührt.

PIPER

Leseproben, E-Books und mehr unter www.piper.de